中央财政支持地方高校发展专项资金
贵州省特色重点学科建设支持项目

U0662920

公共管理导引与案例系列教材

劳动法与社会保障法 导引与案例

LAODONGFAYUSHEHUIBAOZHANGFA
DAOYINYUANLI

陈若冰 主编

中国财经出版传媒集团
经济科学出版社
Economic Science Press

图书在版编目（CIP）数据

劳动法与社会保障法导引与案例/陈若冰主编.—北京：
经济科学出版社，2018.7
公共管理导引与案例系列教材
ISBN 978 - 7 - 5141 - 9563 - 7

Ⅰ.①劳…　Ⅱ.①陈…　Ⅲ.①劳动法 - 中国 - 高等
学校 - 教材②社会保障 - 法律 - 中国 - 高等学校 - 教材
Ⅳ.①D922.5②D922.182.3

中国版本图书馆 CIP 数据核字（2018）第 168696 号

责任编辑：周秀霞
责任校对：刘　昕
责任印制：李　鹏

劳动法与社会保障法导引与案例

陈若冰　主编

经济科学出版社出版、发行　新华书店经销

社址：北京市海淀区阜成路甲 28 号　邮编：100142

总编部电话：010 - 88191217　发行部电话：010 - 88191522

网址：www. esp. com. cn

电子邮件：esp@ esp. com. cn

天猫网店：经济科学出版社旗舰店

网址：http：// jjkxcbs. tmall. com

北京季蜂印刷有限公司印装

710 × 1000　16 开　19.75 印张　400000 字

2018 年 8 月第 1 版　2018 年 8 月第 1 次印刷

ISBN 978 - 7 - 5141 - 9563 - 7　定价：59.00 元

前　言

　　《劳动法与社会保障法导引与案例》适用于大学法学专业、劳动与社会保障专业、人力资源管理专业等本科及研究生学生。本教材从理论与实践相结合的角度入手，力求在资料与形式等方面有一定的创新。首先，在资料上，本书除了吸收郭捷《劳动与社会保障法》、林嘉《劳动法和社会保障法》、刘俊《劳动与社会保障法学》等的劳动法教材上的案例之外，适当增加了最高人民法院公报、"北大法宝"上的典型案例。其次，在形式层面上，在正文穿插案例分析，并对其进行深入分析，使本教材显得更加生动。

　　《劳动法与社会保障法导引与案例》的撰写分工为：陈若冰编写第一、二、三、四、五、六、七、八、九、十、十一、十二、十三、十四章；王亮参编第十五、十六、十七、十八章。

　　此外，在本书写作过程中，本科生吴致红、姜群楠、钟姣等帮助收集大量相关资料，并做了校对工作。

　　特此对以上关心、爱护、支持和帮助本书编写的各位一并感谢！

目 录
Contents

上篇　劳　动　法

下篇 社会保障法

上篇　劳　动　法

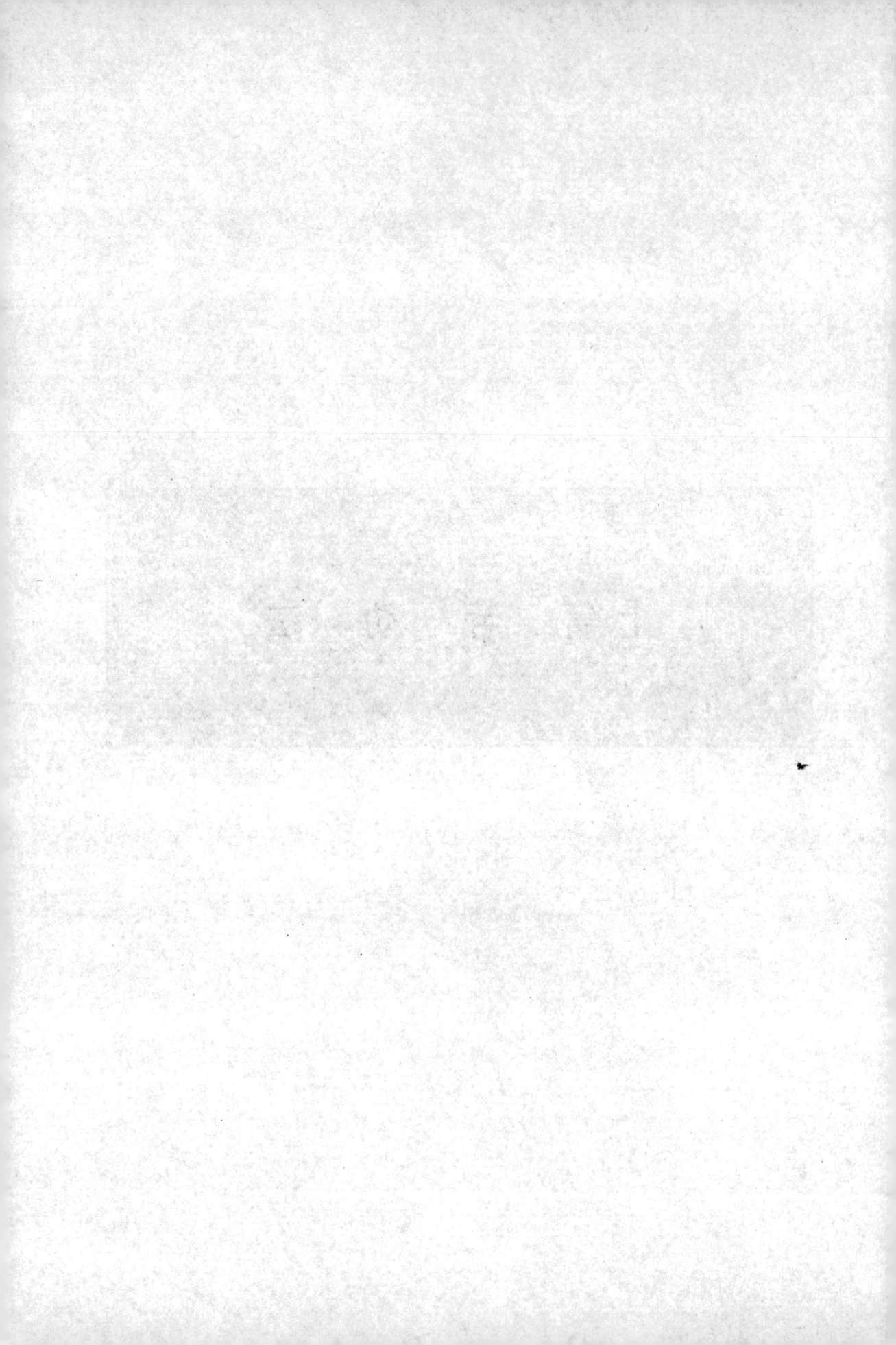

第一章

劳动法的基本原理

本章的学习要点主要包括劳动法的概念、性质、基本原则以及与其他相关法律规范的联系与区别等内容，要求学生掌握劳动法相关的概念、立法目的、作用与地位等内容。

为了保护劳动者的合法权益，调整劳动关系，建立和维护适应社会主义市场经济的劳动制度，促进经济发展和社会进步，根据宪法，中华人民共和国第八届全国人民代表大会常务委员会第八次会议1994年7月5日通过了《中华人民共和国劳动法》，于1995年1月1日起开始施行。

【案例1-1】

乙肝歧视案①

2007年1月18日，黎胜（化名）在网上向东莞某移动电话有限公司投递了应聘测试技术员岗位的简历，之后，黎胜顺利通过笔试和面试。该公司人力资源部通知黎胜被录用，和他谈了薪水等问题，并要他到指定的医院参加入职体检，如果体检合格就可以到公司上班。1月27日，黎胜到东莞同济医院进行入职前的体检。

体检结果出来后，显示他携带乙肝病毒，但不具有传染性。然而，某移动电话公司依然拒绝了黎胜。公司给他的答复是，"公司所有人都是在同一个饭堂吃饭，同一个环境工作，担心他会传染给公司其他人，建议他换一份轻松一点的工作。这是分公司的规定，也是和分公司领导商量过后决定的"。

黎胜因此将东莞某移动电话有限公司及其在中国的总部告上了法庭，诉称：根据我国《宪法》、《劳动法》和相关法律的规定，劳动者享有平等就业的权利。《病毒性肝炎防治方案》规定，乙肝病毒携带者除了不能献血或从事直接接触入口食品和保育工作外，不能视为现症肝炎病人处理。原告是乙肝携带者，身体符合从事测试技术员的条件，被告根据体检结果拒绝录用原告的作为，违反了传染病法不得歧视乙肝携带

---

① 蒲春平、唐正彬：《劳动法与社会保障法》，航空工业出版社2013年版，第1~2、13~14页。

者的有关规定，严重侵犯了原告的平等就业权利，使原告精神上受到极大打击。请求法院依法确认某移动电话有限公司以乙肝小三阳为由不予录用原告违法，并且请求依法判令被告赔偿精神损害抚慰金50万元。

问题：某移动电话公司是否侵犯了黎胜的就业平等权？

【案例分析】 某移动公司侵犯了黎胜的就业平等权。就业平等权是指劳动者不因民族、种族、性别、宗教信仰、财产状况等的不同而受到差别待遇，都享有平等就业和选择职业的权利。我国《劳动法》第12条规定："劳动者就业，不因民族、种族、性别、宗教信仰不同而受歧视。"《就业促进法》第26条规定："用人单位招用人员、职业中介机构从事职业中介活动，应当向劳动者提供平等的就业机会和公平的就业条件，不得实施就业歧视。"

虽然黎胜携带乙肝病毒，但是根据卫生部2006年9月2日《预防控制乙肝宣传教育知识要点》第7条的意见，由于乙肝传播途径的特殊性，乙肝表面抗原携带者在生活、工作、学习和社会活动中不对周围人群和环境构成威胁，可以正常学习、就业和生活。

此外，《食品卫生法》（2009年6月1日宣布失效）规定了乙肝病毒携带者不得从事的相关职业，该法第26条第2款规定，凡患有痢疾、伤寒、病毒性肝炎等消化道传染病（包括病原携带者），活动性肺结核，化脓性或者渗出性皮肤病以及其他有碍食品卫生的疾病的，不得参加接触直接入口食品的工作。

综上所述，乙肝病毒携带者不是乙肝患者，其平等就业权受法律保护，除法律、行政法规和国务院卫生行政部门规定的乙肝病毒携带者禁止从事的工作岗位外，用人单位不得拒绝录用。

本案中，被告拒绝录用原告侵犯了原告的平等就业权，构成违法。由于此案发生在2007年，当时《就业促进法》还未颁布，《食品卫生法》还未失效，所以，劳动者可以依据《劳动法》和《食品卫生法》来主张自己的权利。

要深入理解劳动法的基本法理，必须首先搞清楚劳动法的概念、特征、立法目的等内容，深入把握与劳动法紧密相关的劳动关系、劳动力、劳动、劳动者、用人单位等基本概念。

第一节 劳动法的概念与性质

一、劳动法的概念

关于劳动法的概念，尽管学界各说法的着眼点不同，但就围绕劳动法的概念在以下方面基本上是一致的：劳动法是由工厂法逐渐发展而来；劳动法是调整劳动关系的法，是法律体系中的一个重要部门；劳动法除了调整劳动关系外，还调整与劳动关系密切联系的其他社会关系。因此，可将劳动法定义为：劳动法是调整与劳动关系和与劳动关系密切联系的其他社会关系的法律规范的总称。

劳动法概念可作狭义和广义理解。劳动法一般是从广义上理解和使用的。它包括一个国家的劳动法典（狭义劳动法）和与劳动法典实施相配套的一系列劳动法规和规章。

就我国而言，狭义上的劳动法，是指由国家最高立法机关颁布的关于调整劳动关系以及与劳动关系有密切联系的其他关系的全国性的、综合性的法律。即 1994 年 7 月 5 日第八届全国人民代表大会常务委员会通过，1995 年 1 月 1 日起施行的《中华人民共和国劳动法》（以下简称《劳动法》），这部法律是新中国成立以来第一部完备的劳动法律，侧重于保护劳动者的合法权益，成为我国劳动法制建设的里程碑。

广义上的劳动法，是指调整劳动关系以及与劳动关系密切联系的其他社会关系的法律规范的总称。包括：宪法中相关的劳动规范；法律中相关的劳动规范；行政法规中相关的劳动规范；部委规章中相关的劳动规范；地方性法规和地方性规章中相关的劳动规范；经我国政府批准的国际劳工公约中相关的劳动规范；规范性的劳动法律、法规解释；国际惯例等。

二、劳动法的性质

目前，越来越多的人主张，在公法与私法两大领域之间，应有社会法这样一个第三法领域的存在。按照社会法学的观点，劳动法既包含大量公法规范，又内含大量私法规范。

劳动法脱胎于民法，如劳动合同法仍带有明显的私法痕迹，同时又具有公法色彩，包含明显的公法因素。如劳动基准法、劳动监察法、劳动争议处理法中有大量的公法规范，约束和限制用人单位的行为，倾斜保护劳动者的合法权益。

越来越多的学者认可，劳动法兼有公法与私法的属性，既非公法，也非私法，而是介于公法与私法之间的第三类法律，是一种融传统公法与私法之原则和规范于一身的新的法律类型。[①]

三、劳动法的立法目的与法律地位

劳动法的立法目的，在于贯彻党的劳动政策，加强国家对劳动工作的领导；保护

---

① 蒋月：《劳动法与社会保障法》，浙江大学出版社 2010 年版，第 7 页。

劳动者的合法权益，充分调动劳动者积极性；合理组织社会劳动、巩固劳动组织、促进经济发展和提高劳动生产率；促进社会进步，推动社会主义精神文明的建设；建立和谐的劳动关系，合理解决劳动争议，促进安定团结。据此，我国《劳动法》第1条规定："为了保护劳动者的合法权益，调整劳动关系，建立和维护适应社会主义市场经济的劳动制度，促进经济发展和社会进步，根据宪法，制定本法。"根据此规定，我国《劳动法》的立法目的包括保护劳动者的合法权益，确立、维护和发展稳定和谐的劳动关系，促进经济发展和社会进步三个方面。

所谓劳动法的法律地位问题，是指劳动法在我国社会主义法律体系中的地位。通说认为，我国劳动法是宪法统率下的与民法、经济法、行政法处于同等的法律地位。它是我国整个法律体系的重要组成部分，是一个独立法律部门。主要理由为：劳动法具有独特的调整对象；劳动法具有其他法律部门所不可取代的功能和重要性；劳动法有自己特有的基本原则；劳动法具有自己完整的独立体系；劳动法具有作为独立法律部门的传统。

【案例1-2】

宁夏发生多起民工讨薪引发群体性事件[①]

2006年8月21日晚，银川市金凤区康居C区附近一工地因工程款问题引发两伙工人群殴，派出所民警在现场处置时遭围攻，10多人一哄而上掀翻警车；11月25日中午，银川市金凤区某工地的30余名农民工讨薪不成站成一排封堵黄河路，禁止车辆通行，使交通中断20分钟；11月25日晚，30余名民工因为讨薪和包工头发生冲突，将解放西街派出所大门围堵，造成派出所门前交通堵塞10多分钟……

近些年来，随着市场化、城镇化、现代化进程的加快，大量农村剩余劳动力涌入城市，形成了一支庞大的特殊主体——农民工，他们为我国经济社会发展做出了巨大的贡献，然而，农民工作为一个弱势群体，经常被拖欠工资，从而引发了一系列的农民工集体讨薪的群体性事件，严重影响了社会稳定。

造成农民工工资拖欠的原因很多，如劳动合同不规范，农民工法律保护意识薄弱，劳动监察不力，加之市场机制的不规范运作，都加剧了欠薪矛盾，尤其体现在建筑市场的层层转包上，市场运作不规范和恶性竞争的后果必然使处在最弱地位的农民工的工资难以保证。

因此，有关人士分析认为，解决农民工讨薪难题既需要规范政府部门的行为，同时也要出台相应的立法，让农民工工资的支付置于法律的框架之下。劳动监察部门可加大对欠薪行为的处罚，除责令欠薪企业补发所欠工资外，还应该支付法定数额的赔

---

① 蒲春平、唐正彬：《劳动法与社会保障法》，航空工业出版社2013年版，第9～10页。

偿金。同时，建立企业工资欠薪保障制度等，多头并进杜绝拖欠农民工工资现象，以维护社会的稳定。

第二节 与劳动法密切相关的概念

深入理解劳动法的内涵，必须首先弄清楚劳动法的调整对象，什么是劳动关系？

一、劳动关系

劳动法中所称的劳动关系，是指人们在从事劳动过程中所发生的社会关系，即劳动者与用人单位之间在实现社会化劳动过程中产生的社会关系。劳动关系的特征主要包括：

第一，劳动关系是在实现劳动过程中所发生的关系，与劳动过程有着直接的联系。劳动过程是劳动关系产生的前提和基础，没有劳动过程，便不可能产生劳动关系；凡不属于劳动过程中产生的关系，都不属于劳动关系。

第二，劳动关系的双方当事人，一方是劳动力的所有者和支出者，即劳动者，另一方是固定为生产资料占有者和劳动力的使用者，即用人单位。一般劳动关系由双方当事人劳动者和用人单位构成。特殊情况下，在劳动派遣关系中，当事人有劳动派遣单位、实际用工单位和劳动者三方构成。

第三，劳动关系具有纵向关系（隶属关系）和横向关系（平等关系）。一方面，用人单位和劳动者个人进行双向选择，双方按照平等协商的原则签订劳动合同，可以说是一种横向关系的体现。另一方面，劳动关系一经确立，劳动者成为用人单位的成员，须听从用人单位的指挥，服从调配，并遵守用人单位的劳动纪律和规章制度，这是劳动关系又体现一种纵向关系。

第四，劳动关系既是约定的关系，也是法定关系，即劳动关系的主体、劳动关系的发生、变更和终止，以及当事人双方在劳动过程中的权利和义务、劳动条件、劳动纠纷的解决等，均应依法处理。约定以法定为基础，不得和法定相抵触、相违背。

【案例 1-3】

签订劳务协议能否掩盖劳动关系？[①]

2007 年 4 月，安阳某建设有限公司（以下简称安阳公司）与河北某电力建设公

---

① 蒲春平、唐正彬：《劳动法与社会保障法》，航空工业出版社 2013 年版，第 3~4 页。

司签订了技术工人选派合同。2008年7月，安阳公司与刘某某签订出国劳务协议书，安排刘某某到印度工作。工作期间，刘某某的工作和生活皆由安阳公司进行管理，生活费用和劳动报酬也都由安阳公司发放。2008年9月，刘某某在工作时摔伤，归国后于2009年3月向文峰区劳动仲裁委员会提出仲裁请求，要求确认其与安阳公司之间的劳动关系。仲裁委认定双方存在劳动关系。安阳公司不服向文峰区法院提起诉讼，认为其与被告刘某某仅存在劳务关系，河北某电力建设公司才是真正的用人单位。

一审法院认为劳务关系是在平等主体之间建立的，而劳动关系双方则具有隶属关系，本案中原告对被告在工作中进行了实质的管理，劳动报酬也由原告发放，故原、被告之间存在隶属关系，适用劳动法。原告仍不服提起上诉，二审判决驳回上诉，维持原判。

二、劳动力

劳动力的出卖和购买行为，把劳动者和用人单位联系在一起，构成劳动关系。劳动力是人所具有的、在生产使用价值时运用的体力与脑力的总和。

劳动力具有人身属性，与劳动者不可分离，以劳动者人身为载体；劳动力无法储存，一经支出无法收回；劳动力再生产具有不可间断性，与生命的存续是同一个过程；劳动力作为生活维持的唯一来源，与生存关系密切。

三、劳动法中的劳动

劳动法中的劳动指劳动力所有者将其劳动力有偿供他方使用的一种劳动形态。不同于劳动经济学中的劳动，主要体现在以下几个方面。

1. 劳动主体方面，劳动者必须和用人单位成立劳动法认可的劳动关系，并在劳动关系中以职工的身份从事劳动。

这一点把现役军人的军工劳动，罪犯、劳教人员、战俘的劳役劳动，家庭成员的家务劳动，履行出版约稿、加工承揽、技术咨询等义务的劳务活动，履行抚养、扶养、赡养义务的劳动等，排除在了劳动法上的劳动范围之外，不受劳动法的调整和约束。

2. 劳动目的方面，劳动法上的劳动是一种职业劳动，以谋生为目的。劳动具有有偿性，是为获得劳动报酬并以此为生活主要来源而相对固定在一定劳动岗位上所从事的劳动。

劳动法上的劳动不是"义务劳动"，不是其他无偿劳动，也不是有一定物质补偿但不以谋生为手段的劳动。

3. 劳动组织形式方面，劳动法上的劳动是劳动者在用人单位的组织指挥管理下的集体劳动。

劳动法上的劳动具有从属性、组织性和社会性。所有劳动者是用人单位的一员，由用人单位集中组织起来，并在其统一指挥或委派下，以用人单位的名义共同从事劳动。劳动法上的劳动者受单位内部规章制度的约束，受单位意志的支配。

【案例 1-4】

是否成立劳动关系？[1]

某娱乐城和一乐队签订了一年的合同，邀乐队在娱乐城演奏，但两个月后娱乐城解除了合约，乐队要求劳动争议仲裁，却因不具备主体资格而被拒绝受理。

该案例中，娱乐城与乐队都不具备形成劳动关系的主体资格。根据我国《劳动法》的规定，劳动关系只能在合格的用人单位与劳动者之间形成，合格的用人单位是指在中华人民共和国境内的企业、个体经济组织（一般指雇工在 7 人以下的个体工商户）、国家机关、事业组织、社会团体，而劳动者是指自然人，可见，该娱乐城不具备用人单位的主体资格，该乐队作为一个由各个独立成员构成的组织，也不具备成为劳动者的主体资格。娱乐城和乐队之间是普通的民事合同关系，它们之间发生争议，应该依照合同纠纷来解决，而劳动争议仲裁是对存在劳动合同的劳动关系争议进行的仲裁。

四、劳动法中的劳动者

广义的劳动者，指所有具有劳动权利能力与劳动行为能力的公民。劳动法意义上的劳动者，则是达到法定年龄，具有劳动能力，以从事某种社会劳动获取的收入为主要生活来源的自然人。只有从事劳动法上的劳动行为者，才是劳动法意义上的劳动者。劳动法律关系中对劳动者的称谓很多，国外多称为雇工、劳工，我国多称为职工、员工。

【案例 1-5】

在校大学生能否建立劳动关系？[2]

原告郭某因与被告江苏某大药房连锁有限公司（以下简称某大药房连锁公司）发

---

[1] 陆岳松：《劳动与社会保障法》，中国政法大学出版社 2008 年版，第 28 页。
[2] 案例引自《最高人民法院公报》2010 年第 6 期。

生劳动争议纠纷，向江苏省南京市白下区人民法院提起诉讼。

原告郭某诉称：原告系南京市莫愁职业高级中学2008届毕业生。2007年10月原告至被告处进行求职登记，经被告人力资源部和总经理审核，同意试用。2007年10月30日双方签订劳动合同，为期三年，自2007年10月30日起至2010年12月30日止。2008年7月，被告某大药房连锁公司以对原、被告间是否存在劳动关系持有异议为由，向南京市白下区劳动争议仲裁委员会提起仲裁申请，请求确认原、被告之间的劳动关系不成立。南京市白下区劳动争议仲裁委员会于2008年8月19日做出仲裁决定，以原告系在校学生，不符合就业条件，不具有建立劳动关系的主体资格，原、被告间的争议不属于劳动争议处理范围为由，决定终结了仲裁活动。原告对此不服，认为原、被告之间存在劳动关系，双方签订的劳动合同真实、合法、有效，请求法院判决确认原、被告之间的劳动合同有效。

被告某大药房连锁公司辩称：原告郭某与被告签订劳动合同时的身份为在校学生，根据原劳动部《关于贯彻执行〈中华人民共和国劳动法〉若干问题的意见》（以下简称《意见》）的规定，在校学生不具备劳动关系的主体资格。《工伤保险条例》也没有将在校学生纳入参保范围，也充分说明在校学生不属于劳动者的范畴。同时原告也不具备劳动合同约定的录用条件。被告在招聘简章及与原告签订的劳动合同中约定的录用条件是具备中专以上学历，而原告于2008年7月方毕业，其签约时并不具备被告要求的录用条件。因此，原、被告之间的合同名为劳动合同，实为实习合同，原、被告之间所建立的不是劳动关系，不属于劳动法调整的劳动法律关系。请求依法驳回原告的起诉。

南京市白下区人民法院一审查明：原告郭某系江苏广播电视大学（南京市莫愁中等专业学校办学点）药学专业2008届毕业生，于2008年7月毕业。2007年10月26日原告郭某被告某大药房连锁公司进行求职登记，并在被告某大药房连锁公司的求职人员登记表中登记其为南京市莫愁职业高级中学2008届毕业生，2007年是其实习年。2007年10月30日原告与被告签订劳动合同书一份，期限三年，从2007年10月30日起至2010年12月30日止；其中试用期60天，从2007年10月30日起至2007年12月30日止。合同还约定，录用条件之一为具备中专或中专以上学历；原告从事营业员工作；试用期满后月工资收入不少于900元，试用期工资标准不低于同工种同岗位职工工资的80%等。2008年7月21日，被告向南京市白下区劳动争议仲裁委员会提出仲裁申请，请求确认其与原告之间的劳动关系不成立。南京市白下区劳动争议仲裁委员会经审查，依据原劳动部《关于贯彻执行〈中华人民共和国劳动法〉若干问题的意见》，于2008年8月19日作出仲裁决定，以原告系在校学生，不符合就业条件，不具有建立劳动关系的主体资格，在校学生勤工助学或实习与用人单位之间的关系不属于《中华人民共和国劳动法》的调整范围，故被告与原告之间的争议，不属劳动争议处理范围为由，决定终结了被告诉原告的仲裁活动，并于 2008 年 8 月 27 日送达了仲裁决定书。

另查明，被告某大药房连锁公司原名江苏某大药房连锁有限公司，2008 年 7 月 21 日经南京市工商行政管理局白下分局核准更名为江苏益丰大药房连锁有限公司。以上事实有双方当事人陈述、求职人员登记表、劳动合同书、仲裁申诉书、仲裁决定书、招聘简章、南京市莫愁中等专业学校证明、江苏广播电视大学毕业证书、公司准予变更登记通知书等证据予以证实，足以认定。

本案一审的争议焦点是：原告郭某与被告某大药房连锁公司签订的劳动合同是否有效。

南京市白下区人民法院一审认为：首先，判断原告郭某与被告某大药房连锁公司签订的劳动合同是否有效，要看原告郭某是否具备劳动关系的主体资格。原告与被告某大药房连锁公司签订劳动合同时已年满 19 周岁，符合《中华人民共和国劳动法》规定的就业年龄，具备与用工单位建立劳动关系的行为能力和责任能力。《意见》第 4 条仅规定了公务员和比照实行公务员制度的事业组织和社会团体的工作人员，以及农村劳动者、现役军人和家庭保姆不适用劳动法，并未将在校学生排除在外，学生身份并不当然限制郭某作为普通劳动者加入劳动力群体。《意见》第 12 条规定："在校生利用业余时间勤工助学，不视为就业，未建立劳动关系，可以不签订劳动合同。"该条规定仅适用于在校生勤工助学的行为，并不能由此否定在校生的劳动权利，推定出在校生不具备劳动关系的主体资格。综上，法律并无明文规定在校生不具备劳动关系的主体资格，故原告能够成为劳动关系的主体。

其次，原告郭某于被告某大药房连锁公司处劳动的行为不属于《意见》第 12 条规定的情形。该条规定针对的是学生仍以在校学习为主，不以就业为目的，利用业余时间在单位进行社会实践打工补贴学费、生活费的情形。勤工助学和实习时，学生与单位未建立劳动关系，可以不签订劳动合同，不需要明确岗位、报酬、福利待遇等。本案中，郭某的情形显然不属于勤工助学或实习。郭某在登记求职时，已完成了全部学习任务，明确向某大药房连锁公司表达了求职就业愿望，双方签订了劳动合同书。郭某在与某大药房连锁公司签订劳动合同后，也按照规定内容为某大药房连锁公司付出劳动，某大药房连锁公司向郭某支付劳动报酬，并对其进行管理，这完全符合劳动关系的本质特征。故某大药房连锁公司辩称双方系实习关系的理由不能成立。

再次，原告郭某签约时虽不具备被告某大药房连锁公司要求的录用条件，但郭某在填写某大药房连锁公司求职人员登记表时，明确告知了某大药房公司其系 2008 届毕业生，2007 年是学校规定的实习年，自己可以正常上班，但尚未毕业。某大药房连锁公司对此情形完全知晓，双方在此基础上就应聘、录用达成一致意见，签订劳动合同。因此，劳动合同的签订是双方真实意思的表示，不存在欺诈、隐瞒事实或胁迫等情形，并没有违反法律、行政法规的规定，且郭某已于 2008 年 7 月取得毕业证书，某大药房连锁公司辩称郭某不符合录用条件的理由也不能成立。

综上，原告郭某与被告某大药房连锁公司存在劳动关系，双方签订的劳动合同合法、有效，对双方均具有法律约束力。据此，南京市白下区人民法院依照《中华人民共和国劳动法》第 17 条、第 18 条的规定，于 2008 年 11 月 18 日判决如下：原告郭某与被告某大药房连锁公司于 2007 年 10 月 30 日签订的劳动合同有效。

某大药房连锁公司不服一审判决，向南京市中级人民法院提起上诉，理由是：（1）被上诉人郭某身份为在校学生，其在实习期不能办理社会保险，该关系也不属于《中华人民共和国劳动法》的调整范围，因此，被上诉人不具备劳动关系的主体资格。（2）一审判决确认双方存在劳动关系显失公平。因被上诉人为在校学生，劳动保障部门不予办理社会保险，上诉人将承担相关法律责任和巨大风险。

被上诉人郭某辩称：一审判决认定事实清楚，适用法律正确，应予维持。南京市中级人民法院经二审，确认了一审查明的事实。

南京市中级人民法院二审认为：实习是以学习为目的，到相关单位参加社会实践，没有工资，不存在由实习生与单位签订劳动合同、明确岗位、报酬、福利待遇等情形。本案中，被上诉人郭某虽于 2008 年 7 月毕业，但其在 2007 年 10 月 26 日明确向上诉人某大药房连锁公司表达了求职就业愿望，并进行了求职登记，求职人员登记表中登记其为 2008 届毕业生，2007 年是其实习年。2007 年 10 月 30 日郭某与某大药房连锁公司自愿签订了劳动合同。某大药房连锁公司对郭某的情况完全知情，双方在此基础上就应聘、录用达成一致意见，签订了劳动合同，而且明确了岗位、报酬。该情形不应视为实习。郭某与某大药房连锁公司签订劳动合同时已年满 19 周岁，符合《中华人民共和国劳动法》规定的就业年龄，具备与用工单位建立劳动关系的行为能力和责任能力。《意见》第 12 条不能推定出在校生不具备劳动关系的主体资格。故上诉人的上述理由不能成立。

关于上诉人某大药房连锁公司认为确认双方劳动关系有效显失公平的上诉理由，法院认为，某大药房连锁公司与郭某签订劳动合同，是双方真实意思的表示，双方利益也不存在重大失衡，不应视为显失公平。

综上，上诉人某大药房连锁公司与被上诉人郭某双方签订的劳动合同是双方真实意思表示，且不违反法律、行政法规的禁止性规定，该劳动合同合法、有效，对双方均具有法律约束力。

一审判决认定事实清楚，适用法律正确，审判程序合法，应予维持。据此，南京市中级人民法院依照《中华人民共和国民事诉讼法》第 153 条第 1 款第 1 项的规定，于 2009 年 4 月 7 日判决如下：驳回上诉，维持原判。本判决为终审判决。

五、用人单位

用人单位，是指依法招用和管理劳动者，并按法律规定或合同约定向劳动者提供劳动条件，进行劳动保护，并支付劳动报酬的劳动组织。我国现阶段的用人单位包括企业、事业单位、国家机关、社会团体和个体经济组织，其中企业和个体经济组织是劳动法律关系的主要主体。

【案例 1－6】

杨某某诉重庆市某某建设有限公司确认劳动关系纠纷案①

重庆市某某建设有限公司承建了重庆市 A 药业有限公司物流配送中心工程。该工程经预验收后，某某建设公司聘请田某某到其承建的 A 公司物流配送中心工地清理杂物和建筑垃圾、擦窗户、玻璃等，报酬为 100 元/天或 120 元/天不等。2013 年 6 月27 日，田某某在收工回家途中发生交通事故受伤，后经抢救无效死亡。杨某某系田某某之夫。杨某某现起诉要求确认田某某与某某建设公司之间存在劳动关系。

【案例分析】根据《劳动和社会保障部关于确立劳动关系有关事项的通知》的规定，用人单位招用劳动者未订立书面劳动合同，但同时具备下列情形的，劳动关系成立：（1）用人单位和劳动者符合法律、法规规定的主体资格；（2）用人单位依法制定的各项劳动规章制度适用于劳动者，劳动者受用人单位的劳动管理，从事用人单位安排的有报酬的劳动；（3）劳动者提供的劳动是用人单位业务的组成部分。本案中，某某建设公司承建的 A 公司物流配送中心工程经预验收后，某某建设公司招用田某某到工地清理杂物和建筑垃圾、擦窗户、玻璃等，此项工作具有临时性、短期性的特征，某某建设公司按工作天数向田某某支付报酬，且某某建设公司并不需要对田某某的工作过程进行监督、管理，只需对工作成果进行验收，故不应认定某某建设公司和田某某构成劳动关系。

本案的裁判要旨是：确认劳动者与用人单位之间是否存在事实劳动关系应当根据《劳动和社会保障部关于确立劳动关系有关事项的通知》第 1 条确定的标准进行审查。如果劳动者从事的劳动具有临时性、短期性的特征，劳动者不接受用人单位的管理，用人单位的规章制度也不适用于劳动者，用人单位向劳动者支付的劳动报酬具有不固定性的，则不宜认定双方之间存在事实劳动关系。

---

① 刘俊：《劳动与社会保障法学》，高等教育出版社 2017 年版，第 23 页。

第三节　劳动法与其他部门法的关系

要正确理解劳动法的特征，则需把劳动法和其他相关部门法予以比较。

一、劳动法与民法

1. 调整的对象不同。民法主要是适应商品经济的需要而产生和发展的。民法调整的对象是调整平等主体之间的财产关系以及人身关系，而劳动法调整的对象则是劳动关系以及与劳动关系有密切联系的其他关系。

2. 法律关系的主体不同。民事法律关系的主体可以双方可能都是公民、法人，或一方是公民另一方是法人，而劳动法律关系的主体一方必须是公民即劳动者，另一方当事人是用人单位。

3. 调整的原则不同。民法所调整的财产关系主要是商品关系，财产转移依等价有偿的原则进行，而我国劳动法所调整的劳动关系也包括一定财产关系的内容，但调整工资遵循的是按劳分配的原则，调整社会保险待遇遵循的是物质帮助的原则。

二、劳动法与经济法

1. 调整的对象不同。经济法调整的是由国家干预和纵向管理经济形成的，以国家为一方主体同其他各方主体之间的特定经济关系，而劳动法主要是调整劳动者与用人单位之间的劳动关系。

2. 目的不同。经济法的任务在于加强国家对经济活动的宏观调控和提高企业的经营管理水平与经济效益。劳动法的任务在于保护劳动关系双方的合法权益，特别是侧重于保护劳动者的合法权益，进而促进社会生产力的发展。

三、劳动法与行政法

1. 调整的对象不同。行政法调整的对象主要是国家行政机关行使国家行政职能活动中所发生的社会关系。劳动法调整的对象主要是劳动者与用人单位在劳动过程中发生的劳动关系。

2. 法律关系的主体不同。行政法律关系的主体范围是十分广泛的，但一方必定是国家行政机关。劳动法律关系则是发生在劳动者与用人单位之间，劳动法律关系主体的一方必定是劳动者。

3. 法律关系产生根据不同。行政法律关系是国家行政机关在执行职务活动中产生的，这种法律关系只要具有该项职权的国家机关单方意思表示即可产生，无须征得另一方当事人的同意，而劳动法律关系则是根据劳动法律、劳动合同和集体合同产生的。

第四节　劳动法的基本原则

一、劳动法基本原则概念

劳动法基本原则是国家在劳动立法中所体现的指导思想和在调整劳动关系以及与劳动关系密切联系的其他社会关系时应遵循的基本准则。

劳动法的基本原则应当符合四个条件：它必须贯穿于劳动法律条文始终，体现劳动立法的核心和灵魂；它是执法的基本准则，具有劳动法律规范的最高效力，各项劳动法律制度和劳动法规的内容都不得与劳动法基本原则相抵触，对违背基本原则的行为，劳动法不仅不予确认和保护，而且要追究违法行为人的法律责任；它必须在指导劳动立法和约束劳动执法中具有相对的稳定性；它必须对劳动立法、劳动守法和执法具有普遍的指导意义。

二、劳动法基本原则的内容

根据我国社会主义市场经济制度和劳动法的基本要求，结合法律部门基本原则的确认依据，劳动法的基本原则应为以下五项：

（一）维护劳动者合法权益与兼顾用人单位利益相结合的原则

维护劳动者合法权益原则在我国劳动法中体现在三个方面：其一，法律、法规明确规定了劳动者应享有的基本权利和在各个劳动环节中的具体权利。其二，《劳动法》《劳动合同法》具体规定了用人单位必须履行的劳动义务。其三，在特定情形下，对用人单位和劳动者利益保护出现冲突时，应注重保护劳动者的利益。

劳动法在突出体现保护劳动者合法权益的同时，也兼顾维护用人单位的利益。其一，从法律中权利、义务相一致的原则来讲，劳动者享有劳动权利是以履行劳动义务为前提的。法律不允许任何主体只享有权利而不履行义务，或者只履行义务而不享有权利。例如，我国《劳动法》第3条第1款规定了劳动者应享有的基本权利，第2款就规定了劳动者的基本义务。其二，劳动法适应市场经济的客观要求，在维护用人单

位的利益方面也有具体的规定。例如，《劳动法》规定，用人单位有招收录用职工的
自主权；有依法自主确定本单位的工资分配方式和工资水平权；在劳动者严重违纪，
或者不能胜任工作，或者患病及非因工负伤超过医疗期限，以及在用人单位生产经营
状况发生严重困难等情况下，享有解除劳动合同的权利等。这些都是为维护用人单位
的利益所作的规定。而用人单位提高了效益，得到了发展，反过来又为劳动者各项权
利的实现打下了基础。

（二）贯彻以按劳分配为主的多种分配方式与公平救助相结合的原则

"各尽所能、按劳分配、同工同酬"的基本要求是：第一，每一个具有劳动能力
的公民，都有平等的权利和义务，都应尽自己的能力为社会劳动。第二，用人单位应
以劳动为尺度，按照劳动的数量和质量给劳动者支付劳动报酬。在贯彻按劳分配原则
时，还要求正确处理生产与生活的关系。公平救助原则的实现受制于按劳分配原则的
贯彻，只有真正贯彻按劳分配原则，调动广大劳动者的劳动积极性，创造出更多、更
丰富的物质财富，才能使公平救助原则得到充分的体现。第三，劳动者不分性别、年
龄、民族和种族，等量劳动（包括数量、质量与贡献）应当取得等量报酬。在我国
分配制度中，要真正贯彻按劳分配原则，应当注意做到：①要体现奖勤罚懒、奖优罚
劣；②要体现多劳多得、鼓励多作贡献；③要体现效益分配优先兼顾公平；④要体现
脑力劳动与体力劳动、复杂劳动和简单劳动之间的差别。

（三）坚持劳动者平等竞争与特殊劳动保护相结合的原则

建立劳动者平等竞争机制，是发展社会主义市场经济、提高劳动生产率的客观要
求，也是劳动者在法律上一律平等原则的重要体现。我国《劳动法》首先明确规定
了劳动者有平等的就业和选择职业的权利，即劳动者不论性别、民族、出身及财产状
况等，有权就业，并通过劳动获取劳动报酬；有权参与平等竞争，选择适合自己特点
的职业和用人单位；有权利用国家和社会所提供的各种就业保障条件，以提高就业能
力和增加就业机会。其次，劳动者在劳动报酬、劳动安全卫生保护、劳动保险、职业
培训、劳动争议处理等方面一律平等地受到劳动法律、法规的保护，而不问劳动者是
在全民所有制单位就业，还是在其他非全民所有制单位就业。

【案例 1-7】

浙江某烹饪学校侵犯女性平等就业权案①

7月8日，郭某通过杭州市西湖区人民法院起诉某烹饪学校（招聘广告上为某烹

---

① 刘俊：《劳动与社会保障法》，高等教育出版社 2017 年版，第 80 页。

饪学校，注册名为杭州市西湖区某烹饪职业技能培训学校）。在应聘该企业的文案这一职位时，她多次被以"限招男性"为由拒绝，对于这种不问能力只问性别的歧视行为，她选择了向法院提起诉讼。几经辗转后，法院最终在8月13日决定受理本案，并于9月10日进行了公开审理。11月12日，法院判决郭某胜诉认定某烹饪学校就业性别歧视成立，并判决某烹饪学校赔偿精神损害抚慰金2000元。对于这样的结果，郭某表示不满意，"杭州某烹饪学校对女性的性别歧视对我造成了极大影响，必须要道歉"。于是，她决定提起上诉。

根据我国相关法律规定，劳动者享有平等就业的权利，劳动者就业不因性别等情况不同而受歧视，国家保障妇女享有与男子平等的劳动权利，用人单位招用人员，除国家规定的不适合妇女的工种或者岗位外，不得以性别为由拒绝录用妇女或者提高对妇女的录用条件。在本案中，杭州某烹饪学校需招聘的岗位为文案策划，但并未举证证明该岗位属于法律、法规所规定的女职工禁忌从事的工作，根据其发布的招聘要求，女性完全可以胜任该岗位工作，其所辩称的需招录男性的理由与法律不符。在此情况下杭州某烹饪学校不对郭某是否符合其招聘条件进行审查，而直接以她为女性、其需招录男性为由拒绝郭某的应聘，其行为侵犯了她平等就业的权利，给郭某造成了一定的精神损害，故郭某要求被告赔偿精神损害抚慰金的理由充分。至于具体金额，法院根据学校在此过程中的过错程度及给郭某造成的损害后果，酌情确定为2000元。至于郭某要求学校书面赔礼道歉的请求，法院认为法律依据不足，不予支持。

劳动法在坚持劳动者平等竞争原则的同时，还必须注重对特殊劳动者的劳动保护。由于生理方面和社会方面的种种原因，在劳动者中不可避免地形成一些特殊劳动者群体，为使他们真正与其他劳动者处于平等的法律地位，必须给他们以特殊劳动保护。例如我国劳动法特殊保护的对象是女职工、未成年工、残疾劳动者、少数民族劳动者及退役军人劳动者等。《劳动法》第14条规定："残疾人、少数民族人员、退出现役的军人的就业，法律、法规有特别规定的，从其规定。"第58条规定："国家对女职工和未成年工实行特殊劳动保护。"

（四）实行劳动行为自主与劳动标准制约相结合的原则

在劳动力市场中，用人单位作为劳动关系的一方当事人是独立面向市场的主体，享有用人自主权，即按照自己的需要和意愿去寻找确定劳动关系的另一方当事人；劳动者作为劳动力的所有者，按照择业自主、就业自愿的原则而成为劳动关系的另一方主体。用人单位与劳动者经过互相选择，在平等自愿、协商一致的基础上，通过签订劳动合同，确立劳动关系。他们离开劳动力市场进入劳动过程之后，用人单位由于生产过程的分工和竞争的需要，享有法律赋予的劳动管理自主权、劳动分配自主权及辞退权等；劳动者则是自愿接受这些条件而成为单位集体劳动的一员。这些都充分体现了劳动行为自主的原则。

在实行劳动行为自主的同时，必须看到，劳动法律关系当事人之间具有职责上的从属关系和劳动力人身性质的特点，因此要求国家制定劳动标准，明确规定劳动的基本条件，以制约用人单位的行为，保护劳动者的合法权益。我国劳动法规定的工作时间制度、最低工资制度、女职工和未成年工的特殊劳动保护制度等，均属于劳动标准制度。

（五）坚持法律调节与三方对话相结合的原则

在我国社会主义市场经济体制下，劳动力资源的配置以市场为手段，劳动关系的确立与运行要求以法律制度作保障，劳动关系运行中出现的当事人之间的冲突与矛盾也必须依据劳动法律、法规处理，这些都是不言而喻的。但是劳动关系的多变性与复杂性及劳动标准的基准性特点，又使劳动者、用人单位、政府三方代表协商对话机制成为劳动法的原则。

劳动法中所称的三方性原则，是指政府、工会组织、用人单位组织三方在平等的基础上，通过一定的组织机构和运作机制，共同对有关劳动关系的重大问题（劳动立法、经济与社会政策的制定、就业与劳动条件、工资水平、职业培训、社会保障、职业安全与卫生、劳动争议处理以及对产业行为的规范与防范等）进行规范和协调处理。

【思考题】

1. 简述劳动法的概念和性质。
2. 简述劳动法的基本原则。
3. 简述劳动法与民法、行政法、经济法的区别。
4. 简述劳动法的适用范围。

第二章

劳动法的调整对象

本章的学习要点在于深入理解劳动法的调整对象，学会区分劳动关系、劳务关系与雇佣关系之间的差别，掌握我国劳动法的适用范围。

特定的调整对象，是独立的法律部门之间相互区分的主要界限。劳动法作为独立的部门法，正是因为其调整对象的特殊性，与民法、行政法等其他法律规范区别开来。只有深入理解劳动法调整的劳动关系的特征，才能准确把握《劳动法》的适用范围。

【案例 2 - 1】

形成劳动关系还是劳务关系？①

A 公司主要从事床上用品的生产、销售，生产季节性较强，每年 7 月至 9 月是生产旺季。朱某自 2001 年以来，自带其本人的小货车至该公司从事运输工作。双方约定 A 公司每月支付朱某报酬 2000 元，油费、过路费、违章罚款等费用均由 A 公司支付。期间，朱某日常生活起居均在公司内。某日，朱某受 A 公司指派在购买发动机途中发生交通事故死亡。朱某之妻向当地劳动保障部门申请工伤认定。劳动部门审查后认为朱某自备劳动工具为 A 公司提供劳动服务，具有临时性、短期性的特点，且双方不存在管理与管理的社会关系。遂作出工伤调查结论，认定朱某与 A 公司之间是劳务关系而非劳动关系，不属于该局管辖范围。朱某之妻不服，起诉至法院，请求依法撤销劳动部门作出的工伤调查结论。法院受理后，因 A 公司与该案有利害关系，依法追加 A 公司为第三人参加诉讼。

【案例分析】在本案中，朱某与 A 公司似乎形成劳务关系，因为：（1）朱某自备车辆为 A 公司提供运输。一般劳动关系中，生产工具是由用人单位提供的，而劳务

---

① 方莎、李斯怡：《劳动与社会保障法》，对外经济贸易大学出版社 2012 年版，第 15~16 页。

关系里，生产工具通常是服务方自己提供的。（2）朱某只在每年7月至9月的生产旺季阶段进入A公司工作，似乎符合劳务关系"临时性、短期性"的特点。（3）A公司对朱某上下班的时间没有明确规定，用车以外的时间自由支配度较大，与一般劳动关系中用人单位与劳动者之间严格的管理与被管理关系有一定程度的差异。

然而，在我国劳动关系的内涵发生重大变化、劳动关系与劳务关系的客观特征正逐步模糊的背景下，人民法院应从保护劳动者合法权益的立法精神出发，突破现行法律的狭隘界定和传统观念的惯性影响，对劳动关系做合理的扩大解释，从实质上灵活把握劳动关系与劳务关系的界限。人民法院对该案的审理即充分地体现了这一点。

我国劳动法的调整对象包括两方面的关系：一是劳动关系；二是与劳动关系有密切联系的其他社会关系。在这两类社会关系中，劳动关系是我国劳动法调整的主要对象。

第一节　劳　动　关　系

一、劳动关系的内涵、特征

劳动法中所称的劳动关系，是指劳动力所有者与劳动力使用者之间在实现劳动过程中发生的关系，即为实现劳动目的，在劳动过程中劳动者与用人单位之间产生的社会利益关系。作为劳动法调整对象的劳动关系与其他社会关系相比较，具有以下几个方面的特征：

（一）劳动关系双方主体明确

劳动关系只能在劳动者和用人单位之间产生。劳动关系的一方当事人劳动者为劳动力的所有者、出卖者；另一方用人单位为生产资料的占有者、劳动力的使用与支配者、资本的受益者。劳动者和用人单位只有在劳动过程中形成的关系，才属于劳动法调整的范围。

（二）劳动关系主体双方既平等又从属

劳动者和用人单位在平等自愿的基础上就劳动内容进行洽谈、协商，主体双方地位平等，在法律上享有平等的权利。但劳动关系建立后，劳动者成为用人单位的职员，被纳入用人单位的组织体系之中，用人单位成为劳动力的支配者与管理者。劳动过程中，劳动者受用人单位意志的支配，在用人单位的指挥与管理下遵守单位的规章制度与劳动规则，具有从属性。

（三）劳动关系主体双方既对抗又合作

劳动关系成立后，劳动者最大的利益诉求在于工资福利最大化，而用人单位则追求利润最大化，双方的关系时刻处于冲突与矛盾中。而在双方博弈中，劳动者与用人单位基于利益共生，又相互依存，相互合作，共同寻求双方利益最大化。

（四）劳动关系的内容固定

劳动是劳动关系的内容，也是劳动关系成立的目的。劳动关系形成后，劳动力与生产资料相结合，劳动者将其劳动力交由用人单位使用，用人单位提供生产资料并支付给劳动者工资报酬，劳动作为劳动关系的内容相对固定。劳动关系的目的在于实现劳动过程，而非劳动成果的给付，把劳动关系与劳务关系区分开来。

【案例 2 - 2】

小王与企业存在劳动关系吗？①

2010 年小王通过熟人介绍进入本市一家私营企业，为老板开车。由于小王是通过熟人介绍来的，所以企业也未与其签订劳动合同，每月支付其工资 2500 元。小王早晨 8 点钟不到接老板到企业，晚上 7 点送老板回家，有时候晚上还要送老板去应酬。除了每天接送老板外，办公室还要安排其外勤工作，有时还要为老板家里办事，小王也从不计较上下班时间。但是 2011 年"五一"刚过，企业人事部门突然口头通知小王第二天可以不用来上班了。小王无缘无故被解雇，十分不解，就去找人事部门，要求留下来，人事部门没有同意。无奈之下，小王就要求企业为其办理招退工手续，并为其缴纳社会保险费。人事部门则回答他，当初是通过朋友熟人关系弄进来的，看在朋友的面子上，给你一口饭吃，你与企业根本不存在劳动关系，所以无需为你办理招退工登记手续和缴纳社会保险费。小王据理力争，遂将企业告到劳动仲裁，要求企业办理招退工登记手续及缴纳社会保险费。

【案例分析】本案争议的焦点是：用人单位制定的规章制度适用于职工，职工受用人单位的管理，并且从事用人单位安排的有劳动报酬的劳动，同时职工提供的劳动是用人单位业务的组成部分，那么该职工与用人单位是否同时具有劳动关系？劳动和社会保障部《关于确立劳动关系有关事项的通知》第 1 条规定："用人单位招用劳动

---

① 方莎、李斯怡：《劳动与社会保障法》，对外经济贸易大学出版社 2012 年版，第 30～31 页。

者未订立书面劳动合同，但同时具备下列情形的，劳动关系成立。（一）用人单位与劳动者符合法律、法规规定的主体资格；（二）用人单位依法制定的各项劳动规章制度适用于劳动者，劳动者受用人单位的劳动管理，从事用人单位安排的劳动管理，从事用人单位安排的有报酬的劳动；（三）劳动者提供的劳动是用人单位业务的组成部分。"由此可见，小王与企业虽未签订劳动合同，但是小王平时按照企业的规章制度从事工作，受企业的劳动管理，从事企业安排的有报酬的劳动，并且小王平时按照企业的规章制度从事工作，受企业的劳动管理，从事企业安排的有报酬的劳动，并且小王提供的劳动是企业生产业务的组成部分。企业以通过朋友熟人介绍，帮朋友解决困难为由，否认与小王存在劳动关系说法缺乏法律依据。因此，劳动仲裁委员会确认，双方存在劳动关系，并裁决企业在规定的期限内为小王办理招退工登记备案手续和缴纳社会养老保险费。

二、劳动关系、劳务关系与雇佣关系

学理上，一般认为，劳务关系基于劳务合同而产生，是指劳动者与用工者根据口头或书面约定，由劳动者向用工者提供一次性的或者是特定的劳动服务，用工者依约向劳动者支付劳务报酬的一种法律关系。雇佣关系基于雇佣合同而产生，是指雇员在一定或不特定的期间内，接受雇主的指挥与安排，向雇主提供劳务，而雇主向雇员支付报酬的权利义务关系。

从概念上看，劳动关系、劳务关系与雇佣关系，都是因为一方提供劳动，另一方支付报酬而形成的社会关系，难以完全把握三者的差异。但细分析其法律特征，则可看出其不同之处。

（一）劳动关系和劳务关系的区别

1. 两者产生的依据与适用的法律不同。劳动关系基于劳动合同而产生，由劳动法和劳动合同法规范调整；劳务关系基于劳务合同而产生，由民法、合同法、经济法调整。

2. 主体资格及关系性质不同。劳动关系的主体只能一方是用人单位，另一方是劳动者个人，双方主体间不仅存在着财产关系，还存在着人身隶属关系；劳务关系的主体一方或双方既可以是法人，也可以是其他组织，还可以是自然人。双方主体之间只存在财产关系，彼此之间无隶属关系，没有管理与被管理、支配与被支配的权利和义务，劳动者提供劳务服务，用人单位支付劳务报酬，各自独立、地位平等。这是劳动关系与劳务关系最基本、最明显的区别。

3. 生产资料的提供与劳动风险的责任承担主体不同。劳动关系中，劳动者以用人单位的名义，利用用人单位的生产资料工作，其提供劳动的行为属于职务行为，因此在完成劳动过程中的伤亡，只要不是劳动者的故意行为造成的伤害，即使是劳动者过失违章行为所致，都应认定为工伤。工伤事故的损害赔偿，适用无过错原则。也即，用人单位即使没有过错，仍然应当对遭受工伤的劳动者承担赔偿责任。

劳务关系中，提供劳务的一方一般利用自己的生产资料进行劳务活动，自行组织劳务活动并自担风险。劳务提供方以本人的名义从事劳务活动，有权自行支配劳动，由于自身的过错给本人或者第三人的人身、财产造成损害的，适用过错原则，劳动风险责任自行承担。

4. 内容受国家干预程度不同。劳动合同的条款及内容可以主体双方协商约定，但约定不得违背国家强制性法律规范。如双方约定的劳动报酬不得低于最低工资，用人单位对职工遵守内部规章制度的情况有进行奖惩的单方权力，但不得违背相关强制性法律规定。劳务合同受国家干预程度低，合同内容主要取决于双方当事人的意思自治，除违反国家法律、法规的强制性规定外，由双方当事人自由协商确定。劳务关系双方发生争议，劳务合同本身可以作为解决争议的依据。

5. 参与经营管理的权利不同。劳动关系中，劳动者有权通过工会、职工大会、职工代表大会、监事会等途径参与企业的民主管理，就高级管理人员的任免、经营决策、职工奖惩、工资制度、生活福利、劳动保护和保险等事项行使批准、提议或发表意见等权力。但是，作为劳务合同关系中的劳务提供者，则不是企业的内部员工，不享有上述权力，无权干涉或者参与企业的生产经营管理。

6. 报酬的性质与主体的待遇不同。劳动关系中，一般遵循按劳分配为主、其他分配方式为辅的原则，劳动者付出劳动力，用人单位一般除了按月有规律地支付给劳动者劳动力的价格，即工资报酬外，还必须给劳动者缴纳社会保险、提供福利待遇等，其中工资应当以法定货币支付，不得以实物及有价证券替代货币支付；而劳务关系中，劳务关系的给付内容是劳务行为的物化或非物化成果，一般按等价有偿的市场原则支付商品价格，即劳务费，劳务费的多少，完全由双方当事人协商确定，可以用货币、实物或有价证券等方式支付，可以分期或者一次性支付。

7. 违反合同产生的法律责任及纠纷处理方式不同。劳动合同不履行、非法履行所产生的责任不仅有民事的违约责任与损害赔偿责任，还有行政责任，如用人单位支付劳动者的工资低于当地的最低工资标准，劳动行政部门责令用人单位限期补足低于标准部分的工资，拒绝支付的劳动行政部门同时还可以给用人单位警告等行政处罚。劳动合同纠纷发生后，部分劳动争议适用劳动仲裁前置程序，一般应先到劳动仲裁委员会申请仲裁，不服裁决的在法定期间内才可以到人民法院起诉。

违反劳务合同所产生的责任，只有民事违约责任和侵权责任，不存在行政责任。劳务合同纠纷出现后可以诉讼，也可以经双方当事人协商解决。

（二）劳动关系和雇佣关系的区别

国际劳工会议 2003 年第 91 届会议指出，雇佣关系是在一位被称为"雇员"或"工人"的自然人，和另一位被称为"雇主"的人之间建立的一种法律联系，前者为后者提供服务，并根据一定条款获得报酬。《最高人民法院关于审理人身损害赔偿案件适用法律若干问题的解释》第 9 条规定，雇佣活动，是指从事雇主授权或者指示范围内的生产经营活动或者其他劳务活动。雇员的行为超出授权范围，但其表现形式是履行职务或者与履行职务有内在联系的，应当认定为从事雇佣活动。

1. 主体资格及地位不同。劳动关系的主体是用人单位和劳动者。用人单位主要指我国境内的企业、个体经济组织、民办非企业单位等组织，同时包括与劳动者建立劳动关系的国家机关、事业组织、社会团体。依照《工伤保险条例》第 2 条和第 63 条的规定，非法用工单位和劳动者发生的劳动关系也按照劳动关系处理。因此，如果用工主体仅因为违反法律规定没有办理获得合法主体资格的手续，但已经具备了"用人单位"的其他形式要件，也可以将其认定为劳动中的"用人单位"，只是该"用人单位"是非法的（至于其自身的违法问题，应当由工商部门予以纠正）。劳动关系中的劳动者只能是自然人。用人单位与劳动者之间既平等又隶属、既对抗又合作。

雇佣关系中的用工主体范围相当广泛，可以是自然人、法人或其他组织。雇佣关系的主体是雇主和雇员，雇员只能是自然人。雇佣关系中主体地位是平等的。它们之间是一种"劳务"与"报酬"之间的交换，受雇人可以不遵守雇佣方的内部规定（当然也不享受雇佣方的福利待遇），受雇人还可以同时选择给两家以上的雇佣方提供劳务。

2. 法律干预程度不同。雇佣关系是一种私法上的关系，强调当事人双方的意思自治，只要当事人双方的约定不违反法律的强行性规定，不违反公序良俗，国家就不予干预，其权利义务的调整主要参照《民法通则》《合同法》等民事法律规范。而对于劳动关系则有大量的劳动法规予以规制，比如劳动法对工作时间、最低工资、休息制度、工伤保险等。调整其权利义务的法律是介乎公私法之间的中间法——西方法学界称为"社会法"。法律对劳动关系的干预程度要高于雇佣关系。

3. 处理机制不同。雇佣关系中发生的纠纷应当按照民事争议处理，而劳动争议的解决则应该按照劳动法的相关规定。按照现行的劳动法律规范，发生劳动争议必须先进行劳动仲裁，如果不服仲裁才能向法院起诉。而雇佣关系中发生纠纷，可以直接向人民法院起诉，不需要经过仲裁程序。

【案例2-3】

雇主身份朦胧，民工遭遇欠薪维权无门[①]

赵某祖籍河北，2001年经朋友介绍，他到北京顺义区影剧院一个工地打工。工作期间，大家都管工头叫老魏。同年10月底，赵某想离开该工地，要求老魏给自己结账，后将老魏起诉到北京市顺义区人民法院，称老魏尚欠自己工资3000元，并提供了一张记工单，记工单上载明"欠三千元正"，署名为"魏天华"。法院按原告提供的电话号码传讯"魏天华"，对方称："你打错了。"后该院又以司法专邮送达起诉状等诉讼材料，但被退回，退回回执上记载，查无此人。

为了保护农民工合法权益，法院决定按原告提供的地址进行直接送达，但经向该村村民委员会调查，该村只有一户姓魏的，此人确实常年在外承揽工程，但其名为魏华，且此人现在在外地施工。法院向赵某说明情况，赵某表示先撤回起诉，但在撤诉当天，赵某就又将魏华作为被告起诉到了法院。法院依法将诉讼材料及开庭传票送达到了魏华手中，开庭时，魏华准时到庭参加了诉讼。在核对当事人时，赵某表示魏华就是老魏，也是以魏天华名义给自己出具欠条的人。

法庭调查时，赵某简单地陈述了事实经过，并再次言明被告魏华就是魏天华。而魏华答辩时称，赵某的确是在自己的影剧院工地干过活，但在其离开工地时，自己已经将赵某所有应得工资给付了赵某，自己也未给赵某出具过任何欠条等手续，魏天华与自己无任何关系，自己也不认识魏天华这个人，既然自己不欠赵某工资，赵某就不应当起诉自己，赵某认为自己就是魏天华应当提供相应证据。赵某对魏天华即魏华的主张未提供任何证据。开庭后，赵某认识到自己证据不足，故撤回了起诉。

问题：雇主身份朦胧，农民工遭遇欠薪维权无门吗？

【案例分析】雇主拖欠农民工工资的手法很多，本案算得上一种"高明"的方式了。但不等于说农民工的工资就打了水漂。针对实践中雇主利用劳动关系认定上的困难来损害劳动者合法权益的现象，劳动和社会保障部2005年5月25日颁布实施了《关于确立劳动关系有关事项的通知》，针对用人单位招用劳动者不签订劳动合同，发生劳动争议时因双方劳动关系难以确定，致使劳动者合法权益难以维护的情况，就用人单位与劳动者确立劳动关系的有关事项作出了新的规定：（1）用人单位招用劳动者未订立书面劳动合同，但同时具备下列情形的，劳动关系成立。①用人单位和劳动者符合法律、法规规定的主体资格；②用人单位依法制定的各项劳动规章制度适用于劳动者，劳动者受用人单位的劳动管理，从事用人单位安排的有报酬的劳动；③劳动者提供的劳动是用人单位业务的组成部分。（2）用人单位未与劳动者签订劳动合

---

① 黎建飞：《劳动与社会保障法教程》，中国人民大学出版社2013年版，第121~123页。

同，认定双方存在劳动关系时可参照下列凭证：①工资支付凭证或记录（职工工资发放花名册）、缴纳各项社会保险费的记录；②用人单位向劳动者发放的"工作证"、"服务证"等能够证明身份的证件；③劳动者填写的用人单位招工招聘"登记表"、"报名表"等招用记录；④考勤记录；⑤其他劳动者的证言等。其中，①、③、④项的有关凭证由用人单位负举证责任。（3）用人单位招用劳动者符合第一点规定的情形的，用人单位应当与劳动者补签劳动合同，劳动合同期限由双方协商确定。协商不一致的，任何一方均可提出终止劳动关系，但对符合签订无固定期限劳动合同条件的劳动者，如果劳动者提出订立无固定期限劳动合同，用人单位应当订立。用人单位提出终止劳动关系的，应当按照劳动者在本单位工作年限每满 1 年支付 1 个月工资的经济补偿金。（4）建筑施工、矿山企业等用人单位将工程（业务）或经营权发包给不具备用工主体资格的组织或自然人，对该组织或自然人招用的劳动者，由具备用工主体资格的发包方承担用工主体责任。（5）劳动者与用人单位就是否存在劳动关系引发争议的，可以向有管辖权的劳动争议仲裁委员会申请仲裁。就本案而言，法院至少还可以通过"其他劳动者的证言等"来确认彼魏华就是此魏天华；也还可以追加赵某劳动所在的影剧院工地，以该工地的发包方或者承包工程的建筑单位作为被告。因为2005 年 5 月 11 日，劳动和社会保障部、建设部、全国总工会颁布实施了《关于加强建设等行业农民工劳动合同管理的通知》，要求加强建设等行业农民工劳动合同管理，维护农民工的合法权益。其中的重要内容就是规范签订劳动合同行为：用人单位使用农民工，应与农民工签订书面劳动合同，并向劳动保障行政部门进行用工备案。劳动合同必须由具备用工主体资格的用人单位与农民工本人直接签订，不得由他人代签。建筑领域工程项目部、项目经理、施工作业班组、包工头等不具备用工主体资格，不能作为用工主体与农民工签订劳动合同，甚至还可以对赵某所持工资欠条进行笔迹鉴定。当然，也可以让赵某依据"劳动者与用人单位就是否存在劳动关系引发争议的，可以向有管辖权的劳动争议仲裁委员会申请仲裁"的规定先行仲裁。但这确实增加了劳动者的诉累。对于劳动争议案件，要在条件允许的情况下依法采取简易程序，做到快立案、快审案、快结案。对涉及用人单位拖欠工资、工伤待遇的争议要优先受理、裁决。对生活困难的农民工，减免应由农民工本人负担的仲裁费用，切实解决农民工申诉难的问题。

（三）雇佣关系和劳务关系的区别

当双方主体均为自然人时，由于法律并没有明确界定劳务关系与雇佣关系的概念，对这两种关系的理解，易产生混淆，有必要从细节方面对二者进行区分。

1. 主体资格及地位不同。在劳务关系中，劳务关系的双方主体既可以是自然人，也可以是法人或其他经济组织，其双方主体比较多元化。劳务关系主体之间不存在人身隶属关系或人身依附关系，双方地位平等。

在雇佣关系中，雇员只可能是自然人，不存在法人或其他经济组织作为雇佣关系中的雇员。根据《人身损害赔偿解释》第 9 条第 2 款对"从事雇佣活动"的解释可知，雇员必须根据雇主授权或指示范围内从事生产经营活动或者其他劳务活动。所以，雇员要接受雇主的管理，服从雇主的指挥，双方之间存在着一定的隶属关系与人身依附关系。

2. 工作条件提供主体不同。劳务关系中的劳务提供方，一般自备生产工具，工作场所根据提供劳务的需要随时变动；雇佣关系中，雇员一般在雇主指定的工作场所，利用雇主提供的生产资料进行劳动。

3. 关系存续期间长短不同。劳务关系中，在劳动方完成与用工方约定的劳务后，双方关系就自然解除。因此，劳务关系的存续时间比较短。而雇佣关系因为雇主所需要的劳务量相对比较大，技术含量也要高于劳务关系，因此，雇佣关系的存续期间要长于劳务关系。

4. 责任承担不同。劳务关系遵循《民法通则》和《合同法》规定的平等、自愿和公平原则进行，法律并没有强制要求用工方必须履行为劳动方提供劳动保护和安全的义务。《侵权责任法》第 35 条规定：……提供劳务一方因劳务自己受到伤害的，根据双方各自的过错承担相应的责任。在双方主体均为自然人的劳务关系中，接受劳务的一方对于提供劳务的一方因劳务自己受到损害的，承担的是过错责任。

在雇佣关系中，雇员与雇主的关系除了受《合同法》调整外，同时，雇主还必须保证雇员的劳动安全，否则，在雇员因从事雇佣活动遭受人身损害，无论雇主是否存在过错，都应当承担民事赔偿责任。根据《最高人民法院关于审理人身损害赔偿案件适用法律若干问题的解释》第 11 条规定，雇员在从事雇佣活动中遭受人身损害，雇主应当承担赔偿责任。雇佣关系以外的第三人造成雇员人身损害的，赔偿权利人可以请求第三人承担赔偿责任，也可以请求雇主承担赔偿责任。雇主承担赔偿责任后，可以向第三人追偿。雇员在从事雇佣活动中因安全生产事故遭受人身损害，发包人、分包人知道或者应当知道接受发包或者分包业务的雇主没有相应资质或者安全生产条件的，应当与雇主承担连带赔偿责任。由此可见，在雇佣关系中，雇主对雇员因雇佣活动遭受人身损害，要承担无过错责任。

第二节　与劳动关系密切相关的其他社会关系

劳动法调整的对象除了劳动关系之外，还包括与劳动关系密切相关的其他社会关系，也可称为"附随关系"或"附随劳动关系"，指为了实现劳动关系，劳动者或者用人单位与劳动关系相关人，或者双方均为劳动关系相关人所产生的社会关系。这些关系本身虽然不是劳动关系，但又与劳动关系的产生、发展、消灭等密切相关，因此，被纳入劳动法调整的范畴。

附随劳动关系主要包括以下社会关系：劳动行政部门与用人单位形成的劳动行政关系；劳动服务主体与用人单位、劳动者之间由于为劳动关系的运行，提供社会服务而发生的社会关系；劳动者团体（工会）与用人单位团体之间，劳动者团体（工会）与其成员或用人单位之间、用人单位团体与其成员或劳动者之间，由于协调劳动关系和维护劳动关系当事人利益而发生的社会关系；社会保险机构与用人单位及劳动者之间因执行社会保险而发生的执行社会保险方面的关系；劳动争议处理机构与用人单位、劳动者之间因调解、仲裁而发生的社会关系等。

第三节　我国劳动法的适用范围

我国《劳动合同法》第2条规定，中华人民共和国境内的企业、个体经济组织、民办非企业单位等组织（以下称用人单位）与劳动者建立劳动关系，订立、履行、变更、解除或者终止劳动合同，适用本法。国家机关、事业单位、社会团体和与其建立劳动关系的劳动者，订立、履行、变更、解除或者终止劳动合同，依照本法执行。

可见，我国劳动法调整的劳动关系的具体范围包括：各类企业及个体经济组织中形成的劳动关系；国家机关、事业组织、社会团体通过与劳动者签订劳动合同建立的劳动关系；民办非企业单位与其劳动者形成的劳动关系等。

基于用人单位的性质不同，我国劳动关系分为以下几种类型：全民所有制单位中的劳动关系、集体所有制中的劳动关系、个体经济组织中的劳动关系、私营企业中的劳动关系以及三资企业中的劳动关系等。

而如下社会关系则不属于《劳动法》调整：公务员与国家机关之间的关系；事业单位和社会团体与其编制内工作人员之间的关系；农业劳动者与农村集体经济组织之间的关系不适用《劳动法》调整，但作为乡镇企业的职工或进城务工经商的农民与相应的企业、雇主之间形成的劳动关系，仍应受《劳动法》调整；现役军人与军队之间的关系；家庭保姆与其雇主之间的关系等。

【案例2-4】

退休职工能够进行工伤认定吗？①

62岁的老人何文（化名）在给广州市白云区一家海鲜酒家工作的期间被食客打

---

① 黎建飞：《劳动法与社会保障法教程》，中国人民大学出版社2012年版，第49~50页。

伤，向区劳动和社会保障局（以下简称社保局）提出工伤认定申请，社保局却以何文已过60岁为由不予认定。老人诉至法院，法院判决：社保局败诉，应当认定为工伤。

何文出生于1936年，退休后从1998年10月起到白云区新市一海鲜酒家当保安。2001年10月何文在工作期间，被一名食客打伤头部，很长一段时间要住院治疗。2002年5月，何文来到白云区社保局提出工伤认定申请。社保局认为何文所述的工作和受伤情况属实，但关于工伤认定，他们出示了国务院《关于工人退休、退职的暂行办法》、原劳动部办公厅《关于〈中华人民共和国劳动法〉若干条文的说明》第10条，以及《广州市中级人民法院关于审判劳动争议案件若干的意见综述》第7条的有关规定，认定何文入职海鲜酒家时年龄已达62岁，早已超出了法定60周岁的退休年龄，他受伤不属于有关劳动法律、法规的调整范围，对其提出将其受伤情况列入工伤保险待遇范围的要求不予认定，并就此事作出"广州市职工工伤认定书"。

何文不服，将社保局起诉到白云区人民法院，请求撤销这份不公平的认定书。白云区人民法院经审理后认为，我国宪法规定了公民享有劳动的权利，因此，有劳动能力的人参加劳动，应受法律保护。关于退休年龄的规定不是为了禁止已达退休年龄者参与劳动，而是为了保证劳动者老有所养，体现社会保障制度的。《劳动法》也只规定了劳动年龄的下限，没有规定上限，仅以超过退休年龄，不属于有关法律、法规的调整范围而不予认定工伤，属于适用法律错误。法院判决撤销白云区社保局对何文工伤不予认定的认定书，并由其负担本案受理费。问题：退休职工能够进行工伤认定吗？

【案例分析】工伤保险是指国家和社会为在生产、工作中遭受伤害和患职业性疾病的劳动者及其亲属提供医疗救治、生活保障、经济补偿、医疗和职业康复等物质帮助的一种社会保障制度。根据《工伤保险条例》的规定，职工发生事故伤害或者按照职业病防治法规定被诊断、鉴定为职业病，所在单位应当自事故伤害发生之日后或者被诊断、鉴定为职业病之日起30日内，向统筹地区社会保险行政部门提出工伤认定申请。社会保险行政部门受理工伤认定申请后，对依法取得职业病诊断证明书或者职业病诊断鉴定书的，不再进行调查核实。职工或者其直系亲属认为是工伤，用人单位不认为是工伤的，由用人单位承担举证责任。社会保险行政部门应当自受理工伤认定申请之日起60日内作出工伤认定的决定，并书面通知申请工伤认定的职工或者其直系亲属和该职工所在单位。

可见，工伤认定的前提是伤害的必须是"劳动者"，既必须是具备我国《劳动法》所规定的条件的"劳动者"。作为劳动者的法定条件首先就是他的劳动年龄，并且，既要符合劳动年龄的下限，也要符合劳动年龄的下限。一个超过法定劳动年龄的人如同一个人未到法定劳动年龄的人，不应当再从事劳动法意义上的劳动，更不能如同一个正常的劳动者那样享受全部的劳动权利，尤其是劳动者的社会保险权利。因此，当企业聘用离退休人员发生工伤时，劳动保障行政部门不宜进行工伤认定，相关人员也不能得到工伤保险待遇。

【思考题】

1. 什么是劳动法的调整对象？

2. 劳动关系与劳务、雇佣关系的联系与区别有哪些？

3. 简述我国劳动法的适用范围。

第三章

劳动法律关系

本章学习的要点在于，理解劳动法律关系与劳动关系的联系与区别，掌握劳动法律关系的概念、特征以及三大要素，掌握自然人成为劳动者的条件等内容。

不同的社会关系经过不同的法律规范调整之后形成不同的法律关系，劳动关系经过劳动法律规范调整之后，则形成劳动法律关系。

【案例 3 - 1】

北京：首例判决认定"大学生亦可就业"案①

小刘是北京农学院大四的在校学生，正式毕业时间为 2009 年 7 月。2008 年 12 月，北京某投资顾问有限责任公司（以下简称某投资顾问公司）到北京农学院进行招聘。小刘投递了简历，并于 2009 年 1 月 8 日被招聘进入该公司工作，职务为投资顾问，负责开发行业市场，吸纳客户入资。双方约定试用期为 1 个月，试用期底薪为 800 元，提成另计，第二个月转正，底薪提高到 1500 元。

2009 年 2 月 10 日，某投资顾问公司以工资条形式发放小刘工资 539 元。3 月 11 日，因为某投资顾问公司拖欠工资，小刘离开了该公司。由于某投资顾问公司一直拖欠小刘的工资不付，小刘向劳动争议仲裁委员会提起了仲裁申请，仲裁委员会认为，小刘属于未取得毕业证的在校生，未完成学业并取得学历证明，在校期间到某投资顾问公司从事工作，仅作为参与社会实践的活动，不属于《劳动合同法》中规定的劳动者，最终裁决驳回了他的仲裁申请。

小刘诉至北京宣武区法院，要求某投资顾问公司支付工资并向他赔礼道歉。某投资顾问公司认为作为尚未毕业的小刘进入公司只能算作实习而非就业，因此，无权索要工资。

---

① 蒲春平、唐正彬：《劳动法与社会保障法》，航空工业出版社 2013 年版，第 16 ~ 17 页。

宣武区法院经过审理认为，劳动者与单位建立劳动关系，付出劳动，应当从单位取得相应的劳动报酬。本案中，某投资顾问公司承认小刘于 2009 年 1 月 8 日至 3 月 11 日在该公司工作，法院予以确认。据此，北京市宣武区人民法院于 2009 年 10 月 13 日判决某投资顾问公司支付小刘自 2009 年 2 月 1 日至 3 月 11 日的工资共计 1847 元。问题：请运用本章相关理论知识分析法院的判决是否合理。

【案例分析】 本案是国内首例确定大学生劳动关系主体地位的判决。关于劳动者的法律资格问题，《劳动合同法》没有专门予以界定，其标准散见于《劳动法》及其配套规定中。对于大学生是否能成为劳动关系的主体，劳动法学界一直存在较大争议。劳动部在 1995 年发布的《关于贯彻执行〈中华人民共和国劳动法〉若干问题的意见》中曾规定，在校生利用业余时间勤工助学，不视为就业，未建立劳动关系，可以不签订劳动合同。但由于该文件的效力等级低，不少学者、官员认为对大学生的"实习"应适用《劳动合同法》中的"非全日制用工"的概念。本案法院则直接认定为只要年满 16 周岁，不论是否大学毕业，均有就业并与用人单位建立劳动关系的权利。

我们认为法院的认定是合理的，因为小刘在进入某投资顾问公司处工作时已年满 16 周岁，符合劳动法规定的就业年龄，其在校大学生的身份也非劳动法规定排除适用的对象，法律并没有禁止临毕业大学生就业的规定。因此，小刘为适格的劳动合同主体。某投资顾问公司虽称小刘在该单位属于实习，但鉴于该公司向小刘明确了在单位的具体岗位和职责，并向其发放了 1 月份的工资，以上事实充分表明，小刘在该公司并非实习，而应属于就业，属于劳动合同法管辖的范围。由于双方存在劳动关系，因此，法院判决用人单位支付给小刘拖欠的工资，是合理的。

第一节　劳动法律关系的基本原理

一、劳动法律关系的概念、特征

劳动法律关系，是指劳动者与用人单位之间，在实现劳动过程中依据劳动法律规范而形成的劳动权利与劳动义务关系。它是劳动关系在法律上的表现，是劳动关系为劳动法调整的结果。我国《劳动法》第 16 条规定："建立劳动关系应当订立劳动合同。"劳动者一旦同用人单位依法签订劳动合同，就与该用人单位形成劳动法律关系。

基于劳动法律关系是劳动关系在劳动法规范之后形成的权利义务关系，劳动法律关系的特点既与劳动关系有相似之处，又有所不同：

第一，劳动法律关系的主体之间具有平等性和隶属性交错共存的特点。

第二，劳动法律关系的内容体现了国家与当事人的双重意志，具有较多的强制性。

第三，劳动法律关系的客体表现为兼有人身性和财产性的特定的劳动行为和财物。

第四，劳动法律关系是围绕劳动者的保护而展开的。

二、劳动法律关系与劳动关系

劳动法律关系与劳动关系的联系：劳动关系是劳动法律关系产生的基础；劳动法律关系是劳动关系被劳动法调整后的结果，是被规范后的劳动关系。

劳动法律关系与劳动关系的区别：

1. 二者的属性不同。劳动关系是生产关系的组成部分，属于经济基础的范畴；劳动法律关系则是思想意志关系的组成部分，属于上层建筑范畴。

2. 二者的产生前提不同。劳动关系的形成以劳动为前提，发生在现实社会劳动过程之中；劳动法律关系的形成则是以劳动法律规范的存在为前提，发生在劳动法律规范调整劳动关系的范围之内。

3. 二者的内容不同。劳动关系的内容是劳动，劳动者提供劳动力，用人单位使用劳动力，双方形成劳动力的支配与被支配的关系，劳动法律关系的内容则是法定的权利义务，双方当事人必须依法享有权利并承担义务。

4. 二者体现的意志不同。劳动关系体现的是主体双方的自由意志，没有法律干预，关系的运转靠当事人之间的约定；劳动法律关系是经过了劳动法规范后形成的关系，体现了国家意志对个人意志的干预，是国家意志和个人意志共同作用的结果。

三、劳动法律关系的种类

按照划分标准不同，可以把劳动法律关系分为以下几种：

第一，按用人单位的所有制性质不同，可将劳动法律关系分为全民所有制单位的劳动法律关系、集体所有制单位的劳动法律关系和个体经济组织中的劳动法律关系。

第二，根据劳动法律关系的当事人是否具有涉外因素，将劳动法律关系分为国内劳动法律关系和涉外劳动法律关系。

第三，根据劳动法律关系主体是否具有团体性，将劳动法律关系分为个别劳动法律关系和集体劳动法律关系。

第四，根据劳动法律关系确立的方式不同，可以划分为劳动合同法律关系和非劳动合同法律关系。在市场经济条件下，劳动法律关系应全部为合同法律关系。

第二节　劳动法律关系的要素

任何法律关系均由主体、客体和内容三大要素构成，劳动法律关系也不例外。

一、劳动法律关系的主体

劳动法律关系的主体是指在劳动关系中依法享有劳动权利和履行劳动义务的当事人。个别劳动法律关系的主体是单个劳动者与用人单位。集体劳动法律关系中，主体一般是工会与用人单位或者用人单位组织。以下分别分析个别与集体两种劳动法律关系的主体。

（一）劳动者

劳动法中的劳动者，指达到法定年龄、具有劳动能力，以从事某种社会劳动获取收入为主要生活来源的自然人。自然人参与劳动法律关系成为合法主体，必须具备一定的条件并取得劳动权利能力和劳动行为能力。

劳动者的劳动权利能力与劳动行为能力，是劳动者（即自然人）参与劳动法律关系必须具备的基本资格，或者说一般资格，不具备这一资格的劳动者则不允许参加劳动法律关系成为合法主体。自然人的劳动权利能力与劳动权利是两个不同的概念。

劳动权利能力，是指劳动者（即自然人）依法享受劳动权利和承担劳动义务的资格，它是劳动者参与劳动法律关系成为主体的前提条件。劳动行为能力是指劳动者能以自己的行为参与劳动法律关系，实际享受权利和履行义务的能力。它是劳动者作为劳动法律关系主体的基本条件，不具备劳动行为能力的劳动者，就不能实际参与劳动法律关系，也不能享受权利和承担义务。

劳动者的劳动权利能力与劳动行为能力的特点具体体现在：自然人的劳动权利能力和劳动行为能力是统一的，劳动者达到法定年龄并具有劳动能力，就同时享有劳动权利能力和劳动行为能力；具有不可分割性，劳动者的劳动权利能力和劳动行为能力只能由劳动者本人亲自实施；自然人劳动权利能力与劳动行为能力的运用要受到劳动能力所表现出来的各种因素差别的限制；自然人在运用劳动权利能力和劳动行为能力实现劳动权利时，已经参加了某一种劳动法律关系，一般就没有条件再参加另一种劳动法律关系。

法律赋予自然人的劳动权利能力与劳动行为能力是基于两个条件：达到法定年龄

和具有劳动行为能力。作为劳动者，必须具备法律规定的条件：

1. 年龄条件。我国法律规定，禁止使用童工。劳动者的最低就业年龄是16周岁，16周岁以下属于童工，没有劳动权利能力，不能与用人单位发生劳动法律关系。

童工是指未满16周岁，与单位或者个人发生劳动关系从事有经济收入的劳动或者从事个体劳动的少年、儿童，但未满16周岁的少年、儿童，参加家庭劳动、学校组织的勤工俭学和省、自治区、直辖市人民政府允许从事的无损于身心健康的、力所能及的辅助性劳动，不属于童工范畴。禁止国家机关、社会团体、企业事业单位（以下统称为单位）和个体工商户、农户、城镇居民（以下统称为个人）使用童工。违反法律规定使用童工的单位或者个人，对被送回原居住地之前患病或者伤残的童工应当负责治疗，并承担治疗期间的全部医疗和生活费用。医疗终结，由县级劳动鉴定委员会确定其伤残程度，由使用童工的单位或者个人根据其伤残程度发给童工本人致残抚恤费。童工死亡的，使用童工的单位或者个人应当发给童工父母或者其他监护人丧葬补助费，并给予经济赔偿。

根据法律规定，文艺、体育和特种工艺单位，确需招用未满16周岁的文艺工作者、运动员和艺徒时，须报经县级以上（含县级）劳动行政部门批准。批准招用的少年、儿童，用人单位应当切实保护他们的身心健康，促使他们在德、智、体诸方面健康成长，并负责创造条件，保证少年、儿童依法接受当地规定年限的义务教育。

按照本地区推行义务教育的实施步骤，尚不具备实施初级中等义务教育条件的农村贫困地区，未升入初中的13～15周岁的少年，确需从事有经济收入的、力所能及的辅助性劳动，其范围和行业应当严加限制，具体办法由各省、自治区、直辖市人民政府根据实际情况规定。

已满16周岁不满18周岁的劳动者，靠自己的收入维持生活来源的，视为完全民事行为能力人，属于未成年工。法律对未成年工给予特殊保护，禁止用人单位招用不满18周岁的劳动者从事过重、有毒、有害的劳动或者危险作业。已满18周岁至退休年龄届满之前的劳动者，被称为成年工，可以从事与行为能力相应的任何工种。

值得注意的是，劳动者就业年龄的上限问题。劳动者劳动年龄的存续期间由法律明确规定，当劳动者达到退休年龄，意味着其劳动权利能力终止，不再具有成为劳动者的资格，不再享受全部的劳动权利，即退休人员不再是劳动法上的主体之一。

2. 劳动能力条件。达到法定年龄的劳动者，必须具有劳动能力，才能成为劳动法上真正意义的劳动者。劳动者必须具有一定的认知和辨别能力，具有相应的行为能力和行为自由。如自然人虽然年满20周岁，但是精神病患者或者仍然在上学，则其不具备劳动能力，不具有成为劳动者的资格。精神病患者等完全无民事行为能力人或者限制民事行为能力人，不具有成为劳动者的智力支持。被依法剥夺人身自由的被劳动教养者和被判处拘役、有期徒刑以上刑罚的人，不具备行为自由，不能成为劳动者。《关于贯彻执行〈中华人民共和国劳动法〉若干问题的意见》第 12 条规定"在校生利用业余时间勤工助学，不视为就业，未建立劳动关系，可以不签订劳动合同"。可见，在校生即使达到法定年龄，但欠缺劳动能力条件，不具备成为劳动法上劳动者的资格。

（二）用人单位

用人单位，是指依法招用和管理劳动者，并按法律规定或合同约定向劳动者提供劳动条件，进行劳动保护，并支付劳动报酬的劳动组织。我国现阶段的用人单位包括企业、事业单位、国家机关、社会团体和个体经济组织，其中企业和个体经济组织是用人单位的主要主体。

一个组织要成为劳动法上的用人单位，同样要具备劳动权利能力和劳动行为能力。用人单位劳动权利能力，是指用人单位依法享有用人权利和承担用人义务的资格。它是用人单位参与劳动关系成为合法主体的前提条件。用人单位不同，其劳动权利能力的范围也不同。用人单位的劳动行为能力范围与劳动权利能力范围一致，即其注册登记的范围。任何用人单位，必须依法登记，才能取得劳动权利能力和劳动行为能力，才能成为劳动关系的用工主体。

在我国现阶段，制约用人单位劳动权利能力范围的主要有：职工编制定员、职工录用基本条件、最低工资标准、工时休假制度与劳动安全卫生标准、社会保险、社会责任等因素。

二、劳动法律关系的内容

劳动法律关系的内容，指劳动法律关系主体依法所享有的劳动权利和承担的劳动义务，亦即劳动者与用人单位之间的相互权利和义务。

（一）劳动权利

权利标志着人们能够或实际做出某种行为的自由度。它包括法律权利及社会其他领域（如政治、伦理、宗教等）内以法外权利形式存在的一切权利现象。法律权利的含义有三个方面：是法律赋予人们谋求自身利益的行为的资格；是人们按照自己的意志在国家法律规定的范围内选择一定社会行为方式的可能性；是国家法律赋予人们谋求自身利益的社会力量。

劳动权利是指劳动法主体依法能够为一定行为和不为一定行为或要求他人为一定行为和不为一定行为，以实现其意志或利益的可能性。它表明：

1. 在劳动法规定的范围内，权利主体有权做出一定行为（包括作为和不作为），以实现其意志和利益。

2. 在劳动法规定的范围内，权利主体有权要求义务主体做出一定行为（包括作为与不作为），以保证实现或不影响实现其意志和利益。

3. 在劳动法规定的范围内，权利主体由于他人行为而使其权利不能实现或受到侵害时，有权请求国家有关机关予以保护。

（二）劳动义务

义务标志着人们应该、必须或实际做出或抑制某种行为的约束度。它包括法律义务及其他社会领域内作为法外义务而存在的一切义务现象。它的含义有：义务没有选择性，它是必须实现的一种行为规范；义务和行为主体的利益相脱离，甚至表现在与该行为主体的直接利益的对立；义务与社会总体利益相联系。

劳动义务是指劳动法主体根据法律的规定，为满足权利主体的要求，在劳动过程中履行某种行为的必要性。它意味着：

1. 义务主体要依据法律做出一定行为（包括作为与不作为），以保证国家利益和权利主体的权利得以实现。

2. 义务主体应自觉履行法定义务，如不履行或不完全履行则要受到法律的制裁。

3. 在劳动法规定的范围内，权利主体有权要求义务主体做出一定行为（包括作为与不作为），以保证实现或不影响实现其意志和利益。

4. 在劳动法规定的范围内，权利主体由于他人行为而使其权利不能实现或受到侵害时，有权请求国家有关机关予以保护。

（三）劳动者的劳动基本权利

1. 劳动权。劳动权，是指具有劳动能力、达到法定就业年龄的劳动者有获得劳动机会的权利，它主要包括三个方面，即获得工作权、自由择业权和平等就业权。

2. 劳动报酬权。劳动报酬，是指劳动者参加社会劳动，按其劳动的数量和质量，从用人单位取得的报酬。工资是劳动报酬的基本形式，奖金和津贴是劳动报酬的组成部分。具体表现为：劳动者参加了社会劳动，用人单位须以劳动为尺度，按照劳动者劳动的数量和质量支付劳动报酬；同工同酬；劳动者的工资标准一般预先在劳动合同中加以规定，当劳动者按照用人单位的要求完成了劳动任务，用人单位须按合同规定的标准与时间向劳动者支付工资；劳动者在法定工作时间内提供了正常劳动的情况下，用人单位不得以低于当地最低工资标准向劳动者支付工资；禁止用人单位随意克扣、拖欠、拒付职工工资的行为；劳动报酬是劳动者的主要生活来源，国家应通过一定的制度规范保证在发展生产的基础上不断提高劳动者的劳动报酬标准。此外，国家法律还应通过工资协商机制、工资支付保障制度等，充分实现劳动者的报酬协商权和报酬请求权。

3. 劳动保护权。劳动保护权，亦称劳动者职业安全权，是指劳动者在职业劳动中人身安全的身心健康获得保障，从而免遭职业危害的权利。劳动保护权的基础是人的生命和健康的权利，劳动保护权是最基本的人权的体现。其具体内容有：单位必须按照国家劳动安全卫生规程标准，配备劳动安全设施和发放劳动保护用品；单位必须依法给予女职工和未成年工以特殊的劳动保护；单位有责任对全体职工进行全面的安全生产教育，并建立健全安全生产管理制度；经劳动鉴定委员会确认，单位劳动卫生条件极为恶劣，以致危害劳动者身体健康的，劳动者有权拒绝投入生产劳动，直到劳动条件得到改善；因劳动安全卫生条件差，致劳动者伤、残或患职业病的，单位有义务负责给予治疗，并承担由此而产生的一切费用；单位有责任在发展生产的基础上不断改善劳动条件和提高劳动保护标准。此外，休息权也属于广义的劳动保护权范畴。

【案例 3-2】

华为员工胡某过劳死案①

华为技术有限公司是全球最大的电信网络解决方案提供商，全球第二大电信基站设备供应商，主要营业范围是交换、传输、无线、数据通信类电信产品。

华为从1988年创业开始，留下了一个传统，叫作"床垫文化"。几乎每个开发人员都有一张床垫，卷放在铁柜的底层，办公桌的下面。午休时，席地而卧；加班晚了，不回家，就这一张床垫，累了睡，醒了爬起来再干。一张床垫半个家，华为人携着这张床垫走过了创业的艰辛，取得了如今的成功，而"床垫文化"已成为华为奋斗精神的象征被延续了下来，而就是这个"床垫文化"造成华为员工胡某过劳死的悲剧。

胡某，2005年成都电子科技大学硕士毕业后到深圳华为公司从事研发工作，他在华为日常的作息习惯是：晚上坐公司近22点的班车，从坂田基地颠簸到关内的家中，到家时间已超过23点，早上7点起床去赶公司的班车上班。

2006年4月初开始，胡某所在的开发部封闭研发新项目，项目内容被严格保密。这个项目开始后，胡某经常在公司过夜，甚至长时间在实验室的地上依靠一个睡垫打地铺，加班时间最长到次日凌晨2点左右。早上依旧早起，9点钟打卡上班。

4月28日，胡某因身体不适入院。2006年5月28日晚，胡某在广州中山医科大学第三附属医院病逝，年仅25岁。死亡原因是过度劳累，全身多个脏器衰竭。

"华为的床垫文化"反映的绝不是个别企业的事情，现实生活中，很多企业员工

---

① 蒲春平、唐正彬：《劳动法与社会保障法》，航空工业出版社2013年版，第22页。

迫于生活和竞争的压力也不得不以牺牲个人休息时间为代价，加班加点地干活儿，他们的工作压力似乎没有最大，只有更大。在这样的工作状况下，"亚健康"、"过劳死"成了他们熟悉的话题。虽然，我国劳动法规定了劳动者的工作时间及休息权，但是，很多企业为了追求自身利益往往规避法律的规定，而相关监管部门也没有履行监督职责，这更加纵容了有些企业有法不依的行为。因此，只有加强对劳动法相关制度的执行及监管，才能让劳动法的条款真正得到执行，让劳动者的基本权益得到保障。

4. 接受职业技能培训权。职业技能培训是指对具有劳动能力的未正式参加工作的劳动者和在职劳动者进行技术业务知识和实际操作技能的教育和训练，包括就业前的培训和在职培训。

就业前的劳动者有权通过各种途径使自己获得专业知识和技能，从而为就业创造条件，国家鼓励和帮助劳动者实现这一权利。在职劳动者有权利用业余时间参加各类学校学习，以丰富科学文化知识和提高专业理论水平，用人单位应对职工学习给予鼓励和支持。有条件的单位应根据实际需要有计划、多渠道地加强对整个职工队伍知识、技能方面的训练，以适应现代化生产过程的要求。

5. 生活保障权。生活保障权亦称享受社会保险权或物质帮助权。它是指劳动者暂时或永久丧失劳动能力时，有权依法获得物质帮助，以保证劳动者在生、老、病、死、伤、残等情况下，本人及其直系亲属的生活需要。

6. 结社权与集体协商权。结社权是指狭义的团结权，广义的团结权包括结社权（狭义）、团体交涉权（集体谈判权）、争讼权等三项权利。

7. 合法权益保护权。合法权益保护权，亦即提请劳动争议处理权，是指劳动者有权在自己的合法权益受到侵害时，通过申请调解、提请仲裁和提起诉讼来排除侵害行为，并使由此而受到的损失得到补偿。

（四）用人单位用人权

1. 招收录用职工权。用人单位有权依照国家规定和本单位需要择优录用职工，并有权自主决定招工方式、招工数量、招工条件和招工时间。

2. 合理组织调配权。用人单位有权根据自身的生产规模、生产特点，自行决定内部机构设置和人员配备，劳动行政部门依法对用人单位的劳动管理活动、劳动安全卫生条件等进行监督和检查。

3. 劳动报酬分配权。用人单位有权制定本单位的工资形式及奖金、津贴的分配办法，有权组织各种形式的考核确定职工的工资级别和等级标准，有权通过民主程序制定职工工资晋升条件、标准和时间。当然，用人单位确定的职工工资标准，不得低于当地政府所制定的最低工资标准。

4. 劳动奖惩权。用人单位有权依法制定和实施劳动规章制度，有权决定奖惩条件和奖惩办法。

5. 辞退职工权。辞退职工权是用人单位用人自主权的有机组成部分。它与招收录用职工权相配合，解决职工能进能出的问题。用人单位有权按照《劳动法》《劳动合同法》规定的条件和程序，通过解除劳动合同的方式来实现辞退权。

三、劳动法律关系的客体

劳动法律关系的客体，是指劳动法律关系中主体的劳动权利和劳动义务所共同指向的对象，具体表现为一定的劳动行为和财物。

劳动行为，是指劳动者和用人单位在实现劳动过程中所实施的行为。

财物，是指劳动法律关系中体现双方当事人物质利益的实物与货币。

第三节　劳动法律关系的产生、变更和消灭

一、劳动法律关系产生、变更和消灭的概念

劳动法律关系的产生，是指劳动法主体之间为实现一定的劳动过程，依照劳动法规，通过签订劳动合同而设立劳动权利与劳动义务关系。

劳动法律关系的变更，是指劳动法主体间已经形成的劳动法律关系，由于一定的客观情况的出现而引起法律关系中某些要素的变化。

劳动法律关系的消灭，是指劳动法主体间的劳动法律关系依法解除或终止，亦即劳动权利和劳动义务的消灭。

劳动法律关系的产生、变更或消灭，都是通过一定的法律事实而引起的。

二、法律事实

所谓法律事实，是指劳动法规定的能够引起劳动法律关系产生、变更或消灭的一切客观情况，主要包括法律行为和法律事件。

（一）法律行为

劳动行为，是指劳动法规定的，能够引起劳动法律关系产生、变更和消灭的人的

意志活动，包括作为与不作为。按照行为的性质，可以将其分为劳动法律行为（用人单位和劳动者行为）、仲裁行为和司法行为。

劳动法律行为，是指根据现行劳动法律规范的要求，法律主体所为的行为，包括合法行为和违法行为。

仲裁行为，是指劳动争议仲裁机构对劳动争议事件所实施的裁决行为。生效的仲裁调解书和裁决书，均能引起劳动法律关系发生一定的变化，因而是法律事实。

司法行为，是指由司法机关所为的行为。如各级人民法院对当事人不服仲裁而提起诉讼的劳动争议事件所作的裁定与判决，也能引起一定的劳动法律后果，因而也是法律事实。

实践中应当明确以下两点：产生劳动法律关系的法律事实，只能是双方当事人一致的合法意思表示的劳动法律行为，即合法行为；变更、消灭劳动法律关系的法律事实，既可以是双方或单方的合法行为，也可以是违法行为。

（二）法律事件

事件也能引起劳动法律关系的变更或消灭。所谓事件，是指不依当事人意志为转移的客观现象。事件包括自然现象和社会现象。自然现象如自然灾害及劳动者的人身伤残、疾病、死亡等。社会现象如战争、动乱等。

【案例 3-3】

假文凭劳动合同的法律效力①

2007年9月，R公司因业务需要，决定招用一位员工担任软件事业部通信课营业主任，招用条件要求该岗位需要本科以上学历。求职者Z向R公司提供了其在某重点计算机专业的本科学历证书（含毕业证书和学位证书等足以证明其学历的全部形式要件），并在R公司的"入职申请表"中"最终学历"栏填写了该毕业学校的全称校名；在"毕业年月"栏中填写了毕业于该校的具体年月；在"所学专业"栏填写了计算机；在"学历"栏填写了"本科"。R公司根据其学历和工作经历，决定招用Z担任软件事业部通信课营业主任一职。双方于2007年9月建立劳动关系并签订劳动的合同。合同期限为2007年9月3日至2010年9月2日。合同明确约定如Z应聘时提供的文件是伪造或不属实的，R公司可以解除劳动合同。2008年7月，R公司在整理解除劳动合同相关手续时，发现Z的学历存在虚假情况，遂向某工业大学核实，该校证明学生档案中并无Z的学籍记载。R公司认为Z采用欺诈手段使用虚假学历和工

---

① 黎建飞：《劳动法与社会保障法教程》，中国人民大学出版社2012年版，第90~91页。

作履历，双方的劳动合同应为无效，Z的欺诈行为给R公司造成了损失，应当承担赔偿责任。

2008年8月，R公司向某市劳动争议仲裁委员会申请仲裁，请求确认双方的劳动合同无效，判令Z赔偿R公司的相关损失。市劳动争议仲裁委员会逾期未作出裁决。R公司遂向该市某区人民法院提起诉讼，请求确认双方的劳动合同无效，判令Z赔偿R公司的相关损失。法院认定双方建立劳动关系并签订的劳动合同。根据该劳动合同第8条的约定，Z应聘时提交的文件是伪造互不属实的，R公司可以解除劳动合同。Z不服区人民法院的判决，向中级人民法院提起上诉。二审法院同样认定了相关事实，认为根据《劳动合同法》第8条的规定，Z所填写的《入职申请表》中关于学历的情况是虚假的其行为明显与诚实、信用等道德准则相悖，本院对此提出严厉的批评。R公司主张在Z应聘时企业对应聘者有学历、同行业工作经历等相关条件的要求，但未能提供证据予以证明，故对R公司此诉讼主张不应采信。R公司对Z进行了面试，该公司享有核查应聘者个人资料真实性的权利，但R公司未及时行使此权利，故该公司应承担相应的后果。R公司在面试后经协商与Z签订了劳动合同，虽然Z提供的学历不真实，但其行为尚未构成法律上的欺诈、胁迫等行为，故对R公司要求确认与Z所签劳动合同无效的诉讼请求不予支持。原审法院判决确认Z与R公司所签劳动合同无效的处理不当，二审法院予以改判。

R公司不服二审判决，申请再审。再审法院经审查认为，申请再审人在面试后经协商与被申请人签订了劳动合同，虽然被申请人提供的学历不真实，在申请再审人不能提供证据证明学历是录用被申请人的决定性条件的情况下，应认定双方是在自愿的基础上签订的劳动合同。二审法院所作的判决并无不当，裁定驳回R公司的再审申请。

【思考题】

1. 简述劳动法律关系的概念和特征。
2. 简述劳动法律关系与劳动关系的联系与区别。
3. 简述劳动法律关系的三大要素。
4. 简述成为劳动者的条件。

第四章

劳动合同法

本章着重阐述劳动合同的概念、特征、种类及其与民事合同的区别、立法概况；劳动合同的订立、履行、变更、解除、终止等法律问题。

劳动合同制度是劳动法的一项重要制度。签订劳动合同是劳动者实现劳动权的保障，是用人单位提高劳动生产效率的重要手段。劳动合同，既是劳动者和用人单位实现双向选择的法律形式，又是维护双方当事人合法权益的重要保障，同时也是减少和防止劳动争议发生的重要措施。《中华人民共和国劳动合同法》由中华人民共和国第十届全国人民代表大会常务委员会第二十八次会议于 2007 年 6 月 29 日通过，自 2008 年 1 月 1 日起施行。

【案例 4 –1】

王某索赔双倍工资案[①]

农民工王某于 2007 年 9 月 4 日到被告某公司从事跟单员工作。工作以后，王某即要求与被告签订劳动合同，但被告一直未给予回应。王某工作期间，公司支付了王某 2007 年 10 月至 2008 年 2 月的工资，汇入到王某的银行卡。同时，公司将案外人邱某的工资 9422.66 元也误汇入到王某的银行卡，双方为退还误汇工资问题产生纠纷。2008 年 3 月 26 日，王某离开公司，并于 2008 年 9 月 8 日申请劳动争议仲裁，劳动争议仲裁委员会以超过时效为由不予受理。王某遂于 2008 年 9 月向通州市人民法院提起诉讼，请求被告支付王某未签订书面合同的双倍工资 4800 元、支付 2008 年 3 月工资 1600 元及赔偿金 2720 元、支付解除合同补偿金 1600 元。法院审理后，判决被告某公司支付王某双倍工资 3200 元及 3 月份的工资 1600 元，驳回王某的其他诉讼请求。问题：王某能否请求被告支付双倍工资？王某能否请求被告支付补偿金和赔偿金？

[①] 蒲春平、唐正彬：《劳动法与社会保障法》，航空工业出版社 2013 年版，第 55 页。

【案例分析】王某有权请求被告支付双倍工资。《劳动合同法》第八十二条规定，"用人单位自用工之日起超过一个月不满一年未与劳动者订立书面劳动合同的，应当向劳动者每月支付两倍的工资。"《劳动合同法实施条例》第7条规定："用人单位自用工之日起满一年未与劳动者订立书面劳动合同的，自用工之日起满一个月的次日至满一年的前一日，应当依照劳动合同法第八十二条的规定向劳动者每月支付两倍的工资"。由于《劳动合同法》是从2008年1月1日起生效施行，根据法不溯及既往的原则，对本案用人单位适用支付双倍工资这一惩罚性规定的起算时间应当是2008年2月1日开始。故法院判决被告应支付原告2008年2月至3月两个月的双倍工资计3200元。

王某无权索要赔偿金和补偿金。《工资支付暂行规定》第18条规定，各级劳动行政部门有权监察用人单位工资支付的情况。用人单位有下列侵害劳动者合法权益行为的，由劳动行政部门责令其支付劳动者工资和经济补偿，并可责令其支付赔偿金：（1）克扣或者无故拖欠劳动者工资的；（2）拒不支付劳动者延长工作时间工资的；（3）低于当地最低工资标准支付劳动者工资的。本案中，被告没有支付原告2008年3月份工资不属于故意拖欠，故被告不应支付原告拖欠工资的赔偿金。

依照《劳动合同法》的规定，有下列情形之一的，用人单位应当向劳动者支付经济补偿：（1）劳动者单方即时解除劳动合同；（2）用人单位依照本法第36条规定，向劳动者提出解除劳动合同并与劳动者协商一致解除劳动合同的；（3）用人单位单方预告解除劳动合同的；（4）用人单位因经济性裁员解除劳动合同的；（5）除用人单位维持或者提高劳动合同约定条件续订劳动合同，劳动者不同意续订的情形外，劳动合同期满，终止固定期限劳动合同的；（6）用人单位被依法宣告破产，被吊销营业执照、责令关闭、撤销或者用人单位决定提前解散终止劳动合同的；（7）以完成一定工作任务为期限的劳动合同因任务完成而终止劳动合同的；（8）法律、行政法规规定的其他情形。本案中，双方为误汇邱某的工资产生争议，导致原告主动辞职，故被告不应支付原告解除合同补偿金。①

第一节　劳动合同概论

一、劳动合同的概念及特征

（一）劳动合同的概念

我国对劳动合同的定义可分为学理定义和立法定义。从学理定义上，可概括为：

---

① 蒲春平、唐正彬：《劳动法与社会保障法》，航空工业出版社2013年版，第94~95页。

劳动合同是劳动关系双方当事人确立、变更、终止劳动权利义务关系的协议。从立法上定义，我国《劳动法》第16条规定："劳动合同是劳动者与用人单位确立劳动关系，明确双方权利和义务的协议。建立劳动关系应当订立劳动合同。"由此可见，劳动合同，是指劳动者与用人单位确立劳动关系，明确双方权利义务关系，依法经过协商而达成的协议。劳动者与用人单位通过订立劳动合同建立劳动关系，成为用人单位的成员，用人单位对劳动者进行统一管理并根据协议支付报酬。劳动合同是双方当事人享受权利、履行义务的依据。具体而言，劳动合同的主体主要为劳动者与用人单位，劳动合同的内容主要是劳动者与用人单位双方所享有的权利和应该履行的义务，劳动合同是劳动者和用人单位之间确立劳动关系的法律凭证，建立劳动关系应当依照法律规定和法定程序订立劳动合同，以规范双方的权利和义务。

（二）劳动合同的特征

劳动合同作为合同的一种类型，除了具有一般合同具有的主体地位平等、自愿协商、意思表示一致和真实、内容合法等特征外，还具有如下主要特征：

1. 劳动合同双方主体的特定性。劳动合同的主体双方，一方是具有就业愿望和能力的劳动者，另一方是各种类型的用人单位。根据法律的规定，劳动合同一方是具有相应劳动权利能力和行为能力的劳动者本人，如劳动者享有宪法规定的劳动权、符合法定就业年龄等，可以是中国人，也可以是外国人、无国籍人。另一方是具有用人权利能力和用人行为能力的用人单位，即劳动力的使用者。《劳动合同法》第2条规定："中华人民共和国境内的企业、个体经济组织、民办非企业单位等组织（以下称用人单位）与劳动者建立劳动关系，订立、履行、变更、解除或者终止劳动合同，适用本法。国家机关、事业单位、社会团体和与其建立劳动关系的劳动者，订立、履行、变更、解除或者终止劳动合同，依照本法执行。"可见，劳动合同的另一方，劳动力的使用者可以是中国境内的企业、个体经济组织、民办非企业单位、国家机关、事业单位和社会团体等。

2. 劳动合同的内容具有法定性和强制性。依据《合同法》第12条的规定，一般合同的订立只要符合法律规定，完全由当事人双方约定合同内容，法律没有强制性规定，体现了意思自治的原则。而《劳动法》第19条和《劳动合同法》第17条均规定了劳动合同的必备条款，如劳动合同期限、工作内容、劳动保护和劳动条件、劳动报酬、社会保险等法定条款，体现了法律的强制性和国家的干预。同时，《劳动法》第21条、第22条和《劳动合同法》第17条也规定了劳动合同当事人可以约定的条款，如用人单位与劳动者可以约定试用期、培训、保守秘密、补充保险和福利待遇等其他事项。劳动合同必备条款和约定条款的法律规定，体现了劳动合同与一般合同的不同之处，即劳动合同的内容必须符合法律的规定要求，体现了法律的强制性和国家的干预性，同时可以根据当事人的意志灵活地约定一些条款，又体现了劳动合同的合同本质，即意思自治性。所以劳动合同的内容是当事人意思自治和国家干预相结合的产物，有其特殊性。

3. 劳动合同是要式合同、诺成合同、双务有偿合同。劳动合同是要式合同。《劳动法》第19条和《劳动合同法》第10条第1款均规定，劳动合同应当以书面形式订立。因此，劳动合同必须采用书面形式。对于已存在劳动关系，但是用人单位与劳动者未以书面形式订立劳动合同的，《劳动合同法》第10条第2款规定，已建立劳动关系，未同时订立书面劳动合同的，应当自用工之日起一个月内订立书面劳动合同。用人单位与劳动者在用工前订立劳动合同的，劳动关系自用工之日起建立。《劳动合同法》第11条规定，用人单位未在用工的同时订立书面劳动合同，与劳动者约定的劳动报酬不明确的，新招用的劳动者的劳动报酬按照集体合同规定的标准执行；没有集体合同或者集体合同未规定的，实行同工同酬。可见，为了保护劳动者的合法权益，法律承认事实劳动关系，但双方应当及时补签书面合同，这从另一个侧面体现了劳动合同是要式合同的特点。

劳动合同是诺成合同。劳动合同的成立只需劳动者和用人单位意思表示一致，法律并不要求以劳动者提供劳动或者用人单位支付劳动报酬作为劳动合同成立的前提条件，所以劳动合同是诺成性合同，而非实践性合同。

劳动合同是双务有偿合同。在劳动合同中，劳动者和用人单位互相享有一定的权利，同时也履行相应的义务，因此，劳动合同是双务合同而非单务合同。根据劳动合同，劳动者向用人单位提供劳动，用人单位则根据劳动质量给付劳动报酬，属于等价劳动交换的范畴，所以劳动合同是有偿合同而非无偿合同。

4. 劳动合同往往涉及与劳动者有关的第三人的物质利益关系。劳动力本身具有再生产的特点，所以劳动合同的内容不仅局限于双方当事人之间，还涉及劳动者的直系亲属。比如，职工因疾病、年老、工伤、死亡等原因，造成部分或全部丧失劳动能力时，用人单位不仅要负担职工的社会保险和其他经济帮助，还要对职工所供养的直系亲属给予一定的物质帮助。

5. 劳动合同是继续性合同，其目的在于劳动过程的实现，而不是劳动成果的实现。劳动合同是继续性合同。继续性合同是与一时性合同相对而言的，指合同的内容，不是一次的给付所能完成，而是继续的实现，其基本特征在于时间因素在债的履行上居于重要地位，总给付内容取决于应为给付时间的长度。① 在劳动合同的有效期内，双方当事人的权利和义务一直连续存在，处于持续履行的状态，直到合同的履行期限届满或者被合法的解除，所以劳动合同是继续性的合同，而非一次性完成的合

---

① 王泽鉴：《债法原理》（第一册），中国政法大学出版社2001年版，第131~135页。

同。劳动过程是复杂的连续的有机整体，并不是每个劳动者在特定时间内都直接创造出具体的劳动成果。劳动者只要按照规定的时间、要求完成约定的工作量，就有权利获得相应的劳动报酬和待遇。作为继续性的劳动合同的目的，在于建立劳动关系、实现劳动过程，而不是具体劳动成果的实现。

【案例 4 - 2】

劳动者能否拒绝单位以实物充抵工资①

赵某于 1996 年 11～12 月由招远市某有限公司安排在驻某外省一单位工作。在此期间，该公司一直不支付赵某工资。赵某多次讨要工资，该公司只同意用实物抵作工资，否则不予支付，而赵某则不同意用实物抵工资，因而所欠工资至 2001 年 7 月一直没有讨回。

【案例分析】《劳动法》规定，工资应当以货币形式按月支付给劳动者本人，而该公司所欠赵某 1996 年 11～12 月的工资至 2001 年 7 月都未支付，已经违反了《劳动法》的规定；《工资支付暂行规定》第 5 条规定：工资应当以法定货币支付，不得以实物及有价证券替代货币支付。赵某拒绝公司以实物抵作工资属正当理由，而该公司只同意用实物抵作工资，否则不予支付的做法，违反了《工资支付暂行规定》，不应支持。

二、劳动合同的性质及其与相关概念的区别

（一）劳动合同的性质

学理上关于劳动合同的性质有很大争议，主要有雇用合同说、身份合同说、租赁合同说、独立合同说几种观点。我国立法上实际采纳了劳动合同的独立说。此说认为劳动合同不同于民法中所有的典型合同，已经形成了一种独立合同。我国 1999 年 3 月 15 日通过的《中华人民共和国合同法》，全面调整平等主体之间的各类民事合同关系，并没有规定劳动合同。学者们对于《合同法》是否可以调整劳动合同有很大争议，最后删除了《合同法（草案）》中关于劳动合同的规定，留给了《劳动合同法》进行专门规定。需要注意的是，尽管劳动合同取得了一定的独立地位，但是其基本性质仍然属于私法的范畴。国家对于劳动合同的干预，主要体现在劳动条件和劳动终止两个方面，其他方面如劳动合同的订立、效力、履行、变更等都体现了双方的意

---

① 黎建飞：《劳动与社会保障法教程》，中国人民大学出版社 2013 年版，第 129 页。

思自治、等价有偿原则，如果劳动法没有特殊规定，应当可以参照适用《民法通则》和《合同法》的有关规定。① 而且，劳动合同的独立性只是一种学理上的区分，并不必然要在法律适用上直接体现出来。

（二）劳动合同与民事合同的区别

根据劳动合同的性质，劳动合同与民事合同虽然都属于合同的范畴，但二者又有着重大不同，分属于不同的法律调整。具体而言，主要有以下不同点：

1. 合同的主体不同。民事合同的双方当事人可以都是自然人或者都是单位，不受合同一方为自然人而另一方为单位的主体模式的限制，并且作为民事合同一方当事人的自然人无需加入到对方；而劳动合同当事人双方代表了社会中最有活力的阶层利益：企业家群体和劳工群体②，一方是作为劳动者的自然人，另一方是用人单位，而其劳动者必须加入到用人单位，成为其成员，听其指挥受其管理。

2. 双方当事人在合同中的地位不同。民事合同当事人双方法律地位平等，权利和义务也是对等的，不存在指挥与被指挥、管理与被管理的不平等关系，如果双方权利义务存在重大的不公平，当事人可以请求法院或者仲裁委员会撤销或者变更合同；劳动合同的双方当事人在履行合同的过程中，地位具有特殊性，即劳动合同的双方当事人在职责上具有身份上的隶属关系。劳动合同订立后的有效期限内，劳动者成为用人单位的一员，享受用人单位提供的福利待遇等权利的同时，在工作职责上接受用人单位的监督和管理，对外以用人单位的名义履行职责；用人单位有权利组织和管理单位的劳动者，同时也有建立和完善劳动安全卫生、劳动纪律、职工培训、休息休假以及劳动定额管理等方面制度的义务，保障劳动者享有劳动权利、履行劳动义务。劳动者双方的管理与被管理、指挥与被指挥的职责上的身份从属关系是社会分工的要求，并不是一种永久的人身依附关系。如果劳动合同解除，二者的身份从属关系也即自然解除。

3. 劳动过程中的风险责任承担不同。民事合同中的劳务提供者一方，自行安排劳动，自己承担劳动过程中的风险；劳动合同中的用人单位支配劳动力，组织劳动，承担劳动过程中的风险，劳动者基于履行职责产生的一切风险均由用人单位承担。

4. 合同争议解决的程序不同。民事合同当事人之间因履行合同产生的争议，如果自愿协商解决不能，既可以直接向双方约定的仲裁委员会申请仲裁，也可以直接向有管辖权的人民法院提起诉讼；劳动合同争议通常先由本单位劳动争议调解委员会调解，当然也可以直接向有管辖权的劳动争议仲裁委员会申请仲裁，不服仲裁的才可以向人民法院提起诉讼，实行的是"一调一裁两审制"，劳动仲裁是劳动诉讼的前置程序。

由此可见，劳动合同是不同于民事合同的一种独立的合同类型，无论是合同的主

---

① 周长征：《劳动法原理》，科学出版社 2004 年版，第 117 页。
② 周长征：《劳动法原理》，科学出版社 2004 年版，第 118 页。

体、内容还是合同的风险承担、争议解决的程序等均有所不同，故应当摒弃认为劳动合同为民事契约的传统的陈旧观点。

三、劳动合同的种类

按照不同的标准，可以对劳动合同作出不同的分类，主要有以下几种：

（一）按劳动合同形式划分

根据劳动合同的形式不同，劳动合同可以分为书面劳动合同和口头劳动合同。

书面劳动合同，是要式合同，即依法律规定的书面形式订立的劳动合同。很多国家法律规定劳动合同必须采用书面形式。我国《劳动法》第19条和《劳动合同法》第10条第1款均规定，劳动合同应当以书面形式订立。书面劳动合同可以是格式劳动合同和商议劳动合同相结合的结果。书面合同的订立，更有利于保护劳动者的劳动权的实现。一般不能即时清结的劳动关系，最好以书面劳动合同订立。

口头劳动合同，是非要式劳动合同，即由劳动关系当事人以口头约定形式产生的劳动合同。《劳动合同法》第10、11条规定了已存在劳动关系，用人单位与劳动者未以书面形式订立劳动合同的情形。为了保护劳动者的合法权益，法律承认口头劳动合同确立的事实劳动关系，但双方应当及时补签书面合同。口头劳动合同的履行只能依据当事人的信誉和相互信任，一般不能起到保护劳动者权利的作用，只适用于短时间内清结的劳动关系。

（二）按劳动者一方人数划分

按照劳动者一方人数为标准，劳动合同可以分为个人劳动合同和集体劳动合同。

个人劳动合同，确立个别劳动关系，指由单个劳动者本人与用人单位依法签订的明确双方权利和义务的劳动合同，内容具有个别性。集体劳动合同，确立集体劳动关系，指用人单位的工会组织（或者职工代表）代表全体职工与用人单位就劳动报酬、工作时间、休息休假、劳动安全卫生、保险福利等通过平等协商所达成的协议，内容具有广泛性、整体性。我国《劳动合同法》第五章第一节就集体劳动合同作了详细规定。

（三）按劳动合同期限划分

按照劳动合同的期限为标准，劳动合同可以分为有固定期限的劳动合同、无固定期限的劳动合同和以完成一定工作为期限的劳动合同。

我国《劳动法》和《劳动合同法》规定了上述三种期限的劳动合同。

有固定期限的劳动合同，是指用人单位与劳动者以书面形式约定合同终止时间的劳动合同；无固定期限劳动合同，是指用人单位与劳动者未以书面形式约定合同终止时间的劳动合同；以完成一定工作为期限的劳动合同，是指用人单位与劳动者以书面形式约定以某项工作的完成为合同终止条件的劳动合同。

也有的学者把有固定期限的劳动合同和以完成一定工作为期限的劳动合同，统称为定期劳动合同，把无固定期限的劳动合同称为不定期合同，从而把劳动合同按期限分为定期劳动合同与不定期劳动合同。[①] 定期劳动合同中，双方约定劳动合同有效的起止时间，合同约定的有效期满或者约定的工作任务完成，合同即告终止。定期劳动合同适用范围广，应变能力强，既能保持劳动关系的相对稳定，又能促进劳动力的合理流动，是目前最为普遍的一种劳动合同。不定期劳动合同只写明合同生效日期，而未明确合同终止的日期，除了法律法规的规定外，当事人应当约定变更、解除、终止的条件，只要法定的或约定的条件未出现，劳动关系就一直存续。当然不定期不是指"永远"，而是指劳动关系可以在劳动者的法定劳动年龄内和企业存续期限内无限期存续，并且只有在符合法定或约定的合同解除的情况下，劳动关系才可终止。

【案例 4 – 3】

北京首例无固定期合同被解除案员工败诉[②]

2008 年 7 月，北京市东城区人民法院宣判京城首例无固定期限劳动合同解雇案，驳回了员工当事人的全部请求。2005 年，这位员工入职日立数据，第二年 10 月与公司签订无固定期限劳动合同，职务是商务经理。公司称她的工作范围包括数据录入，但她在该项工作中经常出错，随后表示停止数据录入工作并多次拒绝参加职业培训提升计划。2008 年 3 月，因她拒绝录入工作已 2 个多月，公司不得不另行招人填补空缺，遂以该员工严重违反公司规章制度为由，与其解除劳动合同。该员工先后提起劳动仲裁和诉讼。法院经审理认为，劳动者严重违反单位规章制度的，用人单位可以解除劳动合同。日立数据曾多次与该员工沟通，其拒不接受，并擅自停止工作，且不参加公司的培训，其行为已严重违反了单位的规章制度。法院认为，日立数据以该员工违反公司规章制度为由解除劳动合同并无不妥，遂驳回了该员工的全部请求。

【案例分析】无固定期限劳动合同是双方约定没有确定终止时间的合同，并不是"永久合同"或"铁合同"，只要符合《劳动合同法》第 39 条和第 40 条规定的情形，即严重违反用人单位的规章制度的；劳动者不能胜任工作，经过培训或者调整工作岗位，仍不能胜任工作的；劳动合同订立时依据的客观情况发生重大变化，致使劳动合

---

① 周长征：《劳动法原理》，科学出版社 2004 年版，第 123 页。
② 林嘉：《劳动法与社会保障法》，中国人民大学出版社 2011 年版，第 123 页。

同无法履行，经用人单位与劳动者协商，未能就变更劳动合同内容达成协议的等，用人单位可以解除合同。此案的关键并不是员工在数据录入工作中总是出错，而在于公司曾通知她进入改进业绩计划，如果业绩改进，将继续履行合同，但是她予以拒绝。

（四）按劳动合同的目的划分

按照劳动合同的目的为标准，劳动合同主要可以分为录用合同、聘任合同或聘用合同、借调合同。

录用合同，是指以职工的录用为目的，由用人单位面向社会、择优公开招收新职工时与被录用者依法签订的，缔结劳动关系并约定一般性劳动权利和劳动义务的合同。[①] 录用过程中，用人单位一般按照预先拟定的条件，面向社会，公开招收录用劳动者，求职者根据公布的条件，自愿报名，用人单位全面考核、择优录取。一般而言，录用合同具有普遍适用性，是劳动合同的基本类型。

聘任合同，也称聘用合同，指以招聘或者聘请劳动这种由特定技术业务专长者未技术专业人员或管理人员为目的，由用人单位与被聘用者依法签订的，缔结劳动关系，并约定聘用职务、聘用时间和相应权利义务的合同。[②] 聘用合同中，用人单位拟定的条件较高，必须具备较高文化程度和技术业务专长的人员才能应聘。

借调合同，也称借用合同，是指为了将一个用人单位的职工借调到另一用人单位从事短期性工作，而由借调单位、被借调单位和被借调职工三方当事人依法签订的，约定借调期间三方当事人之间权利和义务的合同。[③] 借调合同的特点是：合同有三方当事人，即借调单位、被借调单位和被借调职工，不同于一般劳动合同；被借调职工在借调期间，属于借调单位的劳动者，但其与被借调单位（原工作单位）的劳动关系保留，当借调合同终止后，被借调职工仍回被借调单位工作；借调单位与被借调单位对被借调职工均应当承担相应的义务。

第二节 劳动合同立法概况

一、国外劳动合同立法概况

劳动合同法是国家立法机关制定的，用来规范劳动合同并调整劳动关系当事人基

---

① 郑尚元：《劳动法学》，中国政法大学出版社 2004 年版，第 104 页。
② 郑尚元：《劳动法学》，中国政法大学出版社 2004 年版，第 105 页。
③ 曾咏梅：《劳动法》，武汉大学出版社 2005 年版，第 79 页。

于劳动合同所产生的权利义务的劳动法律规范，是国家以立法形式对劳动合同双方当事人之间关系进行的直接干预。1900年，比利时首先制定了专门的《劳动契约法》，独立的劳动合同法由此产生、发展，逐步脱离了民法体系，成为劳动法的主要组成部分。

从立法形式上看，市场经济发达国家关于劳动合同的立法除了少数国家仍然沿用民法调整外，其他调整模式主要有：（1）制定专门的劳动合同法来规范劳动合同制度，如上述比利时、德国等国家制定了统一的劳动合同法。（2）有的国家制定了统一的劳动法典，将劳动合同的规范放在劳动法典中。如法国1910年颁布的《劳动法典》第一卷主要规定了劳动合同，并与劳务合同作了明确区别。（3）把劳动合同作为民法中雇用合同的一种，同时制定调整劳动合同的专项法规，如德国1900年颁布的《德国民法典》规定了调整劳动合同关系最基本的法律规定，为弥补不足，还颁布了许多特别法，如工资及方法、工作时间法、固定期限劳动合同法等以进一步规范劳动合同关系。

二、我国劳动合同立法简况

我国劳动合同制度的实践从20世纪80年代首先在外商投资企业普遍实行，1980年国务院发布《中外合资经营企业劳动管理规定》，要求合资企业与职工的劳动关系通过劳动合同确定。1986年国务院发布《国营企业实行劳动合同制暂行规定》，规定部分国有企业在新招的工人中进行签订劳动合同的试点，扩大了劳动合同的适用范围。

1994年我国《劳动法》颁布，以第三章专章的形式，规定建立劳动关系应当订立劳动合同，并对劳动合同的定义和适用范围，劳动合同的订立、变更和无效，劳动合同的内容、形式和期限，以及劳动合同的终止和解除等主要问题作出了基本规定。此后为了具体实施《劳动法》关于劳动合同的规定，原劳动部制定和颁布了相应的配套法规，如1994年颁布了《违反和解除劳动合同的经济补偿办法》，1995年出台了《实施〈劳动法〉有关劳动合同问题的解答》《违反〈劳动法〉有关劳动合同的赔偿办法》，1996年制定实施了《劳动部关于实行劳动合同制度若干问题的通知》等。

随着我国市场经济的发展，《劳动法》关于劳动合同方面的规定日益暴露出其立法的不足。为了规范用人单位与劳动者订立和履行劳动合同的行为，保护劳动者的合法权益，促进劳动关系和谐稳定，劳动部等相关部门以《劳动法》的相关规定为基本准则，起草了《劳动合同法》。2005年12月27日，十届全国人大常委会第十九次会议对《劳动合同法（草案）》进行了初步审议。在对草案进行了四审修改后，《中华人民共和国劳动合同法》由中华人民共和国第十届全国人民代表大会常务委员会第二十八次会议于2007年6月29日通过，自2008年1月1日起开始施行，为完善劳动合同制度，明确劳动合同双方当事人的权利和义务，保护劳动者的合法权益，构建和发展和谐稳定的劳动关系，揭开了新的里程碑。

第三节　劳动合同的订立

一、劳动合同订立的概念

劳动合同的订立是指劳动者和用人单位依照法律经过相互选择和平等协商，就劳动合同条款达成一致协议，从而确立劳动关系和明确相互权利和义务的法律行为。[①]劳动合同的订立是劳动合同成立并发生劳动法律关系的前提，依法订立的劳动合同对双方均产生法律上的约束力。劳动合同具有当事人意思自治和国家干预相结合的特点。劳动者和用人单位必须了解劳动合同订立的法律规定，遵循订立的原则和程序，利用法律手段保障己方的权利，保证劳动关系的依法确立。

二、劳动合同订立的原则

我国《劳动法》第 17 条规定："订立劳动合同，应当遵循平等自愿、协商一致的原则，不得违反法律、行政法规的规定。"《劳动合同法》第 3 条规定："订立劳动合同，应当遵循合法、公平、平等自愿、协商一致、诚实信用的原则。"

因此，用人单位和劳动者在签订劳动合同时，必须遵循合法、公平、平等自愿、诚实信用、协商一致的原则。双方在订立合同的过程中法律地位平等，任何一方在订立劳动合同时不得歧视、欺压、强迫对方，任何一方强迫、胁迫或者乘人之危、显失公平而与对方签订的劳动合同，均是违法无效的。

三、劳动合同的当事人

劳动合同的当事人，是依据劳动合同享有权利和承担义务的人，包括劳动者和用人单位。

（一）劳动者

劳动者是指具有劳动权利能力和劳动行为能力的自然人。劳动权利能力，是指劳

---

① 郭捷：《劳动与社会保障法》，中国政法大学出版社 2004 年版，第 114 页。

动者应当具有从事一定职业劳动的资格。我国宪法规定，公民都有劳动的权利和义务。每个中国公民从出生时起到死亡时止，都具有劳动权利能力。在我国劳动权利能力的主体只能是我国公民，不包括法人和外国人。根据1996年发布的《外国人在中国就业管理规定》，外国人在我国就业应当申请外国人就业许可证和职业签证，原则上用人单位只能聘用外国人从事那些有特殊需要、国内暂缺适当人选且不违反国家有关规定的岗位。外国人在中国就业应当具备下列条件：年满18周岁，身体健康；具有从事其工作所必需的专业技能和相应的工作经历；无犯罪记录；有确定的聘用单位；持有有效护照或能代替护照的其他国际旅行证件等。

劳动行为能力，是劳动者以自己的行为享受劳动权利、承担劳动义务的资格。在我国，凡是年满16周岁，智力健全的自然人，具有完全的劳动行为能力，可以从事与其知识、能力相适应的各种职业。不满16周岁的未成年人或者完全不能辨识自己行为性质的精神病人，属于无劳动行为能力人，签订的劳动合同无效。国家禁止用人单位使用不满16周岁童工的行为。不能完全辨识自己行为性质的精神病人或间歇性精神病人，是限制劳动行为能力人，只能从事与其精神健康状况相适应的工作。我国1990年颁布了《残疾人保障法》规定，国家保障残疾人劳动的权利。因此，残疾人与健康人同样享有劳动权利，只是其所从事的职业受其劳动行为能力的限制。

（二）用人单位

依照我国《劳动法》第2条和《劳动合同法》第2条的规定，中华人民共和国境内的企业、个体经济组织、民办非企业单位与劳动者建立劳动关系，订立和履行劳动合同，适用本法。国家机关、事业单位、社会团体、与其建立劳动合同关系的劳动者，依照本法执行。因此，在我国，用人单位包括我国境内的企业、个体经济组织、民办非企业单位以及与劳动者建立劳动合同关系的国家机关、事业单位、社会团体。用人单位在订立劳动合同时，也应当具有相应的权利能力和行为能力，这在劳动法中未予以规定，而主要由《民法通则》《公司法》以及各种企业法进行了规定。我国公司法和企业法都明确规定，企业享有劳动用工权，政府部门不得无故干涉。《劳动合同法》第4条对用人单位的行为规则作出规定，用人单位应当依法建立和完善劳动规章制度，保障劳动者享有劳动权利、履行劳动义务。用人单位在制定、修改或者决定有关劳动报酬、工作时间、休息休假、劳动安全卫生、保险福利、职工培训、劳动纪律以及劳动定额管理等直接涉及劳动者切身利益的规章制度或者重大事项时，应当经职工代表大会或者全体职工讨论，提出方案和意见，与工会或者职工代表平等协商确定。

四、劳动合同订立的形式

劳动合同订立的形式，是双方当事人之间明确权利义务关系所采用的方式，主要由书面劳动合同和口头劳动合同两种形式。

书面劳动合同，是要式合同，即依法律规定的书面形式订立的劳动合同。很多国家法律规定劳动合同必须采用书面形式。如土耳其《劳动法》第9条规定，定期1年或者1年以上的雇佣契约应用书面形式。有的国家并不要求一定要采用书面形式，只要求某类人员或某些内容采用书面形式，如法国《劳动法典》只明确规定对于某类劳动者，如家庭工作者和医生雇员，要求订立书面的劳动合同；此外法律没有要求劳动合同一定要以书面形式订立。我国《劳动法》第19条和《劳动合同法》第10条第1款均规定，劳动合同应当以书面形式订立。可见，在我国用人单位与劳动者确立劳动关系必须订立书面劳动合同。书面劳动合同是双方当事人履行义务、享受权利的依据，一旦发生劳动争议，劳动争议调解委员会、仲裁委员会及人民法院可以据此处理。

口头劳动合同，是非要式劳动合同，即由劳动关系当事人以口头约定形式产生的劳动合同。对于已存在劳动关系，用人单位与劳动者未以书面形式订立劳动合同的，《劳动合同法》第9条规定，除了劳动者有其他意思表示外，视为用人单位与劳动者已经订立无固定期限的劳动合同，并应当及时补办订立书面劳动合同的手续。可见，为了保护劳动者的合法权益，法律承认口头劳动合同确立的事实劳动关系，但双方应当及时补签书面合同。

我国劳动法律虽然严格规定劳动合同必须以书面形式订立，但由于社会环境、法律意识等诸多因素的限制，劳动合同双方当事人没有采用书面形式的情形大量存在。法律承认以口头形式确立的劳动关系，一般称为"事实劳动关系"，指用人单位与劳动者没有签订书面劳动合同，仅就某些劳动权利和义务达成口头协议，形成劳动者向用人单位实际提供劳动，用人单位对劳动者支付劳动报酬的事实的劳动用工关系。《劳动法》第98条规定："用人单位违反本法规定的条件解除劳动合同或者故意拖延不订立劳动合同的，由劳动行政部门责令改正；对劳动者造成损害的，应当承担赔偿责任。"劳动部《关于贯彻〈中华人民共和国劳动法〉若干问题的意见》第2条规定："中国的企业、个体经济组织与劳动者之间只要形成劳动关系，即在事实上已成为企业、个体经济组织的成员，并为其提供有偿劳动，适用劳动法。"可见，在我国《劳动法》与部门规章中都明确规定，签订书面劳动合同是劳动使用者的责任，如果没有签订书面合同而双方互为劳动给付，则双方之间就构成了有效的劳动法律关系，劳动使用者应承担没有订立书面合同的责任。但是事实劳动关系是一种不稳定的劳动关系，由于双方当事人的权利义务关系未以书面合同方式确定，容易导致劳动关系紊乱，劳动争议频繁发生，给社会和当事人都造成较大损失，因此，劳动者和用人单位都应当及时签订书面劳动合同，以规范双方的权利义务。《劳动合同法》第10、11条规定了已建立劳动关系，未同时订立书面劳动合同的，应当自用工之日起1个月内订立书面劳动合同。用人单位与劳动者在用工前订立劳动合同的，劳动关系自用工之日起建立。用人单位未在用工的同时订立书面劳动合同，与劳动者约定的劳动报酬不明确的，新招用的劳动者的劳动报酬按照集体合同规定的标准执行；没有集体合同或者集体合同未规定的，实行同工同酬。

最高人民法院2001年4月16日公布的《最高人民法院关于审理劳动争议案件适用法律若干问题的解释》第1条规定："劳动者与劳动使用者之间没有订立书面劳动合同，但已形成劳动关系后发生纠纷，属于劳动争议的范围，如果当事人不服劳动争议仲裁委员会作出的裁决，向人民法院起诉的，人民法院应当受理。"第16条规定："劳动合同期满后，劳动者仍在原用人单位工作，原用人单位未表示异议的，视为双方同意以原条件继续履行劳动合同。一方提出终止劳动关系的，人民法院应当支持。根据《劳动法》第二十条之规定，用人单位应当与劳动者签订无固定期限劳动合同而未签订的，人民法院可以视为双方之间存在无固定期限劳动合同关系，并以原劳动合同确定双方的权利义务关系。"可见，我国司法机关在法律适用的过程中，为了保护劳动者的劳动权利起见，承认事实劳动关系的效力。

人民法院对于因事实劳动关系引起的劳动争议纠纷，区别不同情况予以处理：

1. 当事人虽未订立劳动合同，但对双方的权利义务由口头约定的，只要约定不违背法律且内容明确，人民法院在审理中将依据劳动法律的有关规定并参考当事人的约定予以处理；

2. 当事人之间不仅未按照规定订立劳动合同，而且一方或双方当事人不具备劳动关系的主体资格，如未经批准招用不满16周岁的童工等，由此引起的纠纷不视为劳动争议，作为一般民事争议处理；

3. 对事实劳动关系当事人继续保持劳动关系的，督促当事人补签、续签劳动合同，并依据在事实劳动关系的建立中各自的责任大小，予以妥善处理。当事人不愿补签劳动合同或解除合同的，依据有关法律和政策的规定处理。①

五、劳动合同订立的程序

劳动合同订立的程序，是劳动者和用人单位签订劳动合同需要遵循的步骤。我国现行劳动法律没有对劳动合同的程序进行专门规定，根据市场经济条件下劳动力资源主要由市场进行配置的要求，结合合同法的基本原理，订立劳动合同一般应经过下列程序：第一，用人单位根据自身需要决定招聘岗位、应聘资格和雇用条件，采用广告或其他公开形式向社会发布招聘信息；第二，劳动者根据招聘条件自愿报名，并通过

① 郭捷：《劳动与社会保障法》，中国政法大学出版社2004年版，第118页。

用人单位的面试和全面考核阶段；第三，用人单位根据劳动者的条件和考核结果，择优录用，公布录用人员名单并发给录用通知；第四，用人单位和劳动者签订书面劳动合同，双方劳动关系确立。

在遵循以上程序订立劳动合同的过程中，用人单位和劳动者都负有法定的告知义务。我国《劳动合同法》第 8 条规定了用人单位在签订劳动合同时的权利和义务，用人单位招用劳动者时，应当如实告知劳动者工作内容、工作条件、工作地点、职业危害、安全生产状况、劳动报酬，以及劳动者要求了解的其他情况；用人单位有权了解劳动者与劳动合同直接相关的基本情况，劳动者应当如实说明。为了保护劳动者的合法权益不受用人单位的非法侵害，第 9 条对用人单位招用劳动者的行为作出了限制，用人单位招用劳动者不得扣押劳动者的居民身份证和其他证件，不得要求劳动者提供担保或者以其他名义向劳动者收取财物。《劳动法》第 18 条规定："采用欺诈、威胁等手段订立的劳动合同无效。"基于权利义务的相对性，用人单位有义务告知，劳动者有权利知道劳动者的工作内容、工作条件、工作地点、执业资格、职业危害、安全生产状况、劳动报酬等与订立和履行劳动合同直接相关的情况；同样，劳动者有义务如实告知，用人单位有权利知道的劳动者与订立和履行劳动合同直接相关的年龄、身体状况、工作经历、知识技能以及就业现状等情况。任何一方违背如实告知义务，违反诚实信用原则，采取欺诈、胁迫方式签订的劳动合同都是无效合同。因此，劳动者在制作个人简历时，要尽量做到实事求是，对自己的资历或经历不要做过多的夸大，当然用人单位也应当尊重劳动者的隐私权，不得以劳动者不回答与应聘者无关的个人隐私而拒绝签订劳动合同。

目前在我国的招聘市场中，用人单位最值得注意的问题就是应当避免就业歧视。就业歧视违背了人生而具有工作的基本权利，漠视公平与正义的社会准则，造成了各竞争主体的起点差异，引发了人们的不平等感。就业歧视是市场经济的大敌。用人单位在和劳动者订立劳动合同的过程中应当避免对劳动者的性别、年龄、身高等方面的歧视，做到公平、公正的招录人才。

六、订立劳动合同应注意的几个问题

我国《劳动合同法》把劳动力派遣单位和被派遣的劳动者订立的劳动力派遣合同纳入了规范范畴，第 12 条作了相关规定，以劳动力派遣形式用工的用人单位（以下简称劳动力派遣单位），注册资本不得少于 50 万元，并应当在省、自治区、直辖市人民政府劳动保障主管部门指定的银行账户中以每一名被派遣的劳动者不少于 5000 元为标准存入备用金。劳动力派遣单位与劳动者订立的以劳动力派遣形式用工的劳动合同，除应当载明《劳动合同法》第 11 条规定的事项外，还应当载明被派遣的劳动者的接受单位以及派遣期限、工作岗位等情况。劳动力派遣单位有责任督促接受单位执行国家劳动标准和劳动条件。劳动力派遣单位应当与接受单位订立劳动力派遣协议，约定对被派遣的劳动者的义务的分担方式，并将劳动力派遣协议的内容告知被派遣的劳动者。

根据 1995 年 8 月 11 日原劳动部发布的《关于贯彻执行〈中华人民共和国劳动法〉若干问题的意见》的规定及其他相关规定，在用人单位与劳动者之间订立劳动合同时还应注意以下问题：

1. 用人单位在与劳动者订立劳动合同时，不得以任何形式向劳动者收取定金、保证金（物）或抵押金（物）。《劳动合同法》第 9 条为了保护劳动者的合法权益，也规定用人单位招用劳动者，不得扣押劳动者的居民身份证和其他证件，不得要求劳动者提供担保或者以其他名义向劳动者收取财物。

2. 用人单位与其富余人员、放长假的职工、请长假的职工、长期被外单位借用的人员、带薪上学人员、原固定工作中径批准的停薪留职人员愿意回原单位继续工作者以及其他虽不在岗位但仍保持劳动关系的人员签订劳动合同，劳动合同的有关内容可以不同于在岗时的劳动合同的内容。原固定工作中径批准的停薪留职人员不愿意回原单位继续工作的，原单位可以解除劳动关系。

3. 业中的经营管理人员作为劳动者，也应当签订劳动合同。由上级部门聘任（委任）的厂长、经理，应与聘任（委任）部门签订劳动合同；由公司董事会聘任的经理及其他经营管理人员，应与公司董事会签订劳动合同；企业党委书记、工会主席等其他党群专职人员，应与用人单位签订劳动合同。

4. 用人单位合并、分立时的劳动合同的变更。用人单位发生合并、分立时，分立或合并后用人单位可作为原用人单位的债权债务的承受者和主体地位的继受者，根据实际情况与原用人单位的劳动者遵循平等自愿、协商一致的原则变更原劳动合同。

5. 实行承包经营责任制、租赁经营责任制企业的劳动合同。实行承包经营责任制、租赁经营责任制的企业，由于用人单位作为劳动合同的一方当事人，其主体地位并未发生变化，因此，原劳动合同继续有效。在与新职工签订劳动合同或与原职工补签、续签劳动合同时，仍由用人单位与之签订。如果租赁人、承包人是该用人单位的法定代表人或法定代表人授权委托的人时，虽可代表用人单位与劳动者签订，但并不能改变用人单位与劳动者之间的劳动关系。

6. 派出到合资、参股单位的职工如果与原单位仍然保持劳动关系，应当与原单位签订劳动合同，原单位可就劳动合同的有关内容在与合资、参股单位订立劳务合同时，明确职工的工资、保险、福利、休假等有关待遇。①

---

① 郑尚元：《劳动法学》，中国政法大学出版社 2004 年版，第 116 页。

第四节　劳动合同的内容

劳动合同的内容指反映当事人双方的权利和义务，劳动合同本身包含的所有条款。劳动合同的内容关系到当事人双方的切身利益，是劳动合同制度中的一个重要方面。从各国劳动法和劳动合同法的规定看，劳动合同的内容一般由法定条款和约定条款两部分构成。法定条款是劳动法和劳动合同法等法律要求劳动合同必须具备的条款，不得遗漏。约定条款是当事人双方根据具体情况，在协商一致的基础上确定的条款，但不得违反法律法规的规定，否则无效。

一、劳动合同的法定条款

劳动合同的法定条款是指劳动合同依照法律规定应当具备的条款。我国《劳动法》第 19 条规定，劳动合同应当以书面形式订立，并具备以下条款：（1）劳动合同期限；（2）工作内容；（3）劳动保护和劳动条件；（4）劳动报酬；（5）劳动纪律；（6）劳动合同终止的条件；（7）违反劳动合同的责任。《劳动合同法》第 17 条具体规定了劳动合同应当具备以下条款：（1）用人单位的名称、住所和法定代表人或者主要负责人；（2）劳动者的姓名、住址和居民身份证或者其他有效身份证件号码；（3）劳动合同期限；（4）工作内容和工作地点；（5）工作时间和休息休假；（6）劳动报酬；（7）社会保险；（8）劳动保护、劳动条件和职业危害防护；（9）法律、法规规定应当纳入劳动合同的其他事项。《劳动合同法》第 17 条在劳动法的基础上，删去了劳动纪律、劳动合同终止条件、违反劳动合同的责任等内容，同时增加了工作时间、工作地点、职业病危害防护等内容。

（一）劳动合同的双方当事人

为了确定劳动合同的当事人，明确双方的主体资格，劳动合同中必须具备用人单位的名称、住所和法定代表人或者主要负责人以及劳动者的姓名、住址和居民身份证或者其他有效证件号码等详细内容。

（二）劳动合同期限

劳动合同期限是双方当事人相互享有权利、履行义务的时间界限，即劳动合同的有效期限。劳动合同期限与劳动者的工作岗位、内容、劳动报酬等都有紧密关系，更与劳动关系的稳定紧密相关。合同期限不明确则无法确定合同何时终止，如何给付劳动报酬、经济补偿等，因此一定要在劳动合同中加以明确双方签订的是何种期限的劳动合同。劳动合同分为固定期限劳动合同、无固定期限劳动合同和以完成一定工作任务为期限的劳动合同。

固定期限劳动合同，也称定期劳动合同，是指用人单位与劳动者约定合同终止时间的劳动合同。用人单位与劳动者协商一致，可以订立固定期限劳动合同。固定期限的劳动合同适用范围广，应变能力强，既能保持劳动关系的相对稳定，又能促进劳动力的合理流动，使资源配置合理化、效益化，是实践中运用较多的一种劳动合同。对于那些常年性工作，要求保持连续性、稳定性的工作，技术性强的工作，适宜签订较为长期的固定期限劳动合同。对于一般性、季节性、临时性、用工灵活、职业危害较大的工作岗位，适宜签订较为短期的固定期限劳动合同。

无固定期限劳动合同，也称为不定期劳动合同，是指用人单位与劳动者约定无确定终止时间的劳动合同。订立无固定期限的劳动合同，劳动者可以长期在一个单位或部门工作。这种合同适用于工作保密性强、技术复杂、工作又需要保持人员稳定的岗位。这种合同对于用人单位来说，有利于维护其经济利益，减少频繁更换关键岗位的关键人员而带来的损失。对于劳动者来说，也有利于实现长期稳定职业，钻研业务技术。用人单位与劳动者协商一致，可以订立无固定期限劳动合同。有下列情形之一，劳动者提出或者同意续订劳动合同的，除劳动者提出订立固定期限劳动合同外，应当订立无固定期限劳动合同：第一，劳动者在该用人单位连续工作满10年的。签订无固定期限劳动合同的劳动者必须在同一单位连续工作了10年以上，具体指劳动者与同一用人单位签订的劳动合同的期限不间断达到10年。如果一个劳动者在该用人单位工作了10年，就能说明他已经能够胜任这份工作，而用人单位的这个工作岗位也确实需要保持人员的相对稳定。在这种情况下，如果劳动者愿意，用人单位应当与劳动者订立无固定期限劳动合同，维持较长的劳动关系。第二，用人单位初次实行劳动合同制度或者国有企业改制重新订立劳动合同时，劳动者在该用人单位连续工作满10年且距法定退休年龄不足10年的。劳动合同制是以签订劳动合同的形式，明确规定用工单位和劳动者双方的权力、责任、利益，把用工与经济责任制相结合的一种新的用工制度劳动合同制度。在推行劳动合同制度前，或是在国有企业进行改制前，用人单位的有些职工已经在本单位工作了很长时间。推行新的制度以后，很多老职工难以适应这种新型的劳动关系，一旦让其进入市场，确实存在着竞争力弱难以适应的问题，年龄的局限又使其没有充足的条件来提高改进，应当说这是由于历史的原因造成的。他们担心的不仅是能否与原单位签订劳动合同的问题，还存在着虽然签了劳动合同但期限很短，在其尚未退休前合同到期却没有用人单位再与其签订劳动合同的问题。我们在制定法律和政策的同时，应当考虑那些给国家和企业作出过很多贡献的老职工的利益。因此，对于已在该用人单位连续工作满10年并且距法定退休年龄不足

10年的劳动者，在订立劳动合同时，允许劳动者提出签订无固定期限劳动合同。如果一个劳动者以在该用人单位满10年，但距离法定退休年龄超过10年，则不属于本项规定的情形。第三，连续订立二次固定期限劳动合同，且劳动者没有《劳动合同法》第39条和第40条第1项、第2项规定的情形，续订劳动合同的。根据规定，在劳动者没有《劳动合同法》第39条规定的用人单位可以解除劳动合同的情形下，如果用人单位与劳动者签订了一次固定期限劳动合同，在签订第二次固定期限劳动合同时，就意味着下一次必须签订无固定期限劳动合同。所以在第一次劳动合同期满，用人单位与劳动者准备订立第二次固定期限劳动合同时，应当作出慎重考虑。第四，用人单位自用工之日起满1年不与劳动者订立书面劳动合同的，视为用人单位与劳动者已订立无固定期限劳动合同。对于已经建立劳动关系，但没有同时订立书面劳动合同的情况，要求用人单位与劳动者应当自用工之日起1个月内订立书面劳动合同。用人单位未在用工的同时订立书面劳动合同，与劳动者约定的劳动报酬不明确的，新招用的劳动者的劳动报酬应当按照企业的或者行业的集体合同规定的标准执行；没有集体合同或者集体合同未作规定的，用人单位应当对劳动者实行同工同酬。用人单位自用工之日起超过1个月但不满1年未与劳动者订立书面劳动合同的，应当向劳动者支付2倍的月工资。根据规定，用人单位自用工之日起满1年不与劳动者订立书面劳动合同的，视为用人单位与劳动者已订立无固定期限劳动合同。但需要注意的是，虽然已经视为用人单位与劳动者签了无固定期限劳动合同，但并不代表用人单位已经与劳动者签订了劳动合同。实践中很多用人单位无视法律的规定，仍然不与劳动者订立劳动合同。对于这种情况，《劳动合同法》第81条第2款规定，用人单位违反本法规定不与劳动者订立无固定期限劳动合同的，应当向劳动者支付2倍的月工资，来保障劳动者的权益不受侵犯。

以完成一定工作任务为期限的劳动合同，是指用人单位与劳动者约定以某项工作的完成为合同期限的劳动合同。用人单位与劳动者协商一致，可以订立以完成一定工作任务为期限的劳动合同。某一项工作或工程开始之日，即为合同开始之时，此项工作或工作完毕，合同即告终止。如以完成某项科研，以及带有临时性、季节性的劳动合同。合同双方当事人在合同存续期间建立的是劳动关系，劳动者要加入用人单位集体，参加用人单位工会，遵守用人单位内部规章制度，享受工资福利、社会保险等待遇。这种劳动合同实际上属于固定期限的劳动合同，只不过表现形式不同。一般在以下几种情况下，用人单位与劳动者可以签订以完成一定工作任务为期限的劳动合同：（1）以完成单项工作任务为期限的劳动合同；（2）以项目承包方式完成承包任务的劳动合同；（3）因季节原因临时用工的劳动合同；（4）其他双方约定的以完成一定工作任务为期限的劳动合同。根据《劳动合同法》第19条的规定，以完成一定工作任务为期限的劳动合同或者劳动合同期限不满3个月的，不得约定试用期。以完成一定工作任务为期限的劳动合同，是以工作任务完成作为终止条件，工作任务完成的时间即为劳动合同的终止时间。对于一些工作任务而言是无法确定工作任务完成的具体时间的，而且往往这种劳动合同的期限都比较短。因此，对于以完成一定工作任务为期限的劳动合同，不得约定试用期。只要劳动者按照劳动合同的要求完成了工作任务，就能说明劳动者胜任这份工作。

（三）工作内容和工作地点

所谓工作内容，是指劳动法律关系所指向的对象，即劳动者具体从事什么种类或者内容的劳动，这里的工作内容是指工作岗位和工作任务或职责。这一条款是劳动合同的核心条款之一，是建立劳动关系的重要因素。它是用人单位使用劳动者的目的，也是劳动者通过自己的劳动取得劳动报酬的缘由。劳动合同中的工作内容条款应当规定的明确具体，便于遵照执行。如果劳动合同没有约定工作内容或约定的工作内容不明确，用人单位将可以自由支配劳动者，随意调整劳动者的工作岗位，难以发挥劳动者所长，也很难确定劳动者的劳动报酬，造成劳动关系的极不稳定，因此是必不可少的。工作地点是劳动合同的履行地，是劳动者从事劳动合同中所规定的工作内容的地点，它关系到劳动者的工作环境、生活环境以及劳动者的就业选择，劳动者有权在与用人单位建立劳动关系时知悉自己的工作地点，所以这也是劳动合同中必不可少的内容。

（四）工作时间和休息休假

工作时间是指劳动时间在企业、事业、机关、团体等单位中，必须用来完成其所担负的工作任务的时间。这里的工作时间包括工作时间的长短、工作时间方式的确定，如是 8 小时工作制还是 6 小时工作制，是日班还是夜班，是正常工时还是实行不定时工作制，或者是综合计算工时制。工作时间上的不同，对劳动者的就业选择、劳动报酬等均有影响，是劳动合同不可缺少的内容。国家实行劳动者每日工作时间不超过 8 小时、平均每周工作时间不超过 44 小时的工时制度。对实行计件工作的劳动者，用人单位应当根据《劳动法》第 36 条规定的工时制度合理确定其劳动定额和计件报酬标准。

如果企业因生产特点不能实行《劳动法》第 36 条、第 38 条规定的，经劳动行政部门批准，可以实行其他工作和休息办法。用人单位由于生产经营需要，经与工会和劳动者协商后可以延长工作时间，一般每日不得超过 1 小时；因特殊原因需要延长工作时间的，在保障劳动者身体健康的条件下延长工作时间每日不得超过 3 小时，但是每月不得超过 36 小时。有下列情形之一的，延长工作时间不受《劳动法》第 41 条的限制：（1）发生自然灾害、事故或者因其他原因，威胁劳动者生命健康和财产安全，需要紧急处理的；（2）生产设备、交通运输线路、公共设施发生故障，影响生产和公众利益，必须及时抢修的；（3）法律、行政法规规定的其他情形。用人单位不得违反劳动法规定延长劳动者的工作时间。

休息休假是指企业、事业、机关、团体等单位的劳动者按规定不必进行工作，而自行支配的时间。宪法规定公民享有劳动权和休息权。《劳动法》第38条规定："用人单位应当保证劳动者每周至少休息一日。"休息休假的具体时间根据劳动者的工作地点、工作种类、工作性质、工龄长短等各有不同，用人单位与劳动者在约定休息休假事项时应当遵守劳动法及相关法律法规的规定。根据规定，用人单位在下列节日期间应当依法安排劳动者休假：（1）元旦；（2）春节；（3）国际劳动节；（4）国庆节；（5）法律、法规规定的其他休假节日。第45条规定："国家实行带薪年休假制度。劳动者连续工作一年以上的，享受带薪年休假。具体办法由国务院规定。"

（五）劳动报酬

劳动合同中的劳动报酬，是指劳动者与用人单位确定劳动关系后，因提供了劳动而取得的报酬。劳动报酬是满足劳动者及其家庭成员物质文化生活需要的主要来源，也是劳动者付出劳动后应该得到的回报。劳动报酬主要包括以下几个方面：（1）用人单位工资水平、工资分配制度、工资标准和工资分配形式；（2）工资支付办法；（3）加班、加点工资及津贴、补贴标准和奖金分配办法；（4）工资调整办法；（5）试用期及病、事假等期间的工资待遇；（6）特殊情况下职工工资（生活费）支付办法；（7）其他劳动报酬分配办法。

劳动合同中有关劳动报酬条款的约定，要符合我国有关最低工资标准的规定。用人单位支付劳动者的工资不得低于当地最低工资标准。确定和调整最低工资标准应当综合参考下列因素：（1）劳动者本人及平均赡养人口的最低生活费用；（2）社会平均工资水平；（3）劳动生产率；（4）就业状况；（5）地区之间经济发展水平的差异。

劳动报酬应当以货币形式按月支付给劳动者本人。不得克扣或者无故拖欠劳动者的报酬。劳动者在法定休假日和婚丧假期间以及依法参加社会活动期间，用人单位应当依法支付工资。有下列情形之一的，用人单位应当按照下列标准支付高于劳动者正常工作时间工资的工资报酬：（1）安排劳动者延长工作时间的，支付不低于工资的150%的工资报酬；（2）休息日安排劳动者工作又不能安排补休的，支付不低于工资的200%的工资报酬；（3）法定休假日安排劳动者工作的，支付不低于工资的300%的工资报酬。

《劳动合同法》第30条规定，用人单位应当按照劳动合同约定和国家规定，向劳动者及时足额支付劳动报酬。用人单位拖欠或者未足额支付劳动报酬的，劳动者可以依法向当地人民法院申请支付令，人民法院应当依法发出支付令。

（六）社会保险

社会保险是政府通过立法强制实施，由劳动者、劳动者所在的工作单位或社区以及国家三方面共同筹资，帮助劳动者及其亲属在遭遇年老、疾病、工伤、生育、失业等风险时，防止收入的中断、减少和丧失，以保障其基本生活需求的社会保障制度。社会保险由国家成立的专门性机构进行基金的筹集、管理及发放，不以赢利为目的。一般包括医疗保险、养老保险、失业保险、工伤保险和生育保险。社会保险强调劳动者、劳动者所在用人单位以及国家三方共同筹资。体现了国家和社会对劳动者提供基本生活保障的责任。劳动者所在用人单位的缴费，使社会保险资金来源避免了单一渠道，增加了社会保险制度本身的保险系数。社会保险由国家强制实施，是劳动合同不可缺少的内容。

（七）劳动保护和劳动条件

劳动保护是指用人单位为了防止劳动过程中的安全事故，采取各种措施来保障劳动者的身体健康和生命安全。在劳动生产过程中，存在着各种不安全、不卫生因素，如不采取措施加以保护，将会发生工伤事故，如矿井作业可能发生瓦斯爆炸、水火灾害等事故；建筑施工可能发生高空坠落、物体打击和碰撞等，都会危害劳动者的安全健康。劳动条件，主要是指用人单位为使劳动者顺利完成劳动合同约定的工作任务，为劳动者提供必要的物质和技术条件，如必要的劳动工具、机械设备、工作场地、劳动经费、辅助人员、技术资料、工具书以及其他一些必不可少的物质、技术条件和其他工作条件。

用人单位必须建立、健全劳动安全卫生制度，严格执行国家劳动安全卫生规程和标准，对劳动者进行劳动安全卫生教育，防止劳动过程中的事故，减少职业危害。劳动安全卫生设施必须符合国家规定的标准。新建、改建、扩建工程的劳动安全卫生设施必须与主体工程同时设计、同时施工、同时投入生产和使用。用人单位必须为劳动者提供符合国家规定的劳动安全卫生条件和必要的劳动防护用品，对从事有职业危害作业的劳动者应当定期进行健康检查。

从事特种作业的劳动者必须经过专门培训并取得特种作业资格。劳动者在劳动过程中必须严格遵守安全操作规程。劳动者对用人单位管理人员违章指挥、强令冒险作业，有权拒绝执行；对危害生命安全和身体健康的行为，有权提出批评、检举和控告。国家建立伤亡事故和职业病统计报告和处理制度。县级以上各级人民政府劳动行政部门、有关部门和用人单位应当依法对劳动者在劳动过程中发生的伤亡事故和劳动者的职业病状况，进行统计、报告和处理。国家发展社会福利事业，兴建公共福利设施，为劳动者休息、休养和疗养提供条件。用人单位应当创造条件，改善集体福利，提高劳动者的福利待遇。

国家对女职工和未成年工实行特殊劳动保护。未成年工是指年满 16 周岁未满 18 周岁的劳动者。禁止安排女职工从事矿山井下、国家规定的第四级体力劳动强度的劳动和其他禁忌从事的劳动；不得安排女职工在经期从事高处、低温、冷水作业和国家规定的第三级体力劳动强度的劳动；不得安排女职工在怀孕期间从事国家规定的第三级体力劳动强度的劳动和孕期禁忌从事的劳动；对怀孕 7 个月以上的女职工，不得安排其延长工作时间和夜班劳动；女职工生育享受不少于 90 天的产假；不得安排女职工在哺乳未满 1 周岁的婴儿期间从事国家规定的第三级体力劳动强度的劳动和哺乳期禁忌从事的其他劳动，不得安排其延长工作时间和夜班劳动；不得安排未成年工从事矿山井下、有毒有害、国家规定的第四级体力劳动强度的劳动和其他禁忌从事的劳动；用人单位应当对未成年工定期进行健康检查。

（八）职业危害的防护

职业危害是指用人单位的劳动者在职业活动中，因接触职业性有害因素如粉尘、放射性物质和其他有毒、有害物质等而对生命健康所引起的危害。根据《职业病防治法》第 30 条的规定，用人单位与劳动者订立劳动合同时，应当将工作过程中可能产生的职业病危害及其后果、职业病防护措施和待遇等如实告知劳动者，并在劳动合同中写明，不得隐瞒或者欺骗。此外，《职业病防治法》中还规定了用人单位在职业病防护中的义务：用人单位应当为劳动者创造符合国家职业卫生标准和卫生要求的工作环境和条件，并采取措施保障劳动者获得职业卫生保护；应当建立、健全职业病防治责任制，加强对职业病防治的管理，提高职业病防治水平，对本单位产生的职业病危害承担责任；必须采用有效的职业病防护设施，并为劳动者提供个人使用的职业病防护用品；应当对劳动者进行上岗前的职业卫生培训和在岗期间的定期职业卫生培训，普及职业卫生知识，督促劳动者遵守职业病防治法律、法规、规章和操作规程，指导劳动者正确使用职业病防护设备和个人使用的职业病防护用品。用人单位应当按照有关法律、法规的规定严格履行职业危害防护的义务。

值得注意的是，在订立劳动合同的过程中，如果劳动合同对劳动报酬和劳动条件等标准约定不明确，将会引发争议，对于出现这种问题如何解决，《劳动合同法》第 18 条作出了规定，劳动合同对劳动报酬和劳动条件等标准约定不明确，引发争议的，用人单位与劳动者可以重新协商。协商不成的，适用集体合同规定；没有集体合同或者集体合同未规定劳动报酬的，用人单位应当对劳动者实行同工同酬；没有集体合同或者集体合同未规定劳动条件等标准的，适用国家有关规定。除了劳动法外，还有很多其他法律、法规对劳动条件等事项作出了相关规定，在没有集体合同或是集体合同没有约定劳动条件等标准的情况下，应当按照国家有关规定来确定相应事项的标准。

如国务院《工厂安全卫生规程》第 7 条规定："建筑物必须坚固安全，如果有损坏或者危险的象征，应该立即修理。"国务院《建筑安装工程安全技术规程》第 8 条规定："遇有六级以上强风的时候，禁止露天进行起重工作和高空作业。"对于工作时间约定不明的情况，可以按照《国务院关于职工工作时间的规定》的规定执行；对于职业危害防护约定不明的情况，可以适用《中华人民共和国职业病防治法》《职业病范围和职业病患者处理办法的规定》等的有关规定。

【案例 4 - 4】

王某应该赔偿公司的培训费吗？①

王某原为某公司技术人员，公司 2005 年曾派王某出国培训半年，事先签订了培训协议，约定培训后王某应为公司工作 3 年，如违约赔偿公司培训费 3 万元。2006年王某以书面形式提前 30 日通知公司解除劳动合同，公司同意解除劳动合同，但要求王某按培训协议赔偿公司培训费王某拒绝赔偿，公司向劳动争议仲裁委员会申请仲裁。劳动争议仲裁委员会裁决培训协议有效，王某应赔偿公司培训费。王某对裁决不服起诉，一审法院判决培训协议无效。公司对一审判决不服上诉至二审法院，二审法院意见与劳动争议仲裁委员会相同，判决王某赔偿公司培训费。

【案例分析】本案的焦点在于劳动合同中可否约定劳动者违约的经济赔偿责任。我国《劳动法》第 31 条规定："劳动者解除劳动合同应提前三十日以书面形式通知用人单位"；第 102 条规定："劳动者违反本法规定的条件解除劳动合同或者违反劳动合同中约定的保密事项，对用人单位造成经济损失的应当依法承担赔偿责任。"据此，王某认为，《劳动法》只规定了在劳动者未按照规定提前 30 天以书面形式通知用人单位解除劳动合同与违反劳动合同中约定的保密事项对用人单位造成经济损失这两种情况下，劳动者才应承担赔偿责任，在其他任何情况下劳动者都无需承担赔偿责任。因而，其认为培训协议中的赔偿条款违反《劳动法》是无效条款。劳动争议仲裁委员会与二审法院的意见是，劳动合同的违约责任与违反《劳动法》的法律责任是两个不同的概念。《劳动法》第 102 条规定的劳动者违反法律规定的条件解除劳动合同或者违反劳动合同中约定的保密事项而应承担的责任是一种法律责任。劳动合同违约责任条款作为劳动合同的必备条款之一，是劳动者与用人单位自行协商的结果，只要其内容没有违反法律、行政法规就是合法有效的。劳动部办公厅《关于劳动者解除劳动合同有关问题的复函》规定，"劳动者提前三十日以书面形式通知用人单位，解除劳动合同无需征得用人单位的同意。超过三十日，劳动者向用人单位提出办理解

---

① 剧宇宏：《劳动法概论》，上海交通大学出版社 2012 年版，第 94 ~ 95 页。

除劳动合同的手续，用人单位应予办理。但由于劳动者违反劳动合同有关约定而给用人单位造成经济损失的，应依有关法律、法规、规章的规定和劳动合同的约定，由劳动者承担赔偿责任。"此案应按照有关法律、法规及上述文件的规定办理。

通过本案可以看出，用人单位在与职工签订劳动合同的时候，一定要尽可能地详尽规定职工的法定义务和违约责任，这样，出现劳动纠纷时就可以根据劳动合同中的附属条款保护自己的利益。

二、劳动合同的约定条款

约定条款是由当事人自愿协商确定的，约定的内容只要不违反法律法规，对当事人均具有约束力。当事人可以就劳动合同的下列内容进行协商决定。

（一）试用期条款

试用期是指用人单位对新招收的职工进行思想品德、劳动态度、实际工作能力、身体情况等进行进一步考察的时间期限。根据劳动部《关于〈劳动法〉若干条文的说明》的规定，试用期是用人单位和劳动者为相互了解、选择而约定的不超过 6 个月的考察期，劳动合同可以约定试用期，也可以不约定试用期，试用期包括在劳动合同的期限内。在劳动合同中约定试用期，一方面，可以维护用人单位的利益，为每个工作岗位找到合适的劳动者，试用期就是供用人单位考察劳动者是否适合其工作岗位的一项制度，给企业考察劳动者是否与录用要求相一致的时间，避免用人单位遭受不必要的损失。另一方面，可以维护新招收职工的利益，使被录用的职工有时间考察了解用人单位的工作内容、劳动条件、劳动报酬等是否符合劳动合同的规定。在劳动合同中规定试用期，既是订立劳动合同双方当事人的权利与义务，同时也为劳动合同其他条款的履行提供了保障。

根据我国《劳动法》第 21 条的规定，劳动合同可以约定试用期，试用期最长不得超过 6 个月。《劳动合同法》第 19、20、21 条对试用期又做了更加具体的规定，劳动合同期限 3 个月以上不满 1 年的，试用期不得超过 1 个月，劳动合同期限 1 年以上不满 3 年的，试用期不得超过 2 个月，3 年以上固定期限和无固定期限的劳动合同，试用期不得超过 6 个月。同一用人单位与同一劳动者只能约定一次试用期。以完成一定工作任务为期限的劳动合同或者劳动合同期限不满 3 个月的，不得约定试用期。试用期包含在劳动合同期限内。劳动合同仅约定试用期的，试用期不成立，该期限为劳动合同期限。

劳动者在试用期的工资不得低于本单位相同岗位最低档工资或者劳动合同约定工资的 80%，并不得低于用人单位所在地的最低工资标准。

在试用期中，如果劳动者在试用期间被证明不符合录用条件的或者劳动者患病或者非因工负伤，在规定的医疗期满后不能从事原工作，也不能从事由用人单位另行安排的工作的，再或者劳动者不能胜任工作，经过培训或者调整工作岗位，仍不能胜任工作的，用人单位可以解除劳动合同。用人单位在试用期解除劳动合同的，应当向劳动者说明理由，拿出证据，证明劳动者不符合录用条件。如果用人单位恶意使用劳动者，不尽应尽的义务，劳动者诉诸法律时，用人单位要承担败诉的风险。《劳动合同法》第48条规定，用人单位违反本法规定解除或者终止劳动合同，劳动者要求继续履行劳动合同的，用人单位应当继续履行；劳动者不要求继续履行劳动合同或者劳动合同已经不能继续履行的，用人单位应当依照第47条规定的经济补偿标准的2倍向劳动者支付赔偿金；用人单位支付赔偿金后，劳动合同解除或者终止。

综上所述，在试用期问题上，需要强调以下几点：

1. 试用期是一个约定的条款，如果双方没有事先约定，用人单位就不能以试用期为由解除劳动合同。劳动合同双方当事人用人单位和劳动者必须就试用期条款充分协商，取得一致，试用期条款才能成立。任何一方都不得把自己的意志强加给另一方，更不得以强迫命令、胁迫等手段签订劳动合同试用期条款。

2. 劳动合同法限定了试用期的约定条件，劳动者在试用期间应当享有全部的劳动权利，包括取得劳动报酬的权利、休息休假的权利、获得劳动安全卫生保护的权利、接受职业技能培训的权利、享受社会保险和福利的权利、提请劳动争议处理的权利以及法律规定的其他劳动权利。还包括依照法律规定，通过职工大会、职工代表大会或者其他形式，参与民主管理或者就保护劳动者合法权益与用人单位进行平等协商的权利。不能因为试用期的身份而加以限制，与其他劳动者区别对等。

3. 试用期包括在劳动合同期限内。试用期包括在整个劳动合同期限里，不管试用期之后是否订立劳动合同，都不允许单独约定试用期。

4. 劳动合同法关于试用期的规定体现了劳动合同双方当事人权利义务的大体平等。如关于劳动合同的解除中规定，劳动者在试用期内可以通知用人单位解除劳动合同；劳动者在试用期期间被证明不符合录用条件的，用人单位也可以解除劳动合同。

5. 有的用人单位为了规避法律，约定试岗、适应期、实习期，这些都是变相的试用期，为了保护劳动者的合法权益，应当把这些情形按照试用期对待。

（二）保守用人单位商业秘密和竞业限制条款

《劳动合同法》第23、24条规定，用人单位与劳动者可以在劳动合同中约定保守用人单位的商业秘密和与知识产权相关的事项。对负有保密义务的劳动者，用人单位可以在劳动合同或者保密协议中与劳动者约定竞业限制条款，并约定在解除或者终止劳动合同后，在竞业限制期限内按月给予劳动者经济补偿。劳动者违反竞业限制约定的，应当按照约定向用人单位支付违约金。竞业限制的人员限于用人单位的高级管理人员、高级技术人员和其他知悉用人单位商业秘密的人员。竞业限制的范围、地域、期限由用人单位与劳动者约定，竞业限制的约定不得违反法律、法规的规定。在解除或者终止劳动合同后，限制前款规定的人员到与本单位生产或者经营同类产品、业务的有竞争关系的其他用人单位，或者自己开业生产或者经营与本单位有竞争关系的同类产品、业务的期限不得超过 2 年。这两个条款对劳动者保守用人单位的商业秘密和竞业限制作出了详细的规定，故该条款又被称为保守商业秘密条款或者竞业限制条款。

竞业限制条款，有人又称为保守商业秘密条款，是指劳动者和用人单位经合法协商达成的关于掌握商业秘密的劳动者终止劳动合同后，在一定时间和职业范围内不得从事与原单位有竞争性的职业活动的条款，包括不得自营、不得受雇与原单位有竞争性业务活动的用人单位，体现了保护公平竞争和劳动者劳动权两项法律目标平衡的结果。[①] 我国 1994 年颁布的《反不正当竞争法》，将侵犯商业秘密定位不正当竞争行为。《反不正当竞争法》第 10 条规定，商业秘密指不为公众所知悉，能为用人单位带来经济利益，具有实用性，并经用人单位采取保密措施的技术信息和经营信息。因此，商业秘密包括两部分：非专利技术和经营信息。商业秘密能使经营者获得利益，获得竞争优势，具有潜在的商业利益，关乎企业的竞争力，直接影响到企业的生存。因此，为了保护用人单位的商业秘密，劳动者应该遵守竞业限制的相关规定。

劳动关系具有特定的人身属性，由劳动者对用人单位忠诚义务演化出劳动合同的保密义务（忠诚义务在英国法上被法院视作劳动合同的默示义务），并进而扩展为竞业限制或竞业禁止。竞业禁止条款蕴含了用人单位的财产权益和劳动者的劳动权利两者的矛盾，必须依据法律来调整。根据规定，用人单位可以与知悉其商业秘密的劳动者在劳动合同中约定，在劳动合同终止或者解除后的一定期限内，劳动者不得到生产与本单位同类产品或者经营同类业务的有竞争关系的其他用人单位任职，也不得自己开业生产或者经营与用人单位有竞争关系的同类产品或者业务。如果当事人在合同期内和合同终止后的竞业限制期内没有遵守保守约定的保守商业秘密的规定，则要承担对用人单位予以相应的经济补偿、违约赔偿等责任。竞业限制的范围，应当以能够与用人单位形成实际竞争关系的地域为限。竞业限制期限不得超过 2 年。用人单位与劳动者有竞业限制约定的，应当同时与劳动者约定在劳动合同终止或者解除时向劳动者支付的竞业限制经济补偿，其数额不得少于劳动者在该用人单位的年工资收入。根据有关规定，劳动者违反竞业限制约定的，应当向用人单位支付违约金，其数额一般不得超过用人单位向劳动者支付的竞业限制经济补偿的 3 倍。

规定竞业禁止的目的是要保护用人单位的商业秘密，劳动者违反竞业限制约定

① 关怀、林嘉：《劳动法》，中国人民大学出版社 2006 年版，第 155 页。

的，应当按照约定向用人单位支付违约金，给用人单位造成损失的，还要依法支付损害赔偿金。劳动合同终结后，劳动者的保密义务仍旧延续，即便用人单位未与劳动者签订竞业禁止协议，劳动者也应当保守用人单位的商业秘密，否则，用人单位可因此追究劳动者的侵权责任。劳动合同到期后的竞业禁止，由用人单位和劳动者双方约定。由于保密协议、竞业限制条款，极大限制了劳动者离职后的就业范围，故双方约定的竞业禁止条款中最重要的内容是经济补偿，竞业限制补偿金是用人单位对劳动者履行竞业限制义务的补偿，用人单位与劳动者有竞业限制约定的，应当同时与劳动者约定在劳动合同终止或者解除时向劳动者支付的竞业限制经济补偿，竞业限制经济补偿金不能包含在工资中，只能在劳动关系结束后，在竞业限制期限内按月给予劳动者经济补偿。补偿金的数额由双方约定。用人单位未按照约定在劳动合同终止或者解除时向劳动者支付竞业限制经济补偿的，竞业限制条款失效。这是竞业限制生效的条件和劳动者遵守竞业限制义务的前提。

竞业限制的实施客观上限制了劳动者的就业权，影响了劳动者的生存权，为了保护劳动者的合法权益，在强调合同双方可以约定竞业限制条款的同时，法律对竞业限制的实施也作出了必要的限制：（1）竞业限制的人员限于用人单位的高级管理人员、高级技术人员及其他知悉用人单位商业秘密的人员。我国竞业禁止条款被限制在只能和知悉本单位商业秘密或者其他对本单位经营有重大影响的信息的劳动者。（2）竞业限制的范围要界定清楚。原则上，竞业限制的范围、地域，应当以能够与用人单位形成实际竞争关系的地域为限。（3）约定竞业限制必须是为了保护合法权益。竞业限制是对自由竞争的一种限制。因此，竞业限制的实施必须以正当利益的存在为前提，以保护合法权益所必需。不能夸大商业秘密的范围，无限制地扩张劳动者承担义务的范围，损害劳动者的合法权益。（4）在解除或者终止劳动合同后，受竞业限制约束的劳动者到与本单位生产或者经营同类产品、业务的有竞争关系的其他用人单位，或者自己开业生产或者经营与本单位有竞争关系的同类产品、业务的期限不得超过2年。

【案例4-5】

职工在职期间的竞业禁止义务和保守商业秘密义务[①]

在"李某诉上海某咨询有限公司案"中，上海市浦东新区人民法院根据事实和证据认为：作为由劳动法调整的社会关系，劳动关系兼具财产性与人身性、平等性与从属性并存之特征，因而劳动者对用人单位负有全心全意维护其利益的忠诚义务。原告李某作为被告某咨询公司的职工，不仅恶意向被告隐瞒其同时在与被告经营相同业务

---

① 林嘉：《劳动法和社会保障法》，中国人民大学出版社2011年版，第132～133页。

的 A 公司兼职之事实，而且冒用其弟李小某签名，向被告就担保不发生损害被告利益之行为出具保证书，表明其在与被告的劳动关系建立之时，就已存在可能侵害被告利益之故意。而在双方劳动关系存续期间，原告实施了将被告之客户擅自介绍于被告竞争对手，致被告蒙受经济损失的侵权行为。这不仅严重违背了原告、被告劳动合同中保密事项的约定，有悖于原告对被告所负有的忠诚义务，而且严重违反了社会主义市场经济的诚实信用原则和善意竞争规则，原告对被告应当依法承担损害赔偿责任。

【案例分析】因竞业禁止行为产生的时间不同，可将其分为职工在职期间的竞业禁止与劳动关系终止后的竞业禁止。后者因限制了劳动者的就业权，进而影响了劳动者的生存权，故其存在不仅能以协议的方式得以确立，而且法律也规定了严格的限制条件。本案涉及的是前者，即职工在职期间的竞业禁止。劳动关系的实质即劳动者以取得劳动报酬为对价，将其劳动力交付用人单位使用，用人单位将劳动力与生产资料相结合的劳动过程中产生的社会关系。因此，劳动者已经就业，其生存权和劳动权已得到保障，如没有法定或约定的原因，劳动者不能够再将其劳动力交付他人使用，尤其是从事与用人单位进行竞争的行为。

在劳动关系存续期间掌握商业秘密的职工为用人单位的利益而持有该秘密，在劳动关系存续期间或劳动关系消灭后的合理期限内，未经用人单位明示或默示同意，无权使用或者披露。这是劳动者因劳动合同的诚实信用原则而产生的附随义务，违反保密义务就是对忠诚义务的违反。本案原告李某与被告某咨询公司即签订了雇佣和保守机密合同书，对商业秘密的范围、双方的权利与义务作了明确约定。当然，保密义务是劳动者的法定附随义务，即使双方没有签订保密协议，劳动者也负有该义务。只是保密协议签订后，可以据此明确双方的责任，便于举证，有利于纠纷的解决和商业秘密的保护。

职工窃取商业秘密的行为是指职工为用人单位提供劳动期间，将其因工作关系而知悉的商业秘密披露给所兼职的单位。本案原告李某的行为联系起来看，可以认定李某对某咨询公司的不忠诚行为不单纯是从事了职工在职期间竞业禁止的行为或者不履行保密义务的行为，而是恶意窃取商业秘密的行为。恶意窃取商业秘密的职工应当承担以下民事责任：首先，用人单位有权单方解除双方的劳动合同，因为职工不得不正当地侵犯用人单位的利益是劳动合同的附随义务，职工恶意窃取商业秘密的行为是对其忠诚义务的违反，可以成为用人单位单方解除双方的劳动合同的理由。其次，职工返还已领取的工资，没有领取的，用人单位不再支付。原因是职工在此期间的工作是为兼职单位窃取用人单位的商业秘密，实际上没有为用人单位提供劳动，当然不能得到劳动报酬。最后，对于用人单位因商业秘密的泄露而遭受的经济损失，职工应承担损害赔偿责任，兼职单位也存在过错的，承担连带赔偿责任。在职工恶意窃取商业秘密行为的情形下，职工承担的是侵权损害赔偿责任，而非违约责任，因职工恶意窃取商业秘密的行为，是故意侵权行为，并非对保密协议的违反。如单纯是保密义务的不履行，则存在违约责任和侵权责任的竞合，又因为当事人对其相互之间的权利、义务关系已作特别的约定，作为约定的特别安排，应当优先于法律的一般性规定，故按照违约责任处理。

【案例 4-6】

违约金与赔偿金的关系①

在上海某公司任职的胡先生被公司送到国外培训，双方签订了为期 5 年的服务期协议，协议中规定：如果胡先生在培训结束后服务期不满 5 年即离开公司，需按比例赔偿培训费用 5 万元，并支付违约金 2 万元。在接受一年半的培训后，他有了一个更好的工作机会，于是向公司提出了辞职。

公司表示同意胡先生辞职，但是由于事先签订了服务期协议，胡先生必须赔偿 3.5 万元培训费，并支付 2 万元违约金才能离开公司。胡先生早知道公司会拿出这个撒手锏，于是举出他搜集到的资料，想要证明公司不能同时向他索要违约金和赔偿金。但是公司也振振有词：违约金和赔偿金是我们双方同意的条款，既然当初签了字，现在就不能反悔。再说，法律并没有明确规定不能同时使用违约金和赔偿金。胡先生则认为服务期协议中的这个条款本身就不合理。公司为他总共花了 5 万元培训费，现在却要他赔 5.5 万元？于是他向劳动争议仲裁委员会提出了仲裁申请。

仲裁委员会经过认真的调查，认为：服务期协议中虽可约定违约金和赔偿金，但是一方发生违约行为时，两者只能择一适用。由于胡先生在签订服务期协议后仅为公司工作了一年半，应当按比例赔偿公司损失 3.5 万元，此数额高于双方约定的 2 万元违约金，故公司可以要求胡先生支付赔偿金 3.5 万元。

（三）关于职业培训条款

当事人可以在劳动合同订立时约定用人单位提供培训的方式、费用以及劳动者的服务期，作为劳动合同的组成部分，也可以在劳动合同履行的过程中约定这些内容，作为劳动合同的附件。

国家通过各种途径采取各种措施，发展职业培训事业，开发劳动者的职业技能，提高劳动者素质，增强劳动者的就业能力和工作能力。各级人民政府应当把发展职业培训纳入社会经济发展的规划，鼓励和支持有条件的企业、事业组织、社会团体和个人进行各种形式的职业培训。我国《劳动法》第 68 条规定："用人单位应当建立职

---

① 蒲春平、唐正彬：《劳动法与社会保障法》，航空工业出版社 2013 年版，第 70 页。

业培训制度，按照国家规定提取和使用职业培训经费，根据本单位实际，有计划地对劳动者进行职业培训。从事技术工种的劳动者，上岗前必须经过培训。"《劳动合同法》第22条规定："用人单位为劳动者提供专项培训费用，对其进行专业技术培训的，可以与该劳动者订立协议，约定服务期。"

与劳动者订立协议，约定服务期的培训是有严格的条件的。

1. 用人单位提供专项培训费用。按照国家规定，用人单位必须按照本单位工资总额的一定比例提取培训费用，用于对劳动者的职业培训，这部分培训费用的使用不能作为与劳动者约定服务期的条件。

2. 对劳动者进行的是专业技术培训。包括专业知识和职业技能。用人单位对劳动者进行必要的职业培训不可以约定服务期，也就是说不包括职业培训。劳动法规定，用人单位应当建立职业培训制度，按照国家规定提取和使用职业培训经费，根据本单位实际，有计划地对劳动者进行职业培训。从事技术工种的劳动者，上岗前必须经过培训。劳动者有接受职业技能培训的权利。

3. 至于培训的形式，可以是脱产的、半脱产的，也可以是不脱产的。不管是否脱产，只要用人单位在国家规定提取的职工培训费用以外，专门花费较高数额的钱送劳动者去进行定向专业培训的，就可以与该劳动者订立协议，约定服务期。

（四）补充社会保险和福利待遇条款

我国《劳动法》第75条规定："国家鼓励用人单位根据本单位实际情况为劳动者建立补充保险。"第76条规定："国家发展社会福利事业，兴建公共福利设施，为劳动者休息、休养和疗养提供条件。用人单位应当创造条件，改善集体福利，提高劳动者的福利待遇。"

可见，法律鼓励企业为职工建立补充养老保险和医疗保险，提高劳动者的福利待遇。用人单位如果愿意为劳动者建立补充社会保险，双方可以就保险的登记、缴费的方式和水平、个人账户的管理和支付方式等，均可以约定在劳动合同中。另外在订立劳动合同是双方还可以就集体或个人的福利待遇问题进行协商，以明示的条款规定在劳动合同中。

第五节　劳动合同的效力

一、劳动合同的效力概念与种类

劳动合同的效力，是指成立的劳动合同对双方当事人所具有的法律约束力。根据劳动法和劳动合同法的规定，劳动合同的效力可以分为有效、部分有效、无效几种类型。

劳动合同的有效，指劳动合同依法成立，自生效之日起对合同双方都具有完全的约束力，双方当事人根据合同的内容享有权利、履行义务、承担责任。有效的劳动合同是劳动合同的常态，主体、内容等具有合法性。我国《劳动法》第 17 条第 2 款规定："劳动合同依法订立即具有法律约束力，当事人必须履行劳动合同规定的义务。"与劳动法相配套的《关于〈劳动法〉若干条文的说明》第 17 条规定："劳动合同依法订立即具有法律约束力，任何第三方不得非法干预劳动合同的履行。"根据法律的规定，劳动合同依法一经订立即对双方当事人发生法律效力，合同中规定的当事人的权利受到法律的保护，当事人双方也必须履行相应的义务，任何第三方不得非法干预劳动合同的履行。劳动合同发生法律效力的时间有两种可能：一是根据双方当事人在合同中约定的时间为劳动合同的生效时间；二是在当事人未作约定的情况下，将劳动合同的签约日期视为合同的生效时间。[①] 劳动合同生效以后，当事人双方均应当亲自、全面的履行劳动合同。

劳动合同的部分有效是指劳动合同部分条款具有法律效力，对当事人有约束力，部分条款不具有法律效力，对当事人无约束力。确认劳动合同部分有效、部分无效的，如果无效部分不影响有效部分的履行，则有效部分的条款仍然对当事人有约束力，无效部分条款则自合同成立时起即无效。

劳动合同的无效，指劳动合同自成立之日起就没有法律效力，对当事人双方没有任何约束力。无效的劳动合同不发生当事人预期的法律后果，不受法律的保护。当事人可以向人民法院或者劳动合同争议仲裁委员会请求确认合同的无效。

二、劳动合同的无效

（一）无效劳动合同的情形

劳动部《关于贯彻执行〈中华人民共和国劳动法〉若干问题的意见》第 27 条规定，无效劳动合同是指所签订的劳动合同不符合法定条件，不能发生当事人预期的法律后果的劳动合同。无效的劳动合同可分部分无效的合同和全部无效的合同。

部分无效合同是指有些合同条款虽然违反法律规定，但并不影响其他条款效力的合同。有些劳动合同就内容看，不是全部无效，而是部分无效，即劳动合同中的某一部分条款不发生法律效力，并不影响其余部分的效力，其余部分仍然有效，对双方当

---

① 杨燕绥：《新劳动法概论》，清华大学出版社 2004 年版，第 147 页。

事人有约束力。部分无效的劳动合同通常表现为，如加班不给加班费；工作受伤自己负责；等等。在司法实践中，不能任意扩大无效或者部分劳动合同的范围，特别要防止用人单位利用这一条款恶意解雇劳动者。司法实践中，部分无效劳动合同无效条件消失的，应当按照合同有效处理，尽量促使劳动合同继续履行，维护劳动者的权益。

　　劳动合同的无效，指劳动合同自成立之日起就没有法律效力，对当事人双方没有任何约束力。无效的劳动合同不发生当事人预期的法律后果，不受法律的保护。我国《劳动法》第 18 条规定，下列劳动合同无效：（1）违反法律、行政法规的劳动合同；（2）采取欺诈、威胁等手段订立的劳动合同。《劳动合同法》第 26、27、28 条对劳动合同的无效情形作出了规定。根据规定，下列劳动合同无效或者部分无效：（1）以欺诈、胁迫的手段或者乘人之危，使对方在违背真实意思的情况下订立或者变更劳动合同的；（2）用人单位免除自己的法定责任、排除劳动者权利的；（3）违反法律、行政法规强制性规定的。对劳动合同的无效或者部分无效有争议的，必须由劳动争议仲裁机构或者人民法院确认。劳动合同部分无效，不影响其他部分效力的，其他部分仍然有效。劳动合同被确认无效，劳动者已付出劳动的，用人单位应当向劳动者支付劳动报酬。劳动报酬的数额，参照本单位相同或者相近岗位劳动者的劳动报酬确定。

　　根据法律的规定，导致劳动合同无效主要有以下几方面的原因：

　　1. 以欺诈、胁迫的手段或者乘人之危，使对方在违背真实意思的情况下订立或者变更劳动合同的，合同无效。采取欺诈、胁迫或者乘人之危的手段订立的劳动合同，违背了当事人一方的真实意思，违反了"意思自治"原则，因此合同无效。

　　2. 用人单位免除自己的法定责任、排除劳动者的权利的劳动合同无效。属于禁止用人单位同劳动者约定的内容。表现为劳动合同简单化，法定条款缺失，仅规定劳动者的义务，有的甚至规定"生老病死都与企业无关"，"用人单位有权根据生产经营变化及劳动者的工作情况调整其工作岗位，劳动者必须服从单位的安排"等霸王条款，严重侵犯了劳动者的权益，故该种类合同属于部分有效、部分无效合同。

　　3. 劳动合同因违反国家法律、行政法规的强制性规定而无效。包括：（1）用人单位和劳动者中的一方或者双方不具备订立劳动合同的法定资格，如签订劳动合同的劳动者一方必须是具有劳动权利能力和劳动行为能力的公民，企业与未满 16 周年的未成年人订立的劳动合同就是无效的劳动合同（国家另有规定的除外）。（2）劳动合同的内容直接违反法律、法规的规定，如劳动者与矿山企业在劳动合同中约定的劳动保护条件不符合《矿山案例法》的有关规定，他们所订立的劳动合同是无效的。（3）劳动合同因损害国家利益和社会公共利益而无效。《民法通则》第 58 条第 5 项确立了社会公共利益的原则，违反法律或者社会公共利益的民事行为无效。法律、行政法规包含强制性规定和任意性规定。强制性规定排除了合同当事人的意思自治，即当事人在合同中不得合意排除法律、行政法规强制性规定的适用，如果当事人约定排除了强制性规定，则构成本项规定的无效情形。这里主要指国家制定的关于劳动者最基本劳动条件的法律法规，包括最低工资法、工作时间法、劳动安全与卫生法等。其目的是改善劳动条件，保障劳动者的基本生活，避免伤亡事故的发生。还应当特别注意的是本项的规定只限于法律和行政法规，不能任意扩大范围。实践中存在的将违反地方行政管理规定的合同都认为无效是不妥当的。

值得注意的是，有的劳动合同并非所有的条款都是有效的条款，一部分条款可能因为缺乏某一个生效要件而成为无效条款，这样在一个劳动合同中就会出现部分条款有效、部分条款无效的情况，这类劳动合同可以称为部分有效的劳动合同，也可以称为部分无效的劳动合同，其法律效力也比较特殊，只要无效的劳动合同条款不影响其他有效的条款的完整性，其他条款仍然有效，当事人应当履行。

（二）无效劳动合同的确认机关

在认定劳动合同无效的程序方面，我国《劳动法》第 18 条第 3 款和《劳动合同法》第 26 条第 2 款规定，对劳动合同的无效或者部分无效有争议的，由劳动争议仲裁机构或者人民法院确认。可见，劳动合同的无效，应当由劳动争议仲裁委员会或者人民法院确认，任何其他机关或者个人均无权确认。因劳动合同的效力发生的纠纷，未引起诉讼的，由劳动争议仲裁委员会认定；经仲裁后引起诉讼的，由人民法院认定。[1]

（三）无效劳动合同的后果

无效的劳动合同，从订立的时候起，就没有法律约束力，法律不予承认和保护，应予以撤销。确认劳动合同部分无效的，如果不影响其余部分的效力，其余部分仍然有效；对无效条款应加以修正，修正后的合法条款具有法律溯及力，溯及至该劳动合同生效之时。劳动合同被确认无效，劳动者已付出劳动的，用人单位应当向劳动者支付劳动报酬。劳动报酬的数额，参照本单位相同或者相近岗位劳动者的劳动报酬确定。由于用人单位的原因订立的无效合同，对劳动者造成损害的，应当比照违反和解除劳动合同经济补偿金的支付标准，承担赔偿劳动者因合同无效所造成的经济损失的责任。

【案例 4 – 7】

公司高管学历造假，劳动合同被判无效[2]

2008 年 5 月，上海市第一中级人民法院就一起学历造假案作出判决：徐女士返

---

[1] 陈爱江：《就业与劳动权益的法律保护》，国防工业出版社 2006 年版，第 112 页。

[2] 林嘉：《劳动法和社会保障法》，中国人民大学出版社 2011 年版，第 137 页。

还公司补偿金及部分多得的工资，并赔偿经济损失，合计 7 万余元。几年前，徐女士持伪造的复旦大学双学士学历与上海张江高科技园区内的一家高科技公司签订劳动合同，约定每月工资 9000 元，后增加到 13000 元。2007 年 2 月，公司提出解除劳动合同，与其签署了协议，支付徐女士相当于 4 个月工资标准的经济补偿金和 1 个月代通金共计 65000 元。2007 年 8 月，徐女士提请劳动争议仲裁，要求公司支付竞业限制补偿金 22 万余元。9 月，公司得知徐女士的学历造假，遂向劳动争议仲裁委提起反诉，要求徐女士向公司返还经济补偿金和多得的工资，并赔偿公司的经济损失。

【案例分析】依据我国《劳动法》第 18 条和《劳动合同法》第 26 条、27 条、28 条的相关规定，此案中徐女士伪造学历订立劳动合同，属于《劳动法》第 18 条、《劳动合同法》第 26 条规定的采取欺诈的手段订立劳动合同的情形，劳动合同自始无效，但因已付出劳动，徐女士仍能获得相应的劳动报酬。

第六节　劳动合同的履行和变更

一、劳动合同的履行

劳动合同的履行，是指劳动合同双方当事人按照合同的约定享有劳动合同规定的权利、履行劳动合同所规定的义务、承担劳动合同责任的过程。具体来说，就是用人单位按照劳动合同的约定，安排、管理劳动者进行劳动，并支付报酬；劳动者在用人单位的管理下，参加劳动，并获得劳动报酬。劳动合同订立的目的，就是要实现劳动合同规定的权利和义务，而要实现劳动合同，则必须严格按照劳动合同的条款来履行劳动合同。

（一）劳动合同履行的原则

《劳动合同法》第 29 条规定："用人单位与劳动者应当按照劳动合同的约定，全面履行各自的义务。"该条款规定了劳动合同当事人双方履行劳动合同的指导原则，即用人单位和劳动者应当按照劳动合同的约定，全面履行、亲自履行劳动合同约定的工作。

全面履行原则。劳动合同当事人应当根据合同的约定，履行合同的全部内容。基于权利义务的对等性，劳动合同约定的一方任何义务的不履行，都会影响到对方权利的实现，产生一定的法律后果，引起纠纷。因此，当事人必须履行合同所规定的全部义务，才能满足劳动合同订立的目的，保证生产经营活动的正常进行，各方的权益才能得到实现。

亲自履行原则。劳动合同的特点决定了劳动合同必须当事人亲自履行的原则。一方面，用人单位与劳动者之所以订立劳动合同，就是看中了劳动者的特定劳动力与自己的生产资料结合后会产生一定的生产效率，而劳动者的劳动力与劳动者的人身是不可分离的，所以劳动者必须亲自履行其劳动义务，不得由他人代理。不过，劳动者拒绝用人单位管理人员违章指挥、强令冒险作业的，不视为违反劳动合同。劳动者对危害生命安全和身体健康的劳动条件，有权对用人单位提出批评、检举和控告。另一方面，劳动合同是当事人双方意思一致的结果，用人单位也必须亲自履行约定的合同义务。用人单位应当按照劳动合同约定和国家规定，向劳动者及时足额支付劳动报酬。用人单位拖欠或者未足额支付劳动报酬的，劳动者可以依法向当地人民法院申请支付令，人民法院应当依法发出支付令。用人单位应当严格执行劳动定额标准，不得强迫或者变相强迫劳动者加班。用人单位安排加班的，应当按照国家有关规定向劳动者支付加班费。

（二）特殊情况下劳动合同的履行

用人单位变更名称、法定代表人（主要负责人）或者投资人的，不影响劳动合同的履行。

用人单位合并的，劳动合同应当由合并后承继其权利义务的用人单位继续履行，或者经商劳动者同意，由合并前的用人单位与劳动者解除劳动合同，同时由合并后承继其权利义务的用人单位与劳动者重新订立劳动合同。

用人单位分立的，劳动合同应当由分立后的用人单位按照分立协议划分的权利义务继续履行，或者经商劳动者同意，由分立前的用人单位与劳动者解除劳动合同，同时由分立后的用人单位与劳动者重新订立劳动合同。

二、劳动合同的变更

劳动合同的变更，是指劳动合同当事人双方通过协商一致后改变劳动合同的内容。劳动合同的变更仅限于劳动合同内容的变化，而不包括劳动合同主体的变更。

用人单位生产经营情况的客观变化或者劳动者就业选择的变化，均可以导致劳动合同的变更。比如发生不可抗力或紧急情况时，当事人可以提出变更劳动合同；订立劳动合同所依据的法律、法规、规章发生变化，劳动合同需要变更；订立劳动合同时所依据的客观情况发生重大变化，致使劳动合同无法履行，双方当事人应当进行协商变更劳动合同；由于劳动者自身原因，身体健康、劳动能力、职业技能等方面发生变化，需要对其工作加以调整等都可能引起劳动合同的变更。劳动合同的变更，可以发生在劳动合同成立后但尚未履行时，也可以发生在正在履行的过程中，无论发生在何时，根据客观或者主观情况的变化，当事人双方均可以协商变更劳动合同约定的内容。

《劳动合同法》第35条规定："用人单位与劳动者协商一致，可以变更劳动合同约定的内容。变更劳动合同，应当采用书面形式。变更后的劳动合同文本由用人单位和劳动者各执一份。"可见，变更劳动合同的内容，必须建立在当事人双方协商一致的基础上，任何一方不得单方变更或者强迫对方作出变更劳动合同的意思表示，否则被变更的内容无效。劳动合同变更的内容必须以书面形式记载在劳动合同中，并且需要用人单位和劳动者双方签字或者盖章后始为生效。

第七节　劳动合同的解除和终止

一、劳动合同的解除

劳动合同的解除，是指在劳动合同的履行过程中，由于法定的事实或者当事人双方约定的事实发生而引起劳动合同提前终止。也即劳动合同的解除是指在劳动合同期限未满的情况下，基于一定原因的发生而提前终止劳动合同。由于解除劳动合同，无法实现订立劳动合同的目的，容易导致当事人利益的损失，各国法律对解除劳动合同的条件均作出了详尽规定，我国劳动法等相关法律也对双方协议解除劳动合同的条件、用人单位单方解除合同的条件、劳动者单方解除劳动合同的条件、解除劳动合同的提前通知期和经济补偿条件都作了明确的规定。

（一）双方协商一致解除劳动合同

我国《劳动法》第24条和《劳动合同法》第36条均规定了，用人单位和劳动者双方协商一致，可以解除劳动合同。劳动合同双方当事人意思表示一致，自愿协商解除劳动合同，只要不违反法律，劳动合同即可解除。当事人一方向对方要求解除劳动合同，经过双方协商一致，劳动合同可以解除，如果对方不同意解除劳动合同，如果没有法定的单方解除劳动合同的情形，劳动合同则不能解除，否则解除行为无效。

劳动合同解除的，用人单位应依照国家有关规定给以补偿。劳动部1994年12月3日发布的《违反和解除劳动合同的经济补偿办法》第5条的规定：经劳动合同当事人协商一致，由用人单位解除劳动合同的，用人单位应根据劳动者在本单位工作的年限，每满一年发给相当于1个月工资的经济补偿金，最多不超过12个月。工作时间不满 1 年的按 1 年的标准发给经济补偿金。

（二）用人单位单方解除劳动合同的情形

在劳动合同的履行过程中，一旦劳动者具备了法定的情形，用人单位可以不经劳动者的同意，单方解除劳动合同。我国劳动法和劳动合同法明确规定了用人单位单方解除劳动合同的法定条件。

根据法定条件的不同，用人单位可以单方解除劳动合同的情形分为随时解除和附解除预告期两种类型。

1. 随时解除。劳动者有下列情形之一的，用人单位可以解除劳动合同：

（1）在试用期间被证明不符合录用条件的；

（2）严重违反用人单位的规章制度的；

（3）严重失职，营私舞弊，给用人单位造成重大损害的；

（4）劳动者同时与其他用人单位建立劳动关系，对完成本单位的工作任务造成严重影响，或者经用人单位提出，拒不改正的；

（5）因劳动者欺诈、胁迫或者乘人之危而致使劳动合同无效的；

（6）被依法追究刑事责任的。

2. 附解除预告期。有下列情形之一的，用人单位提前 30 日以书面形式通知劳动者本人或者额外支付劳动者 1 个月工资后，可以解除劳动合同：

（1）劳动者患病或者非因工负伤，在规定的医疗期满后不能从事原工作，也不能从事由用人单位另行安排的工作的；

（2）劳动者不能胜任工作，经过培训或者调整工作岗位，仍不能胜任工作的；

（3）劳动合同订立时所依据的客观情况发生重大变化，致使劳动合同无法履行，经用人单位与劳动者协商，未能就变更劳动合同内容达成协议的。

【案例 4 - 8】

白领上班炒股公司辞退违法①

2007 年 12 月，上海市长宁区人民法院以辞退前未通知工会或由职工代表讨论为由，一审撤销上海某信息技术公司辞退员工方先生的决定，并判决支付方先生 2 月 8 日至 12 月 8 日的工资损失 7800 元。2 月 7 日，某信息技术公司根据电脑服务器信息，认定方先生在工作时间长时间浏览股票信息，1 月初还曾在上班时间通过公司电脑进行股票交易。某信息技术公司认为，方先生的这些行为已经严重影响到其正常工作，

---

① 林嘉：《劳动法和社会保障法》，中国人民大学出版社 2011 年版，第 145 页。

违反了劳动纪律，决定立即将其辞退。

【案例分析】 方先生利用工作时间浏览股票信息并炒股，违反了基本的职业规范和劳动纪律，公司辞退他也许并无不妥。但根据《工会法》和《劳动合同法》的规定，用人单位单方解除劳动合同，应当事先将理由通知工会；用人单位违反法律、行政法规规定或者劳动合同规定的，工会有权要求用人单位纠正；用人单位应当研究工会的意见，并将处理结果书面通知工会。

【案例4-9】

杭州某通讯有限责任公司诉王某劳动合同纠纷案①

2005年7月，被告王某进入原告杭州某通讯有限责任公司（以下简称某通讯公司）工作，劳动合同约定王某从事销售工作，基本工资每月3840元。该公司的《员工绩效管理办法》规定：员工半年、年度绩效考核分别为S、A、C1、C2四个等级，分别代表优秀、良好、价值观不符、业绩待改进；S、A、C（C1、C2）等级的比例分别为20%、70%、10%；不胜任工作原则上考核为C2。王某原在该公司分销科从事销售工作，2009年1月后因分销科解散等原因，转岗至华东区从事销售工作。2008年下半年、2009年上半年及2010年下半年，王某的考核结果均为C2。某通讯公司认为，王某不能胜任工作，经转岗后，仍不能胜任工作，故在支付了部分经济补偿金的情况下解除了劳动合同。

2011年7月27日，王某提起劳动仲裁。同年10月8日，仲裁委作出裁决：某通讯公司支付王某违法解除劳动合同的赔偿金余额36596.28元。某通讯公司认为其不存在违法解除劳动合同的行为，故于同年11月1日诉至法院，请求判令不予支付解除劳动合同赔偿金余额。

浙江省杭州市滨江区人民法院于2011年12月6日作出民事判决：原告某通讯有限责任公司于本判决生效之日起15日内一次性支付被告王某违法解除劳动合同的赔偿金余额36596.28元。宣判后，双方均未上诉，判决已发生法律效力。

【案例分析】 法院的生效裁判认为：为了保护劳动者的合法权益，构建和发展和谐稳定的劳动关系，《中华人民共和国劳动法》《中华人民共和国劳动合同法》对用人单位单方解除劳动合同的条件进行了明确限定。原告某通讯公司以被告王某不胜任工作，经转岗后仍不胜任工作为由，解除劳动合同，对此应负举证责任。根据《员工绩效管理办法》的规定，"（C1、C2）考核等级的比例为10%"，虽然王某曾经考核结果为C2，但是C2等级并不完全等同于"不能胜任工作"，某通讯公司仅凭该限定

---

① 刘俊：《劳动与社会保障法学》，高等教育出版社2017年版，第130页。

考核等级比例的考核结果，不能证明劳动者不能胜任工作，不符合据此单方解除劳动合同的法定条件。虽然 2009 年 1 月王某从分销科转岗，但是转岗前后均从事销售工作，并存在分销科解散导致王某转岗这一根本原因，故不能证明王某系因不能胜任工作而转岗。因此，某通讯公司主张王某不胜任工作，经转岗后仍然不胜任工作的依据不足，存在违法解除劳动合同的情形，应当依法向王某支付经济补偿标准 2 倍的赔偿金。

【案例 4 - 10】

在医疗期内用人单位能否终止劳动合同？①

原告梁某因与被告南京某餐饮管理有限公司（以下简称某餐饮公司）发生劳动争议，向南京市江宁区人民法院提起诉讼。原告梁某诉称：2009 年 11 月 18 日原告进入被告某餐饮公司从事餐饮服务工作，后双方签订劳动合同，合同期限自 2009 年 12 月 1 日起至 2011 年 11 月 30 日止，劳动合同由被告保管。因在被告处每天工作时间长，劳累过度，其在 2010 年 5 月初突然发病，经医院诊断为肾病综合症——足细胞病肾病（尿毒症）。2011 年 3 月 7 日，被告将劳动合同终止日期私自更改为 2010 年 11 月 30 日，并以医疗期满为由终止双方劳动合同。其所患疾病应当是大病，依法应当享受 24 个月的医疗期。在医疗期内，被告终止双方的劳动合同属终止不当。现诉至法院，请求判令：（1）撤销被告 2011 年 3 月 7 日作出的劳动合同终止告知书，保持与被告的劳动合同关系；（2）被告支付 2011 年 3 月至 11 月病假津贴 8208 元（1140 元/月×9 个月×80%）以及医疗期工资 27360 元（1140 元/月×24 个月），总计 35568 元。

被告某餐饮公司辩称：双方签订的劳动合同期限自 2009 年 12 月 1 日起至 2010 年 11 月 30 日止我公司并未更改劳动合同的终止期限。原告梁某并未提供证据证明其所患疾病严重程度等同于瘫痪、癌症、精神病等大病，不应当享有 24 个月的医疗期。按照原告的工作年限，其依法应当享有的医疗期为 3 个月，其在 2011 年 3 月 7 日终止与原告之间的劳动合同关系是合法的，不应当撤销。请求法院依法作出公正判决。

南京市江宁区人民法院一审查明：原告梁某于 2009 年 11 月 18 日入职被告某餐饮公司工作，双方签订了劳动合同。梁某于 2010 年 5 月初生病，经南京军区南京总医院诊断为足细胞病，其后一直休病假，某餐饮公司向梁某支付病假工资至 2011 年 2 月份。2011 年 3 月 7 日，某餐饮公司以其已经将劳动合同期限顺延至医疗期满为由，通知梁某终止双方的劳动合同关系。2011 年 6 月 7 日，梁某向南京市江宁区劳

---

① 案例引自《最高人民法院公报》2013 年第 6 期。

动争议仲裁委员会（以下简称江宁区仲裁委）申请仲裁。2011年7月11日，江宁区仲裁委作出仲裁裁决书，后梁某不服前述裁决书于法定期限内向南京市江宁区人民法院提起诉讼。

另查明，原告梁某所患足细胞病为肾病综合症的一种，是肾脏足细胞病变。尿毒症是慢性肾功能不全（又称慢性肾功能衰竭）第四期（也即最后阶段），慢性肾功能不全是各种进展性肾病的最终结局。足细胞病是导致慢性肾功能不全的病因之一。2011年11月，梁某因病情复发至南京军区南京总医院治疗，南京军区南京总医院向梁某出具病重通知单。治疗中，病程记录也多次提及梁某病情严重，随时可能出现猝死，危及生命。

又查明，自2011年2月起南京市最低工资标准为1140元/月。

审理中，被告某餐饮公司未能提供双方签订的劳动合同原件，也未能提供证据证明原告梁某持有所签合同原件。某餐饮公司提供的劳动合同复印件中，关于劳动合同期限处载明的期限为2009年12月1日至2010年11月30日，"2010年"处有改动的痕迹。另某餐饮公司提供于2010年10月22日在江宁区劳动就业管理中心备案的录用备案花名册及职工录用登记表，录用备案花名册及职工录用登记表记载梁某的劳动合同期限为2009年12月1日至2010年11月30日。

本案的争议焦点在于，原告梁某应否享受的医疗期的期限。

【案例分析】 南京市江宁区人民法院一审认为：劳动者患病或者非因工负伤，在规定的医疗期内劳动合同期满，劳动合同应当延续至医疗期满时终止。关于原告梁某应当享受的医疗期问题，因其所患疾病病情严重，难以治疗，随时可能出现生命危险，应属特殊疾病，不受实际工作年限的限制，故梁某应当享受的医疗期为24个月。关于本案中双方签订的劳动合同的终止日期问题，因某餐饮公司未能提供劳动合同原件，提供的复印件截止日期"2010年"处有改动痕迹，且录用备案花名册及职工录用登记表备案时间又在梁某生病之后，故对某餐饮公司陈述双方劳动合同期限至2010年11月30日终止的主张法院不予采信，对梁某陈述双方劳动合同终止日期2011年11月30日的主张法院以采信。梁某与某餐饮公司之间的劳动合同在2011年11月30日期满，但该日期仍在梁某享有的医疗期内，故劳动合同应当延续至医疗期满。在医疗期内被告某餐饮公司终止与梁某的劳动合同，违反了法律规定，因此某餐饮公司于2011年3月7日作出的劳动合同终止告知书无效，应予撤销。劳动者患病或者非因工负伤停止劳动，且在国家规定医疗期内的，用人单位应当按照工资分配制度的规定，按不低于当地最低工资标准的80%，向劳动者支付病假工资。原告主张的其他费用没有依据，法院不予支持。

综上，南京市江宁区人民法院依照《劳动法》第77条，《劳动合法》第42条、第45条，《江苏省工资支付条例》第27条、第32条，《民事诉讼法》第64条第1款之规定，于 2011 年 11 月 30 日判决：

（1）撤销被告某餐饮公司于 2011 年 3 月 7 日作出的《劳动合同终止告知书》。

（2）被告某餐饮公司于本判决发生法律效力之日向原告梁某支付 2011 年 3 月 1 日至 2011 年 11 月 30 日的病假工资 8208 元。

（3）被告某餐饮公司于本判决发生法律效力之日起每月以南京市最低月工资标准的 80% 向原告梁某支付病假工资（自 2011 年 12 月起至双方劳动关系依法解除、终止）。

（4）驳回原告梁某的其他诉讼请求。

某餐饮公司不服一审判决，向南京市中级人民法院提起上诉称：（1）原审判决程序不当。在劳动仲裁审理期间和原审法院适用简易程序审理时法庭辩论终结前，梁某一直认可其公司作出的《劳动合同终止告知书》。在原审法院适用普通程序审理本案时梁某变更诉讼请求，提出"终止劳动关系不当、维持劳动关系"的主张，明显超过法律规定的期限。（2）原审判决撤销《劳动合同终止告知书》错误。梁某在南京市江宁区劳动争议仲裁委员会开庭审理劳动争议案件时，对于其公司出示的截止期限为"2010 年 11 月 30 日止"的劳动合同没有任何异议。根据最高人民法院《关于民事诉讼证据的若干规定》第 9 条第 5 项规定，已为仲裁机构的生效裁决所确认的事实，当事人无需举证证明，其公司无须提供所谓的劳动合同的原件。梁某目前的病情，尚不构成尿毒症，应享受 3 个月的医疗期，不应享受 24 个月的医疗期。其公司于 2011 年 3 月终止劳动合同合法。请求二审法院撤销原审判决，改判其公司支付梁某终止劳动合同经济补偿金及 2011 年 3 月病假工资。

被上诉人梁某辩称：一审法院认定事实清楚，适用法律正确，请求二审法院依法裁决。

南京市中级人民法院经二审，确认了一审查明的事实。

二审另查明，被上诉人梁某在仲裁阶段提出的请求是：上诉人某餐饮公司支付终止劳动合同经济补偿金 2280 元、2011 年 3～11 月的病假津贴 8208 元、医疗期工资 6840 元、医疗补贴费 20520 元、补缴社会保险至 2011 年 11 月、办理档案和社会保险关系转移手续。2011 年 8 月 10 日，梁某向原审法院递交起诉状的诉讼请求是：（1）因某餐饮公司解除劳动关系不当，支付其共 37848 元，包括终止合同经济补偿金 2280 元、2011 年 3～11 月病假津贴 8208 元、医疗期工资 20520 元；（2）某餐饮公司为其缴纳社会保险至 2011 年 11 月；（3）某餐饮公司为其办理档案和社会保险转移手续。2011 年 9 月 6 日，原审法院适用简易程序第一次庭审，梁某将医疗期工资变更为 27360 元，其他请求同起诉状。2011 年 11 月 6 日，原审法院将本案适用简易程序转为普通程序审理。2011 年 11 月 15 日，梁某向原审法院书面变更诉讼请求，要求判令：某餐饮公司终止劳动关系不当，维持双方的劳动关系；放弃主张终止劳动合同经济补偿金 2280 元。其他诉讼请求不变更。2011 年 11 月 22 日，原审法院适用普通程序庭审（某餐饮公司放弃举证期），梁某当庭表示放弃办理档案和社会保险关系转移手续的请求。南京市江宁区劳动争议仲裁委员会于 2010 年 11 月 3 日作出的仲裁裁决中没有确认梁某、某餐饮公司之间劳动合同的期限是 2009 年 12 月 1 日至 2010 年 11 月 30 日。本案二审的争议焦点仍是：被上诉人梁某应当享受的医疗期的期限。南京市中级人民法院二审认为：被上诉人梁某在法庭辩论终结前，变更诉讼请求，符合最高人民法院《关于适用〈中华人民共和国民事诉讼法〉若干问题的意见》第 156 条的规定。原审法院依据梁某最终明确的诉讼请求，进行审理、判决，程序并无不当。关于劳动合同到期日问题。梁某、上诉人某餐饮公司均认可签订过劳动合同，某餐饮公司未能提供劳动合同原件，其提供的劳动合同复印件载明，双方于 2009 年 11 月 18 日签订劳动合同，劳动合同形式上记载的期限是 2009 年 12 月 1 日至 2010 年 11 月 30 日，在"2010 年"的顺数第二个"0"有改动的痕迹。2010 年 10 月 22 日，某餐饮公司持该劳动合同向南京市江宁区劳动就业管理中心备案。梁某认为劳动合同的到期日应为 2011 年 11 月 30 日，某餐饮公司认为劳动合同的到期日为 2010 年 11 月 30 日。鉴于某餐饮公司未能提供劳动合同原件，劳动合同复印件中有关期限的内容存在改动，且合同备案时间又是在梁某病休之后、某餐饮公司主张的劳动合同期限即将到期之时，某餐饮公司主张到期日为 2010 年 11 月 30 日时，证据不足。某餐饮公司上诉称南京市江宁区劳动争议仲裁委员会仲裁裁决确认劳动合同期限是 2009 年 12 月 1 日至 2010 年 11 月 30 日，没有事实依据。关于医疗期问题。原审法院根据梁某的病情，认定病情严重，属特殊疾病。应当享受 24 个月的医疗期，符合原劳动部《关于贯彻〈企业职工患病或非因工负伤医疗期规定〉的通知》的内容。梁某患病尚在规定的医疗期内，劳动合同的期限应自动延续至医疗期届满为止。某餐饮公司于 2011 年 3 月 7 日通知梁某劳动合同终止，违反《劳动合同法》第 45 条的规定。

综上，上诉人某餐饮公司的上诉请求缺乏事实和法律依据，不予支持。原审判决认定事实清楚，处理并无不当。据此，南京市中级人民法院《中华人民共和国民事诉讼法》第 153 条第 1 款第 1 项之规定，于 2012 年 2 月 20 日判决：驳回上诉，维持原判。

3. 法律禁止用人单位单方解除劳动合同的情形。为了保护劳动者的劳动权，防止用人单位滥用解雇权，我国劳动法和劳动合同法专门规定了用人单位不得单方解除劳动合同的情形。

劳动者有下列情形之一的，用人单位不得依照《劳动合同法》第 40 条、第 41 条的规定解除劳动合同：

（1）从事接触职业病危害作业的劳动者未进行离岗前职业健康检查，或者疑似职业病病人在诊断或者医学观察期间的；

（2）在本单位患职业病或者因工负伤并被确认丧失或者部分丧失劳动能力的；

（3）患病或者非因工负伤，在规定的医疗期内的；

（4）女职工在孕期、产期、哺乳期的；

（5）在本单位连续工作满 15 年，且距法定退休年龄不足 5 年的；

（6）法律、行政法规规定的其他情形。

（三）法律规定劳动者单方解除劳动合同的情形

我国《劳动法》第 31、32 条和《劳动合同法》第 38 条规定了劳动者单方解除劳动合同的条件。劳动者具有择业自由权和辞职自主权，如果觉得一个用人单位不能让自己的能力充分发挥，则可以向用人单位提出解除劳动合同的要求。除了法律规定的特定情形外，劳动者应当提前 30 日以书面形式通知用人单位其所具有的解除劳动合同的意愿，以便于用人单位及时安排人员接替辞职者的工作，确保正常的工作秩序。

根据《劳动合同法》第 38 条规定，有下列情形的，劳动者无需提前 30 日通知用人单位，则可以随时通知用人单位解除劳动合同：

（1）未按照劳动合同约定提供劳动保护或者劳动条件的；

（2）未及时足额支付劳动报酬的；

（3）未依法为劳动者缴纳社会保险费的；

（4）用人单位的规章制度违反法律、法规的规定，损害劳动者权益的；

（5）因本法第 26 条第 1 款规定的情形致使劳动合同无效的；

（6）法律、行政法规规定劳动者可以解除劳动合同的其他情形。

用人单位以暴力、威胁或者非法限制人身自由的手段强迫劳动者劳动的，或者用人单位违章指挥、强令冒险作业危及劳动者人身安全的，劳动者可以立即解除劳动合同，不需事先告知用人单位。

（四）劳动合同解除的程序

劳动合同解除的程序，是指劳动合同当事人解除劳动合同必须遵守的步骤、时限、顺序等。用人单位和劳动者解除劳动合同必须遵守法定的程序。根据劳动法和劳动合同法等相关法律法规的规定，当事人解除劳动合同需要遵守以下程序：

1. 遵守解除预告期。我国劳动法要求当事人在某些情况下解除劳动合同必须遵守预告期的规定。解除劳动合同的提前预告期为 30 日。如用人单位依照我国《劳动合同法》第 40 条规定的条件解除劳动合同时，必须提前 30 日通知劳动者本人；劳动者依照《劳动合同法》第 37 条规定的条件解除劳动合同时，必须提前 30 日通知用人单位。

2. 书面形式通知对方。劳动合同当事人任何一方提出解除劳动合同的要求时，都必须以书面形式告知对方。解除劳动合同的通知关系到解除预告期的起算时间和劳动者的工资等利益，所以必须采用慎重的方式表达。

3. 用人单位应当征求工会的意见。我国《劳动合同法》第43条规定，用人单位单方解除劳动合同，应当事先将理由通知工会。用人单位违反法律、行政法规规定或者劳动合同约定的，工会有权要求用人单位纠正。用人单位应当研究工会的意见，并将处理结果书面通知工会。

4. 用人单位应给予劳动者经济补偿。在解除劳动合同的过程中，有下列情形之一的，用人单位应当向劳动者支付经济补偿：

(1) 劳动者依照《劳动合同法》第38条规定解除劳动合同的；

(2) 用人单位依照《劳动合同法》第36条规定向劳动者提出解除劳动合同并与劳动者协商一致解除劳动合同的；

(3) 用人单位依照《劳动合同法》第40条规定解除劳动合同的；

(4) 用人单位依照《劳动合同法》第41条第1款规定解除劳动合同的；

(5) 除用人单位维持或者提高劳动合同约定条件续订劳动合同，劳动者不同意续订的情形外，依照《劳动合同法》第44条第1项规定终止固定期限劳动合同的；

(6) 依照《劳动合同法》第44条第4项、第5项规定终止劳动合同的；

(7) 法律、行政法规规定的其他情形。

经济补偿按劳动者在本单位工作的年限，每满1年支付1个月工资的标准向劳动者支付。6个月以上不满1年的，按1年计算；不满6个月的，向劳动者支付半个月工资的经济补偿。劳动者月工资高于用人单位所在直辖市、设区的市级人民政府公布的本地区上年度职工月平均工资3倍的，向其支付经济补偿的标准按职工月平均工资3倍的数额支付，向其支付经济补偿的年限最高不超过12年。月工资是指劳动者在劳动合同解除或者终止前12个月的平均工资。

5. 办理交接手续。用人单位应当在解除劳动合同时出具解除或者终止劳动合同的证明，并在15日内为劳动者办理档案和社会保险关系转移手续。劳动者应当按照双方约定，办理工作交接。用人单位依照本法有关规定应当向劳动者支付经济补偿的，在办结工作交接时支付。用人单位对已经解除或者终止的劳动合同的文本，至少保存2年备查。

二、经济性裁员

经济性裁员，是指用人单位由于濒临破产进行法定整顿期间，或因生产经营状况发生严重困难，达到当地政府规定的严重困难企业标准而难以正常经营的状况下，通过裁员从而达到增效目的。具有这样几个特点：引起裁员的原因不是来自劳动者本人，而是用人单位发生重大经营困难等原因；被裁减的人员具有一定的规模，是集体性裁员；裁员必须依照法定程序进行，企业附带经济补偿责任。因为裁员影响到劳动者的工作权的实现，容易对社会秩序造成影响，国家对经济性裁员规定了较为严格的条件和程序。我国《劳动法》第27条和《劳动合同法》第41条以及《企业经济性裁减人员的规定》对经济性裁员做了明确规定。

（一）经济性裁员的条件

我国《劳动法》第27条规定："用人单位濒临破产进行法定整顿期间或者生产经营状况发生严重困难，确需裁减人员的，应当提前三十日向工会或者全体职工说明情况，听取工会或者职工的意见，经向劳动行政部门报告后，可以裁减人员。"《劳动合同法》第41条规定："有下列情形之一，需要裁减人员二十人以上或者裁减不足二十人但占企业职工总数百分之十以上的，用人单位提前三十日向工会或者全体职工说明情况，听取工会或者职工的意见后，裁减人员方案经向劳动行政部门报告，可以裁减人员：（1）依照企业破产法规定进行重整的；（2）生产经营发生严重困难的；（3）企业转产、重大技术革新或者经营方式调整，经变更劳动合同后，仍需裁减人员的；（4）其他因劳动合同订立时所依据的客观经济情况发生重大变化，致使劳动合同无法履行的。裁减人员时，应当优先留用下列人员：（1）与本单位订立较长期限的固定期限劳动合同的；（2）与本单位订立无固定期限劳动合同的；（3）家庭无其他就业人员，有需要扶养的老人或者未成年人的。用人单位依照本条第一款规定裁减人员，在六个月内重新招用人员的，应当通知被裁减的人员，并在同等条件下优先招用被裁减的人员。"

为了进一步规范企业裁减人员的行为，劳动部1994年11月4日发布了《企业经济性裁减人员规定》，进一步规定企业濒临破产，被人民法院宣布进入法定整顿期间或者生产经营发生严重困难，达到当地政府规定的严重困难企业标准，确需裁减人员的，可以裁员。但是，用人单位不得裁减下列人员：（1）患职业病或者因工负伤并被确认丧失或部分丧失劳动能力的；（2）患病或者负伤，在规定的医疗期内的；（3）女职工在孕期、产期、哺乳期内的；（4）法律、行政法规规定的其他情形。用人单位从裁减人员之日起，6个月内需要重新招录人员的，必须优先从本单位裁减人员中录用。

（二）经济性裁员的程序

根据我国《劳动法》、《劳动合同法》以及《企业经济性裁减人员规定》，用人单位裁减人员要遵守以下法定程序：

1. 需要裁减人员20人以上或者裁减不足20人但占企业职工总数10%以上的，

用人单位提前 30 日向工会或者全体职工说明情况，并提供有关生产经营状况的资料；

2. 提出具体的裁减人员方案，听取工会或者职工的意见后，裁减人员方案经向劳动行政部门报告；

3. 裁减人员时，应当优先留用在本单位工作时间较长、与本单位订立较长期限的有固定期限劳动合同以及订立无固定期限劳动合同的劳动者。用人单位依照前款规定裁减人员后，应当将被裁减人员的数量、名单通报所在地县级人民政府劳动保障主管部门，并听取劳动行政部门的意见；

4. 由用人单位正式公布裁减人员方案，与被裁减人员办理解除劳动合同手续，按照有关规定向被裁减人员本人支付经济补偿金，出具裁减人员证明书。

5. 经济性裁员的经济补偿原则。为了保障被裁减人员的基本生活，用人单位应当对被裁减人员给以经济补偿。按照劳动部 1994 年发布的《违反和解除劳动合同的经济补偿办法》第 9 条的规定，用人单位要按照被裁减人员在本单位工作的年限支付经济补偿金，在本单位工作满 1 年发给相当于 1 个月工资的经济补偿金。

（三）经济性裁员的录用优先原则

根据劳动法和劳动合同法的规定，用人单位裁减人员后，如在此后 6 个月内录用人员的，应当优先录用被裁减的人员。

三、劳动合同的终止

各国劳动法关于劳动合同终止的规定比较一致，即劳动合同的期限届满而终止。具体而言，指劳动合同当事人在约定的劳动合同期限届满后，不再继续订立劳动合同，也不再顺延劳动权利义务的，或者劳动合同期限虽然尚未届满，但出现了劳动合同中依法约定的终止条件的，劳动合同即告终止，劳动关系归于消灭。[①]

（一）劳动合同终止的情形

《劳动合同法》第 44 条规定，有下列情形之一的，劳动合同终止：（1）劳动合同期满的；（2）劳动者开始依法享受基本养老保险待遇的；（3）劳动者死亡，或者被人民法院宣告死亡或者宣告失踪的；（4）用人单位被依法宣告破产的；（5）用人单位被吊销营业执照、责令关闭、撤销或者用人单位决定提前解散的；（6）法律、行政法规规定的其他情形。

1. 劳动合同的期限届满。劳动合同约定的期限届满后，不再续订，也不再顺延

---

① 刘金祥、郭龙、李磊：《劳动法案件精解》，华东理工大学出版社 2006 年版，第 112 页。

劳动权利义务关系的，劳动合同即告终止。但在特殊情况下，即使劳动合同期限届满，如果存在法律规定不得终止劳动合同的情形，如女职工在孕期或哺乳期内的，劳动合同的期限需要顺延到法定保护期满之时再终止。

2. 因劳动合同主体一方的原因导致劳动合同的终止。用人单位歇业、解散、依法破产、被吊销营业执照或者被责令关闭的，劳动者退休、辞职、死亡等原因均可以导致劳动关系的消灭。如果被人民法院宣告死亡、宣告失踪的劳动者重新出现，劳动合同期限未满的，应当继续履行劳动合同；如果因情况变化确实无法履行的，劳动合同应该予以解除。

（二）劳动合同终止的后果

1. 劳动合同终止的经济补偿。根据《劳动合同法》第45、46、47条的规定，劳动合同期满，有第42条规定情形之一的，劳动合同应当续延至相应的情形消失时终止。但是，第42条第2项规定丧失或者部分丧失劳动能力劳动者的劳动合同的终止，按照国家有关工伤保险的规定执行。依照第44条第4项、第5项规定终止劳动合同的，用人单位应当向劳动者支付经济补偿。经济补偿按劳动者在本单位工作的年限，每满1年支付1个月工资的标准向劳动者支付。6个月以上不满1年的，按1年计算；不满6个月的，向劳动者支付半个月工资的经济补偿。劳动者月工资高于用人单位所在直辖市、设区的市级人民政府公布的本地区上年度职工月平均工资3倍的，向其支付经济补偿的标准按职工月平均工资3倍的数额支付，向其支付经济补偿的年限最高不超过12年。月工资是指劳动者在劳动合同解除或者终止前12个月的平均工资。

2. 对负有保密义务的劳动者，用人单位在终止劳动合同后，在竞业限制期限内按月给予劳动者经济补偿。劳动者违反竞业限制约定的，应当按照约定向用人单位支付违约金。

3. 用人单位违反本法规定终止劳动合同，劳动者要求继续履行劳动合同的，用人单位应当继续履行；劳动者不要求继续履行劳动合同或者劳动合同已经不能继续履行的，用人单位应当依照《劳动合同法》第87条规定支付赔偿金。

4. 用人单位应当在终止劳动合同时出具解除或者终止劳动合同的证明，并在15日内为劳动者办理档案和社会保险关系转移手续。劳动者应当按照双方约定，办理工作交接。用人单位依照本法有关规定应当向劳动者支付经济补偿的，在办结工作交接时支付。用人单位对已经解除或者终止的劳动合同的文本，至少保存2年备查。

第八节　劳务派遣

为规范劳务派遣，维护劳动者的合法权益，促进劳动关系和谐稳定，依据《劳动合同法》和《劳动合同法实施条例》等法律、行政法规，我国于 2013 年 12 月 20 日经人力资源社会保障部第 21 次部务会审议通过了《劳务派遣暂行规定》，并于 2014 年 3 月 1 日起开始施行。

【案例 4-11】

劳务派遣公司应否支付员工经济补偿金？[①]

2007 年，某劳务派遣公司将几名劳动者派遣到某学校从事后勤工作，工作及保险费由学校交劳务派遣公司支付和缴纳，同时学校向劳务派遣公司支付每人每月 50 元的管理费。劳动合同与劳务派遣协议都是两年一签，且期限相同。2009 年 2 月，两个合同均到期。在此之前，学校曾表示无法明确是否续签即续签多久，但仍将继续用工一段时间，劳务派遣公司与劳动者均未提出异议。因此合同到期后，这几名劳动者仍在该校工作。直到 2009 年 6 月，学校后勤表示将退工，并告知劳动者和劳务派遣公司，劳务公司开出了退工通知单。于是，几名劳动者要求支付经济补偿金，以及 3~6 月没有签订劳动合同的双倍工资，并将劳务派遣公司与学校一起列为被申诉人，诉诸劳动争议仲裁。

【案例分析】这是一起典型的因劳务派遣用工引起的劳动争议案件。在劳务派遣中，劳务派遣公司应当承担用人单位的权利义务，包括与派遣员工签订劳动合同，没有签订劳动合同的，应当支付双倍的工资。学校作为用工单位应当按照《劳动合同法》的规定或劳务派遣协议的约定方式履行退工手续，需要支付经济补偿的应当支付。

本案中，因为学校的原因导致没能与派遣公司续订劳务派遣协议，而派遣公司以没有签订劳务派遣协议为由，没能与派遣员工签订劳动合同，从法律上讲，学校应当属于违约行为，而派遣公司则属于违约行为，违法行为理应承担法律责任。

但是，由于派遣用工的特殊性，《劳动合同法》第 92 条规定，派遣单位违法，给派遣劳动者造成损害的，劳务派遣单位与用工单位承担连带赔偿责任。同样，《劳动合同法实施条例》第 35 条规定，因用工单位违法而给被派遣劳动者造成损失的，劳务派遣单位和用工单位承担连带赔偿责任。因此无论是派遣单位违法，还是用工单位违法，都应当对劳务派遣员工承担连带赔偿责任。

这里的连带责任应当理解为完全连带责任，而非部分连带责任。完全连带责任指的是劳务派遣公司或用工单位都应当独立对派遣劳动者承担所有的赔偿责任，无论是由哪方违法导致劳动者损失。即使被派劳动遣者只起诉一方，依据最高人民法院《关

---

① 方莎、李斯怡：《劳动与社会保障法》，对外经济贸易大学出版社 2012 年版，第 94~95 页。

于审理劳动争议适用法律若干问题的解释（二）》第10条的规定：劳动者因履行劳动力派遣合同产生劳动争议而起诉，以派遣单位为被告；争议内容涉及接受单位的，以派遣单位和接受单位为共同被告。即在劳务派遣争议中，法院是有权力直接追加另一方为被告的。

在完全连带责任的前提下，仲裁员或法官在审理此类劳动争议时，只审查派遣方和用工方是否给派遣员工造成了损害，是否应当依法对派遣员工承担法律责任，若成立，那么就会裁决或判决向派遣员工承担的具体责任内容。

具体到本案中，仲裁委员会就应当裁决向派遣员工支付经济补偿金和双倍工资。裁决生效以后，派遣员工可以向派遣公司主张这两项经济赔偿，也可以向学校主张，在双方都不支付的情形下，派遣员工可以选择向法院申请强制执行任何一家赔偿。若法院执行派遣公司赔偿，且派遣公司的钱不够，那么派遣员工还可以就差额申请强制执行学校支付。在派遣员工经济补偿金和双倍工资执行完毕的前提下，派遣公司和学校可以根据双方的派遣协议来确定究竟是哪一方面的责任，以便向真正有责任的一方追偿。

一、劳务派遣概述

（一）劳务派遣的用工范围和用工比例

劳动合同用工是我国的企业基本用工形式。劳务派遣用工是补充形式，用工单位只能在临时性、辅助性或者替代性的工作岗位上使用被派遣劳动者。临时性工作岗位是指存续时间不超过6个月的岗位；辅助性工作岗位是指为主营业务岗位提供服务的非主营业务岗位；替代性工作岗位是指用工单位的劳动者因脱产学习、休假等原因无法工作的一定期间内，可以由其他劳动者替代工作的岗位。

用人单位将本单位劳动者派往境外工作或者派往家庭、自然人处提供劳动的，不属于劳务派遣。用人单位以承揽、外包等名义，按劳务派遣用工形式使用劳动者的，按照劳务派遣规定处理。

用工单位决定使用被派遣劳动者的辅助性岗位，应当经职工代表大会或者全体职工讨论，提出方案和意见，与工会或者职工代表平等协商确定，并在用工单位内公示。

用工总量是指用工单位订立劳动合同人数与使用的被派遣劳动者人数之和。计算劳务派遣用工比例的用工单位是指依照劳动合同法和劳动合同法实施条例可以与劳动者订立劳动合同的用人单位。

用工单位应当严格控制劳务派遣用工数量，使用的被派遣劳动者数量不得超过其用工总量的 10%。外国企业常驻代表机构和外国金融机构驻华代表机构等使用被派遣劳动者的，以及船员用人单位以劳务派遣形式使用国际远洋海员的，不受临时性、辅助性、替代性岗位和劳务派遣用工比例的限制。

用工单位在《劳务派遣暂行规定》施行前使用被派遣劳动者数量超过其用工总量10%的，应当制定调整用工方案，于本规定施行之日起 2 年内降至规定比例。但是，《全国人民代表大会常务委员会关于修改〈中华人民共和国劳动合同法〉的决定》公布前已依法订立的劳动合同和劳务派遣协议期限届满日期在本规定施行之日起 2 年后的，可以依法继续履行至期限届满。用工单位应当将制定的调整用工方案报当地人力资源社会保障行政部门备案。用工单位未将《劳务派遣暂行规定》施行前使用的被派遣劳动者数量降至符合规定比例之前，不得新用被派遣劳动者。

（二）劳务派遣单位

劳务派遣单位经营劳务派遣业务，企业（以下称用工单位）使用被派遣劳动者，适用《劳务派遣暂行规定》。依法成立的会计师事务所、律师事务所等合伙组织和基金会以及民办非企业单位等组织使用被派遣劳动者，依照《劳务派遣暂行规定》执行。

我国对劳动派遣单位的资格作了专门规定，《劳动合同法》规定，经营劳务派遣业务应当具备下列条件：注册资本不得少于人民币 200 万元；有与开展业务相适应的固定的经营场所和设施；有符合法律、行政法规规定的劳务派遣管理制度；法律、行政法规规定的其他条件。经营劳务派遣业务，应当向劳动行政部门依法申请行政许可；经许可的，依法办理相应的公司登记。未经许可，任何单位和个人不得经营劳务派遣业务。

劳务派遣单位是用人单位，应当履行用人单位对劳动者的义务。劳务派遣单位与被派遣劳动者订立的劳动合同，除应当载明劳动合同法规定的必备事项外，还应当载明被派遣劳动者的用工单位以及派遣期限、工作岗位等情况。

二、劳动合同的订立、履行、解除与终止

（一）劳动合同的订立和履行

劳务派遣单位应当与被派遣劳动者订立 2 年以上的固定期限劳动合同，按月支付劳动报酬。被派遣劳动者在无工作期间，劳务派遣单位应当按照所在地人民政府规定的最低工资标准，向其按月支付报酬。

被派遣劳动者享有与用工单位的劳动者同工同酬的权利。用工单位应当按照同工

同酬原则，对被派遣劳动者与本单位同类岗位的劳动者实行相同的劳动报酬分配办法。用工单位无同类岗位劳动者的，参照用工单位所在地相同或者相近岗位劳动者的劳动报酬确定。

劳务派遣单位可以依法与被派遣劳动者约定试用期。劳务派遣单位与同一被派遣劳动者只能约定一次试用期。

劳务派遣单位应当对被派遣劳动者履行下列义务：

1. 如实告知被派遣劳动者《劳动合同法》第8条规定的事项、应遵守的规章制度以及劳务派遣协议的内容；

2. 建立培训制度，对被派遣劳动者进行上岗知识、安全教育培训；

3. 按照国家规定和劳务派遣协议约定，依法支付被派遣劳动者的劳动报酬和相关待遇；

4. 按照国家规定和劳务派遣协议约定，依法为被派遣劳动者缴纳社会保险费，并办理社会保险相关手续；

5. 督促用工单位依法为被派遣劳动者提供劳动保护和劳动安全卫生条件；

6. 依法出具解除或者终止劳动合同的证明；

7. 协助处理被派遣劳动者与用工单位的纠纷；

8. 法律、法规和规章规定的其他事项。

被派遣劳动者有权在劳务派遣单位或者用工单位依法参加或者组织工会，维护自身的合法权益。被派遣劳动者在用工单位因工作遭受事故伤害的，劳务派遣单位应当依法申请工伤认定，用工单位应当协助工伤认定的调查核实工作。劳务派遣单位承担工伤保险责任，但可以与用工单位约定补偿办法。被派遣劳动者在申请进行职业病诊断、鉴定时，用工单位应当负责处理职业病诊断、鉴定事宜，并如实提供职业病诊断、鉴定所需的劳动者职业史和职业危害接触史、工作场所职业病危害因素检测结果等资料，劳务派遣单位应当提供被派遣劳动者职业病诊断、鉴定所需的其他材料。

劳务派遣单位行政许可有效期未延续或者《劳务派遣经营许可证》被撤销、吊销的，已经与被派遣劳动者依法订立的劳动合同应当履行至期限届满。双方经协商一致，可以解除劳动合同。

（二）劳动合同的解除和终止

被派遣劳动者提前30日以书面形式通知劳务派遣单位，可以解除劳动合同。被派遣劳动者在试用期内提前3日通知劳务派遣单位，可以解除劳动合同。劳务派遣单位应当将被派遣劳动者通知解除劳动合同的情况及时告知用工单位。

被派遣劳动者因《劳务派遣暂行规定》第12条规定被用工单位退回，劳务派遣单位重新派遣时维持或者提高劳动合同约定条件，被派遣劳动者不同意的，劳务派遣单位可以解除劳动合同。被派遣劳动者因《劳务派遣暂行规定》第12条规定被用工单位退回，劳务派遣单位重新派遣时降低劳动合同约定条件，被派遣劳动者不同意的，劳务派遣单位不得解除劳动合同。但被派遣劳动者提出解除劳动合同的除外。

劳务派遣单位被依法宣告破产、吊销营业执照、责令关闭、撤销、决定提前解散或者经营期限届满不再继续经营的，劳动合同终止。用工单位应当与劳务派遣单位协商妥善安置被派遣劳动者。

被派遣劳动者可以依照《劳动合同法》第36条、第38条的规定与劳务派遣单位解除劳动合同。被派遣劳动者有《劳动合同法》第39条和第40条第1项、第2项规定情形的，用工单位可以将劳动者退回劳务派遣单位，劳务派遣单位依照《劳动合同法》有关规定，可以与劳动者解除劳动合同。劳务派遣单位因《劳动合同法》第46条或者《劳务派遣暂行规定》第15条、第16条规定的情形，与被派遣劳动者解除或者终止劳动合同的，应当依法向被派遣劳动者支付经济补偿。

【案例 4－12】

家乐福超市女工案①

2010年年底，家乐福超市女工案引起了社会对劳务派遣的再度关注。据《新世纪》《中国日报》等媒体报道，2008年3月1日，盛某从山东农村来到北京方庄家乐福上班，成为卖场内的一名销售女工。由于家乐福大多数的销售人员是由供应商"派驻"，盛某的身份是供应商威莱日化（威露士）有限公司（以下简称威莱日化）的销售人员。但销售女工实际上接受超市的管理，包括推销威露士产品（这只是工作的一部分）、理货、打扫卫生；其工作时间由家乐福统一安排、管理，包括上下班时间、加班时间和工作内容；如果被发现有违反工作规定的行为，家乐福还可以对她进行处罚。此外，超市向公众明示了销售女工是其员工，盛某就有家乐福的制服和胸卡。2008年12月23日，盛某被威莱日化要求和一家劳务派遣公司——广州某某人才资源租赁公司（以下简称某某人才）签订劳动合同。2009年4月21日，家乐福提出2008年年底怀孕的盛某已不适宜继续在家乐福工作，要求其"退场"，即要求供应商换人。2009年6月，盛某将家乐福和某某人才诉至北京市劳动争议仲裁委员会。当年12月，仲裁委裁决认为盛某与家乐福之间不存在劳动关系，一切责任不应由家乐福承担，盛某与某某人才之间签有劳动合同，存在劳动关系。盛某不服仲裁裁决，遂向北京市丰台区人民法院提起诉讼。2010年12月15日法院

---

① 林嘉：《劳动法和社会保障法》，中国人民大学出版社2011年版，第159~160页。

判决认为家乐福公司仅为盛某的实际工作地点，盛某主张与家乐福公司存在事实劳动关系"没有事实和法律依据"。法院认定某某人才与盛某的劳动关系，要求双方继续履行劳动合同。当年12月22日，盛某提起上诉，强调家乐福与劳务派遣公司串通规避法律、损害劳动者权益，要求确认其与家乐福的劳动关系并继续履行劳动合同。

【案例分析】我国《劳动合同法》将劳务派遣法律关系的性质认定为一重劳动关系，明确要求劳务派遣单位与被派遣劳动者之间订立劳动合同；对于劳动者和用工单位之间的关系是何性质未作规定，一般均解读为不是劳动关系，而是劳务关系。《劳动合同法》第58条明确认定劳务派遣单位与劳动者建立劳动关系，劳务派遣单位是劳动法上的用人单位，必须与被派遣劳动者签订劳动合同。据此，家乐福超市女工案的仲裁裁决和一审判决均认为盛某与家乐福之间不存在劳动关系，盛某与某某人才之间签有劳动合同，存在劳动关系。

三、劳务派遣协议

劳务派遣单位派遣劳动者应当与接受以劳务派遣形式用工的单位（以下称用工单位）订立劳务派遣协议。劳务派遣协议应当约定派遣岗位和人员数量、派遣期限、劳动报酬和社会保险费的数额与支付方式以及违反协议的责任。用工单位应当根据工作岗位的实际需要与劳务派遣单位确定派遣期限，不得将连续用工期限分割订立数个短期劳务派遣协议。

劳务派遣协议应当载明下列内容：派遣的工作岗位名称和岗位性质；工作地点；派遣人员数量和派遣期限；按照同工同酬原则确定的劳动报酬数额和支付方式；社会保险费的数额和支付方式；工作时间和休息休假事项；被派遣劳动者工伤、生育或者患病期间的相关待遇；劳动安全卫生以及培训事项；经济补偿等费用；劳务派遣协议期限；劳务派遣服务费的支付方式和标准；违反劳务派遣协议的责任；法律、法规、规章规定应当纳入劳务派遣协议的其他事项。

劳务派遣单位应当将劳务派遣协议的内容告知被派遣劳动者。

劳务派遣单位不得克扣用工单位按照劳务派遣协议支付给被派遣劳动者的劳动报酬。劳务派遣单位和用工单位不得向被派遣劳动者收取费用。

用工单位应当履行下列义务：（1）执行国家劳动标准，提供相应的劳动条件和劳动保护；（2）告知被派遣劳动者的工作要求和劳动报酬；（3）支付加班费、绩效奖金，提供与工作岗位相关的福利待遇；（4）对在岗被派遣劳动者进行工作岗位所必需的培训；（5）连续用工的，实行正常的工资调整机制。用工单位不得将被派遣劳动者再派遣到其他用人单位。用人单位不得设立劳务派遣单位向本单位或者所属单位派遣劳动者。

有下列情形之一的，用工单位可以将被派遣劳动者退回劳务派遣单位：（1）用工单位有《劳动合同法》第40条第3项、第41条规定情形的；（2）用工单位被依法宣告破产、吊销营业执照、责令关闭、撤销、决定提前解散或者经营期限届满不再继续经营的；（3）劳务派遣协议期满终止的。

被派遣劳动者退回后在无工作期间，劳务派遣单位应当按照不低于所在地人民政府规定的最低工资标准，向其按月支付报酬。被派遣劳动者有《劳动合同法》第42条规定情形的，在派遣期限届满前，用工单位不得依据《劳务派遣暂行规定》第12条第1款第1项规定将被派遣劳动者退回劳务派遣单位；派遣期限届满的，应当延续至相应情形消失时方可退回。

四、跨地区劳务派遣的社会保险

劳务派遣单位跨地区派遣劳动者的，被派遣劳动者享有的劳动报酬和劳动条件，按照用工单位所在地的标准执行。劳务派遣单位跨地区派遣劳动者的，应当在用工单位所在地为被派遣劳动者参加社会保险，按照用工单位所在地的规定缴纳社会保险费，被派遣劳动者按照国家规定享受社会保险待遇。

劳务派遣单位在用工单位所在地设立分支机构的，由分支机构为被派遣劳动者办理参保手续，缴纳社会保险费。劳务派遣单位未在用工单位所在地设立分支机构的，由用工单位代劳务派遣单位为被派遣劳动者办理参保手续，缴纳社会保险费。

五、法律责任

劳务派遣单位、用工单位违反劳动合同法和劳动合同法实施条例有关劳务派遣规定的，按照《劳动合同法》第92条规定执行。

劳务派遣单位违反《劳务派遣暂行规定》解除或者终止被派遣劳动者劳动合同的，按照《劳动合同法》第48条、第87条规定执行。

用工单位违反《劳务派遣暂行规定》第3条第3款规定的，由人力资源社会保障行政部门责令改正，给予警告；给被派遣劳动者造成损害的，依法承担赔偿责任。

劳务派遣单位违反《劳务派遣暂行规定》第6条规定的，按照《劳动合同法》第83条规定执行。

用工单位违反《劳务派遣暂行规定》退回被派遣劳动者的，按照《劳动合同法》第92条第2款规定执行。

<h1 style="text-align:center">第九节　非全日制用工</h1>

一、非全日制用工概述

非全日制用工，是指以小时计酬为主，劳动者在同一用人单位一般平均每日工作时间不超过 4 小时，每周工作时间累计不超过 24 小时的用工形式。

非全日制用工适用一些特殊规定，如非全日制用工双方当事人可以订立口头协议；从事非全日制用工的劳动者可以与一个或者一个以上用人单位订立劳动合同，但后订立的劳动合同不得影响先订立的劳动合同的履行；非全日制用工双方当事人不得约定试用期，非全日制用工双方当事人任何一方都可以随时通知对方终止用工；终止用工时，用人单位不向劳动者支付经济补偿；非全日制用工小时计酬标准不得低于用人单位所在地人民政府规定的最低小时工资标准；非全日制用工劳动报酬结算支付周期最长不得超过 15 日，等等。

二、非全日制用工与全日制用工的区别

非全日制用工是一种灵活的用工形式，与全日制用工的区别主要有以下几个方面：

（一）工作时间不同

标准的全日制用工实行每天工作不超过 8 小时，每周不超过 40 小时的标准工时的工时制度。非全日制用工的工作时间一般为每天 4 小时，每周工作时间不超过 24 小时。非全日制用工在 24 小时的总的工作时间内，具体工作安排由用人单位自主决定，可以每天工作 8 小时，每周工作 3 天，也可以每天工作 4 小时，每周工作 6 天，还可以是其他的工作方式，体现了其灵活就业的特点。对于用人单位安排劳动者工作超过工时限制及加班问题如何处理，劳动合同法没有明确规定，但根据目前的一些地方性规定看，对于超过工时限制的，视为全日制用工。如《北京市劳动和社会保障局关于北京市非全日制就业管理若干问题的通知》规定："劳动者在同一用人单位每日工作时间超过四小时的视为全日制从业人员"。

（二）用工形式不同

全日制用工，按照劳动合同法的规定，用人单位与劳动者应当订立书面劳动合

同。而非全日制用工可以订立口头协议，劳动者的劳动权利以及用人单位义务，可以口头约定。

（三）劳动关系终止的规定不同

非全日制用工的劳动关系可以随时终止且无需支付经济补偿金。全日制用工劳动合同终止或解除的，必须严格按照法律的规定执行，除一些特别情况外，用人单位须向劳动者支付经济补偿金，而非全日制用工则没有明确的规定。

（四）社会保险缴纳不同

非全日制用工，用人单位一般只需给劳动者缴纳工伤保险，除工伤保险外的社会保险费，用人单位则不是必须为劳动者缴纳的。全日制用工的用人单位必须给劳动者缴纳各种社会保险费用。

（五）工资支付期限不同

非全日制用工以小时计酬，结算支付周期最长不超过 15 日。全日制用工应当按月以货币形式定时向劳动者支付工资。非全日制用工，用人单位也必须以货币形式向劳动者定时支付工资，但是，支付工资的周期比全日制用工短即每半月至少支付一次。

第十节 法 律 责 任

用人单位直接涉及劳动者切身利益的规章制度违反法律、法规规定的，由劳动行政部门责令改正，给予警告；给劳动者造成损害的，应当承担赔偿责任。

用人单位提供的劳动合同文本未载明本法规定的劳动合同必备条款或者用人单位未将劳动合同文本交付劳动者的，由劳动行政部门责令改正；给劳动者造成损害的，应当承担赔偿责任。

用人单位自用工之日起超过 1 个月不满 1 年未与劳动者订立书面劳动合同的，应当向劳动者每月支付 2 倍的工资。用人单位违反规定不与劳动者订立无固定期限劳动合同的，自应当订立无固定期限劳动合同之日起向劳动者每月支付 2 倍的工资。

用人单位违反规定与劳动者约定试用期的，由劳动行政部门责令改正；违法约定的试用期已经履行的，由用人单位以劳动者试用期满月工资为标准，按已经履行的超过法定试用期的期间向劳动者支付赔偿金。

用人单位违反规定，扣押劳动者居民身份证等证件的，由劳动行政部门责令限期退还劳动者本人，并依照有关法律规定给予处罚。用人单位违反规定，以担保或者其他名义向劳动者收取财物的，由劳动行政部门责令限期退还劳动者本人，并以每人500元以上2000元以下的标准处以罚款；给劳动者造成损害的，应当承担赔偿责任。劳动者依法解除或者终止劳动合同，用人单位扣押劳动者档案或者其他物品的，依照前款规定处罚。

用人单位有下列情形之一的，由劳动行政部门责令限期支付劳动报酬、加班费或者经济补偿；劳动报酬低于当地最低工资标准的，应当支付其差额部分；逾期不支付的，责令用人单位按应付金额50%以上100%以下的标准向劳动者加付赔偿金：（1）未按照劳动合同的约定或者国家规定及时足额支付劳动者劳动报酬的；（2）低于当地最低工资标准支付劳动者工资的；（3）安排加班不支付加班费的；（4）解除或者终止劳动合同，未依照本法规定向劳动者支付经济补偿的。

劳动合同被确认无效，给对方造成损害的，有过错的一方应当承担赔偿责任。用人单位违反规定解除或者终止劳动合同的，应当依照《劳动合同法》第47条规定的经济补偿标准的2倍向劳动者支付赔偿金。

用人单位有下列情形之一的，依法给予行政处罚；构成犯罪的，依法追究刑事责任；给劳动者造成损害的，应当承担赔偿责任：（1）以暴力、威胁或者非法限制人身自由的手段强迫劳动的；（2）违章指挥或者强令冒险作业危及劳动者人身安全的；（3）侮辱、体罚、殴打、非法搜查或者拘禁劳动者的；（4）劳动条件恶劣、环境污染严重，给劳动者身心健康造成严重损害的。

用人单位违反规定未向劳动者出具解除或者终止劳动合同的书面证明，由劳动行政部门责令改正；给劳动者造成损害的，应当承担赔偿责任。

劳动者违反规定解除劳动合同，或者违反劳动合同中约定的保密义务或者竞业限制，给用人单位造成损失的，应当承担赔偿责任。

用人单位招用与其他用人单位尚未解除或者终止劳动合同的劳动者，给其他用人单位造成损失的，应当承担连带赔偿责任。

违反《劳动合同法》规定，未经许可，擅自经营劳务派遣业务的，由劳动行政部门责令停止违法行为，没收违法所得，并处违法所得1倍以上5倍以下的罚款；没有违法所得的，可以处5万元以下的罚款。劳务派遣单位、用工单位违反有关劳务派遣规定的，由劳动行政部门责令限期改正；逾期不改正的，以每人5000元以上1万元以下的标准处以罚款，对劳务派遣单位，吊销其劳务派遣业务经营许可证。用工单位给被派遣劳动者造成损害的，劳务派遣单位与用工单位承担连带赔偿责任。

对不具备合法经营资格的用人单位的违法犯罪行为，依法追究法律责任；劳动者已经付出劳动的，该单位或者其出资人应当依照《劳动合同法》有关规定向劳动者支付劳动报酬、经济补偿、赔偿金；给劳动者造成损害的，应当承担赔偿责任。

个人承包经营违反本法规定招用劳动者，给劳动者造成损害的，发包的组织与个人承包经营者承担连带赔偿责任。

劳动行政部门和其他有关主管部门及其工作人员玩忽职守、不履行法定职责，或者违法行使职权，给劳动者或者用人单位造成损害的，应当承担赔偿责任；对直接负责的主管人员和其他直接责任人员，依法给予行政处分；构成犯罪的，依法追究刑事责任。

【思考题】

1. 简述劳动合同与劳务合同、雇佣合同的区别。
2. 简述劳动合同的内容。
3. 简述劳动者单方解除劳动合同的情形。
4. 简述用人单位禁止解除劳动合同的情形。

第五章

集体合同法

本章的学习要点在于，了解集体合同与劳动合同的区别与联系，掌握集体谈判的程序以及集体合同的生效要件等内容。

为规范集体协商和签订集体合同行为，依法维护劳动者和用人单位的合法权益，根据《中华人民共和国劳动法》和《中华人民共和国工会法》，《集体合同规定》于2003年12月30日经劳动和社会保障部第7次部务会议通过，自2004年5月1日起施行。《劳动合同法》第五章第一节也对集体合同制度作了进一步规定。

【案例5-1】

公司能否拒绝新员工提出增加工间休息的要求？[①]

某公司与工会代表签订了集体合同。合同中除了对职工的工作时间、劳动报酬、福利待遇作了约定外，还约定了工间休息时间。公司为了扩大生产规模，又扩建了车间，招用了一批新职工，并与之签订了劳动合同。合同中除了没有约定工间休息时间外，其余约定都与集体合同约定的内容相同。新职工到车间上班后，发现劳动强度大、劳动条件差，如果连续工作身体会承受不了，于是，向公司提出增加工间休息时间的要求。公司以合同中没有约定为由，拒绝了新职工的要求。公司的这种做法有法律依据吗？

【案例分析】公司拒绝新员工提出增加工间休息时间的要求没有法律依据。根据我国《集体合同规定》《劳动合同法》的相关规定，依法订立的集体合同对用人单位和劳动者具有约束力，并且也适用于单位新录用的职工。用人单位与职工个人签订的劳动合同约定的劳动条件和劳动报酬等标准，不得低于集体合同或专项集体合同的规定。如果劳动合同中没有规定，则用人单位与职工应当适用集体合同。如果劳动合同

---

① 蒲春平、唐正彬：《劳动法与社会保障法》，航空工业出版社2013年版，第98页。

对劳动报酬和劳动条件等标准约定不明确，引发争议的，用人单位与劳动者可以重新协商；协商不成的，适用集体合同规定；没有集体合同或者集体合同未规定劳动条件等标准的，适用国家有关规定。

本案中，职工劳动合同中没有约定工间休息时间，而集体合同中有工间休息时间的规定，所以，职工有权要求用人单位依据集体合同的相关内容改善工作条件，用人单位不得拒绝。

第一节　集体合同概述

一、集体合同的概念

集体合同，亦称团体协议、集体协议，是指用人单位与本单位职工根据法律、法规、规章的规定，就劳动报酬、工作时间、休息休假、劳动安全卫生、职业培训、保险福利等事项，通过集体协商签订的书面协议。

企业职工一方与企业，可以就劳动报酬、工作时间、休息休假、劳动安全卫生、保险福利等事项签订集体合同。集体合同草案应当提交职工代表大会或者全体职工讨论通过。

集体合同由工会代表企业职工一方与用人单位订立；尚未建立工会的用人单位，由上级工会指导劳动者推举的代表与用人单位订立。

专项集体合同，是指用人单位与本单位职工根据法律、法规、规章的规定，就集体协商的某项内容签订的专项书面协议。企业职工一方与用人单位可以订立劳动安全卫生、女职工权益保护、工资调整机制等专项集体合同。

在县级以下区域内，建筑业、采矿业、餐饮服务业等行业可以由工会与企业方面代表订立行业性集体合同，或者订立区域性集体合同。

二、集体合同与劳动合同的关系

集体合同和劳动合同都是调整劳动关系的重要形式和法律制度，两者有着密切的联系，在订立目的、内容等方面也有共同之处。可以说，劳动合同制度是集体合同制度的重要补充，集体合同或专项集体合同，对用人单位和本单位的全体职工具有法律约束力。用人单位与职工个人签订的劳动合同约定的劳动条件和劳动报酬等标准，不得低于集体合同或专项集体合同的规定，并且不得与集体合同相违背、相抵触。

但集体合同和劳动合同又有着明显的区别，两者不能等同，也不能相互代替。从集体合同的概念可知，其与劳动合同不同，主要表现在以下几个方面：

1. 主体不同。劳动合同的主体由单个的劳动者和用人单位组成，而集体合同的主体一方是工会或者职工代表，另一方是用人单位或者用人单位组织。

2. 内容不同。劳动合同的主要内容约定的是用人单位和员工之间的权利与义务，反映的是单个劳动者和用人单位的特别规定；而集体合同里主要约定的是职工权利与用人单位义务，规定了用人单位里所有的劳动者享受哪些最基本的福利待遇，有哪些最基本的保障条件，反映的是共性问题。

3. 作用不同。劳动合同的作用是在用人单位与员工之间建立起，约定双方当事人在履行劳动合同过程中的各自的权利与义务，以及合同解除与终止的时间和条件。而集体合同更多的作用是约束用人单位给予职工哪些最基本的待遇，在集体合同里，对于约定的用人单位的义务，用人单位必须执行；对于约定的员工的义务，基本上是道义上的。

4. 产生方式不同。劳动合同是双方当事人一旦建立劳动关系，就必须签署的。而要签订集体合同，必须通过集体协商，先制定集体合同的文本，提交职工代表大会，通过职工代表大会讨论通过，双方当事人才可以签署。

5. 生效时间不同。劳动合同是依法订立即具有法律约束力，当事人必须履行劳动合同规定的义务，而集体合同的签订首先由双方依法产生的代表进行协商，草拟集体合同草案；其次，将集体合同草案提交职工代表大会或全体职工讨论通过；再次，由双方首席代表签字；最后，报送劳动行政部门审查。劳动行政部门自收到集体合同文本之日起 15 日内未提出异议的，集体合同即行生效。

6. 合同期限不同。劳动合同分为固定期限、无固定期限及以完成一定工作为期限三种形式，而集体合同只有固定期限，时间 1~3 年。

第二节　集体协商

一、集体协商的原则与内容

用人单位与本单位职工签订集体合同或专项集体合同，以及确定相关事宜，应当采取集体协商的方式。集体协商主要采取协商会议的形式。

用人单位与工会或者职工代表进行集体协商，签订集体合同或专项集体合同，应当遵循下列原则：（1）遵守法律、法规、规章及国家有关规定；（2）相互尊重，平等协商；（3）诚实守信，公平合作；（4）兼顾双方合法权益；（5）不得采取过激行为。

根据我国目前的规定，集体协商双方可以就下列多项或某项内容进行集体协商，签订集体合同或专项集体合同：劳动报酬、工作时间、休息休假、劳动安全与卫生、补充保险和福利、女职工和未成年工特殊保护、职业技能培训、劳动合同管理、奖惩、裁员、集体合同期限、变更、解除集体合同的程序、履行集体合同发生争议时的协商处理办法、违反集体合同的责任、双方认为应当协商的其他内容。

二、集体协商代表

集体协商代表（以下统称协商代表），是指按照法定程序产生并有权代表本方利益进行集体协商的人员。集体协商双方的代表人数应当对等，每方至少 3 人，并各确定 1 名首席代表。

职工一方的协商代表由本单位工会选派。未建立工会的，由本单位职工民主推荐，并经本单位半数以上职工同意。职工一方的首席代表由本单位工会主席担任。工会主席可以书面委托其他协商代表代理首席代表。工会主席空缺的，首席代表由工会主要负责人担任。未建立工会的，职工一方的首席代表从协商代表中民主推举产生。用人单位一方的协商代表，由用人单位法定代表人指派，首席代表由单位法定代表人担任或由其书面委托的其他管理人员担任。协商代表履行职责的期限由被代表方确定。

集体协商双方首席代表可以书面委托本单位以外的专业人员作为本方协商代表。委托人数不得超过本方代表的 1/3。首席代表不得由非本单位人员代理。用人单位协商代表与职工协商代表不得相互兼任。

协商代表应履行下列职责：

（1）参加集体协商；

（2）接受本方人员质询，及时向本方人员公布协商情况并征求意见；

（3）提供与集体协商有关的情况和资料；

（4）代表本方参加集体协商争议的处理；

（5）监督集体合同或专项集体合同的履行；

（6）法律、法规和规章规定的其他职责。

同时，协商代表应当维护本单位正常的生产、工作秩序，不得采取威胁、收买、欺骗等行为。协商代表应当保守在集体协商过程中知悉的用人单位的商业秘密。

企业内部的协商代表参加集体协商视为提供了正常劳动。职工一方协商代表在其履行协商代表职责期间劳动合同期满的，劳动合同期限自动延长至完成履行协商代表职责之时，除出现下列情形之一的，用人单位不得与其解除劳动合同：（1）严重违反劳动纪律或用人单位依法制定的规章制度的；（2）严重失职、营私舞弊，对用人单位利益造成重大损害的；（3）被依法追究刑事责任的。职工一方协商代表履行协商代表职责期间，用人单位无正当理由不得调整其工作岗位。职工一方协商代表就前款规定与用人单位发生争议的，可以向当地劳动争议仲裁委员会申请仲裁。

工会可以更换职工一方协商代表；未建立工会的，经本单位半数以上职工同意可以更换职工一方协商代表。用人单位法定代表人可以更换用人单位一方协商代表。协商代表因更换、辞任或遇有不可抗力等情形造成空缺的，应在空缺之日起15日内按照本规定产生新的代表。

三、集体协商程序

集体协商任何一方均可就签订集体合同或专项集体合同以及相关事宜，以书面形式向对方提出进行集体协商的要求。一方提出进行集体协商要求的，另一方应当在收到集体协商要求之日起20日内以书面形式给予回应，无正当理由不得拒绝进行集体协商。

协商代表在协商前应进行下列准备工作：

1. 熟悉与集体协商内容有关的法律、法规、规章和制度；

2. 了解与集体协商内容有关的情况和资料，收集用人单位和职工对协商意向所持的意见；

3. 拟定集体协商议题，集体协商议题可由提出协商一方起草，也可由双方指派代表共同起草；

4. 确定集体协商的时间、地点等事项；

5. 共同确定一名非协商代表担任集体协商记录员。记录员应保持中立、公正，并为集体协商双方保密。

集体协商会议由双方首席代表轮流主持，并按下列程序进行：

1. 宣布议程和会议纪律；

2. 一方首席代表提出协商的具体内容和要求，另一方首席代表就对方的要求作出回应；

3. 协商双方就商谈事项发表各自意见，开展充分讨论；

4. 双方首席代表归纳意见。达成一致的，应当形成集体合同草案或专项集体合同草案，由双方首席代表签字。

集体协商未达成一致意见或出现事先未预料的问题时，经双方协商，可以中止协商。中止期限及下次协商时间、地点、内容由双方商定。

四、集体协商争议的协调处理

集体协商过程中发生争议，双方当事人不能协商解决的，当事人一方或双方可以书面向劳动保障行政部门提出协调处理申请；未提出申请的，劳动保障行政部门认为必要时也可以进行协调处理。劳动保障行政部门应当组织同级工会和企业组织等三方面的人员，共同协调处理集体协商争议。

集体协商争议处理实行属地管辖，具体管辖范围由省级劳动保障行政部门规定。中央管辖的企业以及跨省、自治区、直辖市用人单位因集体协商发生的争议，由劳动保障部指定的省级劳动保障行政部门组织同级工会和企业组织等三方面的人员协调处理，必要时，劳动保障部也可以组织有关方面协调处理。

协调处理集体协商争议，应当自受理协调处理申请之日起 30 日内结束协调处理工作。期满未结束的，可以适当延长协调期限，但延长期限不得超过 15 日。

协调处理集体协商争议应当按照以下程序进行：受理协调处理申请；调查了解争议的情况；研究制定协调处理争议的方案；对争议进行协调处理；制作《协调处理协议书》。

《协调处理协议书》应当载明协调处理申请、争议的事实和协调结果，双方当事人就某些协商事项不能达成一致的，应将继续协商的有关事项予以载明。《协调处理协议书》由集体协商争议协调处理人员和争议双方首席代表签字盖章后生效。争议双方均应遵守生效后的《协调处理协议书》。

第三节　集体合同的订立、变更、解除和终止

一、集体合同的订立

集体合同中劳动报酬和劳动条件等标准不得低于当地人民政府规定的最低标准；用人单位与劳动者订立的劳动合同中劳动报酬和劳动条件等标准不得低于集体合同规定的标准。

经双方协商代表协商一致的集体合同草案或专项集体合同草案，应当提交职工代表大会或者全体职工讨论。职工代表大会或者全体职工讨论集体合同草案或专项集体合同草案，应当有 2/3 以上职工代表或者职工出席，且须经全体职工代表半数以上或者全体职工半数以上同意，集体合同草案或专项集体合同草案方获通过。集体合同草

案或专项集体合同草案经职工代表大会或者职工大会通过后，由集体协商双方首席代表签字。

二、集体合同的审查

集体合同或专项集体合同签订或变更后，应当自双方首席代表签字之日起 10 日内，由用人单位一方将文本一式三份报送劳动保障行政部门审查。劳动保障行政部门对报送的集体合同或专项集体合同应当办理登记手续。

集体合同或专项集体合同审查实行属地管辖，具体管辖范围由省级劳动保障行政部门规定。中央管辖的企业以及跨省、自治区、直辖市的用人单位的集体合同应当报送劳动保障部或劳动保障部指定的省级劳动保障行政部门。

劳动保障行政部门应当对报送的集体合同或专项集体合同的下列事项进行合法性审查：集体协商双方的主体资格是否符合法律、法规和规章规定；集体协商程序是否违反法律、法规、规章规定；集体合同或专项集体合同内容是否与国家规定相抵触。

劳动保障行政部门对集体合同或专项集体合同有异议的，应当自收到文本之日起 15 日内将《审查意见书》送达双方协商代表。《审查意见书》应当载明以下内容：集体合同或专项集体合同当事人双方的名称、地址；劳动保障行政部门收到集体合同或专项集体合同的时间；审查意见；作出审查意见的时间。《审查意见书》应当加盖劳动保障行政部门印章。

用人单位与本单位职工就劳动保障行政部门提出异议的事项经集体协商重新签订集体合同或专项集体合同的，用人单位一方应当根据规定将文本报送劳动保障行政部门再次进行审查。

三、集体合同的生效

集体合同订立后，应当报送劳动行政部门；劳动行政部门自收到集体合同文本之日起 15 日内未提出异议的，集体合同即行生效。

依法订立的集体合同对用人单位和劳动者具有约束力。行业性、区域性集体合同对当地本行业、本区域的用人单位和劳动者具有约束力。

生效的集体合同或专项集体合同，应当自其生效之日起由协商代表采取适当方式及时向全体职工公布。

四、集体合同的变更、解除与终止

集体合同或专项集体合同期限一般为 1~3 年，期满或双方约定的终止条件出现，即行终止。集体合同或专项集体合同期满前 3 个月内，任何一方均可向对方提出重新签订或续订的要求。双方协商代表协商一致，可以变更或解除集体合同或专项集体合同。

有下列情形之一的，可以变更或解除集体合同或专项集体合同：

（1）用人单位因被兼并、解散、破产等原因，致使集体合同或专项集体合同无法履行的；

（2）因不可抗力等原因致使集体合同或专项集体合同无法履行或部分无法履行的；

（3）集体合同或专项集体合同约定的变更或解除条件出现的；

（4）法律、法规、规章规定的其他情形。

变更或解除集体合同或专项集体合同适用集体协商程序。

五、集体合同的争议处理

用人单位违反集体合同，侵犯职工劳动权益的，工会可以依法要求用人单位承担责任；因履行集体合同发生争议，经协商解决不成的，工会可以依法申请仲裁、提起诉讼。

【思考题】

1. 简述集体合同和劳动合同的区别。

2. 简述集体合同的生效要件。

3. 简述集体谈判的程序。

4. 简述集体协商代表的职责。

第六章

工资法律制度

本章要点包括工资立法的基本原则、工资宏观调控的基本内容、建立最低工资制度的意义、建立最低工资制度应考虑的因素以及工资法律保障的措施等。

为维护劳动者通过劳动获得劳动报酬的权利，规范用人单位的工资支付行为，保证职工生活水平的稳定和不断提高，保证劳动力的合理流动以及劳动组织的合理调整，鼓励职工积极进取，学习科学文化知识、钻研技术，提高职工素质和业务技术能力，达到促进社会生产率提高的目的，我国根据《中华人民共和国劳动法》有关规定，制定了工资法律制度。

【案例 6 – 1】

"零工资" 就业有违劳动力价值[①]

2005 年 7 月 3 日，江苏省劳动力市场举办的"毕业生招聘月"首场毕业生专场招聘活动，吸引了 2000 余名应往届毕业生。当天数据表明，应聘秘书、前台接待、文员、导购、计算机维护等岗位的大学生严重供大于求。据职业介绍所有关人士透露，现在已进入毕业生就业求职的高峰期，有的毕业生为了挤进自己向往的单位，竟主动提出"零工资就业"。

【案例分析】零工资不算就业。就业是指具有劳动能力的公民在法定劳动年龄内从事某种具有一定劳动报酬或经营收入的社会劳动。虽然从事一定工作，但劳动报酬低于当地城市居民最低生活保障标准的，视同失业。所以说，零工资不算就业。

零工资就业不合法。首先，单位有支付劳动报酬的义务。我国法律规定，劳动者同用人单位建立劳动关系后，劳动者付出劳动后，用人单位应当支付劳动报酬。其

---

① 蒲春平、唐正彬：《劳动法与社会保障法》，航空工业出版社 2013 年版，第 141～142 页。

次，国家实行最低工资保障制度。《劳动法》第 48 条规定：“国家实行最低工资保障制度。最低工资的具体标准由省、自治区、直辖市人民政府规定，报国务院备案。用人单位支付劳动者的工资不得低于当地最低工资标准。”此外，《劳动合同法》第 85 条规定，用人单位低于当地最低工资标准支付劳动者工资的，由劳动行政部门责令限期支付劳动报酬，加班费或者经济补偿，逾期不支付的，责令用人单位按应付金额 50% 以上 100% 以下的标准向劳动者加付赔偿金。

在零工资就业中，用人单位没有支付任何劳动报酬，更不用说是最低工资了。所以说，零工资就业是违法的。

第一节　工资概述

一、工资的概念、特征

工资是指用人单位按照法定和约定的标准，以货币形式向劳动者支付的劳动报酬。工资是劳动者劳动收入的主要组成部分，除工资外还包括奖金和津贴等。工资具有以下特征：

1. 工资的产生基于劳动者与用人单位之间的劳动关系。工资是用人单位依据国家有关规定或劳动合同的约定，以货币形式直接支付给本单位劳动者的劳动报酬。劳动关系双方依法解除或终止劳动合同时，用人单位应在解除或终止劳动合同时一次付清劳动者工资。

2. 工资的分配，受国家法律规定和劳动行政管理部门的管理。我国实行按劳分配为主、其他分配方式为辅的工资分配方式。

3. 工资必须以货币形式支付。工资应当以法定货币支付，不得以实物及有价证券替代。在我国，工资支付必须以人民币形式支付，不能用实物或者有价证券等方式支付。

4. 工资必须定期支付。工资必须在用人单位与劳动者约定的日期支付。如遇节假日或休息日，则应提前在最近的工作日支付。工资至少每月支付一次，实行周、日、小时工资制的可按周、日、小时支付工资。对完成一次性临时劳动或某项具体工作的劳动者，用人单位应按有关协议或合同规定在其完成劳动任务后即支付工资。

5. 支付工资是用人单位的法定义务，劳动者取得工资则必须履行劳动合同规定的义务。劳动者付出劳动，则用人单位应将工资支付给劳动者本人。劳动者本人因故不能领取工资时，可由其亲属或委托他人代领。用人单位可委托银行代发工资。用人单位必须书面记录支付劳动者工资的数额、时间、领取者的姓名以及签字，并保存两年以上备查。用人单位在支付工资时应向劳动者提供一份其个人的工资清单。

二、基本工资制度

在我国，基本工资制度，主要包括等级工资制、结构工资制及效益工资制。

等级工资制度是指根据劳动者的繁重程度、责任大小等因素将劳动划分为不同的等级，按等级发放工资的制度。它是由工资标准、工资等级表和技术等级标准三个部分所组成，也是整个基本工资制度中最主要的组成部分。等级工资制度可以保证按劳分配原则和效益公平原则的贯彻实施，可以促进劳动者学习技术和钻研业务的积极性和主动性，可以合理使用劳动力。

结构工资制度，亦称"分解工资"制，它把劳动者的工资与本人的工作职务、责任和劳绩密切结合起来，以利于提高劳动者的业务水平和工作效率，促使人才的合理流动。结构工资由基础工资、职务工资、工龄工资、奖励工资等不同职能的工资组成。

（1）所谓基础工资，是指以大体维持职工本人的最低生活计算的工资额。

（2）所谓职务工资（包括技术职务、岗位工资），是指按照职务高低、责任大小、工作繁重和业务技术水平等因素确定的工资额。

（3）所谓工龄工资，亦称工龄津贴，是指按照工作人员的工作年限确定的工资额。计发工龄工资的工作年限，从参加革命工作和社会主义建设工作时开始计算，到本人离退休时为止。

（4）所谓奖励工资，是指对在工作中做出显著成绩的工作人员给予一定数额报酬。

效益工资制度，又称工效挂钩制度，即企业工资总额同企业经济效益挂钩的制度。实行效益工资制度是为了合理拉开分配差距，充分体现"贡献大小、责任轻重、效益优先、奖优惩劣"的分配机制，已达到"各尽所能，按劳分配、按劳取酬"的分配目标。

三、工资总额的组成

工资总额是指各单位在一定时期内直接支付给本单位全部职工的劳动报酬总额。工资总额的计算应以直接支付给职工的全部劳动报酬为根据。

（一）工资总额的范围

工资总额主要由下列七个部分组成：计时工资、计件工资、奖金、津贴、补贴、加班加点工资、特殊情况下支付的工资。

1. 计时工资是指按照单位时间工资率（即计时工资标准）和工作时间支付给劳动者个人的劳动报酬。包括：对已做工作按计时工资标准支付的工资、实行结构工资制的单位支付给职工的基础工资和职务（岗位）工资、新参加工作职工的见习工资（学徒的生活费）、运动员体育津贴。

2. 计件工资是在一定技术条件下，根据职工完成合格产品数量或工作量，按计件单价支付的劳动报酬。企业计件工资的形式有：实行超额累进计件、直接无限计件、限额计件、超定额计件等工资制，按劳动部门或主管部门批准的定额和计件单价支付给个人的工资、按工作任务包干方法支付给个人的工资、按营业额提成或利润提成办法支付给个人的工资。

3. 奖金是指用人单位支付给劳动者的超额劳动或相关非基本工资核算要素的报酬，是辅助工资的构成内容之一。奖金的种类很多，主要包括：生产奖、节约奖、劳动竞赛奖、机关事业单位的奖励工资以及其他奖金。

4. 津贴是指为了补偿职工在特殊劳动条件下所付出的额外劳动消耗和生活费用而支付给职工的劳动报酬。津贴的名目很多，主要包括：补偿职工特殊或额外劳动消耗的津贴，保健性津贴，技术性津贴，年功性津贴及其他津贴。物价补贴包括：为保证职工工资水平不受物价上涨或变动影响而支付的各种补贴。

5. 加班加点工资是指按规定支付的加班工资和加点工资。用人单位在劳动者完成劳动定额或规定的工作任务后，根据实际需要安排劳动者在法定标准工作时间以外工作的，应按法律规定标准支付工资。

6. 特殊情况下支付的工资。包括：根据国家法律、法规和政策规定，因病、工伤、产假、计划生育假、婚丧假、事假、探亲假、定期休假、停工学习、执行国家或社会义务等原因按计时工资标准或计时工资标准的一定比例支付的工资，以及附加工资、保留工资。

【案例 6－2】

临时工与正式工同工不同酬[①]

1998 年 1 月，赵某被某货运公司录用为临时工，合同期限为 1 年。同年 12 月，该货运公司决定清退全部临时工，并依据原合同发了工资和经济补偿金。2001 年 3 月，赵某以在工作期间未能享受与原告正式工同工同酬待遇，要求补发在岗期间的工资福利为理由申请仲裁。劳动争议仲裁委员会作出裁决，认为该货运公司的做法不符

---

① 黎建飞：《劳动与社会保障法教程》，中国人民大学出版社 2013 年版，第 175 页。

合法律规定，裁决该公司补发赵某工资、奖金、福利等项共计 10345 元。该货运公司不服仲裁裁决，向法院提起诉讼。法院依 1989 年 10 月 5 日国务院发布的《全民所有制企业临时工管理暂行规定》第 5 条关于"临时工的工资待遇，由省、自治区、直辖市人民政府参照合同制工人同种同岗位的工资收入作原则规定，具体标准由用人企业与临时工本人协商确定，并在劳动合同中予以规定"的规定，认定被告赵某在到原告从事临时工前已明知与正式工不同酬，并签订劳动合同，且其中规定的报酬标准与正式工相差幅度不大，因此对该货运公司的诉讼请求予以支持，判决原告胜诉。法院认为："本案中体现了临时工与正式工同样能够受到我国劳动法的保护，但是对'同工同酬'的理解，不能简单地解释为完全一样，而是比照同工种的正式工差别不大即可。法院在审理此类劳动合同时遵循的标准也是有无'过高'或'过低'的情况。"问题：在劳动报酬上有"正式工"与"临时工"之分吗？

【案例分析】本案中不妥之处在于在劳动者身份上就不应区分"正式工"与"临时工"，因为他们在《劳动法》上都是"劳动者"，都同样受到劳动法的保护和调整，也同样适用"同工同酬"的原则。法院所援引的规定是在《劳动法》颁布实施前发布的，已与《劳动法》相抵触。1996 年 11 月 7 日，劳动部办公厅对《关于临时工等问题的请示》的复函明确指出："《劳动法》施行后，所有用人单位与职工全面实行劳动合同制度，各类职工在用人单位享有的权利是平等的。因此，过去意义上相对于正式工而言的临时工名称已经不复存在。用人单位如在临时性岗位上用工，应当与劳动者签订劳动合同并依法为其建立各种社会保险，使其享有有关的福利待遇，但在劳动合同期限上可以有所区别。"所以，所谓的"临时工"只在劳动合同期限上有长短之别，在劳动权利上却不能因身份而给予差别待遇。

（二）工资总额不包括的项目

下列各项不列入工资总额的范围，按照国家规定另行统计。

1. 根据国务院发布的有关规定颁发的发明创造奖、自然科学奖、科学技术进步奖和支付的合理化建议和技术改进奖以及支付给运动员、教练员的奖金；

2. 有关劳动保险和职工福利方面的各项费用；

3. 有关离休、退休、退职人员待遇的各项支出；

4. 劳动保护的各项支出；

5. 稿费、讲课费及其他专门工作报酬；

6. 出差伙食补助费、误餐补助、调动工作的旅费和安家费；

7. 对自带工具、牲畜来企业工作职工所支付的工具、牲畜等的补偿费用；

8. 实行租赁经营单位的承租人的风险性补偿收入；

9. 对购买本企业股票和债券的职工所支付的股息（包括股金分红）和利息；

10. 劳动合同制职工解除劳动合同时由企业支付的医疗补助费、生活补助费等；

11. 因录用临时工而在工资以外向提供劳动力单位支付的手续费或管理费；

12. 支付给家庭工人的加工费和按加工订货办法支付给承包单位的发包费用；

13. 支付给参加企业劳动的在校学生的补贴；

14. 计划生育独生子女补贴。

第二节　特殊情况下的工资支付

特殊情况下的工资，是指依法或按协议在非正常工作情况下，由用人单位支付给劳动者的工资。它体现了国家对劳动者权利和基本生活的保障，以及对民间习俗的尊重。

特殊情况下工资的种类及支付规定包括以下方面。

一、履行国家和社会义务期间的工资

依法参加社会活动是劳动者的政治权利，受法律保护。劳动者在法定工作时间内参加社会活动，应视为提供了正常劳动，用人单位应向劳动者支付工资。这里所说的社会活动主要包括：依法行使选举权或被选举权；当选代表出席乡（镇）、区以上政府、党派、工会、青年团、妇女联合会等组织召开的会议；出任人民法庭证明人；不脱产工会基层委员会委员因工会活动占用的生产或工作时间；其他依法参加的社会活动。

二、加班加点工资

有下列情形之一的，用人单位应当按照下列标准支付高于劳动者正常工作时间工资的工资报酬：

用人单位依法安排劳动者在日法定标准工作时间以外延长工作时间的，按照不低于劳动合同规定的劳动者本人小时工资标准的150%支付劳动者工资。

用人单位依法安排劳动者在休息日工作，而又不能安排补休的，按照不低于劳动合同规定的劳动者本人日或小时工资标准的200%支付劳动者工资。

用人单位依法安排劳动者在法定休假节日工作的，按照不低于劳动合同规定的劳动者本人日或小时工资标准的300%支付劳动者工资。

实行计件工资的劳动者，在完成计件定额任务后，由用人单位安排延长工作时间的，应根据上述规定的原则，分别按照不低于其本人法定工作时间计件单价的150%、200%、300%支付其工资。

经劳动行政部门批准实行综合计算工时工作制的，其综合计算工作时间超过法定标准工作时间的部分，应视为延长工作时间，并应按本规定支付劳动者延长工作时间的工资。

【案例6-3】

加班费的诉讼时效①

1998年孙某进入北京某物业公司工作，岗位是电梯维修工。公司对孙某实行按月综合计算工时，法定节假日和双休日赶上轮班也不能休息。2008年《劳动合同法》实施后，孙某认为自己进入公司11年来从未领取任何加班费，故起诉要求公司支付1998年至2008年期间的加班费、经济补偿共计17万元。公司则认为孙某的请求已过诉讼时效。该案经劳动仲裁、一审和二审，二审法院在《劳动合同法》没有明确规定如何认定诉讼时效情况下，对这类要求加班费诉讼时效在2年以上的案件，根据2年以内部分由用人单位举证，2年以上部分由劳动者举证的北京市高级人民法院的规定，在孙某提交了证据证明公司11年来一直拖欠加班费的情况下，支持了孙某要求支付11年加班费的诉讼请求。

【案例分析】支付加班费问题是劳动司法实践中的一大难点，而劳动者主张支付加班费案件又存在两方面难度：一是如何证明存在加班、应当支付加班费的情况；二是如何确定加班费的诉讼时效。对于前者，2010年颁布的《最高人民法院关于审理劳动争议案件适用法律若干问题的解释（三）》规定，劳动者主张加班费的，应当就加班事实的存在承担举证责任，但劳动者有证据证明用人单位掌握加班事实存在的证据，用人单位不提供的，由用人单位承担不利后果。对于后者，法律没有明确规定，北京、上海、广东等各地方司法实践多从举证责任的角度出发，根据《工资支付暂行规定》关于用人单位对工资支付凭证、考勤凭证负有2年保管义务的规定，以2年为界限，2年之内的加班工资证据由用人单位承担举证责任，超过2年的加班工资用人单位不承担举证责任，劳动者有证据证明的，予以支持。

劳动者主张加班工资的，应对存在加班事实承担举证责任。但劳动者有证据证明用人单位掌握加班事实存在的证据，用人单位不提供的，由用人单位承担不利后果。因法律规定用人单位保管工资台账的期限为两年，故劳动者应及时主张权利，用人单位应完善用工管理制度，如实编制工资支付台账并依法保存，以保护各自的合法权益。

---

① 林嘉：《劳动法和社会保障法》，中国人民大学出版社2011年版，第208～209页。

三、婚、丧假工资

在劳动者婚丧假期间，用人单位应当依法支付工资。《劳动法》第 51 条规定："劳动者在法定休假日和婚丧假期间以及依法参加社会活动期间，用人单位应当依法支付工资。"劳动部《工资支付暂行规定》第 11 条规定："劳动者依法享受年休假、探亲假、婚假、丧假期间，用人单位应按劳动合同规定的标准支付劳动者工资。"

根据以上相关法律法规的规定，劳动者依法享有带薪休丧假的权利。因此，公司应当依照国家法律规定给予员工带薪休丧假。

员工休丧假的具体操作可参考原国家劳动总局、财政部《关于国营企业职工请婚丧假和路程假问题的通知》之法律规定：

（1）职工本人结婚或职工的直系亲属（父母、配偶和子女）死亡时，可以根据具体情况，由本单位行政领导批准，酌情给予 1～3 天的婚丧假。

（2）职工结婚时双方不在一地工作的，职工在外地的直系亲属死亡时需要职工本人去外地料理丧事的，都可以根据路程远近，另给予路程假。

（3）在批准的婚丧假和路程假期间，职工的工资照发，途中的车船费等全部由职工自理。

四、年休假工资

休息权是我国宪法规定的公民权利，劳动者应当平等享有。为了平等保护各类职工的休息休假权利，充分调动广大职工的工作积极性，规定用人单位的职工连续工作 1 年以上的，享受带薪年休假。根据法律规定，我国劳动者年休假天数为：职工累计工作已满 1 年不满 10 年的，年休假 5 天；已满 10 年不满 20 年的，年休假 10 天；已满 20 年的，年休假 15 天；国家法定休假日、休息日不计入年休假假期。单位应当保证职工享受年休假。在年休假期间，用人单位应当依法支付工资。

职工因工作原因未能享受年休假的，单位除正常支付工资收入外，还要支付相应的补偿。对于补偿的标准。单位确因工作需要不能安排职工休年休假的，经职工本人同意，可以不安排职工休年休假。对职工应休未休的年休假天数，单位应当按照该职工日工资收入的 300% 支付年休假工资报酬。

计算未休年休假工资报酬的日工资收入按照职工本人的月工资除以月计薪天数（21.75 天）进行折算。月工资是指职工在用人单位支付其未休年休假工资报酬前 12 个月剔除加班工资后的月平均工资。在本用人单位工作时间不满 12 个月的，按实际月份计算月平均工资。

职工在年休假期间享受与正常工作期间相同的工资收入。实行计件工资、提成工资或者其他绩效工资制的职工，日工资收入的计发办法也按照相关法律规定执行。

五、探亲假工资

探亲假工资，是指依法支付给职工探望配偶、父母亲人期间的工资。职工探望配偶和未婚职工探望父母的往返路费由所在单位负担；已婚职工探望父母的往返路费，在本人月标准工资30%以内的由本人自理，超过部分由所在单位负担。职工在探亲假期间的工资，按照本人的标准工资发给。

六、停工期间的待遇

非因劳动者原因造成单位停工、停产在一个工资支付周期内的，用人单位应按劳动合同规定的标准支付劳动者工资。超过一个工资支付周期的，若劳动者提供了正常劳动，则支付给劳动者的劳动报酬不得低于当地的最低工资标准；若劳动者没有提供正常劳动，应按国家有关规定办理。

1. 职工因本身过失造成的停工，不发给过失者津贴；
2. 非因职工本身过失造成的停工一般按本人标准工资75%发给停工津贴；
3. 试用新机器、新工具，试行先进经验及合理化建议期间，非职工本人过失造成的停工，按照本人标准工资100%发给停工津贴；
4. 停工期间的地区津贴、野外津贴、生活补贴均按停工津贴发给。学徒工的生活补贴照发。

七、企业依法破产时劳动者的工资

用人单位依法破产时，劳动者有权获得其工资。在破产清偿中用人单位应按《中华人民共和国企业破产法》规定的清偿顺序，首先支付欠付本单位劳动者的工资。

第三节　最低工资制度

一、最低工资的概念

最低工资标准，是指劳动者在法定工作时间或依法签订的劳动合同约定的工作时间内提供了正常劳动的前提下，用人单位依法应支付的最低劳动报酬。实行最低工资制度，有利于维护社会主义市场经济秩序，有利于保障劳动者的合法权益，有利于使企业工资分配制度化。

正常劳动，是指劳动者按依法签订的劳动合同约定，在法定工作时间或劳动合同约定的工作时间内从事的劳动。劳动者依法享受带薪年休假、探亲假、婚丧假、生育（产）假、节育手术假等国家规定的假期间，以及法定工作时间内依法参加社会活动期间，视为提供了正常劳动。

在劳动者提供正常劳动的情况下，用人单位应支付给劳动者的工资在剔除下列各项以后，不得低于当地最低工资标准：延长工作时间工资；中班、夜班、高温、低温、井下、有毒有害等特殊工作环境、条件下的津贴；法律、法规和国家规定的劳动者福利待遇等。实行计件工资或提成工资等工资形式的用人单位，在科学合理的劳动定额基础上，其支付劳动者的工资不得低于相应的最低工资标准。

劳动者由于本人原因造成在法定工作时间内或依法签订的劳动合同约定的工作时间内未提供正常劳动的，不适用于最低工资规定。

【案例 6 – 4】

福建某车桥制造有限公司违反最低工资标准规定案①

福建某车桥制造有限公司于 2002 年 5 月与陈某建立劳动关系，安排陈某从事装卸工作，实行计件工资。从 2013 年 3 月起，因生产任务减少，公司只给陈某安排少量工作，但仍按原计件标准发放工资，致使其月工资始终低于当地最低工资标准，最低时只有 90 元/月。2014 年 3 月，公司以陈某没有打卡上班为由与其解除劳动合同。在当地工会的帮助下，陈某向福建省龙岩市新罗区人民法院提起诉讼，法院判决公司向陈某支付实发工资与最低工资标准的差额。

【案例分析】《劳动法》第 48 条规定，国家实行最低工资保障制度。最低工资的具体标准由省、自治区、直辖市人民政府规定，报国务院备案。用人单位支付劳动者的工资不得低于当地最低工资标准。根据《福建省人民政府关于公布福建省最低工资标准的通知》，2014 年福建最低月工资标准设四个档，分别为 1320 元、1170 元、1050 元、950 元。从维护劳动者基本生存权利的角度，对完全没有工资或工资低于最低工资标准的月份，应按最低工资标准补足。

---

① 刘俊：《劳动与社会保障法学》，高等教育出版社 2017 年版，第 211 页。

二、最低工资标准的确定和发布

确定和调整月最低工资标准，应参考当地就业者及其赡养人口的最低生活费用、城镇居民消费价格指数、职工个人缴纳的社会保险费和住房公积金、职工平均工资、经济发展水平、就业状况等因素。

确定和调整小时最低工资标准，应在颁布的月最低工资标准的基础上，考虑单位应缴纳的基本养老保险费和基本医疗保险费因素，同时还应适当考虑非全日制劳动者在工作稳定性、劳动条件和劳动强度、福利等方面与全日制就业人员之间的差异。

省、自治区、直辖市范围内的不同行政区域可以有不同的最低工资标准。最低工资标准的确定和调整方案，由省、自治区、直辖市人民政府劳动保障行政部门会同同级工会、企业联合会/企业家协会研究拟订，并将拟订的方案报送劳动保障部。方案内容包括最低工资确定和调整的依据、适用范围、拟订标准和说明。劳动保障部在收到拟订方案后，应征求全国总工会、中国企业联合会/企业家协会的意见。

省、自治区、直辖市劳动保障行政部门应将本地区最低工资标准方案报省、自治区、直辖市人民政府批准，并在批准后7日内在当地政府公报上和至少一种全地区性报纸上发布。省、自治区、直辖市劳动保障行政部门应在发布后10日内将最低工资标准报劳动保障部。

最低工资标准发布实施后，如相关因素发生变化，应当适时调整。最低工资标准每两年至少调整一次。用人单位应在最低工资标准发布后10日内将该标准向本单位全体劳动者公示。

三、最低工资标准测算方法

（一）确定最低工资标准应考虑的因素

确定最低工资标准一般考虑城镇居民生活费用支出、职工个人缴纳社会保险费、住房公积金、职工平均工资、失业率、经济发展水平等因素。可用公式表示为：

$$M = f（C、S、A、U、E、a）$$

M为最低工资标准；C为城镇居民人均生活费用；S为职工个人缴纳社会保险费、住房公积金；A为职工平均工资；U为失业率；E为经济发展水平；a为调整因素。

（二）确定最低工资标准的通用方法

比重法，即根据城镇居民家计调查资料，确定一定比例的最低人均收入户为贫困户，统计出贫困户的人均生活费用支出水平，乘以每一就业者的赡养系数，再加上一个调整数。

恩格尔系数法，即根据国家营养学会提供的年度标准食物谱及标准食物摄取量，结合标准食物的市场价格，计算出最低食物支出标准，除以恩格尔系数，得出最低生活费用标准，再乘以每一就业者的赡养系数，再加上一个调整数。

以上方法计算出月最低工资标准后，再考虑职工个人缴纳社会保险费、住房公积金、职工平均工资水平、社会救济金和失业保险金标准、就业状况、经济发展水平等进行必要的修正。

举例：某地区最低收入组人均每月生活费支出为 210 元，每一就业者赡养系数为 1.87，最低食物费用为 127 元，恩格尔系数为 0.604，平均工资为 900 元。

按比重法计算得出该地区月最低工资标准为：

月最低工资标准 = $210 \times 1.87 + a = 393 + a$（元）

按恩格尔系数法计算得出该地区月最低工资标准为：

月最低工资标准 = $127 \div 0.604 \times 1.87 + a = 393 + a$（元）

公式中 a 的调整因素主要考虑当地个人缴纳养老、失业、医疗保险费和住房公积金等费用。

另，按照国际上一般月最低工资标准相当于月平均工资的 40% ~ 60%，则该地区月最低工资标准范围应在 360 ~ 540 元之间。

$$\text{小时最低工资标准} = \left[\left(\text{月最低工资标准} \div 20.92 \div 8\right) \times \left(1 + \text{单位应当缴纳的基本养老保险费、基本医疗保险费比例之和}\right)\right] \times \left(1 + \text{浮动系数}\right)$$

浮动系数的确定主要考虑非全日制就业劳动者工作稳定性、劳动条件和劳动强度、福利等方面与全日制就业人员之间的差异。

各地可参照以上测算方法，根据当地实际情况合理确定月、小时最低工资标准。各省、自治区、直辖市具体的最低工资标准应当"高于当地的社会救济金和待业保险金标准，低于平均工资"。

四、最低工资的保障与监督

各级人民政府劳动行政主管部门负责对最低工资执行情况进行检查和监督。

工会有权对最低工资执行情况进行监督，发现企业支付劳动者工资低于有关最低工资率的，有权要求有关部门处理。

用人单位违反法律规定的低于最低工资标准支付劳动者工资的，除了由劳动保障行政部门责令其限期改正外，由劳动保障行政部门责令其限期补发所欠劳动者工资，并可责令其按所欠工资的 1 ~ 5 倍支付劳动者赔偿金。

第四节　工资的法律保障

工资法律保障是指实现"国家保护公民的合法收入"的宪法原则的全部制度；这里所指的是狭义的工资法律保障，即《劳动法》调整的工资支付办法、禁止任意扣发工资和工资监督等制度。工资法律保障制度的建立，对于提高企业行政领导人员的管理水平和法制观念，禁止任意扣罚职工工资现象发生，保障职工合法收入权不受侵犯，都具有重要意义。

一、工资支付保障

工资应以法定货币支付，不得以实物及有价证券替代货币支付。

支付工资时，用人单位必须书面记录支付劳动者工资的数额、时间、领取者的姓名以及签字，并保存两年以上备查。

支付工资时，应向劳动者提供一份其个人的工资清单。

工资必须在用人单位与劳动者约定的日期支付，如遇节假日或休息日，则应提前在最近的工作日支付。

工资至少每月支付一次，实行周、日、小时工资制的可按周、日、小时支付工资。对完成一次性临时性劳动或某项具体工作的劳动者，用人单位应按有关协议或合同规定在其完成劳动任务后即支付工资。

劳动者与用人单位在依法解除或终止劳动合同时，用人单位应同时一次付清劳动者工资。

用人单位依法破产时，应将劳动者的工资列入清偿顺序，首先支付。

【案例6-5】

胡某拒不支付劳动报酬案①

被告人胡某于2010年12月分包了位于四川省双流县黄水镇的三盛翡俪山一期景观工程的部分施工工程，之后聘用多名民工入场施工。施工期间，胡某累计收到发包人支付的工程款51万余元，已超过结算时确认的实际工程款。2011年6月5日工程完工后，胡某以工程亏损为由拖欠李某等20余名民工工资12万余元。6月9日，双

---

① 刘俊：《劳动与社会保障法学》，高等教育出版社2017年版，第214页。

流县人力资源和社会保障责令胡某支付拖欠的民工工资，胡某却于当晚订购机票并在次日早上乘飞机逃匿。6月30日，四川某园林工程有限公司作为工程总承包商代胡某垫付民工工资12万余元。7月4日，公安机关对胡某拒不支付劳动报酬案立案侦查。7月12日，胡某在浙江省慈溪市被抓获。

四川省双流县人民法院于2011年12月29日作出刑事判决，认定被告人胡某犯拒不支付劳动报酬罪，判处有期徒刑1年，并处罚金人民币2万元。宣判后被告人未上诉，判决已发生法律效力。

【案例分析】 法院生效裁判认为：被告人胡某拒不支付20余名民工的劳动报酬达12万余元，数额较大，且在政府有关部门责令其支付后逃匿，其行为构成拒不支付劳动报酬罪。被告人胡某虽然不具有合法的用工资格，又属没有相应建筑工程施工资质而承包建筑工程施工项目，且违法招用民工进行施工，上述情况不影响以拒不支付劳动报酬罪追究其刑事责任。本案中，胡某逃匿后，工程总承包企业按照有关规定清偿了胡某拖欠的民工工资，其清偿拖欠民工工资的行为属于为胡某垫付，这一行为虽然消减了拖欠行为的社会危害性，但并不能免除胡某应当支付劳动报酬的责任，因此，对胡某仍应当以拒不支付劳动报酬罪追究刑事责任。鉴于胡某系初犯、认罪态度好，依法作出如上判决。

二、工资扣除保障措施

用人单位不得克扣劳动者的工资。有下列情况之一的，用人单位可以代扣劳动者工资：

1. 用人单位代扣代缴个人所得税；
2. 用人单位代扣代缴应由劳动者个人负担的各项社会保障费用；
3. 法院判决、裁定中要求代扣的扶养费、赡养费；
4. 法律、法规规定从劳动者工资中扣除的其他费用。

此外，由于劳动者本人原因给用人单位造成经济损失的，用人单位可按照劳动合同的约定要求其赔偿经济损失。经济损失的赔偿，可从劳动者本人的工资中扣除。但对扣除数额做了限制：为保证劳动者的最低生活水平的需要，依法从劳动者工资中每月扣除的部分不得超过劳动者当月工资的20%。若扣除后的剩余工资部分低于当地月最低工资标准，则按最低工资标准支付。

三、工资监察保障

各级劳动行政部门有权监察用人单位工资支付的情况。用人单位有下列侵害劳动者合法权益行为的，由劳动行政部门责令其支付劳动者工资和经济补偿，并可责令其支付赔偿金：

(1) 克扣或者无故拖欠劳动者工资的。

(2) 拒不支付劳动者延长工作时间工资的。

(3) 低于当地最低工资标准支付劳动者工资的。

经济补偿和赔偿金的标准，按国家有关规定执行。

四、工资司法保障

劳动者与用人单位因工资支付发生劳动争议的，当事人可依法向劳动争议仲裁机关申请仲裁。对仲裁裁决不服的，可以向人民法院提起诉讼。

【案例 6 - 6】

企业应按李某的实际工资收入支付其经济补偿金[①]

李某几年前通过朋友介绍进入本市一家房地产开发有限公司工作，公司与李某签订了 3 年期劳动合同。半年后公司任命李某为副总经理，月薪为 6500 元。公司为了减少企业支出，将李某的工资分为两部分，一部分按劳动合同约定为每月 4000 元，另外 2500 元以李某父亲的名字支付给李某，并为其办理了两张银行卡。

2009 年 10 月底公司与李某协商解除劳动关系，但以什么工资标准支付经济补偿金的问题，李某与企业发生了争执，李某要求企业以 6500 元支付，公司开始没有同意，经过李某据理力争，公司只同意以 4000 元工资为标准支付经济补偿金。李某不同意，坚决要求企业按其实际的月工资支付经济补偿金，但企业又不同意。李某无奈之下只能申请劳动仲裁，要求企业按照其实际月工资收入支付经济补偿金。仲裁委员会经过审查予以受理。

在劳动仲裁委员会开庭审理时李某认为，企业与自己签订了为期 3 年的劳动合同，现在合同尚未期满，企业与本人协商解除合同，按规定企业应该支付本人经济补偿金，并且应按照本人的实际收入支付经济补偿金。他说："当初企业为了减少支出，将我每月的工资收入分成两个部分，一是按劳动合同约定的每月 4000 元，另外是以我父亲名字支付我工资。"李某并当庭向仲裁委员会提交两份证人证言，以证明李某每月的实际工资为 6500 元，其中 2500 元是以李某父亲的名字支付其工资报酬。

---

① 方莎、李斯怡：《劳动与社会保障法》，对外经济贸易大学出版社 2012 年版，第 115～116 页。

企业则一口否认，主张李某每月的工资报酬就是合同中约定的数额，否认以其父亲的名字另外再支付李某工资，并向仲裁委员会提交了李某每月签收的工资单凭据。

仲裁委员会经过调查核实，李某的父亲既不是企业的退休员工，也没有在企业上过一天班，企业却通过银行每月支付其父亲 2500 元工资。另外还有证人证明当时企业董事长答应李某以其父亲的名字支付另外一部分工资报酬，目的是为了减少企业支出。所以，仲裁委员会认为，李某每月的工资收入不是 4000 元，而是 6500 元。现在企业与李某协商解除劳动关系，应该按照 6500 元工资标准支付李某的经济补偿金。

仲裁委员会经过开庭审理依法作出裁决，要求企业在规定的时间内按照李某 6500 元的工资标准支付其经济补偿金。

【案例分析】 本案争议的焦点是用人单位按规定支付劳动者经济补偿金，是按照劳动者每月实际工资收入为标准，还是按照双方合同约定的工资报酬为标准进行经济补偿。

按照《中华人民共和国劳动合同法》第 47 条规定，用人单位支付劳动者经济补偿金的标准是按劳动者解除或者终止劳动合同前 12 个月的平均工资收入计算。

而李某实际每月工资收入是 6500 元，现在企业弄虚作假，将支付给李某每月的工资报酬一分为二，其中一部分以李某父亲的名字支付给李某，另一部分则以合同约定的数额支付李某，但是实际上企业每月支付李某的工资是 6500 元，企业为了减少支出规避法律、法规的这种违规行为应该得到纠正，而李某的合法权益应受到法律的保护。

因此，仲裁委员会依法作出裁决支持李某的仲裁申请。

【思考题】

1. 简述工资的概念和特征。
2. 简述工资总额的构成部分。
3. 简述最低工资不包括的内容。
4. 简述影响最低工资确定的因素。

第七章

工作时间和休息休假制度

本章学习要点是工作时间立法的重要意义、工作日的种类、延长工作时间的限制以及休息休假制度等内容。

为了合理安排职工的工作和休息时间，维护职工的休息权利，调动职工的积极性，促进社会主义现代化建设事业的发展，1994年2月3日中华人民共和国国务院令第146号发布了《国务院关于职工工作时间的规定》，并于1995年3月25日进行了修订。

【案例7-1】

首例辞职员工要求公司支付年休假工资案①

2006年1月，黄女士进入上海某婚庆公司工作，双方签订劳动合同，黄女士担任公司仓库管理员。其中，2007年度约定月工资为1800元，2008～2009年度约定月工资为1000元。2008年6月3日，黄女士向公司提出辞职，理由为公司在用工方面不规范，其自身利益受到侵害。6月13日，双方解除劳动关系。其间，黄女士向劳动争议仲裁委员会申请仲裁，要求公司支付2008年年休假工资688.5元，2008年8月，仲裁委员会裁决对此不予支持。黄女士不服仲裁裁决，向南汇区法院提起诉讼。

在法庭上，黄女士认为因公司未按相关条例安排其年休假，现要求法院判令公司支付2008年应休未休年休假的工资报酬。公司方称，2008年，黄女士在公司未做满整年，不应该享受年休假，故不同意支付黄女士年休假工资，要求法院驳回黄女士的这一诉讼请求。

法院审理后认为，根据相关规定，黄女士在公司工作已满1年未满10年，2008年其年休假应为5天。黄女士在公司工作至2008年6月13日，根据工作时间折算，

---

① 蒲春平、唐正彬：《劳动法与社会保障法》，航空工业出版社2013年版，第119～120页。

黄女士 2008 年应休未休年休假为 2.26 天。现公司未能提供证据证明已给黄女士安排过年休假，因此，作为公司方应支付黄女士未休年休假的工资报酬。据此，上海市南汇区人民法院于 2008 年 11 月一审判决上海某婚庆公司支付黄女士 2008 年未休年休假工资 561.10 元。该案是上海首例辞职女工要求用人单位支付年休假工资案。

问题：黄女士能否要求公司支付年休假工资，法律依据是什么？

【案例分析】黄女士可以要求公司支付年休假工资。《职工带薪年休假条例》（2008 年 1 月 1 日实施）第 2 条规定："机关、团体、企业、事业单位、民办非企业单位、有雇工的个体工商户等单位的职工连续工作 1 年以上的，享受带薪年休假单位应当保证职工享受年休假。职工在年休假期间享受与正常工作期间相同的工资收入。"该法条明确规定企业单位的职工也享有年休假制度，只要连续工作 1 年以上即可享受。本案中，黄女士于 2006 年 1 月在被告单位工作，到 2008 年 6 月止，已连续工作满 2 年，因而可以享受带薪年休假。

《职工带薪年休假条例》第 3 条规定："职工累计工作已满 1 年不满 10 年的，年休假 5 天。"第 5 条规定："单位确因工作需要不能安排职工休年休假的，经职工本人同意，可以不安排职工休年休假。对职工应休未休的年休假天数，单位应当按照该职工日工资收入的 300% 支付年休假工资报酬。"依据该规定，黄女士享有 5 天的年休假，而被告从未给黄女士安排过年休假，所以，黄女士有权要求被告支付应休未休的年休假工资。

此外，本案原被告双方还有一个争议点，即《职工带薪年休假条例》规定的"连续工作 1 年以上"是否包含条例实施前的工作时间。本案中，用人单位认为"连续工作满 1 年"的起始计算日期应该为 2008 年 1 月 1 日，即《职工带薪年休假条例》实施之日，因而认定黄女士在本单位连续工作未满 1 年，不应享有带薪年休假。显然，法院没有支持用人单位的抗辩，认为不论是累计工龄还是连续工龄都包括 2008 年 1 月 1 日之前的工作时间，这样更有利于保护劳动者的权益。

第一节 工作时间

一、工作时间的概念及意义

工作时间是指依国家法律规定劳动者完成其本职工作的时间，工作时间一般以小时为计算单位，包括一昼夜内工作的小时数（工作日）和一周之内工作的天数和小时数（工作周）。工作时间作为法律范畴，既包括劳动者实际工作的时间，也包括劳动者某些与实际工作密切相关的非工作时间。非实际工作时间包括：生产或工作前从事必要的准备和工作结束时的整理时间；因用人单位的原因造成的等待工作任务的时间；参加与工作有直接联系并有法定义务性质的职业培训、教育时间；连续性有害于健康工作的间隙时间；女职工哺乳的往返途中时间、孕期检查时间以及未成年工工作中适当的工作休息时间、定期进行健康检查占用的时间等；法律规定的其他属于工作时间的非实际工作时间。

对工作时间立法，有助于调动职工的生产积极性，提高工作效率和劳动生产率；有利于提高劳动者的素质；有利于解决劳动就业问题；有利于促进经济的发展。

二、工作日的概念和种类

工作日也称劳动日，是指法律规定的以日为计算单位的工作时间。一昼夜内工作时数的总和为工作日；一周内工作日的总和为工作周。根据工作时间的不同，可以把工作日分为以下种类：

（一）标准工作日

标准工作日指由国家法律规定统一的，在一般情况下劳动者从事工作或生产的时间。我国《劳动法》第 36 条和 1995 年国务院修订的《关于职工工作时间的规定》通过三项标准共同构成了我国标准工作日基准，并且缺一不可：劳动者每日工作不超过 8 小时；每周工作时间不超过 40 小时；每周至少休息一日，即用人单位必须保证劳动者每周至少有一次 24 小时不间断的休息。该规定适用于中华人民共和国境内国家机关、社会团体、企业事业单位以及其他组织的职工。

（二）缩短工作日

在特殊条件下从事劳动和有特殊情况，需要适当缩短工作时间的，按照国家有关规定执行。缩短工作日是指法律规定的少于标准工作日时数的工作日。

缩短工作日主要适用于从事有毒有害工作、条件艰苦工作、过度紧张工作、特别繁重体力劳动，以及从事夜班工作的劳动者和在哺乳期工作的女职工等。

（三）不定时工作日

因工作性质或者生产特点的限制，不能实行每日工作 8 小时、每周工作 40 小时标准工时制度的，按照国家有关规定，可以实行其他工作和休息办法。

不定时工作日是指没有固定时间限制的工作日。《〈国务院关于职工工作时间的规定〉问题解答》第 5 条规定，不定时工作制是针对因生产特点、工作特殊需要或职责范围的关系，无法按标准工作时间衡量或需要机动作业的职工所采用的一种工时制度。

根据劳动部《关于企业实行不定时工作制和综合计算工时工作制的审批办法》有关规定，企业符合以下条件之一的职工，可以实行不定时工作制：企业中的高级管理人员、外勤人员、推销人员、部分值班人员和其他因工作无法按标准工作时间衡量的职工；企业中的长途运输人员、出租汽车司机和铁路、港口、仓库的部分装卸人员以及工作性质特殊，需机动作业的职工；企业的消防和值班人员、值班驾驶员等；其他因生产特点、工作特殊需要或职责范围的关系，适合实行不定时工作制的职工。

用人单位实行不定时工作制的，应履行审批手续。《劳动部关于企业实行不定时工作制和综合计算工时工作制的审批办法》第7条规定，中央直属企业实行不定时工作制和综合计算工时工作制等其他工作和休息办法的，经国务院行业主管部门审核，报国务院劳动行政部门批准。地方企业实行不定时工作制和综合计算工时工作制等其他工作和休息办法的审批办法，由各省、自治区、直辖市人民政府劳动行政部门制定，报国务院劳动行政部门备案。可见，实行不定时工作制需要履行审批手续，不仅需要双方在合同中明确约定，由用人单位在劳动者入职时明确告知，还需要经过行政机关的授权和审批。

对于实行不定时工作制和综合计算工时工作制等其他工作和休息办法的职工，企业应在保障职工身体健康并充分听取职工意见的基础上，采用集中工作、集中休息、轮休调休、弹性工作时间等适当方式，确保职工的休息休假权利和生产、工作任务的完成。

《工资支付暂行规定》第13条规定，实行不定时工时制的劳动者，不执行加班费的规定。故有的用人单位便以此规定，试图通过拿到实行不定时工作制度的审批来作为随意安排劳动者加班，并作为拒付加班费的"免死金牌"。但劳动者享有法定的休息权，企业负有保障劳动者休息的义务。如果劳动者有证据证明双方实际并未按不定时工作制予以履行，其休息休假权益受到侵害，有权寻求司法的保护。

（四）综合计算工作日

综合计算工作日是指用人单位因工作性质特殊、需连续作业或受季节以及自然条件限制的企业的部分职工，分别以周、月、季、年等为周期，以标准工时制为基础综合计算的工作时间制度。

实行综合计算工时工作制，一般因企业生产特点或工作性质等原因不能均衡生产，必须在一定时间内连续生产或工作，以一定期限为周期综合计算工作时间，采取集中工作、集中休息。根据国家劳动部《关于企业实行不定时工作制和综合计算工时工作制的审批办法》和上海市劳动局《关于贯彻实施〈关于企业实行不定时工作制和综合计算工时工作制的审批办法〉若干具体问题的说明》的有关规定，企业符合以下条件之一的职工，可以实行综合计算工时工作制：交通、铁路、邮电、水运、航空、渔业等行业中因工作性质特殊，需连续作业的职工；地质及资源勘探、建筑、制盐、制糖、旅游等受季节和自然条件限制的行业的部分职工；因受季节条件限制，淡旺季节明显的瓜果、蔬菜等食品加工单位和服装生产，以及宾馆、餐馆的餐厅和娱乐场所的服务员等；其他适合实行综合计算工作制的职工。

综合计算工时工作制的计算周期一般以周、月、季、年为周期，且其平均日工作时间和平均周工作时间应与法定标准时间基本相同。

（五）计件工作时间

计件工作时间是指以劳动者完成一定劳动定额为标准的工作时间。

实行计件工作的用人单位，必须以劳动者在一个标准工作日或一个标准工作周的工作时间内能够完成的计件数量为标准，确定劳动日或周的劳动定额。

【案例 7 – 2】

单位实行计件工资制度时，如何计算加班工资？[①]

陈某在一家小型鞋业公司从事加工工作，公司对该岗位实行计件工资制度，规定，职工每做好一双鞋发给工资 25 元。按这一标准，陈某一般每月工资能拿到 1300 元左右，效率高的时候还可以拿到 1600 元左右。广交会期间，公司接到大订单，需要赶制一批鞋，经与工会和劳动者本人协商，安排陈某等人利用休息日加班。后来，公司以陈某每月的工资 1300 元为基数，折算出其平均小时工资标准，向其支付了加班工资。陈某认为自己在加班期间为了公司的效益拼命赶工，工作效率高，以自己效率最低时的收入 1300 元为基数计算加班工资不合理，要求公司增加支付加班费。公司不同意，遂引发争议。

【案例分析】《劳动法》第 44 条、《工资支付暂行规定》第 13 条规定了用人单位安排劳动者延长工作时间的加班工资支付，并区分了标准工时制下，实行计件工资制下以及实行综合计算工时制下的支付问题。要计算加班工资，关键是确定加班情形的类型。本案中，公司按计件工资向陈某支付工资，在计算加班工资时却又以月工资为基数计算加班工资，而且选择陈某效率最低的工资收入为基数，实际上是变相降低了应支付给陈某的加班工资，依据《工资支付暂行规定》第 13 条第 2 款，实行计件工资的劳动者，在完成计件定额任务后，由用人单位安排在工作日、休息日、法定休假

---

① 林嘉：《劳动与社会保障法》，中国人民大学出版社 2011 年版，第 198 页。

日延长工作时间的，应根据标准工时下支付加班工资的原则，分别按照不低于劳动者法定工作时间计件单价的 150%、200%、300% 支付加班工资。故公司应根据陈某在加班期间的实际产量，按照计件单价 25 元/件的 200% 的标准，向其支付加班工资。

三、关于延长工作时间的规定

延长工作时间是指劳动者的生产或工作时间超过法律规定的标准工作时间。延长工作时间包括加班和加点。

加班是指劳动者根据用人单位的要求，在法定节日或公休假日从事生产或工作的时间。加点是指劳动者根据用人单位的要求，在标准工作时间以外继续从事生产或工作的时间。

用人单位由于生产经营需要，经与工会和劳动者协商后可以延长工作时间，一般每日不得超过 1 小时；因特殊原因需要延长工作时间的在保障劳动者身体健康的条件下延长工作时间每日不得超过 3 小时，但是每月不得超过 36 小时。

但在特殊情况下，延长工作时间不受上述禁止的限制。根据《中华人民共和国劳动法》和劳动部《关于贯彻〈国务院关于职工工作时间的规定〉的实施办法》的规定，任何单位和个人不得擅自延长劳动者的工作时间，并严格按法律规定延长职工的工作时间。对用人单位违反法律、法规规定强迫劳动者延长工作时间的，劳动者有权拒绝。但是，用人单位出现以下特殊情形和紧急任务之一的，劳动者不得拒绝延长工作时间：

1. 发生自然灾害、事故或者因其他原因，使人民的安全健康和国家财产遭到严重威胁，需要紧急处理的；

2. 生产设备、交通运输线路、公共设施发生故障，影响生产和公众利益，必须及时抢修的；

3. 必须利用法定节日或公休假日的停产期间进行设备检修、保养的；

4. 为完成国防紧急任务，或者完成上级在国家计划外安排的其他紧急生产任务，以及商业、供销企业在旺季完成收购、运输、加工农副产品紧急任务的。

在上述特殊情况下，用人单位组织职工延长工作时间可不受法律规定的条件限制，但用人单位应当按照法律规定的标准支付延长工作时间的工资。

用人单位不得违反法律规定延长劳动者的工作时间。有下列情形之一的，用人单位应当按照下列标准支付高于劳动者正常工作时间工资的工资报酬：

1. 安排劳动者延长时间的，支付不低于工资的 50% 的工资报酬；

2. 休息日安排劳动者工作又不能安排补休的，支付不低于工资的 200% 的工资报酬；

3. 法定休假日安排劳动者工作的，支付不低于工资的 300% 的工资报酬。

【案例 7-3】

劳动者自愿加班可否要求用人单位支付加班工资？①

李某大学毕业后应聘到一家软件公司工作，与公司签订了 1 年期的劳动合同。公司实行每日工作 8 小时、每周工作 40 小时的标准工时制度，并以此为依据确定和支付李某的工资。李某工作很认真，但由于刚参加工作，对业务不甚熟悉，其他同事能完成的工作他有时不能在 8 小时内完成，为不影响工作进度，李某便主动利用下班时间加班完成。

1 年合同期届满时，李某表示不再续签劳动合同，但要求公司支付其在 1 年内的加班工资，并出示了期间的考勤记录。公司以实行标准工时制度、对加班制度另有规定、李某自愿主动加班并非公司安排为由，拒绝支付加班工资。双方发生争议。

【案例分析】本案的焦点是劳动者主动延长工作时间能否要求支付加班工资。《劳动法》第 44 条和《工资支付暂行规定》第 13 条规定，用人单位延长劳动者的工作时间应当支付加班工资。在条文表述上都将用人单位"安排"劳动者延长工作时间作为补休和支付加班工资的前提，对此可以解释为延长工作时间是用人单位的原因造成的。具体到本案，公司实行标准工时制并有相应的加班制度，李某加班是自己不能按时完成工作任务导致的，因此属于自愿加班，并非用人单位的原因造成，并且李某也没有办理延长工作时间的履行手续，要求公司支付加班工资缺乏法律依据。

【案例 7-4】

补休与支付加班工资的关系②

张某与某加工厂签订了为期两年的劳动合同，劳动合同期从 2006 年 5 月始至 2008 年 5 月止。2007 年 10~12 月间，由于订单较多，加工厂便安排张某等人在休息日加班，两个月共计加班 10 天。后加工厂安排加班员工补休，其他员工都已休完。但张某不同意补休，要求加工厂支付加班费。而加工厂以义务已完成为由拒绝支付，遂引发争议。仲裁委经审理认为，加工厂已安排张某补休，应免除其支付加班费的义务，遂驳回张某要求支付加班费的仲裁请求。

【案例分析】《劳动法》第 44 条规定，用人单位在休息日安排劳动者工作，又不能安排补休的，支付不低于工资的 200% 的工资报酬。本案的焦点在于用人单位要求劳动者在休息日加班后安排补休，但劳动者拒绝补休的，用人单位能否被免除支付加班费的业务。

---

① 林嘉：《劳动法和社会保障法》，中国人民大学出版社 2011 年版，第 192 页。
② 林嘉：《劳动法和社会保障法》，中国人民大学出版社 2011 年版，第 193~194 页。

该案在处理过程中有两种意见：第一种意见认为，是否补休的决定权在劳动者，用人单位安排劳动者补休，劳动者有权拒绝并要求用人单位支付加班费；第二种意见认为，用人单位已履行了安排补休的义务，劳动者无权要求用人单位支付加班费。

本书赞成第二种意见。休息是为了劳动力的再生，系出于技术性作业之必要措施，固然与劳动者之权利有关，毋宁说是对劳动继续性以及作业安全之保护。尤其休息日是为了保证劳动者在连续工作一定天数后得以休息，出于对劳动者个人和社会全体利益的保护，休息权不能随意侵犯。这也是劳动法规定限制延长工作时间的主要目的。因此，用人单位确实因实际需要在休息日安排劳动者延长工作时间的，在补偿方式上以补休作为支付加班工资的前提，只有在不能安排补休时才考虑支付加班工资。如果允许劳动者在补休与支付加班工资之间选择，会诱发劳动者为赚钱而放弃休息的风险，不仅不利于劳动者自己的健康，也可能因导致生产事故而影响社会的利益。

第二节　休息休假制度

一、休息休假的概念

用人单位应当保证劳动者每周至少休息 1 日。

休息和休假又称休息时间，是指劳动者在国家规定的法定工作时间外自行支配的时间。

休息休假时间包括劳动者每天休息的时数、每周休息的天数、节假日、年休假、探亲假等。

二、休息时间的种类

（一）工作日内的间歇休息时间

工作日内的间歇时间是指在一个工作日内给予劳动者休息及用膳的时间。午休及用膳时间，一般休息 1~2 小时，最少不能少于半小时。这种休息时间不计算在工作时间内。有些单位实行工间操制度，即在上午和下午各 4 小时的工作时间中间规定 20 分钟的休息时间，一般在工作 2 小时后开始，这种工间操时间计入工作时间之内。

（二）两个工作日间的休息时间

两个工作日间的休息时间是指职工在一个工作日结束后至下一个工作日开始前的

休息时间。《劳动法》规定劳动者每日工作时间不得超过 8 小时，据此，每个工作日之间的休息时间为 14～16 小时，如无特殊原因应保障职工连续使用这种休息时间，不得随便间断。

（三）公休假日

公休假日是指劳动者工作满一个工作周以后的休息时间。自 1995 年 5 月 1 日开始，我国实行每周 40 小时工作制度。国家机关、事业单位实行统一的工作时间，星期六和星期日为周休息日。用人单位也可以根据所在地的供电、供水和交通等实际情况，经与工会和劳动者协商以后，灵活安排周休息日。

（四）法定节日

法定节日是由国家法律统一规定的用以开展纪念、庆祝活动的休息时间。

《中华人民共和国劳动法》对法定节日作了原则性规定，即元旦、春节、国际劳动节、国庆节，以及法律、法规规定的其他休假节日。

2007 年 11 月 9 日，国家法定节假日调整为：国家法定节假日总天数增加 1 天，即由 10 天增加到 11 天。对国家法定节假日时间安排进行调整：元旦放假 1 天不变；春节放假 3 天不变，但放假起始时间由农历年正月初一调整为除夕；"五一"国际劳动节由 3 天调整为 1 天，减少 2 天；"十一"国庆节放假 3 天不变；清明、端午、中秋增设为国家法定节假日，各放假 1 天（农历节日如遇闰月，以第一个月为休假日）。

2013 年 12 月国务院决定对《全国年节及纪念日放假办法》作如下修改："春节，放假 3 天（农历正月初一、初二、初三）。"

法律允许周末上移下错，与法定节假日形成连休。属于全体公民的节日，如适逢公休假日，应在次日补假。属于部分公民的节日如适逢公休假日则不补假。

【案例 7-5】

四川遂宁四坚建筑装饰工程有限公司要求员工签订不平等承诺书[①]

2013 年 12 月，四川遂宁四坚建筑装饰工程有限公司要求员工签署承诺书，承诺内容包括：员工无任何理由拒绝公司的工作安排，包括工作上的应酬接待也绝对服从；自愿放弃星期天、节假日（春节除外），坚持下午不定时下班；迟到一分钟接受处罚 130 元；自愿将每月实领工资的 30% 押在公司，押满 2 万元为止。该承诺书引发

员工普遍不满，有员工在网上公开此事。当地工会和劳动监察部门得知后，前往该公司调查，在确认网络举报情况属实后，向公司发出整改通知书，要求立即纠正违法行为。该公司在 1 周内进行了整改，并承诺今后不再要求员工签订类似协议。

（五）年休假

国家实行带薪年休假制度。劳动者连续工作 1 年以上的，享受带薪年休假。我国 2007 年 12 月 7 日国务院第 198 次常务会议通过《职工带薪年休假条例》，并自 2008 年 1 月 1 日起施行。

年休假是指法律规定的，职工满一定的工作年限后每年享有的保留职务和工资的一定期限连续休息的假期。

机关、团体、企业、事业单位、民办非企业单位、有雇工的个体工商户等单位的职工连续工作 1 年以上的，享受带薪年休假（以下简称年休假）。单位应当保证职工享受年休假。职工在年休假期间享受与正常工作期间相同的工资收入。职工享受年休假的期限为：职工累计工作已满 1 年不满 10 年的，年休假 5 天；已满 10 年不满 20 年的，年休假 10 天；已满 20 年的，年休假 15 天。国家法定休假日、休息日不计入年休假的假期。

累计工作满 1 年，指"职工连续工作满 12 个月以上"，既包括职工在同一用人单位连续工作满 12 个月以上的情形，也包括职工在不同用人单位连续工作满 12 个月以上的情形。

"累计工作时间"，包括职工在机关、团体、企业、事业单位、民办非企业单位、有雇工的个体工商户等单位从事全日制工作期间，以及依法服兵役和其他按照国家法律、行政法规和国务院规定可以计算为工龄的期间（视同工作期间）。职工的累计工作时间可以根据档案记载、单位缴纳社保费记录、劳动合同或者其他具有法律效力的证明材料确定。

职工有下列情形之一的，不享受当年的年休假：职工依法享受寒暑假，其休假天数多于年休假天数的；职工请事假累计 20 天以上且单位按照规定不扣工资的；累计工作满 1 年不满 10 年的职工，请病假累计 2 个月以上的；累计工作满 10 年不满 20 年的职工，请病假累计 3 个月以上的；累计工作满 20 年以上的职工，请病假累计 4 个月以上的。

单位根据生产、工作的具体情况，并考虑职工本人意愿，统筹安排职工年休假。年休假在 1 个年度内可以集中安排，也可以分段安排，一般不跨年度安排。单位因生产、工作特点确有必要跨年度安排职工年休假的，可以跨 1 个年度安排。

单位确因工作需要不能安排职工休年休假的，经职工本人同意，可以不安排职工休年休假。职工未休年假的工资计算：对职工应休未休的年休假天数，单位应当按照该职工日工资收入的 300% 支付年休假工资报酬。用人单位安排职工休年休假，但是职工因本人原因且书面提出不休年休假的，用人单位可以只支付其正常工作期间的工资收入。

计算未休年休假工资报酬的日工资收入按照职工本人的月工资除以月计薪天数（21.75 天）进行折算。月工资是指职工在用人单位支付其未休年休假工资报酬前 12 个月剔除加班工资后的月平均工资。在本用人单位工作时间不满 12 个月的，按实际月份计算月平均工资。

用人单位与职工解除或者终止劳动合同时，未安排职工休满应休年休假的，应当按照职工当年已工作时间折算应休未休年休假天数并支付未休年休假工资报酬，但折算后不足 1 整天的部分不支付未休年休假工资报酬。折算方法为：（当年度在本单位已过日历天数 ÷365 天）×职工本人全年应当享受的年休假天数 – 当年度已安排年休假天数。用人单位当年已安排职工年休假的，多于折算应休年休假的天数不再扣回。

职工依法享受的探亲假、婚丧假、产假等国家规定的假期以及因工伤停工留薪期间不计入年休假假期。职工享受寒暑假天数多于其年休假天数的，不享受当年的年休假。确因工作需要，职工享受的寒暑假天数少于其年休假天数的，用人单位应当安排补足年休假天数。

劳动合同、集体合同约定的或者用人单位规章制度规定的年休假天数、未休年休假工资报酬高于法定标准的，用人单位应当按照有关约定或者规定执行。

劳务派遣单位的职工符合年休假条件的，享受年休假。被派遣职工在劳动合同期限内无工作期间由劳务派遣单位依法支付劳动报酬的天数多于其全年应当享受的年休假天数的，不享受当年的年休假；少于其全年应当享受的年休假天数的，劳务派遣单位、用工单位应当协商安排补足被派遣职工年休假天数。

单位不安排职工休年休假又不依照本条例规定给予年休假工资报酬的，由县级以上地方人民政府人事部门或者劳动保障部门依据职权责令限期改正；对逾期不改正的，除责令该单位支付年休假工资报酬外，单位还应当按照年休假工资报酬的数额向职工加付赔偿金；对拒不支付年休假工资报酬、赔偿金的，属于公务员和参照公务员法管理的人员所在单位的，对直接负责的主管人员以及其他直接责任人员依法给予处分；属于其他单位的，由劳动保障部门、人事部门或者职工申请人民法院强制执行。

（六）探亲假

探亲假是指职工工作地点与父母或配偶居住地不属于同一城市而分居两地时，每年所享受的一定期限的带薪假期。为了适当地解决职工同亲属长期远居两地的探亲问题，国务院《关于职工探亲待遇的规定》于 1981 年 3 月 6 日第五届全国人民代表大会常务委员会第十七次会议批准，1981 年 3 月 14 日国务院公布施行。凡在国家机关、人民团体和全民所有制企业，事业单位工作满 1 年的固定职工，与配偶不住在一起，又不能在公休假日团聚的，可以享受本规定探望配偶的待遇；与父亲、母亲都不住在一起，又不能在公休假日团聚的，可以享受本规定探望父母待遇。但是，职工与父亲或与母亲一方能够在公休假日团聚的，不能享受本规定探望父母的待遇。

职工探亲假期为：

1. 职工探望配偶的，每年给予一方探亲假一次，假期为 30 天。

2. 未婚职工探望父母，原则上每年给假一次，假期为 20 天，如果因为工作需要，本单位当年不能给予假期，或者职工自愿两年探亲一次，可以两年给假一次，假期为 45 天。

3. 已婚职工探望父母的，每 4 年给假一次，假期为 20 天。

探亲假期是指职工与配偶、父母团聚的时间，另外，根据实际需要给予路程假。探亲假期均包括公休假日和法定节日在内。

凡实行休假制度的职工（例如学校的教职工）应该在休假期间探亲：如果休假期较短，可由本单位适当安排，补足其探亲假的天数。职工在规定的探亲假期和路程假期内，按照本人的标准工资发给工资。职工探望配偶和未婚职工探望父母的往返路费，由所在单位负担。已婚职工探望父母的往返路费，在本人月标准工资 30% 以内的，由本人自理，超过部分由所在单位负担。

【思考题】

1. 简述工作日的概念和种类。

2. 简述不定时工作日的概念和特征。

3. 简述享受年休假的条件和天数。

4. 简述探亲假的待遇。

第八章

女职工和未成年工的特殊保护

本章学习的要点为理解女职工和未成年工特殊保护的意义，掌握女职工和未成年工特殊劳动保护的主要内容等。

劳动者享有要求用人单位保护其在劳动过程中的安全和健康的权利。劳动者有权要求用人单位提供符合国家规定的劳动安全卫生条件和劳动防护用品；有权要求用人单位确定合理的劳动定额；有权享受法定的休息、休假；有权获得从事本职工作所应具备的安全技术和劳动卫生知识；对用人单位管理人员违章指挥、强令冒险作业，有权拒绝执行；对危害生命安全和身体健康的行为，有权提出批评检举和控告；女职工和未成年工有权拒绝用人单位安排其从事女职工和未成年工禁忌劳动范围的作业；从事有职业危害作业的劳动者和未成年工有权要求用人单位定期进行健康检查。

【案例 8 - 1】

用人单位可以解除与怀孕女工的劳动合同吗？①

桑某与 2008 年 8 月入职深圳市福田区某制造公司，双方签订劳动合同，她的工作岗位是行政主管，每月工资 2800 元。2008 年 9 月，桑某发现自己怀孕，并向公司说明此事。2008 年 10 月，公司以进行职务调整为名，通知桑某要将她降为一名文员，月工资也降低到 1200 元。桑某表示以自己的学历和经验不能接受这样的安排，公司的这种行为是在逼迫她离职。2009 年 2 月，公司发出书面通知，表示桑某在过去的半年工作不能满足公司的需要，宣布解除劳动合同。桑某找到公司反复协商无果。她认为，自己被降职是对怀孕女职工的歧视，被解雇也不符合相关规定，于是申请仲裁。

请问：本案中的企业是否侵害了女职工在孕期的劳动权利？

【案例分析】《劳动法》第 29 条规定："劳动者有下列情形之一的，用人单位不得依据本法第二十六条、第二十七条的规定解除劳动合同……女职工在孕期、产假、

---

① 剧宇宏：《劳动法概论》，上海交通大学出版社 2012 年版，第 167～168 页。

哺乳期内的……"《劳动法》第 27 条是有关经济裁员的规定："用人单位濒临破产进行法定整顿期间或者生产经营状况发生严重困难，确需裁减人员的，应当提前三十日向工会或者全体职工说明情况，听取工会或者职工的意见，经向劳动行政部门报告后，可以裁减人员。"同时《女职工劳动保护规定》第 4 条也有类似的规定。根据以上条款，裁减哺乳期员工是不符合法律规定的。即使公司强制解除，劳动者也可以通过劳动仲裁的方法恢复劳动关系。当然，如果两劳动者觉得再待在单位没意思，也可以与公司协商解除合同，条件是双方都同意才行。

我国《妇女权益保障法》第 26 条规定："任何单位均应根据妇女的特点，依法保护妇女在工作和劳动时的安全和健康，不得安排不适合妇女从事的工作和劳动。妇女在经期、孕期、产期、哺乳期受特殊保护。"第 27 条规定："任何单位不得因结婚、怀孕、产假、哺乳等情形，降低女职工的工资，辞退女职工，单方解除劳动（聘用）合同或者服务协议。但是女职工要求终止劳动（聘用）合同或者服务协议的除外。"当然，对女职工的保护规定不能无限引申，即不能认为，只要是女职工的"三期"都不能解除。在劳动者严重违反劳动纪律或用人单位的规章制度的情况下，则无论女职工处于什么时期，均不享有本条规定的禁止解除劳动合同的保护，用人单位不仅可以而且有权随时解除与女职工签订的劳动合同，且不给予经济补偿。

同样《劳动合同法》第 42 条规定了六类法定情形下禁止用人单位根据《劳动合同法》第 40、41 条的规定单方解除劳动合同。对用人单位不得解除劳动合同规定的理解需要注意以下两个方面：一是第 42 条禁止的是用人单位单方解除劳动合同，并不禁止劳动者与用人单位协商一致解除劳动合同；二是第 42 条的前提是用人单位不得根据《劳动合同法》第 40、41 条解除劳动合同，即使劳动者具备了本条规定的六种情形之一，用人单位仍可以根据《劳动合同法》第 39 条的规定解除，即用人单位对劳动者过失性辞退。

综上，现代社会的竞争压力已经影响到妇女生育权的正当行使，女职工增强自身的法律保护意识非常重要。

第一节　劳动保护概述

一、劳动保护的概念及内容

劳动保护有广义与狭义之分。广义劳动保护，是指对劳动者各方面合法权益的法律保护。狭义劳动保护，又称劳动安全卫生或职业安全卫生，仅指对劳动者在劳动过程中的安全健康的法律保护。本章取其狭义。劳动保护的目的是为劳动者创造安全、卫生、舒适的劳动工作条件，消除和预防劳动生产过程中可能发生的伤亡、职业病和急性职业中毒，保障劳动者以健康的劳动力参加社会生产，促进劳动生产率的提高，保证社会主义现代化建设顺利进行。

劳动保护是基于劳动法律关系而形成的劳动保护关系，包括工作时间和休息休假制度、劳动安全技术规程、劳动卫生规程、女职工和未成年工特殊保护、劳动保护管理制度等法律规范。本章重点介绍女职工和未成年工的特殊保护制度。

二、劳动保护的原则

我国的劳动保护工作，遵循"安全第一，预防为主"的方针。

"安全第一"，就是在劳动过程中把安全工作放在首位。当生产与安全发生矛盾时，要优先保护劳动者的人身安全。"预防为主"，就是采取有效措施消除事故隐患和防止职业病的发生。"安全"是目的，"预防"是手段。只有做好预防工作，才能保障劳动者的人身安全和健康。"安全第一""预防为主"是密不可分的统一体。坚持"安全第一，预防为主"的方针，就能保障劳动者在劳动过程中的安全和健康。

用人单位有义务保障劳动者在劳动过程中的安全与卫生。劳动安全卫生，是指劳动场所的安全卫生条件或状态。

劳动安全，是指在劳动场所中无急性伤害事故发生，即无急性中毒、触电、机械外伤、车祸、坠落、塌陷、爆炸、火灾等危及劳动者人身安全的事故发生。

劳动卫生，是指在劳动场所中无慢性职业危害发生，即无不良劳动条件、有毒有害物质危害劳动者身体健康的职业中毒、职业病发生。

劳动安全与劳动卫生虽是两个不同概念，但二者又相互联系和渗透，都是为了保持劳动场所的安全卫生，保障劳动者的生命安全和身体健康。为消除、限制或预防劳动过程中的危险和有害因素，保护劳动者安全与健康，保障设备、生产正常运行而制定了劳动安全卫生管理标准。用人单位必须按照安全卫生管理标准，对劳动者采取保护措施。安全卫生管理标准包括劳动安全卫生管理标准；生产设备、生产工具安全卫生标准；生产工艺安全卫生标准；安全卫生专用装置、用具和仪器仪表标准；个人防护用品标准。

第二节　女职工的特殊劳动保护

一、女职工特殊劳动保护的概念及特点

女职工特殊保护是劳动保护的重要组成部分。女职工的特殊保护是指国家根据女

职工身体结构和生理机能的特点，以及抚育子女的需要，对其在劳动过程中的安全健康所采取的有别于男子的保护。包括禁止或限制女职工从事某些作业、女职工"四期"保护等内容。

相对于男性劳动者，女职工的身体结构和生理机能使其在劳动过程中处于弱势，只有对女职工给予特殊劳动保护才能达到法律追求的实质意义上的平等保护。女职工特殊保护除了具有劳动保护的共同特征外，还有自己独有的下列特征：

1. 具有女性特殊需要的特性。根据妇女劳动卫生学，女性身体结构及生理机能与男性有所不同，妇女的体力、耐力一般比男子差，特别是妇女有月经、妊娠、哺乳、绝经等生理现象，需要保护。因此，女职工劳动保护具有女性特殊需要的特性。

2. 具有保护女职工和下一代的特性。女职工负有哺育下一代的特殊任务，对女职工实行特殊劳动保护，不仅是保护女职工的人身安全和身体健康，而且关系到下一代的身体健康和民族优秀体质的延续。

3. 具有别于男子的特殊保护的特性。即对女职工在劳动过程中的安全和健康，在给予男女职工都可享有的一般性保护的同时，还要给予唯独女职工才可享有的特殊保护。

我国现行的有关女职工特殊劳动保护的法律法规，除《妇女权益保障法》《中华人民共和国矿山安全法》由全国人大正式立法，《中华人民共和国劳动法》由全国人大常委会颁布，《女职工劳动保护规定》由国务院颁布外，其他的相关规定几乎都是行政法律法规，而且多数为暂行、试行类的规定。如《女职工禁忌劳动范围的规定》《关于女职工生育待遇若干问题的通知》等。

【案例 8-2】

首例职场性骚扰判刑案[①]

2008 年 3 月 12 日，刚从成都某高校毕业的陈某到一家高新技术公司上班的第二天，就被自己的上司刘某叫到办公室，理由是要跟她谈谈工作。当时是下午 5 点，公司员工已纷纷开始下班。陈某并未怀疑什么，就进了刘某的办公室。但没聊几句后，她愕然地听到刘某说很喜欢自己，希望能交男女朋友。"我已经有男朋友了！"陈某当即表示拒绝。这句话让刘某恼羞成怒，他关了室内灯光，强行将陈某抱住要亲吻她。陈某反抗中颈部软组织被刘某的胳膊卡伤，她奋力挣扎着跑出办公室。正在隔壁加班的另一部门负责人拨打 110 报警，刘某被抓获。刘某的行为到底是违法，还是犯罪？这让成都高新区警方感到迷惑。起初有民警认为，刘某行为确实对陈某造成了一

---

① 黎建飞：《劳动与社会保障法教程》，中国人民大学出版社 2013 年版，第 227 页。

定伤害，但侵害程度并不严重，只能算作触犯《治安管理处罚法》，不构成犯罪。部分民警则否定这一观点，认为刘某涉嫌犯罪。高新区检察院认为刘某已实施了暴力行为，造成陈某脖颈软组织受伤，超出了一般人所理解的性骚扰，构成犯罪，应追究其刑责。法院采信了这一说法，判处刘某拘役5个月。

问题：刘某的行为构成职场性骚扰吗？

【案例分析】在本案的法院判决书中，自始至终都没有出现过"性骚扰"一词。该判决引用的相关法律是《中华人民共和国刑法》第237条第1款："以暴力、胁迫或者其他方法强制猥亵妇女或者侮辱妇女的，处五年以下有期徒刑或者拘役。"在我国，"性骚扰"目前并没有专门法规，先是在《妇女权益保障法》中有所提及，现又在《女职工劳动保护特别规定》中对用人单位的责任加以规定，但都不能直接作为定罪判刑的依据。

"性骚扰"定性难、取证难、缺乏判罚标准的法律现状，导致国内发生的多起性骚扰案大都因受害方证据不足而败诉。"性骚扰"多在比较隐秘的地方实施，多以语言、文字、图像、信息、肢体行为等实施，女性在历经性骚扰后，因证据不足或委曲求全而选择沉默的并不少见。国内法律首次涉及性骚扰是在2005年修订的《妇女权益保障法》中，但并没有明确的界定，因为"性骚扰"的重要前提是被骚扰的人不愿意，即违背对方的意志，这在法律上比较难以界定。所以，在立法上只作了一个倡导性的规定，即"禁止性骚扰"，而没有对什么是"性骚扰"进行界定。就职场"性骚扰"而言，又难于公共场所的性骚扰。职场性骚扰更多的是占有优势地位的人对他的下级的骚扰，所以法律要求雇主承担责任，以此来促使雇主采取措施预防性骚扰。有人建议在《劳动合同法》中加入一部分反对性骚扰的内容，对职场"性骚扰"进行规范。

二、女职工特殊劳动保护的主要内容

（一）对女职工在劳动就业方面的特殊保护

1. 妇女享有同男子平等的就业权利。

2. 任何单位不得以结婚、怀孕、产假、哺乳等为由，辞退女职工或者单方面解除劳动合同。

3. 禁止用人单位招收未满16周岁的女童工。

（二）实行男女同工同酬

1. 同等劳动应领取同等报酬。

2. 不得因女职工怀孕、生育、哺乳而降低其基本工资。

（三）女职工禁忌从事的劳动范围

禁止安排女职工从事矿山、井下、国家规定的第四级体力劳动强度的劳动和其他女职工禁忌从事的劳动。根据劳动法的规定，女职工禁忌从事的劳动范围包括：矿山井下作业；森林业伐木、归楞及流放作业；《体力劳动强度分级》标准中第四级体力劳动强度的作业；建筑业脚手架的组装和拆除作业；以及电力、电信行业的高处架线作业；每小时负重6次以上，每次负重超过20公斤的作业，或间断负重、每次负重超过25公斤的作业。

根据《体力劳动强度分级》（GB3869-83）的规定，体力劳动强度的大小是以劳动强度指数来衡量的。劳动强度指数，是由该工种的平均劳动时间率和平均能量代谢两个因素构成的。具体某工种的劳动强度大小，由当地劳动部门劳动安全卫生检测站实测和计算。《体力劳动强度分级》标准规定：

体力劳动强度第一级：劳动强度指数小于15（即轻度劳动，相当于8小时工作日内，净劳动时间为293分钟，人体平均能量消耗为850大卡。如收发员、保管员等）。

体力劳动强度第二级：劳动强度指数大于15，小于20（即中等强度劳动，相当于8小时工作日内，净劳动时间为322分钟，人体平均能量消耗为1328大卡。如车工、铣工等）。

体力劳动强度第三级：劳动强度指数大于20，小于25（即重度劳动，相当于8小时工作日内，净劳动时间为350分钟，人体平均能量消耗为1746大卡。如木工、制陶工等）。

体力劳动强度第四级：劳动强度指数大于25（即超重强度劳动，相当于8小时工作日内，净劳动时间为370分钟，人体平均能量消耗为2700大卡。如矿工、搬运工等）。

（四）对妇女生理机能变化过程中的保护

对妇女生理机能变化过程中的保护，一般是指女职工的经期、孕期、产期、哺乳期的保护。用人单位不可以因女职工怀孕、生育、哺乳而辞退女职工，因女职工怀孕、生育、哺乳，用人单位降低其工资、辞退、解除劳动合同或者聘用合同，均属违法行为。值得注意的是，如因试用期被证明不合格、严重违反用人单位规章制度、被依法追究刑事责任等情形被用人单位解除劳动合同，法律不对其进行特殊保护。

1. 经期保护。女职工在月经期间，不得安排其从事高空、低温、冷水和国家规定的第三级体力劳动强度的劳动。根据《女职工禁忌从事劳动范围的规定》规定，女职工在经期禁忌从事的劳动范围包括：

（1）冷水作业分级标准中规定的第二级、第三级、第四级冷水作业；

（2）低温作业分级标准中规定的第二级、第三级、第四级低温作业；

（3）体力劳动强度分级标准中规定的第三级、第四级体力劳动强度的作业；

（4）高处作业分级标准中规定的第三级、第四级高处作业。

2. 孕期保护。女职工孕期，用人单位不得安排女职工在怀孕期间从事国家规定的第三级体力劳动强度的劳动和孕期禁忌从事的劳动。对怀孕七个月以上的女职工，不得安排其延长工作时间和夜班劳动。不能适应原劳动的，用人单位应当根据医疗机构的证明，予以减轻劳动量或者安排其他能够适应的劳动。怀孕女职工在劳动时间内进行产前检查，所需时间计入劳动时间。

根据《女职工禁忌从事劳动范围的规定》规定，女职工孕期禁忌从事的劳动范围为：

（1）作业场所空气中铅及其化合物、汞及其化合物、苯、镉、铍、砷、氰化物、氮氧化物、一氧化碳、二硫化碳、氯、己内酰胺、氯丁二烯、氯乙烯、环氧乙烷、苯胺、甲醛等有毒物质浓度超过国家职业卫生标准的作业；

（2）从事抗癌药物、己烯雌酚生产，接触麻醉剂气体等的作业；

（3）非密封源放射性物质的操作，核事故与放射事故的应急处置；

（4）高处作业分级标准中规定的高处作业；

（5）冷水作业分级标准中规定的冷水作业；

（6）低温作业分级标准中规定的低温作业；

（7）高温作业分级标准中规定的第三级、第四级的作业；

（8）噪声作业分级标准中规定的第三级、第四级的作业；

（9）体力劳动强度分级标准中规定的第三级、第四级体力劳动强度的作业；

（10）在密闭空间、高压室作业或者潜水作业，伴有强烈振动的作业，或者需要频繁弯腰、攀高、下蹲的作业。

3. 产期保护。

（1）女职工在产期之内，享受一定时期的生育假和生育待遇。生育期的保护，既包括正产，也包括小产（流产）。女职工在产假期间发放生育津贴。生育津贴，是国家法律法规规定对职业妇女因生育而离开工作岗位期间，给予的生活费用。我国生育津贴的支付方式和支付标准分两种情况：参加生育保险的用人单位，生育津贴由生育保险基金支付，其支付标准是按用人单位上年度职工月平均工资计算；没有参加生育保险的用人单位，生育津贴由用人单位按照女职工生育或流产前工资标准支付。

（2）女职工产假至少为90天，包括产前休假15天、产后75天。难产的增加产假15天。多胞胎生育一个婴儿，增加产假15天。女职工怀孕流产的，其所在单位应当根据医务部门的证明，给予一定时间的产假。一般情况下，怀孕未满4个月流产的，享受15天产假；怀孕满4个月流产的，享受42天产假。产假期间，工资照发。

国家机关工作人员、企业事业单位职工，符合政策生育的，除享受国家规定的

90天产假外，女方增加产假60天，共可享受158天产假；男方享受护理假（即通常所说的"陪产假"）15天，比过去多了8天；接受节育手术的，按照规定享受休假。

4. 哺乳期的保护。女职工在哺乳期内，所在单位不得安排从事国家规定的第三级体力劳动强度的劳动和哺乳期禁忌从事的劳动，不得安排其延长工作时间和夜班劳动。哺乳期内禁忌从事作业场所中含法定有毒化学物质的劳动。女职工在哺乳期禁忌从事的劳动范围：孕期禁忌从事的劳动范围的第一项、第三项、第九项；作业场所空气中锰、氟、溴、甲醇、有机磷化合物、有机氯化合物等有毒物质浓度超过国家职业卫生标准的作业。

有不满1周岁婴儿的女职工，其所在单位应当在每班劳动时间内给予两次哺乳时间，每次30分钟。多胞胎生育的，每多哺乳一个婴儿，每次哺乳时间增加30分钟。女职工每班劳动时间内的两次哺乳时间，可以合并使用。哺乳时间和在本单位内哺乳往返途中的时间，算作劳动时间。

女职工比较多的单位，应当按照国家有关规定，以自办或者联办的形式，逐步建立女职工卫生室、孕妇休息室、哺乳室、托儿所、幼儿园等设施，并妥善解决女职工在生理卫生、哺乳、照料婴儿方面的困难。

第三节　未成年工的特殊劳动保护

一、未成年工的概念和特点

未成年工是指年满16周岁，未满18周岁的劳动者。未成年工的特殊保护是针对未成年工处于生长发育期的特点，以及接受义务教育的需要，采取的特殊劳动保护措施。包括限制就业年龄、限制工作时间、禁止从事某些作业、定期进行健康检查等特殊保护。具有以下特点：

（一）未成年工与未成年人或童工不同

未成年人是指未满18周岁的公民。童工是指未满16周岁，与单位或个人发生劳动关系，从事有经济收入的劳动或者从事个体劳动的少年、儿童。未成年工虽属于未成年人范畴，但他（她）并不是一般意义的未成年人，更不是童工。

未成年工是具有劳动权利能力和劳动行为能力的劳动者，能够充当劳动法律关系的主体。但是并非所有未成年人都能充当劳动法律关系主体。特别是童工未达到法定就业年龄，不具有劳动权利能力和劳动行为能力，不能充当劳动法律关系主体。未成年工充当劳动法律关系主体，享有与成年工不同的特殊权益，受法律特别保护。

（二）保护内容具有特殊性

未成年工在劳动中与用人单位依法形成诸多权利义务关系，未成年工享有的权益很多，但属于特殊保护的内容则由立法加以特别规定。因此，未成年工特殊劳动保护具有特殊性。

（三）保护方法具有适应性

未成年工正处在生长发育时期，人体器官尚未定型，身体一般不高，体力较弱，抵抗力不强，缺乏耐力，睡眠较多。这就决定必须根据未成工生长发育的特点，采取适宜的措施保护其在劳动过程中的安全和健康。

为维护未成年工的合法权益，保护其在生产劳动中的健康，根据《中华人民共和国劳动法》的有关规定，我国制定《未成年工特殊保护规定》，并于 1995 年 1 月 1 日起施行。1995 年 1 月 1 日开始实施的《中华人民共和国劳动法》第七章中特别规范了对未成年工的特殊保护。

二、未成年工的特殊保护的主要内容

（一）最低就业年龄的规定

1. 1973 年，国际劳工大会通过的《允许雇用的最低年龄公约》规定，参加工业劳动的最低年龄标准为 15 周岁。

2. 根据我国有关劳动制度规定，未成年工是指 16 周岁至 18 周岁的少年工人，也就是说，我国最低就业年龄为 16 周岁。对于某些特殊行业需要招收 16 周岁以下的人员时，需经劳动人事部门批准。而且还应保障未成年工接受义务教育的权利。

（二）对未成年工在劳动过程中的保护

1. 用人单位不得安排未成年工从事以下范围的劳动：

（1）《生产性粉尘作业危害程度分级》国家标准中第一级以上的接尘作业；

（2）《有毒作业分级》国家标准中第一级以上的有毒作业；

（3）《高处作业分级》国家标准中第二级以上的高处作业；

（4）《冷水作业分级》国家标准中第二级以上的冷水作业；

（5）《高温作业分级》国家标准中第三级以上的高温作业；

（6）《低温作业分级》国家标准中第三级以上的低温作业；

（7）《体力劳动强度分级》国家标准中第四级体力劳动强度的作业；

（8）矿山井下及矿山地面采石作业；

（9）森林业中的伐木、流放及守林作业；

（10）工作场所接触放射性物质的作业；

（11）有易燃易爆、化学性烧伤和热烧伤等危险性大的作业；

（12）地质勘探和资源勘探的野外作业；

（13）潜水、涵洞、涵道作业和海拔 3000 米以上的高原作业（不包括世居高原者）；

（14）连续负重每小时在 6 次以上并每次超过 20 公斤，间断负重每次超过 25 公斤的作业；

（15）使用凿岩机、捣固机、气镐、气铲、铆钉机、电锤的作业；

（16）工作中需要长时间保持低头、弯腰、上举、下蹲等强迫体位和动作频率每分钟大于 50 次的流水线作业；

（17）锅炉司炉。

2. 未成年工患有某种疾病或具有某些生理缺陷（非残疾型）时，用人单位不得安排其从事的劳动范围有：

《高处作业分级》国家标准中第一级以上的高处作业；《低温作业分级》国家标准中第二级以上的低温作业；《高温作业分级》国家标准中第二级以上的高温作业；《体力劳动强度分级》国家标准中第三级以上的体力劳动强度的作业；接触铅、苯、汞、甲醛、二硫化碳等易引起过敏反应的作业。

患有某种疾病或具有某些生理缺陷（非残疾型）的未成年工，是指有以下一种或一种以上情况者：心血管系统，先天性心脏病、克山病、收缩期或舒张期二级以上心脏杂音；呼吸系统，中度以上气管炎或支气管哮喘、呼吸音明显减弱、各类结核病、体弱儿，呼吸道反复感染者；消化系统，各类肝炎、肝、脾肿大、胃、十二指肠溃疡、各种消化道疝；泌尿系统，急、慢性肾炎、泌尿系感染；内分泌系统，甲状腺机能亢进、中度以上糖尿病；精神神经系统，智力明显低下、精神忧郁或狂暴；肌肉、骨骼运动系统，身高和体重低于同龄人标准、一个及一个以上肢体存在明显功能障碍、躯干 1/4 以上部位活动受限，包括强直或不能旋转；其他，结核性胸膜炎、各类重度关节炎、血吸虫病、严重贫血，其血色素每升低于 95 克（<9.5g/dL）。

（三）对未成年工进行定期健康检查

《未成年工特殊保护规定》对未成年工定期进行健康检查作了具体规定。

1. 用人单位对未成年工实行定期健康检查。（1）安排工作岗位之前；（2）工作满 1 年；（3）年满 18 周岁，距前一次的体检时间已超过半年。

2. 对未成年工进行健康检查，需按规定的《未成年工健康检查表》列出的项目检查，用人单位必须承担检查费用。未成年工在规定的健康检查期间，应算作工作时间，不得克扣其工资。

3. 用人单位应根据未成年工的健康检查结果安排其从事适合的劳动，对不能胜任原劳动岗位的，应根据医务部门的证明，予以减轻劳动量或安排其他劳动。

【案例 8 - 3】

未成年工享有健康检查的权利①

2010 年 3 月北京市劳动保障部门在全市范围内组织开展用人单位劳动用工情况专项执法大检查。在执法活动中发现某建筑企业对所雇佣的 3 名未成年工未依法按期进行健康体检。其行为已违反了《中华人民共和国劳动法》第 65 条"用人单位应当对未成年工定期进行健康检查"的规定。依据《劳动保障监察条例》第 23 条规定，随后北京市海淀区劳动监察大队依法对该单位处以 6000 元罚款。

（四）对未成年工的使用和特殊保护实行登记制度

国家对未成年工的使用和特殊保护实行登记制度。

用人单位招收使用未成年工，除符合一般用工要求外，还须向所在地的县级以上劳动行政部门办理登记。劳动行政部门根据《未成年工健康检查表》《未成年工登记表》，核发《未成年工登记证》。各级劳动行政部门须按《未成年工特殊保护规定》第 3、4、5、6 条的有关规定，审核体检情况和拟安排的劳动范围。未成年工须持《未成年工登记证》上岗。《未成年工登记证》由国务院劳动行政部门统一印制。

未成年工上岗前用人单位应对其进行有关的职业安全卫生教育、培训；未成年工体检和登记，由用人单位统一办理和承担费用。

县级以上劳动行政部门对用人单位执行本规定的情况进行监督检查，对违犯本规定的行为依照有关法规进行处罚。各级工会组织对本规定的执行情况进行监督。

【思考题】

1. 简述女职工经期、孕期、产期、哺乳期的劳动保护规定。

2. 简述女职工的特殊保护内容。

3. 简述未成年工禁止从事的工种。

4. 简述用人单位使用未成年工应履行的义务。

---

① 方莎、李斯怡：《劳动与社会保障法》，对外经济贸易大学出版社 2012 年版，第 156 页。

第九章

劳动争议处理制度

本章学习要点为，理解劳动争议的内涵和特征，掌握劳动争议调解、仲裁与诉讼制度的内容与形式。

为了妥善处理企业劳动争议，保障企业和职工的合法权益，维护正常的生产经营秩序，发展良好的劳动关系，促进改革开放的顺利发展，《中华人民共和国劳动争议调解仲裁法》已由中华人民共和国第十届全国人民代表大会常务委员会第三十一次会议于 2007 年 12 月 29 日通过，全文共四章五十四条，自 2008 年 5 月 1 日起施行，进一步丰富和完善了我国的劳动争议处理制度。

【案例 9 - 1】

员工可否拒绝冒险作业？①

周某是某铁矿厂的职工，在采矿场进行爆破作业时，由于周某装了炸药的炮眼没有爆破，等了几分钟，矿方负责人认为是瞎炮，让周某进入作业面继续作业。周某怕出意外，拒绝进入采矿面，导致未能完成当天的采矿任务，矿方以此为由，扣发周某当天的工资以及当月的奖金。周某不服，向当地劳动争议仲裁机构提请仲裁，要求该矿厂补发被扣工资和当月的奖金。劳动争议仲裁机构会支持周某的请求吗？

仲裁机构应支持周某的请求。我国《劳动法》第 52 条规定："用人单位必须建立、健全劳动安全卫生制度，严格执行国家劳动安全卫生规程和标准，对劳动者进行劳动安全卫生教育，防止劳动过程中的事故，减少职业危害。"该法第 56 条规定："劳动者对用人单位管理人员违章指挥、强令冒险作业，有权拒绝执行。"本案中，周某在采矿场进行爆破作业时，装了炸药的炮眼没有爆破，该炮眼存在随时发生爆破的危险，因此，周某有权拒绝矿方负责人强令其冒险作业的要求。矿方不得以此为由

---

① 蒲春平、唐正彬：《劳动法与社会保障法》，航空工业出版社 2013 年版，第 170 页。

扣发周某当天的工资以及当月的奖金。

第一节　劳动争议概述

一、劳动争议的概念

劳动争议的概念有广义和狭义之分。广义上的劳动争议是以劳动关系为中心所发生的一切争议，包括因劳动合同、劳动者保护及保险、劳动者与国家等关系而产生的纷争。[①] 我国采用的是狭义的劳动争议概念，一般是指劳动关系双方当事人之间因享有劳动权利、履行劳动义务所发生的争议，具体指劳动者与用人单位之间，在劳动法的范围内，因适用国家法律、法规和订立、履行、变更、终止劳动合同以及其他与劳动关系直接相联系的问题而引起的纠纷。[②]

可见，劳动争议的主体必须是劳动关系的双方当事人，即用人单位和劳动者；劳动争议的内容是用人单位和劳动者间的劳动权利义务关系；劳动争议的客体必须是劳动法律、法规等调整范围内的因劳动权利和劳动义务而产生的劳动纠纷，如劳动报酬和保险福利待遇的保障问题、劳动合同变更、解除、终止劳动合同的纠纷、劳动保护和职业培训引发的争议、法律意识淡薄引发的争议等。

【案例 9 – 2】

员工分期付款，是劳动争议还是借贷纠纷[③]

2004 年 1 月 24 日，王某与在外国注册的某公司签订劳动合同，在该公司的中国办事处工作。2005 年 6 月 20 日，双方签订劳动合同补充协议：鉴于王某系公司的高级雇员，为鼓励王某全身心投入工作，公司为王某提供 848000 元人民币的住房资金，王某购房后每月向公司支付住房资金的 1/240（即人民币 3535 元），公司期望并经王某本人同意，合同至少履行 10 年。

2010 年 7 月 17 日，公司决定解除与王某的劳动合同，王某对此不能接受。在双方交涉期间，公司向法院起诉，要求王某偿还全部住房资金。王某以本案属于劳动争议，未经劳动仲裁不应直接向法院起诉为由提出管辖异议。同年 11 月 5 日，王某提

---

① 史尚宽：《劳动法原论》，正大印书馆 1934 年版，第 241 页。
② 关怀：《劳动法》，中国人民大学出版社 2006 年版，第 354 页。
③ 蒲春平、唐正彬：《劳动法与社会保障法》，航空工业出版社 2013 年版，第 195 页。

起劳动仲裁。劳动仲裁委员会立案后经审理认为，公司系在外国注册成立，不具备我国企业法人的主体资格，于是以该劳动争议不适用《劳动法》调整为由驳回王某的仲裁请求。

法院在审理过程中形成两种观点：第一种观点认为，王某未在发生劳动争议之日起 60 日内提出劳动仲裁，因此双方的劳动关系已经解除，本案属于借款纠纷，王某应返还公司的全部购房款及银行同期利息。第二种观点认为，尽管王某未在发生劳动争议之日起 60 日内提出劳动仲裁，本案仍属于劳动争议案件，没有经过劳动仲裁委员会的仲裁，法院不能受理。

问题：对于法院在审理过程中形成的两种观点，你比较赞同哪一种？为什么？

【案例分析】通过分析本案案情可知，双方当事人之间法律关系的性质和内容都属于劳动争议，在程序上应当先进行劳动仲裁，在实体上应当适用我国《劳动法》。因此，第二种观点更加合理。

有关住房资金的规定在双方达成劳动合同补充协议中。补充协议明确了公司为王某提供住房资金的前提条件是王某系公司的高级雇员、公司至少聘用 10 年，并且在该协议中约定了该资金的归还时间和方式。这表明关于住房资金的全部内容都是以双方的劳动权利和义务为依据的。王某的住房资金作为一项福利待遇，是公司为王某履行劳动合同而提供的，是公司应当履行的劳动义务；王某得到住房资金是履行劳动合同义务后应当享受的劳动权利。无论是补充协议中为提供住房资金设定的前提——王某系公司的高级雇员，还是补充协议为住房资金设定的条件——王某不得在 10 年期满之前辞职，都是劳动关系的内容。

就本案的直接诉因而言，是由于公司单方面解除双方劳动合同所致，这本身就是劳动争议事项。就本案的实体内容看，住房资金是王某的劳动福利权，我国《企业劳动争议处理条例》第 2 条明确规定，用人单位与劳动者因福利待遇发生的争议为劳动争议。

就法院而言，不能因为提请劳动仲裁的时效已过，就可以将劳动争议作为借款纠纷来审理；就当事人而言，作为一方当事人的公司不能因为另一方当事人王某未在劳动仲裁时效期内提出劳动仲裁，便有了将劳动仲裁作为借款纠纷起诉的权利。否则，必然会导致案件审理中的麻烦，因为本案的审理必然涉及双方劳动合同签订、履行和终止的事实，尤其要涉及劳动合同中关于"公司期望并经王某本人同意合同至少履行 10 年"的约定。王某可以根据这一约定提出反诉，请求公司继续履行劳动合同。如果法院以劳动仲裁时效已过为由，对这一部分不予审理，这便产生了另一个后果，即双方当事人的诉权是不平等的：在公司提起的诉讼中，王某只有应诉的义务，没有主张权利的可能。

二、劳动争议的种类

依据不同的标准，劳动争议可以划分为不同的种类。

（一）按争议标的划分

根据争议标的的不同，劳动争议可以分为权利争议和利益争议。

德国、英国、奥地利等国家均将劳动争议划分为权利争议和利益争议。权利争议（right disputes），涉及权利保障的纠纷，一般指在劳动合同或者企业规则中，有违反法律或者不执行法律的因素，导致劳动者的权利受到侵犯而引起的争议。权利争议因涉及的是法律问题，一般通过调解、仲裁或诉讼程序解决。利益争议（interest disputes），涉及利益保障的纠纷，指劳动者和用人单位基于经济方面的利益，为了建立新的集体协议条件和法律基准而产生的纠纷。利益争议的解决，一般在政府的干预下由双方当事人协商解决。

（二）按合同种类划分

根据合同种类的不同，劳动争议可以分为个别劳动合同争议和集体劳动合同争议。

个别劳动合同争议，是指单个劳动者和用人单位基于劳动机制、劳动合同而发生的劳动纠纷。集体劳动合同争议，指用人单位与工会之间因集体合同而发生的争议，是关于集体合同的争议，争议的一方劳动者由工会代表，涉及全体劳动者的整体利益。

（三）按劳动者一方争议人数划分

根据劳动者一方争议人数的不同，可以分为个人争议和集体争议。

个人争议，指单个职工与用人单位之间发生的劳动纠纷。集体争议，也称多人争议（一般为3人以上），指多个职工基于共同理由与用人单位发生的劳动纠纷。个人劳动争议的处理适用一般程序，集体争议的处理适用特别程序，并且职工一方必须推举代表参加处理活动。《企业劳动争议处理条例》第5条规定，发生劳动争议的职工一方在3人以上，并有共同理由的，应当推举代表参加调解或者仲裁。

（四）根据当事人国籍的不同，可以分为国内劳动争议与涉外劳动争议

国内劳动争议是指具有中国国籍的劳动者与用人单位之间发生的争议；涉外劳动争议是指劳动关系当事人双方或一方具有外国国籍或无国籍的劳动争议。处理涉外劳动争议，根据国际通行的准据法原则，应当适用用人单位所在国法律。

三、劳动争议处理的原则

劳动争议处理的原则，是指在劳动争议处理过程中必须遵循的基本准则。它始终贯穿于劳动争议处理的每一个程序之中，它所体现的是国家劳动立法关于劳动争议处理的指导思想。我国《劳动法》第 78 条规定："解决劳动争议，应当根据合法、公正、及时处理的原则，依法维护劳动争议当事人的合法权益。"为了妥善处理企业劳动争议，保障企业和职工的合法权益，维护正常的生产经营秩序，发展良好的劳动关系，促进改革开放的顺利发展，解决劳动争议，应当根据事实，遵循合法、公正、及时、着重调解的原则，依法保护当事人的合法权益。根据以上法律法规的规定，处理劳动争议应当遵循以下原则：

（一）着重调解，及时处理原则

调解，是指在尊重当事人自愿的前提下，由第三方主持，依法劝说争议双方当事人通过协商，在互谅互让的基础上达成协议，消除争议的一种方法。[1] 调解作为解决劳动争议的基本手段，贯穿于劳动争议处理的全过程。调解有利于减少当事人的心理对抗，避免在解决争议的过程中加剧双方的隔阂和对立，有利于促进当事人之间的和睦相处，较快地终结诉讼，减少解决争议的成本。

在我国劳动争议处理的方式有协商、调解、仲裁、诉讼等几种途径。在每一种解决途径中，都须以调解为解决争议的基本指导思想。劳动争议发生后，用人单位和劳动者协商不能解决的情况下，应该向企业劳动争议调解委员会申请调解或者向劳动争议仲裁委员会申请仲裁，无论是调解委员会还是仲裁委员会都应该在当事人双方自愿的基础上，首先进行调解，在查明事实的基础上促使当事人双方自愿达成协议。协议内容不得违反法律、法规。尽量以和平的方式解决争议，只有在调解不成时，才能做出裁决。当事人对仲裁不服的，起诉到法院，人民法院在不同的审判阶段都应先调解，调解不成时，才能做出判决。总之，劳动争议处理过程中，应该在当事人自愿的基础上着重调解，尽量避免当事人有激化矛盾的行为。

及时处理原则，是指劳动争议处理机构受理劳动争议案件后，应当在法律、法规规定的时限内迅速处理结案，消除纠纷，不能拖延。[2] 及时处理原则是效率原则在劳动争议处理过程中的体现，表现在：（1）调解委员会调解劳动争议，应当自当事人申请调解之日起 30 日内结束；到期未结束的，视为调解不成。调解不成的，当事人从知道或者应当知道其权利被侵害之日起 6 个月内，可以书面形式向劳动争议仲裁委

---

① 郭捷：《劳动与社会保障法》，中国政法大学出版社 2004 年版，第 220 页。
② 郭捷：《劳动与社会保障法》，中国政法大学出版社 2009 年版，第 234 页。

员会申请仲裁。(2) 仲裁委员会应当自收到申诉书之日起 7 日内做出受理或者不予受理的决定。仲裁委员会决定受理的，应当自作出决定之日起 7 日内，将申诉书的副本送达被诉人，并组成仲裁庭；决定不予受理的，应当说明理由。仲裁庭处理劳动争议，应当自组成仲裁庭之日起 60 日内结束。案情复杂需要延期的，经报仲裁委员会批准，可以适当延期，但是延长的期限不得超过 30 日。仲裁委员会调解未达成协议或者调解书送达前当事人反悔的，仲裁庭应当及时裁决。(3) 当事人对仲裁裁决不服的，自收到裁决书之日起 15 日内，可以向人民法院起诉，人民法院应该根据《民事诉讼法》的相关规定，及时受理，及时审查做出处理决定，及时结案。(4) 当事人对发生法律效力的调解书、裁决书和判决书，应当依照规定的期限履行。一方当事人逾期不履行的，另一方当事人可以申请人民法院强制执行，人民法院应当及时审查、处理，以保证劳动争议案件的及时解决。

(二) 查清事实基础上依法公正处理的原则

查清事实基础上依法公正处理的原则，要求劳动争议处理机构必须以事实为依据，严格按照法律规定，公正地处理劳动争议。首先，劳动争议处理机构在处理劳动争议的过程中，必须以事实为依据，实事求是，认真地进行调查研究，搜集和审查证据，全面、客观地了解争议的事实和真相。"没有调查就没有发言权"，无论是调解、仲裁还是审判，只有在全面调查案件事实的基础上，严格依照实体法和程序法的规定正确适用法律，才能做出公正的处理决定。其次，劳动争议处理机构必须依法处理劳动争议，即要求劳动争议处理机构同时遵循劳动实体法和程序法的规定，来处理劳动争议。这里的实体法和程序法，既包括劳动法律、法规的规定，也包括劳动合同或集体合同中的有效约定和合法的企业内部规章。最后，劳动争议处理机构应站在公正的立场，对争议双方当事人在适用法律上一律平等，一视同仁，对任何一方都不得偏袒或歧视，对任何一方都给以同等保护，任何用人单位和劳动者都不得享有超越法律的特权。公正原则要求劳动争议处理机构，对争议相关事实做出公正的判断，恰当地运用解决争议的法律依据，做到适用法律一律平等。为了保证劳动争议处理的公正性，切实维护劳动者的合法权益，在劳动争议处理时还要坚持"三方原则"，即在劳动争议处理机构中应当由用人单位、劳动者和政府主管部门三方的代表参加共同协商、共同做出处理决定。

(三) 当事人法律地位平等原则

当事人法律地位平等原则，是指争议双方当事人在法律面前是平等的，任何用人单位和劳动者都没有超越法律的特权。[①] 在履行劳动合同的过程中，用人单位和劳动

---

① 郭捷：《劳动法学》，中国政法大学出版社 2007 年版，第 282 页。

者是管理和被管理、指挥和被指挥的关系，用人单位在经济上存在明显的优势地位，劳动者在劳动争议中往往处于劣势，为了公平起见，有必要通过程序的公正最终实现结果的公正，因此，在劳动争议处理的过程中，法律规定无论是调解、仲裁还是法院审判，用人单位和劳动者在适用法律上一律平等。

四、劳动争议的受案范围

准确地界定劳动争议的受案范围是劳动争议处理的前提。中华人民共和国境内的用人单位与劳动者发生的下列劳动争议，适用《劳动争议调解仲裁法》：因确认劳动关系发生的争议；因订立、履行、变更、解除和终止劳动合同发生的争议；因除名、辞退和辞职、离职发生的争议；因工作时间、休息休假、社会保险、福利、培训以及劳动保护发生的争议；因劳动报酬、工伤医疗费、经济补偿或者赔偿金等发生的争议；法律、法规规定的其他劳动争议。

我国劳动争议的范围主要包括以下类型：

（一）因企业开除、除名、辞退职工和职工辞职、自动离职发生的争议

"辞退职工"既包括因违纪被企业辞退的职工，也包括国家和地方劳动法规规定的因其他原因予以辞退的职工。企业开除、除名职工应发给通知书，辞退职工应发给证明书。职工对此不服，申请仲裁，应提供该通知书或证明书。如遇特殊情况，职工无法得到此类通知书，也可提供其他形式的书面材料（如旁证、自述），仲裁委员会应酌情决定其可否作为受理案件的依据。"职工"是指按照国家和地方法律、法规的规定，依法与企业确立劳动关系的劳动者。包括企业的管理人员、专业技术人员和工人以及外籍员工等全体人员。

（二）因执行国家有关工资、保险、福利、培训、劳动保护的规定发生的争议

这里的"工资"是指按照国家统计局规定应统计在职工工资总额中的各种劳动报酬，包括标准工资、有规定标准的各种奖金、津贴和补贴。"保险"是指社会保险，包括工伤保险、医疗保险、生育保险、待业保险、养老保险和病假待遇、死亡丧葬抚恤等社会保险待遇。"福利"是指用人单位用于补助职工及其家属和举办集体福利事业的费用，包括集体福利、职工上下班交通补助费、探亲路费、取暖补贴、生活困难补助费等。"培训"是指职工在职期间（含转岗）的职业技术培训，包括在各类专业学校（职业技术学校、职工学校、技工学校、高等院校等）和各种职业技术训练班、进修班的培训及与其相关的培训合同、培训费用等。"劳动保护"是指为保障劳动者在劳动过程中获得适宜的劳动条件而采取的各项保护措施，包括工作时间和休息时

间、休假制度的规定，各项保障劳动安全与卫生的措施，女职工的劳动保护规定，未成年人的劳动保护规定等。

（三）因履行劳动合同发生的争议

因履行劳动合同发生的争议，包括因执行、变更、解除、终止劳动合同发生的争议。

（四）法律、法规规定应当依照本条例处理的其他劳动争议

这里所说的规定包括法律、法规、规范性文件。

根据 2001 年最高人民法院审判委员会第 1165 次会议通过的《最高人民法院关于审理劳动争议案件适用法律若干问题的解释》第 1 条和第 2 条对劳动争议的范围作了补充：劳动者与用人单位之间发生的下列纠纷，属于《劳动法》第 2 条规定的劳动争议，当事人不服劳动争议仲裁委员会作出的裁决，依法向人民法院起诉的，人民法院应当受理：

1. 劳动者与用人单位在履行劳动合同过程中发生的纠纷。

2. 劳动者与用人单位之间没有订立书面劳动合同，但已形成劳动关系后发生的纠纷。

3. 劳动者退休后，与尚未参加社会保险统筹的原用人单位因追索养老金、医疗费、工伤保险待遇和其他社会保险费而发生的纠纷。

4. 劳动争议仲裁委员会以当事人申请仲裁的事项不属于劳动争议为由，作出不予受理的书面裁决、决定或者通知，当事人不服，依法向人民法院起诉的，人民法院应当分别情况予以处理：

（1）属于劳动争议案件的，应当受理；

（2）虽不属于劳动争议案件，但属于人民法院主管的其他案件，应当依法受理。

2006 年 7 月 10 日最高人民法院审判委员会第 1393 次会议通过的《最高人民法院关于审理劳动争议案件适用法律若干问题的解释（二）》对劳动争议的范围又作了最新解释：

1. 拖欠工资争议，劳动者申请仲裁时劳动关系仍然存续，用人单位以劳动者申请仲裁超过 60 日为由主张不再支付的，人民法院不予支持。但用人单位能够证明劳动者已经收到拒付工资的书面通知的除外。

2. 劳动者以用人单位的工资欠条为证据直接向人民法院起诉，诉讼请求不涉及劳动关系其他争议的，视为拖欠劳动报酬争议，按照普通民事纠纷受理。

3. 用人单位和劳动者因劳动关系是否已经解除或者终止，以及应否支付解除或终止劳动关系经济补偿金产生的争议，经劳动争议仲裁委员会仲裁后，当事人依法起

诉的，人民法院应予受理。

4. 劳动者与用人单位解除或者终止劳动关系后，请求用人单位返还其收取的劳动合同定金、保证金、抵押金、抵押物产生的争议，或者办理劳动者的人事档案、社会保险关系等移转手续产生的争议，经劳动争议仲裁委员会仲裁后，当事人依法起诉的，人民法院应予受理。

5. 劳动者因为工伤、职业病，请求用人单位依法承担给予工伤保险待遇的争议，经劳动争议仲裁委员会仲裁后，当事人依法起诉的，人民法院应予受理。

6. 用人单位不履行劳动争议仲裁委员会作出的预先支付劳动者部分工资或者医疗费用的裁决中的给付义务，劳动者依法向人民法院申请强制执行的，人民法院应予受理。

《最高人民法院关于审理劳动争议案件适用法律若干问题的解释（二）》第一次明确界定了哪些纠纷不属于劳动争议，使得劳动争议的范围更加清晰：

（1）劳动者请求社会保险经办机构发放社会保险金的纠纷；

（2）劳动者与用人单位因住房制度改革产生的公有住房转让纠纷；

（3）劳动者对劳动能力鉴定委员会的伤残等级鉴定结论或者对职业病诊断鉴定委员会的职业病诊断鉴定结论的异议纠纷；

（4）家庭或者个人与家政服务人员之间的纠纷；

（5）个体工匠与帮工、学徒之间的纠纷；

（6）农村承包经营户与受雇人之间的纠纷。

7. 当事人不服劳动争议仲裁委员会作出的预先支付劳动者部分工资或者医疗费用的裁决，向人民法院起诉的，人民法院不予受理。

五、劳动争议的处理途径

根据《劳动法》第 77 条规定："用人单位与劳动者发生劳动争议，当事人可以依法申请调解、仲裁、提起诉讼，也可以协商解决。"根据《劳动法》第 79 条规定，《劳动争议调解仲裁法》第 4、5 条规定：发生劳动争议，劳动者可以与用人单位协商，也可以请工会或者第三方共同与用人单位协商，达成和解协议。当事人不愿协商、协商不成或者达成和解协议后不履行的，可以向调解组织申请调解；不愿调解、调解不成或者达成调解协议后不履行的，可以向劳动争议仲裁委员会申请仲裁；对仲裁裁决不服的，除本法另有规定的外，可以向人民法院提起诉讼。

根据以上法律法规的规定，我国劳动争议有以下处理方式：协商、调解、仲裁、诉讼。

（一）协商

协商，也即和解，是指在发生劳动争议后，用人单位和劳动者在双方完全自愿的基础上，通过协商达成共识，自行解决劳动争议。劳动争议产生后，双方当事人可以自愿协商解决争议，通过充分的协商，既可以快速高效的解决问题，又可以彼此不伤感情，有利于以后的和睦相处。

但是，当事人双方自行协商不是解决劳动争议的必经程序。提倡当事人双方通过协商解决争议，但任何一方或他方不得强迫用人单位和劳动者必须协商。如果用人单位和劳动者有一方或双方都不愿意协商或者协商不成时，当事人可以向本单位劳动调解委员会申请调解或者直接向劳动争议仲裁委员会申请仲裁，及时解决劳动争议。

（二）调解

我国《劳动法》第77条规定："调解原则适用于仲裁和诉讼程序。"第80条规定："在用人单位内，可以设立劳动争议调解委员会。劳动争议调解委员会由职工代表、用人单位代表和工会代表组成。劳动争议调解委员会主任由工会代表担任。劳动争议经调解达成协议的，当事人应当履行。"可见，调解是解决劳动争议的基本原则，广义上的调解除了用人单位劳动争议调解委员会进行的调解外，还包括劳动争议仲裁委员会进行的调解和人民法院进行的调解。狭义的调解，仅指用人单位调解委员会的调解。这里的调解，是狭义的调解。

（三）仲裁

仲裁，又称为公断，是指对某一事件、某一问题发生争议的双方当事人，在争议发生前约定，或者在争议发生后协商确定，或者根据法律规定，将争议自愿或者依法必须交由无利害关系的第三人或法律所指定的机构，依法进行调解、斡旋，直至按照法定的程序进行判断、裁决。合法生效的仲裁具有强制执行性，当事人必须执行，否则，当事人可以申请强制执行从而使争议得以解决。[①] 劳动争议仲裁是仲裁的一种，指经劳动争议当事人申请，由劳动争议仲裁委员会对劳动争议当事人因劳动权利和劳动义务等问题产生的争议进行的评价、调解和裁决，其生效裁决具有国家强制力的一种劳动争议处理方式。劳动争议仲裁委员会由劳动行政部门代表、同级工会代表、用人单位方面的代表组成。劳动争议仲裁委员会主任由劳动行政部门代表担任。提出仲裁要求的一方应当自劳动争议发生之日起60日内向劳动争议仲裁委员会提出书面申

---

① 郭捷：《劳动法学》，中国政法大学出版社2007年版，第282页。

请。仲裁裁决一般应在收到仲裁申请的 60 日内作出。对仲裁裁决无异议的，当事人必须履行。

为实现劳动仲裁办案规范化，保证办案质量，及时正确地处理劳动争议，根据《中华人民共和国企业劳动争议处理条例》（以下简称《条例》），制定了《劳动争议仲裁委员会办案规则》。根据该规则第 3 条的规定，劳动争议仲裁委员会（以下简称"仲裁委员会"）处理劳动争议案件，必须遵守国家法律、法规、规章和政策，查明事实，先行调解，调解不成时，及时裁决。对当事人适用法律一律平等。劳动争议仲裁是劳动争议处理的必经程序。

（四）诉讼

我国《劳动法》第 83 条规定："劳动争议当事人对仲裁裁决不服的，可以自收到仲裁裁决书之日起十五日内向人民法院提起诉讼。一方当事人在法定期限内不起诉又不履行仲裁裁决的，另一方当事人可以申请人民法院强制执行。"根据法条的规定，对仲裁裁决不服的劳动争议当事人，在法定期限 15 日内，可以向人们法院起诉，由人民法院对劳动争议作最终的解决。人民法院的审判是我国劳动争议解决的最后途径。

劳动争议诉讼，是指人民法院在劳动者和用人单位及其他参与人的参加下解决劳动争议的司法活动。在我国没有设立专门的劳动法院、劳动法庭，也没有专门解决劳动争议的诉讼程序法，因此，劳动争议诉讼是完全按照民事诉讼的程序进行的。一般而言，完整的劳动争议诉讼和一般的民事诉讼一样主要包括这样几个环节：当事人起诉、人民法院受理、案件审理前的准备、开庭审理、裁判、上诉、执行或者强制执行。这些环节是一个完整的劳动争议诉讼经历的全部阶段，各个阶段必须依次进行，不能逾越。我国实行两审终审的司法体制，当事人对一审判决不服，在法定期限内可以上诉，上诉法院作出的裁判是终局判决，当事人必须执行。一方当事人在法定期限内不上诉的，另一方当事人可以申请人民法院强制执行。

六、集体劳动争议的解决方式

集体劳动争议广义解释则包括集体劳动合同争议和集体争议。集体劳动合同争议，指用人单位与工会之间因集体合同而发生的争议，是关于集体合同的争议，争议的一方劳动者由工会代表，涉及全体劳动者的整体利益。

发生劳动争议的劳动者一方在 10 人以上，并有共同请求的，可以推举代表参加调解、仲裁或者诉讼活动。我国《劳动法》第 84 条规定，因签订集体合同发生争议，当事人协商解决不成的，当地人民政府劳动行政部门可以组织有关各方协调处理。因履行集体合同发生争议，当事人协商解决不成的，可以向劳动争议仲裁委员会申请仲裁；对仲裁裁决不服的，可以自收到仲裁裁决书之日起 15 日内向人民法院提起诉讼。

可见，因为集体劳动合同而发生的劳动争议，可以通过协商、调解、仲裁和诉讼解决，与个别劳动合同争议的解决不同之处在于争议的一方劳动者由工会代表，工会参与劳动争议的解决。因签订集体合同发生争议，用人单位工会可以就解决争议问题与用人单位平等协商，协商解决不成的，用人单位工会应当提请上级工会协同政府劳动行政部门协调处理；因履行集体劳动合同而发生的争议，当事人双方可以协商解决，协商不成的，工会可以向劳动争议仲裁委员会申请仲裁，对仲裁裁决不服的，可以自收到仲裁裁决书之日起 15 日内向人民法院提起诉讼。

集体争议，也称多人争议（一般为 3 人以上），指多个职工基于共同理由与用人单位发生的劳动纠纷。根据《企业劳动争议处理条例》第 5 条规定，发生劳动争议的职工一方在 3 人以上，并有共同理由的，应当推举代表参加调解或者仲裁。集体争议的处理适用特别程序，根据《劳动争议仲裁委员会办案规则》，集体劳动争议职工一方应当推举代表参加处理活动，参加仲裁的人数，由仲裁委员会根据该争议涉及的人数来确定 30 人以上的集体争议，由 3 个以上仲裁员组成仲裁庭审理，必要时可以组成特别仲裁庭，依就近就地的原则处理或者交由上级仲裁委员会处理。

第二节　劳动争议调解制度

一、调解的定义

调解是解决劳动争议的基本原则，广义上的调解除了用人单位劳动争议调解委员会进行的调解外，还包括劳动争议仲裁委员会进行的调解和人民法院进行的调解。狭义的调解，仅指用人单位调解委员会的调解。这里的调解，是狭义的调解。

用人单位调解委员会的调解，是指劳动争议发生后，在第三方用人单位调解委员的主持下，通过劝说、说服、协调等方法调解用人单位和劳动者的矛盾，使劳动争议化解于双方当事人的相互谅解中。企业调解由特定的机构企业内部设立的调解委员会进行，调解的内容也具有特定性，根据《企业劳动争议调解委员会组织及工作规则》第 3 条的规定，调解委员会依法调解企业与职工之间发生的下列劳动争议：（1）因企业开除、除名、辞退职工和职工辞职、自动离职发生的争议；（2）因执行国家有关工资、社会保险、福利、培训、劳动保护的规定发生的争议；（3）因履行劳动合同发生的争议；（4）法律、法规规定应当调解的其他劳动争议。企业调解，即是由企业调解委员会依照法定程序，在法律规定的可以调解解决的争议范围内，通过劝说、说服、协调等方法化解用人单位和劳动者的矛盾的一种争议解决方式。

为保障用人单位劳动争议调解委员会（以下简称调解委员会）及时、有效地开展工作，妥善处理劳动争议，根据《企业劳动争议处理条例》，制定了《企业劳动争议调解委员会组织及工作规则》。根据该规则第5条规定的精神，调解委员会调解劳动争议应当以当事人双方自愿申请为前提，不得强迫当事人的意愿，当事人有选择协商、调解或是仲裁的权利；在当事人自愿申请调解后，调解委员会应当以事实为依据，及时调解，及时结案，不得拖延；调解过程中，对当事人在适用法律上应该一律平等，不得偏袒任何一方，任何一方不得享有特权；调解委员会应当与当事人进行民主协商，不得把自己的意见强加给当事人，更不得强迫当事人接受调解意见；用人单位调解委员会的调解不是解决劳动争议的必经程序，调解不成或者当事人对调解反悔的，应当及时告知当事人在法定时效内，申请仲裁的权利。

二、劳动争议的企业调解委调解与仲裁调解、法院调解的关系

（一）相同点

1. 都是以说服教育、劝导的方式，促使劳动争议双方当事人在分清是非、民主协商的基础上达成协议。

2. 都必须遵循当事人自愿的原则，是否愿意调解、调解是否达成协议，完全由当事人自主决定。

3. 都必须在查明事实、分清是非的基础上，依照法律进行调解。

4. 调解的目的都是为了及时迅速地解决劳动争议，建立和谐的劳动关系。

（二）不同点

1. 企业劳动争议调解委的调解。《企业劳动争议处理条例》第7条规定："企业可以设立劳动争议调解委员会，调解委员会负责调解本企业发生的劳动争议。"与劳动争议仲裁委受理劳动争议的范围相同，即：（1）因企业开除、除名、辞退职工和职工辞职、自动离职发生的争议；（2）因执行国家有关工资、社会保险、福利、培训、劳动保护的规定而发生的争议；（3）因履行劳动合同发生的争议；（4）法律法规规定应当调解的劳动争议。企业劳动争议的调解是群众性调解，不是法定的处理程

序，也不具备法律上的强制力。企业劳动争议调解委员会调解形成的调解协议书，不具有法律效力。

2. 仲裁调解，是指劳动争议案仲裁委受理劳动争议案件后，作出仲裁裁决前进行的协商、调和以解决劳动争议的活动和制度。仲裁调解必须在仲裁委、仲裁庭主持下进行。仲裁调解贯穿于劳动争议仲裁的全过程。仲裁调解原则：一是自愿原则。二是查明事实、分清是非。三是仲裁调解应先行，不经调解不得裁决。仲裁调解达成后：第一，当事人不得再以同一理由向劳动争议仲裁委申诉；第二，当事人不得向法院起诉；第三，当事人可以请求法院强制执行。

3. 法院调解。法院调解与劳动争议仲裁委调解基本相同，不同点在于，仲裁程序上的调解是仲裁的必经程序，而诉讼程序上的调解则不是必经程序，法院审理劳动争议案件应当而不是必须调解。

三、劳动争议的调解机构

（一）劳动争议调解机构的内涵

劳动争议的调解机构是在企业内部设立的专门调解企业劳动争议的组织，负责本企业发生的劳动争议的调解。发生劳动争议，当事人可以到下列调解组织申请调解：企业劳动争议调解委员会、依法设立的基层人民调解组织、在乡镇、街道设立的具有劳动争议调解职能的组织。

（二）劳动争议调解机构的构成

企业劳动争议调解委员会由职工代表和企业代表组成。职工代表由工会成员担任或者由全体职工推举产生，企业代表由企业负责人指定。企业劳动争议调解委员会主任由工会成员或者双方推举的人员担任。

调解委员会组成人员的具体人数由职工代表大会提出并与企业法定代表人协商确定。企业代表的人数不得超过调解委员会成员总数的1/3。调解委员会主任由企业工会代表担任。劳动争议调解组织的调解员应当由公道正派、联系群众、热心调解工作，并具有一定法律知识、政策水平和文化水平的成年公民担任。

调解委员会委员调离本企业或需要调整时，应由原推选单位或组织按规定另行推举或指定。调解委员会委员名单应报送地方总工会和地方仲裁委员会备案。兼职的调解委员会参加调解活动，需要占用生产或工作时间，企业应予支持，并按正常出勤对待。企业应支持企业调解委员会的工作，并在物质上给予帮助。调解委员会的活动经费由企业承担。

劳动争议调解委员会的三方组成决定了它既非司法机关，也非行政机构，而是用人单位内部依法成立的专门处理劳动争议的群众组织，只调解本单位内的劳动争议，是用人单位职工对本单位的劳动关系实行自我管理、自我调节、自我化解的自治性组织。[①]

（三）劳动争议调解委员会的职责

劳动争议调解委员会的职责，第一，是对职工进行劳动法律、法规的宣传教育，做好劳动争议的预防工作。第二，调解委员会应建立必要的工作制度，做好调解的登记、档案管理和分析统计工作，为劳动争议的解决做好准备工作。第三，调解委员会调解劳动争议应当遵循当事人双方自愿原则，调解本企业内发生的劳动争议。调解对象主要包括因企业开除、除名、辞退职工和职工辞职、自动离职发生的争议、因执行国家有关工资、社会保险、福利、培训、劳动保护的规定发生的争议、因履行劳动合同发生的争议以及法律、法规规定应当调解的其他劳动争议。第四，经调解达成协议后，调解委员会应当制作调解协议，并且负责检查、督促争议双方当事人履行调解协议。第五，调解不成的，调解委员会应当告知双方当事人在规定的期限内，可以向劳动争议仲裁委员会申请仲裁。

四、劳动争议调解的程序

劳动争议调解的程序，是指劳动争议调解委员会调解劳动争议，依照有关法律、法规的规定必须遵循的步骤、时限、顺序等过程。《企业劳动争议处理条例》和《企业劳动争议调解委员会组织及工作细则》对调解程序作了具体而明确的规定，调解委员会受理、调解和终止调解劳动争议案件都必须以此程序进行。

（一）申请

《劳动争议调解仲裁法》第 12 条规定："当事人申请劳动争议调解可以书面申请，也可以口头申请。口头申请的，调解组织应当当场记录申请人基本情况、申请调解的争议事项、理由和时间。"

申请调解是当事人的权利，是指劳动争议发生后，当事人以一定方式向劳动争议调解委员会提出的调解请求。当事人一方如果认为通过调解可以解决劳动争议，则可以向企业劳动争议调解委员会明确提出申请。

申请是调解委员会作出是否受理决定的前提，任何人不得非法干涉、限制和剥夺当事人申请调解的自由。

---

① 郭捷：《劳动与社会保障法》，中国政法大学出版社 2004 年版，第 222 页。

根据《企业劳动争议调解委员会组织及工作细则》第 14 条的规定，当事人申请调解，应当自知道或应当知道其权利被侵害之日起 30 日内，以口头或书面形式向调解委员会提出申请，并填写《劳动争议调解申请书》。

在知道或者应当知道权利被侵害之日起 30 日内，当事人可以口头或者书面的形式向调解委员会提出申请，不管采取何种方式，申请人必须与劳动争议有直接的利害关系，有明确的相对人和具体的调解请求、事实和理由。

调解委员会接到调解申请后，应征询对方当事人的意见，对方当事人不愿调解的，应做好记录，在 3 日内以书面形式通知申请人。申请人接到对方当事人不愿调解的通知书后，可以在法定期限内向劳动争议仲裁委员会申请仲裁。

（二）受理

受理是指企业劳动争议调解委员会在收到劳动争议当事人提出的申请后，对申请进行初步审查后决定调解与否的决定。调解委员会收到申请后，主要审查以下几个方面：审查申请调解的争议是否属于劳动争议，并且该劳动争议是否符合《企业劳动争议调解委员会组织及工作规则》第 3 条规定的接受申请的范围，属于则受理，不属于则不受理；审查申请人是否与该劳动争议有直接的利害关系，若不是本人的劳动权益受到不法侵犯，则不具备申请资格，不予受理，反之则受理；审查另一方当事人是否愿意接受调解，对对方不愿调解的，应做好记录，在 3 日内以书面形式通知申请人，不予受理；审查申请的劳动争议是否已经经过仲裁或者诉讼，对已经经过仲裁裁决或法院判决的，调解委员会不应受理，应该告知当事人按申诉处理；对于发生劳动争议的职工一方在 3 人以上并有共同申诉理由的，受理后，调解委员会应该告知职工一方推举代表参加诉讼活动。

根据《企业劳动争议调解委员会组织及工作细则》第 15 条的规定，调解委员会应在收到申请后的 4 日内作出受理或不受理申请的决定，对不受理的，应向申请人说明理由。对调解委员会无法决定是否受理的案件，则由调解委员会主任决定是否受理。

（三）调解

《企业劳动争议调解委员会组织及工作细则》第 17 条对调解委员会进行调解的程序作出了明确而具体的规定。调解委员会按下列程序进行调解：

第一，及时指派调解委员对争议事项进行全面调查核实，调查应作笔录，并由调查人签名或盖章。

第二，调解委员会主任主持召开有争议双方当事人参加的调解会议，有关单位和个人可以参加调解会议协助调解，简单的争议，可由调解委员会指定 1~2 名调解委员进行调解。调解委员会成员如果是劳动争议当事人或者当事人近亲属的，或者与劳动争议有利害关系的以及与劳动争议当事人有其他关系可能影响公正调解的，当事人有权以口头或书面形式申请要求其回避。调解委员会对回避申请应及时作出决定，并以口头或书面形式通知当事人。调解委员会的回避由调解委员会主任决定；调解委员会主任的回避，由调解委员会集体研究决定。

第三，调解委员会调解劳动争议，应当充分听取双方当事人对事实和理由的陈述，耐心疏导，公正调解，帮助其达成协议。

第四，经调解达成协议的，应当制作调解协议书。调解协议书由双方当事人签名或者盖章，经调解员签名并加盖调解组织印章后生效，对双方当事人具有约束力，当事人应当履行。

调解协议书应写明争议双方当事人的姓名（单位、法定代表人）、职务、争议事项、调解结果及其他应说明的事项，由调解委员会主任（简单争议由调解委员会）以及双方当事人签名或盖章，并加盖调解委员会印章，调解协议书一式三份，交由争议双方当事人、调解委员会各一份。

第五，调解委员会调解劳动争议，自劳动争议调解组织收到调解申请之日起15日内未达成调解协议的，当事人可以依法申请仲裁。到期未达成协议的，视为调解不成。调解不成的，应作记录，并在调解意见书上说明情况，由调解委员会主任签名、盖章，并加盖调解委员会印章，调解意见书一式三份，交由争议双方当事人、调解委员会各一份。

（四）调解协议的效力

劳动争议经调解达成协议的，当事人应当履行。达成调解协议后，一方当事人在协议约定期限内不履行调解协议的，另一方当事人可以依法申请仲裁。

2006年7月10日由最高人民法院审判委员会第1393次会议通过的《最高人民法院关于审理劳动争议案件适用法律若干问题的解释（二）》第17条规定："当事人在劳动争议调解委员会主持下达成的具有劳动权利义务内容的调解协议，具有劳动合同的约束力，可以作为人民法院裁判的根据。当事人在劳动争议调解委员会主持下仅就劳动报酬争议达成调解协议，用人单位不履行调解协议确定的给付义务，劳动者直接向人民法院起诉的，人民法院可以按照普通民事纠纷受理。"

可见，对于在劳动争议调解委员会主持下达成的具有劳动权利义务内容的调解协议，与劳动合同具有同等约束力，一方当事人不予履行即可以视为违约，要承担违约责任，赋予了劳动争议调解协议一定的执行力。

特别是因支付拖欠劳动报酬、工伤医疗费、经济补偿或者赔偿金事项达成调解协议，用人单位在协议约定期限内不履行的，劳动者可以持调解协议书依法向人民法院申请支付令。人民法院应当依法发出支付令。如果用人单位不履行调解协议确定的给付义务，劳动者则可以直接向人民法院起诉，人民法院可以按照普通民事纠纷受理。

五、工会在企业劳动争议调解中的地位和作用

根据《工会参与劳动争议的处理办法》的规定，工会在企业劳动争议的调解过程中具有重要的地位和作用。

工会应当督促、帮助用人单位依法建立劳动争议调解委员会。劳动争议调解委员会由职工代表、用人单位代表和工会代表组成。职工代表和工会代表的人数不得少于调解委员会成员总数的 2/3；女职工人数较多的单位，调解委员会成员中应当有女职工代表。劳动争议调解委员会的办事机构设在用人单位工会。

工会代表担任劳动争议调解委员会主任，主持劳动争议调解委员会工作。调解委员会主任履行以下职责：对劳动争议调解委员会无法决定是否受理的调解申请，决定是否受理；决定调解委员的回避；及时指派调解委员调解简单劳动争议；主持调解委员会会议，确定调解方案；召集有调解委员、劳动争议双方当事人参加的调解会议，依法主持调解。

工会代表担任劳动争议双方当事人参加的调解会议，依法主持调解，履行以下职责：依法调解本单位劳动争议；保证当事人实现自愿调解、申请回避和申请仲裁的权利；自争议发生之日起 30 日内结束调解，到期未结束的视为调解不成，告知当事人可以申请仲裁；督促劳动争议双方当事人履行调解协议；及时做好调解文书及案卷的整理归档工作；做好劳动争议预防工作。

工会应当做好劳动争议调解委员、劳动争议调解员的培训工作，提高劳动争议调解委员会调解的法律水平和工作能力。劳动争议调解委员调离本单位或需要调整时，由原推选单位或组织在 30 日内依法推举或指定人员补齐。调解委员调离或调整超过半数以上的，应按规定程序重新组建。

上级工会指导下级工会的劳动争议调解工作。劳动争议调解委员会接受劳动争议仲裁委员会的业务指导。工会可以在城镇和乡镇企业集中的地方设立区域性劳动争议调解指导委员会。区域性劳动争议调解指导委员会可以邀请劳动行政部门的代表和社会有关人士参加。

区域性劳动争议调解指导委员会名单报上级地方总工会和劳动争议仲裁委员会备案。区域性劳动争议调解指导委员会指导本区域内劳动争议调解委员会的调解工作，并调解未设调解组织的用人单位的劳动争议。

发生集体劳动争议，用人单位工会应及时向上级工会报告，依法参与处理。工会参与处理集体劳动争议，应积极反映职工的正当要求，维护职工合法权益。因集体劳动争议导致停工、怠工的，工会应当及时与有关方面协商解决，协商不成的，按集体

劳动争议处理程序解决。因签订和履行集体合同发生争议，用人单位工会可以就解决争议问题与用人单位平等协商。因签订集体合同发生争议，当事人双方协商解决不成的，用人单位工会应当提请上级工会协同政府劳动行政部门协调处理。

第三节　劳动争议仲裁制度

一、劳动争议仲裁制度概述

（一）劳动争议仲裁的定义

劳动争议仲裁是仲裁的一种，指经劳动争议当事人申请，由劳动争议仲裁委员会对劳动争议当事人因劳动权利和劳动义务等问题产生的争议进行的评价、调解和裁决，其生效裁决具有国家强制力的一种劳动争议处理方式。

目前，我国调整劳动争议仲裁的法律、法规、规章等主要有《劳动法》《劳动争议处理条例》《劳动争议仲裁委员会办案规则》《劳动争议仲裁委员会组织规则》《劳动仲裁员聘任管理办法》《最高人民法院关于审理劳动争议案件适用法律若干问题的解释》《劳动争议调解仲裁法》等。

（二）劳动争议仲裁的特征

根据有关劳动争议仲裁的法律规定的精神，可以总结出劳动争议仲裁不仅具有仲裁的一般特性，同时还具有其本身所独有的法律特征，主要有以下几点：

1. 我国劳动争议仲裁属于强制仲裁，是劳动争议诉讼必经的前置程序。区别于自愿仲裁的一般民事仲裁。根据企业劳动争议处理条例的规定，我国劳动争议仲裁采取的是强制性的、多轨制的一级终裁体制。[1] 强制性，指的是劳动争议仲裁是解决劳动争议的必经途径，只有经过仲裁，方可向人民法院起诉。多轨制，指劳动争议经过仲裁机关仲裁，如果争议当事人对仲裁裁决不服，还可以向人民法院提起诉讼，而并非只能在仲裁和诉讼中选择其一。

必须注意的是，提起诉讼的劳动争议，必须是已经进行过劳动争议仲裁的案件，否则人民法院不予受理，劳动争议仲裁是劳动争议诉讼必经的前置程序。一级终裁，是指我国的劳动争议仲裁只设一级仲裁机构，争议当事人只能申请一次仲裁。劳动争

---

① 刘金祥、郭文龙：《劳动法案件精解》，华东理工大学出版社2006年版，第198页。

议在经过一个仲裁机构裁决后，当事人就不得再向另一个仲裁机构申请裁决。当然如果不服裁决，还可以在法定期限内向人民法院提起诉讼，但如果在法定期限没有提起诉讼，也不执行仲裁裁决，则另一方当事人可以向人民法院申请强制执行，故劳动争议仲裁具有强制执行力。

2. 劳动仲裁在组织上实行三方原则。根据我国《劳动法》第81条的规定，"三方"，是指仲裁机构由劳动行政部门代表、同级工会代表和用人单位方面的代表共同组成，劳动行政部门代表担任劳动争议仲裁委员会主任。根据1993年劳动部发布的《劳动争议仲裁委员会组织规则》第7条的规定，用人单位方面的代表由"政府指定的经济综合管理部门的代表"担任，目前国家贸易部下设的"中国企业家协会"是官方指定的雇主代表组织。① 由其组成可以看出，劳动争议仲裁委员会是一种半官方机构，而非民间机构，故其作出的裁决具有强制执行性。

为了妥善处理劳动纠纷，劳动和社会保障部同中华全国总工会、中国企业联合会在2001年8月建立了国家协调劳动关系三方会议制度，建立了由各级政府劳动和社会保障部门、工会组织和企业组织派出代表三方协调机制，对涉及劳动关系的重大问题进行沟通和协商，对拟订有关劳动和社会保障法规以及涉及三方利益调整的重大改革方案和政策措施提出建议等。②

3. 在劳动争议仲裁中，调解为必经环节。根据《劳动争议仲裁委员会办案规则》第3条的规定，劳动争议仲裁委员会处理劳动争议案件，必须遵守国家法律、法规、规章和政策，查明事实，先行调解，调解不成时，及时裁决。调解是劳动争议仲裁的必经环节，仲裁委员会在作出裁决之前，应该先行调解，如果调解成功，则制作调解协议书结案，调解不成时，则应该及时裁决，以保障当事人的合法权益。

【案例9-3】

代替工资违法③

凯星公司由于产品滞销，职工工资很难保证。经理决定每人每月领取本公司生产的服装自行销售，销售所得作为每月工资。王某等多名职工将公司诉至仲裁委，要求发放工资。仲裁委裁决凯星公司按职工原工资标准以货币形式补发王某等20多名职工的工资，并加发25%的经济补偿金。

【案例分析】《劳动法》第50条规定："工资应当以货币形式按月支付给劳动者本人。不得克扣或者无故拖欠劳动者的工资。"《工资支付暂行规定》第5条明确指

① 周长征：《劳动法原理》，科学出版社2004年版，第281页。
② 陈爱江：《就业与劳动权益的法律保护》，国防工业出版社2006年版，第324页。
③ 黎建飞：《劳动法与社会保障法》，中国人民大学出版社2013年版，第109页。

出，工资应当以法定货币支付。不得以实物及有价证券替代货币支付。显然，凯星公司以产品滞销、资金周转困难为由，用实物替代支付职工工资的做法是违法的。仲裁委裁决凯星公司支付职工工资理由充分、有法可依。《违反和解除劳动合同的经济补偿办法》第 3 条规定：用人单位克扣或者无故拖欠劳动者工资的，以及拒不支付劳动者延长工作时间报酬的，除在规定的时间内全额支付劳动者工资报酬外，还需加发相当于工资报酬 25% 的经济补偿金。

二、劳动争议仲裁的机构

劳动争议仲裁的机构，是经劳动争议当事人申请，对劳动争议当事人因劳动权利和劳动义务等问题产生的争议进行评价、调解和裁决的专门机关。我国劳动争议仲裁的专门机关是劳动争议仲裁委员会。根据《劳动争议仲裁委员会组织规则》的规定，劳动争议仲裁委员会是国家授权、依法独立处理劳动争议案件的专门仲裁机构，地方各级劳动行政主管部门的劳动争议处理机构为仲裁委员会的办事机构，具有半官方性质。仲裁委员会处理劳动争议案件，实行仲裁员、仲裁庭制度，作出的裁决具有强制执行力。

（一）劳动仲裁委员会的设立

劳动争议仲裁委员会按照统筹规划、合理布局和适应实际需要的原则设立。省、自治区人民政府可以决定在市、县设立；直辖市人民政府可以决定在区、县设立。直辖市、设区的市也可以设立一个或者若干个劳动争议仲裁委员会。劳动争议仲裁委员会不按行政区划层层设立。省、自治区、直辖市人民政府劳动行政部门对本行政区域的劳动争议仲裁工作进行指导。

劳动争议仲裁委员会由劳动行政部门代表、工会代表和企业方面代表组成。劳动争议仲裁委员会组成人员应当是单数。

仲裁委员会的组成不符合规定的，由政府予以调整。仲裁委员会设主任 1 人，副主任 1～2 人，委员若干人。仲裁委员会委员由组成仲裁委员会的三方组织各自选派，主任由同级劳动行政主管部门的负责人担任，副主任由仲裁委员会委员协商产生。仲裁委员会委员的确认或更换，须报同级人民政府批准。仲裁委员会委员有特殊情况确需委托本组织其他人员出席仲裁委员会会议的，应有委托书。仲裁委员会召开会议决定有关事项应有 2/3 以上的委员参加，仲裁委员会实行少数服从多数的原则。

仲裁委员会处理劳动争议，实行仲裁员、仲裁庭制度。

仲裁员包括专职仲裁员和兼职仲裁员。仲裁员资格经省级以上的劳动行政主管部门考核认定。取得仲裁员资格的方可在一个仲裁委员会担任专职或兼职仲裁员。仲裁员资格证书和执行公务证书由国家统一监制。专职仲裁员由仲裁委员会从劳动行政主管部门专门从事劳动争议处理工作的人员中聘任。兼职仲裁员由仲裁委员会从劳动行政主管部门或其他行政部门的人员、工会工作者、专家、学者和律师中聘任。可以担任仲裁员的"工会工作者"是指在各级地方工会、各行业工会内从事工会职能工作的人员。仲裁委员会成员均具有仲裁员资格,可由仲裁委员会聘为专职或兼职仲裁员。

劳动争议仲裁委员会应当设仲裁员名册。仲裁员应当公道正派并符合下列条件之一:(1)曾任审判员的;(2)从事法律研究、教学工作并具有中级以上职称的;(3)具有法律知识、从事人力资源管理或者工会等专业工作满5年的;(4)律师执业满3年的。

兼职仲裁员进行仲裁活动时,应征得其所在单位同意,所在单位应当给予支持。仲裁员在执行仲裁公务期间,由仲裁委员会给予适当办案补助,补助标准由省、自治区、直辖市自行确定。

仲裁员主要履行以下职责:(1)接受仲裁委员会办事机构交办的劳动争议案件,参加仲裁庭;(2)进行调查取证,有权向当事人及有关单位、人员进行调阅文件、档案、询问证人、现场勘察、技术鉴定等与争议事实有关的调查;(3)根据国家的有关法律、法规、规章及政策提出处理方案;(4)对争议当事人双方进行调解工作,促使当事人达成和解协议;(5)审查申诉人的撤诉请求;(6)参加仲裁庭合议,对案件提出裁决意见;(7)案件处理终结时,填报《结案审批表》;(8)及时做好调解、仲裁的文书工作及案卷的整理归档工作;(9)宣传劳动法律、法规、规章、政策;(10)对案件涉及的秘密和个人隐私应当保密。

仲裁庭在仲裁委员会领导下处理劳动争议案件,实行一案一庭制。仲裁庭由1名首席仲裁员、2名仲裁员组成。简单案件,仲裁委员会可以指定1名仲裁员独任处理,1名仲裁员处理劳动争议在职责、权限、程序上与仲裁庭基本一致,是仲裁庭的简易形式,与仲裁庭处理争议的规定是一致。仲裁庭对重大的或者疑难的劳动争议案件的处理,可以提交仲裁委员会讨论决定;仲裁委员会的决定,仲裁庭必须执行。仲裁庭的首席仲裁员由仲裁委员会负责人或授权其办事机构负责人指定,另两名仲裁员由仲裁委员会授权其办事机构负责人指定或由当事人各选1名,具体办法由省、自治区、直辖市自行确定。仲裁庭的书记员由仲裁委员会办事机构指定,负责仲裁庭的记录工作,并承办与仲裁庭有关的具体事项。仲裁庭组成不符合规定的,由仲裁委员会予以撤销,重新组成仲裁庭。

(二)仲裁委员会的参加人

发生劳动争议的劳动者和用人单位为劳动争议仲裁案件的双方当事人。劳务派遣单位或者用工单位与劳动者发生劳动争议的，劳务派遣单位和用工单位为共同当事人。

与劳动争议案件的处理结果有利害关系的第三人，可以申请参加仲裁活动或者由劳动争议仲裁委员会通知其参加仲裁活动。

当事人可以委托代理人参加仲裁活动。委托他人参加仲裁活动，应当向劳动争议仲裁委员会提交有委托人签名或者盖章的委托书，委托书应当载明委托事项和权限。

丧失或者部分丧失民事行为能力的劳动者，由其法定代理人代为参加仲裁活动；无法定代理人的，由劳动争议仲裁委员会为其指定代理人。劳动者死亡的，由其近亲属或者代理人参加仲裁活动。

【案例9-4】

丈夫替妻子申请的工伤认定为何撤销？①

2005年11月15日8时许，女工王某正在操作的打包机箱内起火，王某被烧伤并从高高的平台上摔落下来，造成腰椎体、横突等多处骨折，颜面及左手严重烧伤。经法医鉴定：左眼感光为七级伤残；左手功能丧失，为七级伤残；右下肢瘫，为八级伤残；椎体粉碎性骨折行钢钉内固定术，需二次手术治疗。事故发生后，累计住院45天，花去医疗费4.1万多元，其中1.1万元由用人单位支付。王某在住院期间，一度处于昏迷或精神上呈极度惊吓状态，其丈夫在没有其口头或书面授权的情况下申请工伤认定。当年12月27日，劳动和社会保障局作出了认定王某为工伤的决定书。

王某伤愈出院后，经向有关法律界人士咨询认为，如果按工伤处理，其获得的工伤赔偿太少，且自己身上多处残疾，丧失了部分劳动能力，还要供养孩子上大学，故对劳动和社会保障局作出的工伤认定决定书提出异议，要求撤销工伤认定。2006年2月27日，劳动和社会保障局以王某没有授权其丈夫为其申请工伤认定为由，作出撤销认定王某为工伤的决定书。王某又向市中级人民法院提起民事诉讼，请求判决被告用人单位赔偿王某医疗费、护理费、误工费、残疾生活补助费、交通费、鉴定费、精神损失费等50万元。市中级人民法院一审判决用人单位赔偿其医疗费、护理费、误工费、残疾赔偿金、交通费、鉴定费、精神损害赔偿金等共计11.4万元。

问题：劳动和社会保障局能以王某没有授权其丈夫为其申请工伤认定为由，作出撤销认定王某为工伤的决定书吗？

【案例分析】如果仅从仲裁代理权限的角度看，本案是成立的，即劳动和社会保障局可以以王某没有授权其丈夫为其申请工伤认定为由，作出撤销认定王某为工伤的决定书。因为劳动争议仲裁代理人代表委托人参加劳动争议仲裁活动的权利来自委托

① 黎建飞：《劳动与社会保障法教程》，中国人民大学出版社2013年版，第245～246页。

人，而代理权又来源于委托人的委托或者法律的授权。劳动争议仲裁代理人的活动要受到代理权限的限制，代理人只能在代理权限范围内参加仲裁活动。在委托代理中，授权委托是代理人进行代理活动的依据。没有授权，代理委托的法律效力当然就无从谈起。

但是，本案涉及的事项并不是劳动争议仲裁，更不是劳动争议仲裁代理，甚至根本就不是代理。因此，本案不能适用代理权或者劳动争议仲裁代理的法理与法律。《工伤保险条例》第17条规定："用人单位未按前款规定提出工伤认定申请的，工伤职工或者其近亲属、工会组织在事故伤害发生之日或者被诊断、鉴定为职业病之日起1年内，可以直接向用人单位所在地统筹地区社会保险行政部门提出工伤认定申请。"可见，作为"其直系亲属"的王某丈夫是完全有权"直接向用人单位所在地统筹地区劳动保障行政部门提出工伤认定申请"的，劳动保障行政部门据此作出的工伤认定也是合法、有效的。

（三）仲裁委员会的管辖

劳动争议仲裁委员会负责管辖本区域内发生的劳动争议。劳动争议由劳动合同履行地或者用人单位所在地的劳动争议仲裁委员会管辖。双方当事人分别向劳动合同履行地和用人单位所在地的劳动争议仲裁委员会申请仲裁的，由劳动合同履行地的劳动争议仲裁委员会管辖。

仲裁委员会发现受理的案件不属于本会管辖时，应当移送有管辖权的仲裁委员会。仲裁委员会之间因管辖权发生争议，由双方协商解决；协商不成时，由共同的上级劳动行政主管部门指定管辖。发生劳动争议的单位与职工不在同一个仲裁委员会管辖地区的，由职工当事人工资关系所在地仲裁委员会受理。"职工当事人工资关系所在地"，是指向职工发放工资的单位所在地。

（四）仲裁委员会的职责

劳动争议仲裁委员会依法履行下列职责：（1）聘任、解聘专职或者兼职仲裁员；（2）受理劳动争议案件；（3）讨论重大或者疑难的劳动争议案件；（4）对仲裁活动进行监督。劳动争议仲裁委员会下设办事机构，负责办理劳动争议仲裁委员会的日常工作。

三、劳动争议仲裁的程序

（一）申请

1. 仲裁申请时效。劳动争议申请仲裁的时效期间为一年。仲裁时效期间从当事人知道或者应当知道其权利被侵害之日起计算。

劳动争议仲裁时效的中止，指因不可抗力或者有其他正当理由，当事人不能在规定的仲裁时效期间申请仲裁的，仲裁时效中止。从中止时效的原因消除之日起，仲裁时效期间继续计算。仲裁庭在审理劳动争议过程中，如遇有特殊情况（如向上级单位请示等待答复、仲裁委员会之间委托调查、进行鉴定、当事人患病或因故不在本地而不能参加仲裁活动等不可抗力事由），致使劳动争议无法继续审理的，可以向仲裁委员会提出中止审理的理由和时间，经仲裁委员会批准后中止审理。规定的办案时间应扣除中止时间后合并计算。当事人能够证明在申请仲裁期间内因不可抗力或者其他客观原因无法申请仲裁的，人民法院应当认定申请仲裁期间中止，从中止的原因消灭之次日起，申请仲裁期间连续计算。

劳动争议仲裁时效的中断，因当事人一方向对方当事人主张权利，或者向有关部门请求权利救济，或者对方当事人同意履行义务而中断。从中断时起，仲裁时效期间重新计算。当事人能够证明在申请仲裁期间内具有下列情形之一的，人民法院应当认定申请仲裁期间中断：向对方当事人主张权利；向有关部门请求权利救济；对方当事人同意履行义务。申请仲裁期间中断的，从对方当事人明确拒绝履行义务，或者有关部门作出处理决定或明确表示不予处理时起，申请仲裁期间重新计算。

劳动关系存续期间因拖欠劳动报酬发生争议的，劳动者申请仲裁不受仲裁时效期间的限制；但是，劳动关系终止的，应当自劳动关系终止之日起1年内提出。

2. 仲裁申请书。申请人申请仲裁应当提交书面仲裁申请，并按照被申请人人数提交副本。仲裁申请书应当载明下列事项：劳动者的姓名、性别、年龄、职业、工作单位和住所，用人单位的名称、住所和法定代表人或者主要负责人的姓名、职务；仲裁请求和所根据的事实、理由；证据和证据来源、证人姓名和住所。

书写仲裁申请确有困难的，可以口头申请，由劳动争议仲裁委员会记入笔录，并告知对方当事人。

（二）受理

劳动争议仲裁委员会收到仲裁申请之日起5日内，认为符合受理条件的，应当受理，并通知申请人；认为不符合受理条件的，应当书面通知申请人不予受理，并说明理由。对劳动争议仲裁委员会不予受理或者逾期未作出决定的，申请人可以就该劳动争议事项向人民法院提起诉讼。

仲裁委员会的办事机构负责劳动争议案件受理的日常工作。仲裁委员会办事机构工作人员接到仲裁申请书后，应对下列事项进行审查：申诉人是否与本案有直接利害关系；申请仲裁的争议是否属于劳动争议；申请仲裁的劳动争议是否属于仲裁委员会的受理内容；该劳动争议是否属于本仲裁委员会管辖；申请书及有关材料是否齐备并符合要求；申请时间是否符合申请仲裁的时效规定。对申诉材料不齐备或有关情况不明确的仲裁申请书，应指导申诉人予以补充。

　　劳动争议仲裁委员会受理仲裁申请后，应当在5日内将仲裁申请书副本送达被申请人。被申请人收到仲裁申请书副本后，应当在10日内向劳动争议仲裁委员会提交答辩书。劳动争议仲裁委员会收到答辩书后，应当在5日内将答辩书副本送达申请人。被申请人未提交答辩书的，不影响仲裁程序的进行。

　　仲裁委员会可以授权其办事机构负责立案审批工作。仲裁委员会办事机构工作人员对于经审查符合受理条件的案件，应立即填写《立案审批表》并及时报仲裁委员会或其办事机构负责人审批。仲裁委员会或其办事机构负责人对《立案审批表》应自填表之日起7日内作出决定。决定不予立案的，应当自作出决定之日起7日内制作不予受理通知书，送达申诉人；决定立案的，应当自作出决定之日起7日内向申诉人发出书面通知，将申诉书副本送达被诉人，并要求其在15日内提交答辩书和证据。被诉人不提交答辩书的，不影响案件的处理。

（三）开庭

　　劳动争议仲裁委员会裁决劳动争议案件实行仲裁庭制。仲裁庭由3名仲裁员组成，设首席仲裁员。简单劳动争议案件可以由1名仲裁员独任仲裁。劳动争议仲裁委员会应当在受理仲裁申请之日起5日内将仲裁庭的组成情况书面通知当事人。

　　仲裁员有下列情形之一，应当回避，当事人也有权以口头或者书面方式提出回避申请：（1）是本案当事人或者当事人、代理人的近亲属的；（2）与本案有利害关系的；（3）与本案当事人、代理人有其他关系，可能影响公正裁决的；（4）私自会见当事人、代理人，或者接受当事人、代理人的请客送礼的。劳动争议仲裁委员会对回避申请应当及时作出决定，并以口头或者书面方式通知当事人。仲裁员有上述规定情形，或者有索贿受贿、徇私舞弊、枉法裁决行为的，应当依法承担法律责任。劳动争议仲裁委员会应当将其解聘。

　　仲裁庭应当在开庭5日前，将开庭日期、地点书面通知双方当事人。当事人有正当理由的，可以在开庭3日前请求延期开庭。是否延期，由劳动争议仲裁委员会决定。

　　申请人收到书面通知，无正当理由拒不到庭或者未经仲裁庭同意中途退庭的，可以视为撤回仲裁申请。被申请人收到书面通知，无正当理由拒不到庭或者未经仲裁庭同意中途退庭的，可以缺席裁决。

　　仲裁庭对专门性问题认为需要鉴定的，可以交由当事人约定的鉴定机构鉴定；当事人没有约定或者无法达成约定的，由仲裁庭指定的鉴定机构鉴定。根据当事人的请求或者仲裁庭的要求，鉴定机构应当派鉴定人参加开庭。当事人经仲裁庭许可，可以向鉴定人提问。

当事人在仲裁过程中有权进行质证和辩论。质证和辩论终结时，首席仲裁员或者独任仲裁员应当征询当事人的最后意见。

当事人提供的证据经查证属实的，仲裁庭应当将其作为认定事实的根据。劳动者无法提供由用人单位掌握管理的与仲裁请求有关的证据，仲裁庭可以要求用人单位在指定期限内提供。用人单位在指定期限内不提供的，应当承担不利后果。

仲裁庭应当将开庭情况记入笔录。当事人和其他仲裁参加人认为对自己陈述的记录有遗漏或者差错的，有权申请补正。如果不予补正，应当记录该申请。笔录由仲裁员、记录人员、当事人和其他仲裁参加人签名或者盖章。

当事人申请劳动争议仲裁后，可以自行和解。达成和解协议的，可以撤回仲裁申请。

仲裁庭在作出裁决前，应当先行调解。调解达成协议的，仲裁庭应当制作调解书。调解书应当写明仲裁请求和当事人协议的结果。调解书由仲裁员签名，加盖劳动争议仲裁委员会印章，送达双方当事人。调解书经双方当事人签收后，发生法律效力。调解不成或者调解书送达前，一方当事人反悔的，仲裁庭应当及时作出裁决。

（四）裁决

仲裁庭裁决劳动争议案件，应当自劳动争议仲裁委员会受理仲裁申请之日起45日内结束。案情复杂需要延期的，经劳动争议仲裁委员会主任批准，可以延期并书面通知当事人，但是延长期限不得超过15日。逾期未作出仲裁裁决的，当事人可以就该劳动争议事项向人民法院提起诉讼。仲裁庭裁决劳动争议案件时，其中一部分事实已经清楚，可以就该部分先行裁决。

仲裁庭对追索劳动报酬、工伤医疗费、经济补偿或者赔偿金的案件，根据当事人的申请，可以裁决先予执行，移送人民法院执行。仲裁庭裁决先予执行的，应当符合下列条件：（1）当事人之间权利义务关系明确；（2）不先予执行将严重影响申请人的生活。劳动者申请先予执行的，可以不提供担保。

裁决应当按照多数仲裁员的意见作出，少数仲裁员的不同意见应当记入笔录。仲裁庭不能形成多数意见时，裁决应当按照首席仲裁员的意见作出。

裁决书应当载明仲裁请求、争议事实、裁决理由、裁决结果和裁决日期。裁决书由仲裁员签名，加盖劳动争议仲裁委员会印章。对裁决持不同意见的仲裁员，可以签名，也可以不签名。

下列劳动争议，除本法另有规定的外，仲裁裁决为终局裁决，裁决书自作出之日起发生法律效力：（1）追索劳动报酬、工伤医疗费、经济补偿或者赔偿金，不超过当地月最低工资标准12个月金额的争议；（2）因执行国家的劳动标准在工作时间、休息休假、社会保险等方面发生的争议。劳动者对终局裁决不服的，可以自收到仲裁裁决书之日起 15 日内向人民法院提起诉讼。

用人单位有证据证明上述终局裁决的仲裁裁决有下列情形之一，可以自收到仲裁裁决书之日起 30 日内向劳动争议仲裁委员会所在地的中级人民法院申请撤销裁决：（1）适用法律、法规确有错误的；（2）劳动争议仲裁委员会无管辖权的；（3）违反法定程序的；（4）裁决所根据的证据是伪造的；（5）对方当事人隐瞒了足以影响公正裁决的证据的；（6）仲裁员在仲裁该案时有索贿受贿、徇私舞弊、枉法裁决行为的。人民法院经组成合议庭审查核实裁决有前款规定情形之一的，应当裁定撤销。仲裁裁决被人民法院裁定撤销的，当事人可以自收到裁定书之日起 15 日内就该劳动争议事项向人民法院提起诉讼。

当事人对终局裁决规定以外的其他劳动争议案件的仲裁裁决不服的，可以自收到仲裁裁决书之日起 15 日内向人民法院提起诉讼；期满不起诉的，裁决书发生法律效力。

当事人对发生法律效力的调解书、裁决书，应当依照规定的期限履行。一方当事人逾期不履行的，另一方当事人可以依照民事诉讼法的有关规定向人民法院申请执行。受理申请的人民法院应当依法执行。

（五）送达

送达仲裁文书必须有送达回执，由受送达人在送达回执上记明收到日期，签名或盖章。受送达人在送达回执上的签收日期为送达日期。仲裁委员会送达仲裁文书，应当直接送交受送达人；本人不在的，交其同住成年亲属签收；受送达人已向仲裁委员会指定代收人的，交代收人签收；受送达人方是企业或单位，又没有向仲裁委员会指定代收人的，可以交其负责收件人签收。

受送达人拒绝接受仲裁文书的，送达人应邀请有关组成的代表或其他人到场，说明情况，在送达回执上证明拒收事由和日期，由送达人，见证人签名或盖章，把仲裁文书留在受送达人的住所，即视为送达。

直接送达仲裁文书有困难的，可以委托当事人所在地的仲裁委员会代为送达，或者邮寄送达。邮寄送达，以挂号查询回执上注明的收件日期为送达日期。劳动争议仲裁委员会需要送达的仲裁文书，受送达人查无下落的，可以采用公告的形式，公告中应确定视为送达的期限，逾期即视为送达。一般自发出公告之日起，经过 30 日，即视为送达。公告送达，应当在案卷中记明原因和经过。

四、集体劳动争议案件的特别审理

仲裁委员会处理集体劳动争议，应当组成特别仲裁庭。特别仲裁庭由 3 名以上仲裁员单数组成。县级仲裁委员会认为有必要，可以将集体劳动争议报请市（地、州、盟）仲裁委员会处理。

仲裁庭对集体劳动争议应按照就地、就近的原则进行处理，开庭场所可设在发生争议的企业或其他便于及时办案的地方。仲裁委员会应当自收到集体劳动争议申诉书之日起3日内作出受理或者不予受理的决定。仲裁委员会在作出受理决定的同时，组成特别仲裁庭，用通知书或布告形式通知当事人；决定不予受理的，应当说明理由。受理通知书送达或受理布告公布后，当事人不得有激化矛盾的行为。

仲裁庭处理集体劳动争议应先行调解，或者促成职工代表与企业代表召开协商会议，在查明事实的基础上促使当事人自愿达成协议。调解达成协议的，调解书自送达或布告公布之日起即发生法律效力。调解或协商未能达成协议的，仲裁庭应及时裁决。

仲裁庭作出裁决后，应制作裁决书送达当事人，或用"布告"形式公布。仲裁庭处理集体劳动争议，应当自组成仲裁庭之日起15日内结束。案情复杂需要延期的，经报仲裁委员会批准，可以适当延期，但是延长的期限不得超过15日。仲裁委员会对受理的集体劳动争议及其处理结果应及时向当地人民政府汇报。

五、工会在劳动争议仲裁中的地位和作用

劳动争议仲裁委员会中工会代表的职责包括：（1）担任劳动争议仲裁委员会副主任和委员，参与处理本委员会管辖范围内的劳动争议案件；（2）按时参加仲裁委员会会议，遇特殊情况不能到会的，应出具委托书，委托本组织其他人员出席会议；（3）对仲裁裁决意见依法行使表决权；（4）参与研究处理有重大影响的案件和仲裁庭提交的重大疑难案件，参与审查、批准案情复杂，需要延期处理的案件；（5）对应当受理未予受理的案件，有权提请仲裁委员会依法受理；（6）对已经发生法律效力的仲裁裁决发现确有错误、需要重新处理的，应当要求仲裁委员会主任提交仲裁委员会重新处理；（7）对受理的集体劳动争议及本地区有影响的个人劳动争议案件，及时向本级及上级工会书面报告。

工会工作者依法取得仲裁员资格，由劳动争议仲裁委员会聘为兼职仲裁员的，所在单位应支持其参加劳动争议仲裁活动。工会工作者担任兼职仲裁员，在执行仲裁公务时与专职仲裁员享有同等权利。工会工作者担任兼职仲裁员，应当认真履行《劳动争议仲裁委员会组织规则》规定的仲裁员职责。

发生集体劳动争议，用人单位工会应及时向上级工会报告，依法参与处理。工会参与处理集体劳动争议，应积极反映职工的正当要求，维护职工合法权益。因履行集体合同发生争议，当事人双方协商解决不成的，可以向劳动争议仲裁委员会申请仲裁，上级工会依法律法规的规定及《工会参与劳动争议处理办法》参与处理。

第四节 劳动争议诉讼制度

一、劳动争议诉讼的概述

劳动争议诉讼，是指人民法院对当事人不服劳动争议仲裁委员会的裁决，在规定的期限内向人民法院起诉，人民法院依法受理后，依法对劳动争议案件进行审理的活动。此外，劳动争议的诉讼，还包括当事人一方不履行仲裁委员会已发生法律效力的裁决书或调解书，另一方当事人申请人们法院强制执行的活动。① 劳动争议诉讼是处理劳动争议的最终程序，它通过司法程序保证了劳动争议的最终彻底解决。但诉讼不是劳动争议处理中的必经程序。只有劳动争议当事人对仲裁裁决不服的，可以自收到仲裁裁决书之日起15日内向人民法院提起诉讼，该程序才可能启动。在我国没有设立专门的劳动法院、劳动法庭，也没有专门解决劳动争议的诉讼程序法，因此，劳动争议诉讼是完全按照民事诉讼的程序进行的。一般而言，完整的劳动争议诉讼和一般的民事诉讼一样主要包括这样几个环节：当事人起诉、人民法院受理、案件审理前的准备、开庭审理、裁判、上诉、执行或者强制执行。这些环节是一个完整的劳动争议诉讼经历的全部阶段，各个阶段必须依次进行，不能逾越。我国实行两审终审的司法体制，当事人对一审判决不服，在法定期限内可以上诉，上诉法院作出的裁判是终局判决，当事人必须执行。一方当事人在法定期限内不上诉的，另一方当事人可以申请人民法院强制执行。

劳动争议诉讼与其他解决劳动争议的协商、调解、仲裁等手段相比，具有以下特征：

1. 国家强制力是人民法院解决劳动争议案件的保障。诉讼的强制力体现在诉讼的整个过程，从当事人起诉、法院受理、审理到案件判决以后的执行等环节，法院都可以根据实际需要依法采取某些强制手段，来保障诉讼的顺利进行。

2. 人民法院对劳动争议的审判是解决劳动争议案件的最终途径。劳动争议仲裁委员会作出仲裁裁决后，若当事人对裁决中的全部或部分事项不服，可以依法向人民法院起诉，则仲裁裁决在法定起诉期限内和起诉后不发生法律效力。人民法院的劳动争议审判权高于仲裁委员会的仲裁权。

3. 人民法院对劳动争议仲裁委员会作出的已经生效的调解书或裁决书具有强制

---

① 黎建飞：《劳动与社会保障法教程》，中国人民大学出版社2013年版，第249页。

执行权。已经生效的调解书或裁决书，如果当事人一方不执行时，原仲裁机关无权强制执行，只能由另一方当事人向人民法院提出强制执行的申请，由人民法院作出强制执行的决定。可见，劳动争议仲裁裁决的法律效力是由人民法院的司法权来保障实现的。

目前调整有关劳动争议诉讼的专门性法律规定主要有《企业劳动争议处理条例》及其解释、《中华人民共和国民事诉讼法》、2001 年公布的《最高人民法院关于审理劳动争议案件适用法律若干问题的解释（一）》和 2006 年最新颁布的《最高人民法院关于审理劳动争议案件适用法律若干问题的解释（二）》。

二、劳动争议诉讼的参与者

劳动争议诉讼，是由人民法院在劳动者和用人单位及其他参与人的参加下解决劳动争议的司法活动。主要参与者包括处于主持地位的人民法院、权利和义务发生争议的当事人双方以及其他为了顺利完成诉讼活动而参与的其他人。

（一）人民法院

我国《劳动法》第 83 条确立了人民法院对劳动争议的最终审判权。《人民法院组织法》对人民法院的组成、法律地位、职责等内容作了详细的规定。这里仅探讨一下人民法院对劳动争议案件的管辖问题。

《民事诉讼法》和 2001 年公布的《最高人民法院关于审理劳动争议案件适用法律若干问题的解释（一）》第 8、9 条规定了人民法院对劳动争议案件的管辖制度。人民法院的管辖可以分为级别管辖、选择管辖、移送管辖和指定管辖等。第 8 条规定了级别管辖和选择管辖：劳动争议案件由用人单位所在地（注册地、经营地）或者劳动合同履行地（用工行为地）的基层人民法院管辖，劳动合同履行地不明确的，由用人单位所在地的基层人民法院管辖。劳动争议案件原则上由用人单位所在地或者劳动合同履行地的基层人民法院管辖，由当事人选择其中之一基层人民法院管辖，若都有管辖权的人民法院对同一劳动争议案件的管辖权发生争议，则可以请求其共同的上级人民法院指定管辖。第 9 条规定了劳动争议案件的移送管辖：当事人双方就同一仲裁裁决分别向有管辖权的人民法院起诉的，后受理的人民法院应当将案件移送给先受理的人民法院。劳动争议诉讼的管辖权限划分，遵循《民事诉讼法》有关管辖的规定。

（二）当事人

这里仅对当事人双方在诉讼中的地位认定，做些许介绍。2001 年公布的《最高人民法院关于审理劳动争议案件适用法律若干问题的解释（一）》的第9、10、11、12 条和 2006 年最新颁布的《最高人民法院关于审理劳动争议案件适用法律若干问题的解释（二）》第9、10、11 条规定了劳动者和用人单位在劳动争议案件中的法律地位。

1. 当事人双方不服劳动争议仲裁委员会作出的同一仲裁裁决，均向同一人民法院起诉的，先起诉的一方当事人为原告，但对双方的诉讼请求，人民法院应当一并作出裁决。当事人双方就同一仲裁裁决分别向有管辖权的人民法院起诉的，后受理的人民法院应当将案件移送给先受理的人民法院，由先受理的人民法院进行审判。

2. 用人单位与其他单位合并的，合并前发生的劳动争议，由合并后的单位为当事人；用人单位分立为若干单位的，其分立前发生的劳动争议，由分立后的实际用人单位为当事人。用人单位分立为若干单位后，对承受劳动权利义务的单位不明确的，分立后的单位均为当事人。

3. 用人单位招用尚未解除劳动合同的劳动者，原用人单位与劳动者发生的劳动争议，可以列新的用人单位为第三人。原用人单位以新的用人单位侵权为由向人民法院起诉的，可以列劳动者为第三人。原用人单位以新的用人单位和劳动者共同侵权为由向人民法院起诉的，新的用人单位和劳动者列为共同被告。

4. 劳动者在用人单位与其他平等主体之间的承包经营期间，与发包方和承包方双方或者一方发生劳动争议，依法向人民法院起诉的，应当将承包方和发包方作为当事人。

5. 劳动者与起有字号的个体工商户产生的劳动争议诉讼，人民法院应当以营业执照上登记的字号为当事人，但应同时注明该字号业主的自然情况。

6. 劳动者因履行劳动力派遣合同产生劳动争议而起诉，以派遣单位为被告；争议内容涉及接受单位的，以派遣单位和接受单位为共同被告。

7. 劳动者和用人单位均不服劳动争议仲裁委员会的同一裁决，向同一人民法院起诉的，人民法院应当并案审理，双方当事人互为原告和被告。在诉讼过程中，一方当事人撤诉的，人民法院应当根据另一方当事人的诉讼请求继续审理。

此外，《最高人民法院关于审理劳动争议案件适用法律若干问题的解释（三）》根据我国现行的法律法规及民事审判实践，再一次规定了劳动者和用人单位在劳动争议案件中的法律地位：劳动者与未办理营业执照、营业执照被吊销或营业期限届满仍继续经营的用人单位发生争议的，应当将用人单位或者其出资人列为当事人；未办理营业执照、营业执照被吊销或营业期限届满仍继续经营的用人单位，以挂靠等方式借用他人营业执照经营的，应当将用人单位和营业执照出借方列为当事人；当事人不服劳动人事争议仲裁委员会作出的仲裁裁决，依法向人民法院提起诉讼，人民法院审查认为仲裁裁决遗漏了必须共同参加仲裁的当事人的，应当依法追加遗漏的人为诉讼当事人。被追加的当事人应当承担责任的，人民法院应当一并处理。

三、劳动争议诉讼的程序

目前，我国没有专门审理劳动争议诉讼案件的劳动法院，也没有专门的劳动审判庭，劳动争议诉讼，由各级人民法院的民事审判庭受理，审判程序适用《民事诉讼法》规定的程序，实行两审终审制，程序上主要包括劳动争议案件的起诉、受理、审理、判决和执行等一系列诉讼程序。

（一）起诉

根据《劳动法》和《企业劳动争议处理条例》的规定，劳动争议当事人对仲裁裁决不服的，自收到裁决书之日起 15 日内，可以向人民法院起诉。劳动争议案件由各级人民法院的民事审判庭按照《民事诉讼法》规定的普通诉讼程序进行审理。劳动争议案件既要符合人民法院受理一般民事案件的条件，又要符合劳动争议诉讼的特有条件：起诉人必须是劳动争议案件的当事人，即发生争议案件的用人单位和劳动者；当事人必须是不服仲裁裁决而向人民法院起诉的，劳动争议仲裁是劳动争议诉讼的前置程序，只有在当事人向劳动争议仲裁机关申请过仲裁，不服仲裁裁决的情况下提起的诉讼，人民法院才予以受理；当事人起诉必须有明确的被告和具体的诉讼请求；起诉不得超过法律规定的诉讼时效，即当事人必须在收到仲裁裁决书之日起 15日内向人民法院起诉。当事人书写起诉状确有困难的，可以口头起诉。

（二）受理

人民法院对当事人起诉的劳动争议案件，予以审查后，决定是否受理。在受理前一般先审查提起诉讼的当事人是否符合法律规定的条件，案件是否属于劳动争议的受理范围，是否属于本法院管辖的范围，等等。人民法院根据审查结果受理当事人不服劳动争议仲裁裁决而起诉的案件和劳动仲裁裁决机关作出裁定不予受理的案件。人民法院受理的劳动争议案件的范围，在本章劳动争议的受案范围中已经详细介绍，在此就不再赘述。

（三）审判

人民法院在审理劳动争议案件的过程中，同样遵循司法审判中的一般诉讼原则，如以事实为依据、以法律为准绳的原则，独立行使审判权的原则，回避原则等。根据《民事诉讼法》的规定，劳动争议案件开庭审理主要包括法庭调查、法庭辩论、法庭调解、判决等几个阶段。法庭调查阶段主要是根据"谁主张谁举证"的原则，由原告和被告对自己的诉讼请求和主张进行举证,法庭对证据进行审查。当事人对自己提出的主张,有责任提供证据,这是举证的一般原则。当然,劳动争议案件除了遵循一般原则之外,还在一定情况下遵循"举证责任倒置"的特殊原则。因为在劳动争议处理过程中,无论是从经济实力还是从对资料、信息的占有来看,劳动者相对于用人单位而言都处于弱势地位,完全采用一般原则对劳动者显然不公平。据此,根据2001年公布的《最高人民法院关于审理劳动争议案件适用法律若干问题的解释(一)》第13条和2003年4月国务院发布的《工伤保险条例》第19条第2款的规定,在审理劳动者因用人单位作出的开除、除名、辞退、解除劳动合同、减少劳动报酬、计算劳动者工作年限以及与职工或者职工直系亲属对于是否构成工伤等决定而发生劳动争议,提起诉讼的,则由用人单位负举证责任,适用举证责任倒置,若用人单位不能提出证据以排除自己责任的,法院可以推定用人单位承担责任。

法庭辩论终结,判决前能够调解的,根据当事人自愿的原则,人民法院可以在事实清楚的基础上分清是非,进行调解。人民法院进行调解,可以由审判员一人主持,也可以由合议庭主持,并尽可能就地进行;可以用简便方式通知当事人、证人到庭;可以邀请有关单位和个人协助,被邀请的单位和个人,应当协助人民法院进行调解。调解达成协议,必须双方自愿,不得强迫。调解协议的内容不得违反法律规定。调解达成协议,人民法院应当制作调解书。调解书应当写明诉讼请求、案件的事实和调解结果。调解书由审判人员、书记员署名,加盖人民法院印章,送达双方当事人。调解书经双方当事人签收后,即具有法律效力。对不需要制作调解书的协议,应当记入笔录,由双方当事人、审判人员、书记员签名或者盖章后,即具有法律效力。调解未达成协议或者调解书送达前一方反悔的,人民法院应当及时判决。

针对劳动争议案件的不同情况,人民法院在审理后作出不同的处理决定。根据2001年公布的《最高人民法院关于审理劳动争议案件适用法律若干问题的解释(一)》的规定,人民法院对劳动争议的案件可以作出如下处理决定。

1. 劳动合同被确认为无效后,用人单位对劳动者付出的劳动,一般可参照本单位同期、同工种、同岗位的工资标准支付劳动报酬。根据《劳动法》第97条的规定,由于用人单位的原因订立的无效合同,给劳动者造成损害的,应当比照违反和解除劳动合同经济补偿金的支付标准,赔偿劳动者因合同无效所造成的经济损失。

2. 用人单位有下列情形之一,迫使劳动者提出解除劳动合同的,用人单位应当支付劳动者的劳动报酬和经济补偿,并可支付赔偿金:以暴力、威胁或者非法限制人身自由的手段强迫劳动的;未按照劳动合同约定支付劳动报酬或者提供劳动条件的;克扣或者无故拖欠劳动者工资的;拒不支付劳动者延长工作时间工资报酬的;低于当地最低工资标准支付劳动者工资的。

3. 劳动合同期满后,劳动者仍在原用人单位工作,原用人单位未表示异议的,视为双方同意以原条件继续履行劳动合同。一方提出终止劳动关系的，人民法院应当支持。根据《劳动法》第 20 条的规定，用人单位应当与劳动者签订无固定期限劳动合同而未签订的，人民法院可以视为双方之间存在无固定期限劳动合同关系，并以原劳动合同确定双方的权利义务关系。

4. 劳动争议仲裁委员会作出仲裁裁决后，当事人对裁决中的部分事项不服，依法向人民法院起诉的，劳动争议仲裁裁决不发生法律效力。

5. 劳动争议仲裁委员会对多个劳动者的劳动争议作出仲裁裁决后，部分劳动者对仲裁裁决不服，依法向人民法院起诉的，仲裁裁决对提出起诉的劳动者不发生法律效力；对未提出起诉的部分劳动者，发生法律效力，如其申请执行的，人民法院应当受理。

6. 用人单位根据《劳动法》第 4 条的规定，通过民主程序制定的规章制度，不违反国家法律、行政法规及政策规定，并已向劳动者公示的，可以作为人民法院审理劳动争议案件的依据。

7. 用人单位对劳动者作出的开除、除名、辞退等处理，或者因其他原因解除劳动合同确有错误的，人民法院可以依法判决予以撤销。对于追索劳动报酬、养老金、医疗费以及工伤保险待遇、经济补偿金、培训费及其他相关费用等案件，给付数额不当的，人民法院可以予以变更。

8. 在诉讼过程中，劳动者向人民法院申请采取财产保全措施，人民法院经审查认为申请人经济确有困难，或有证据证明用人单位存在欠薪逃匿可能的，应当减轻或者免除劳动者提供担保的义务，及时采取保全措施。人民法院作出的财产保全裁定中，应当告知当事人在劳动仲裁机构的裁决书或者在人民法院的裁判文书生效后 3 个月内申请强制执行。逾期不申请的，人民法院应当裁定解除保全措施。

9. 当事人申请人民法院执行劳动争议仲裁机构作出的发生法律效力的裁决书、调解书，被申请人提出证据证明劳动争议仲裁裁决书、调解书有下列情形之一，并经审查核实的，人民法院可以根据《民事诉讼法》第 217 条的规定，裁定不予执行：裁决的事项不属于劳动争议仲裁范围，或者劳动争议仲裁机构无权仲裁的；适用法律确有错误的；仲裁员仲裁该案时，有徇私舞弊、枉法裁决行为的；人民法院认定执行该劳动争议仲裁裁决违背社会公共利益的。人民法院在不予执行的裁定书中，应当告知当事人在收到裁定书之次日起 30 日内，可以就该劳动争议事项向人民法院起诉。

（四）执行

根据《劳动争议调解仲裁法》第 51 条的规定，当事人对发生法律效力的调解书、裁决书，应当依照规定的期限履行。一方当事人逾期不履行的，另一方当事人可以依照民事诉讼法的有关规定向人民法院申请执行。受理申请的人民法院应当依法执行。

人民法院对劳动争议案件的执行范围包括两个方面：（1）根据当事人的申请，强制执行劳动争议仲裁委员会作出的生效的仲裁调解协议书和仲裁裁决书；（2）人民法院自己作出的生效的判决、裁定，由第一审人民法院执行。法律规定由人民法院执行的其他法律文书，由被执行人住所地或者被执行的财产所在地人民法院执行。

1. 劳动争议仲裁调解书和裁决书的强制执行。人民法院对劳动争议仲裁调解书和裁决书的强制执行，是人民法院基于一方当事人的请求，依照法律规定的程序，运用国家强制力，强制对方当事人履行已经生效的仲裁调解书和调裁决书所规定的义务的一种司法救济行为。根据《民事诉讼法》第217条和《解释（一）》第31条的规定，当事人对已经发生法律效力的调解书和裁决书，应当依照规定的期限履行。对依法设立的仲裁机构的裁决，一方当事人不履行的，对方当事人可以向有管辖权的人民法院申请强制执行，受申请的人民法院应当执行。当事人向人民法院申请强制执行，应当在法定的期限内以书面形式提出，申请执行的期限，双方或者一方当事人是公民的为1年，双方是法人或者其他组织的为6个月。当事人应当向人民法院提交已经生效的仲裁调解书或者裁决书，并在申请强制执行的申请书上明确申请强制执行的内容和要求、申请强制执行的原因和理由等。对符合强制执行条件的申请，人民法院应当依法采取强制执行措施，维护当事人的合法权益。

根据《最高人民法院关于审理劳动争议案件适用法律若干问题的解释（一）》第21条规定，当事人申请人民法院执行劳动争议仲裁机构作出的发生法律效力的裁决书、调解书，被申请人提出证据证明劳动争议仲裁裁决书、调解书有下列情形之一，并经审查核实的，人民法院可以根据《民事诉讼法》第217条的规定，裁定不予执行：裁决的事项不属于劳动争议仲裁范围，或者劳动争议仲裁机构无权仲裁的；适用法律确有错误的；仲裁员仲裁该案时，有徇私舞弊、枉法裁决行为的；人民法院认定执行该劳动争议仲裁裁决违背社会公共利益的。人民法院在不予执行的裁定书中，应当告知当事人在收到裁定书之次日起30日内，可以就该劳动争议事项向人民法院起诉。

2. 劳动争议当事人申请先予执行。先予执行，是指人民法院在作出判决前，为解决原告生活或生产上的困难或急需，而裁定一方当事人给付另一方当事人一定数额的款项或其他财物的一种临时性措施，以维持其生产、生活的正常进行。[①] 申请先予执行，申请人必须符合法定条件：当事人之间的权利义务关系明确；劳动争议诉讼具有给付内容；不先予执行将严重影响申请人的生活或生产经营；被申请人有履行能力等。

《民事诉讼法》规定，对下列案件经当事人的申请，法院可以裁定先予执行：追

---

① 谢良敏、吕静：《劳动法条文新释新解》，法律出版社2006年版，第269页。

索赡养费、抚育费、抚恤金、医疗费用的；追索劳动报酬的；因情况紧急需要先予执行的。劳动争议职工一方当事人在诉讼前认为确有必要的，可以向受诉人民法院申请先予执行，以保证职工当事人的基本生活。人民法院在作出先予执行的裁定之前，可以责令申请人提供担保，申请人不提供担保的，驳回申请。如果当事人败诉，应当赔偿对方当事人因先予执行遭受的财产损失。

3. 发生法律效力的民事判决和裁定的执行。《民事诉讼法》第三编规定了民事判决、裁定的执行程序。

发生法律效力的民事判决、裁定，以及刑事判决、裁定中的财产部分，由第一审人民法院执行。法律规定由人民法院执行的其他法律文书，由被执行人住所地或者被执行的财产所在地人民法院执行。

执行过程中，案外人对执行标的提出异议的，执行员应当按照法定程序进行审查。理由不成立的，予以驳回；理由成立的，由院长批准中止执行。如果发现判决、裁定确有错误，按照审判监督程序处理。

执行工作由执行员进行。采取强制执行措施时，执行员应当出示证件。执行完毕后，应当将执行情况制作笔录，由在场的有关人员签名或者盖章。基层人民法院、中级人民法院根据需要，可以设立执行机构。执行机构的职责由最高人民法院规定。

被执行人或者被执行的财产在外地的，可以委托当地人民法院代为执行。受委托人民法院收到委托函件后，必须在 15 日内开始执行，不得拒绝。执行完毕后，应当将执行结果及时函复委托人民法院；在 30 日内如果还未执行完毕，也应当将执行情况函告委托人民法院。受委托人民法院自收到委托函件之日起 15 日内不执行的，委托人民法院可以请求受委托人民法院的上级人民法院指令受委托人民法院执行。

在执行中，双方当事人自行和解达成协议的，执行员应当将协议内容记入笔录，由双方当事人签名或者盖章。一方当事人不履行和解协议的，人民法院可以根据对方当事人的申请，恢复对原生效法律文书的执行。

在执行中，被执行人向人民法院提供担保，并经申请执行人同意的，人民法院可以决定暂缓执行及暂缓执行的期限。被执行人逾期仍不履行的，人民法院有权执行被执行人的担保财产或者担保人的财产。

作为被执行人的公民死亡的，以其遗产偿还债务。作为被执行人的法人或者其他组织终止的，由其权利义务承受人履行义务。

执行完毕后，据以执行的判决、裁定和其他法律文书确有错误，被人民法院撤销的，对已被执行的财产，人民法院应当作出裁定，责令取得财产的人返还；拒不返还的，强制执行。

人民法院制作的调解书的执行，适用《民事诉讼法》第三编的规定。

四、劳动争议诉讼的效力

我国的司法体制是"两审终审"制。一审作出的判决或裁定，在判决后 15 天内当事人不上诉的，即发生法律效力，当事人应当执行，如果有一方当事人不执行，则另一方可以申请人民法院强制执行。如果当事人一方在法定期限内提起上诉，则进入二审程序，二审作出的判决是终审判决，当事人不能再提起上诉，必须履行。如果当事人认为已经生效的法院判决有误，则不能再提起上诉，可以通过审判监督程序来进行法律救济。

五、工会在劳动争议诉讼中的地位和作用

《工会参与劳动争议处理的办法》第五章对工会代理职工参与诉讼做了明确规定。县和县以上各级工会组织可以建立法律咨询服务机构，为保护职工和工会组织的合法权益提供服务。工会法律服务机构可以接受职工当事人的委托，代理职工参与劳动争议诉讼。工会法律服务机构接受职工当事人的代理申请后，应当指派代理人，指派的代理人应征得委托人同意。工会法律服务机构代理职工参与诉讼，应当由委托人向仲裁委员会或人民法院提交由委托人签名或盖章的授权委托书。

发生集体劳动争议，用人单位工会应及时向上级工会报告，依法参与处理。工会参与处理集体劳动争议，应积极反映职工的正当要求，维护职工合法权益。因履行集体合同发生争议，当事人双方协商解决不成的，可以向劳动争议仲裁委员会申请仲裁；裁决不服的，可以自收到仲裁裁决书之日起 15 日内向人民法院提起诉讼。上级工会依法律、法规的规定及《工会参与劳动争议处理的办法》参与处理。

【思考题】

1. 简述劳动争议的概念和特征。

2. 简述劳动争议的处理途径。

3. 简述劳动争议调解的程序。

4. 简述劳动争议仲裁申请时效的中止与中断制度。

5. 简述劳动争议仲裁的效力。

6. 简述劳动争议诉讼的程序。

下篇　社会保障法

第十章

社会保障法

本章的学习要点在于，了解社会保险与社会保障的关系，把握社会保险法与社会保障法的不同，掌握社会保险法的基本内容。

【案例 10-1】

公司只给部分员工办理社会保险合法吗？[①]

王某是一家私营企业的老板，《社会保险费征缴暂行条例》实施后，他指示人事部门给几个部门经理办理了参加养老、医疗、失业等社会保险统筹的手续，但对其他 30 名职工却未办理参保手续。当其他职工就此问题提出异议时，王经理回答，今年就办这几个人的，大家好好干，等明年公司效益更好些，再给其他人办理参保手续。问题：王某可以只给部分员工办理社会保险吗？

王某的做法显然是错误的，因为用人单位参加社会保险，为职工缴纳各项社会保险费是其应尽的法律义务。我国的基本养老保险、基本医疗保险和失业保险的征缴范围都覆盖了城镇私营企业。缴费单位未按照规定办理社会保险登记、变更登记、注销登记，或者未按照规定申报应缴纳的社会保险费数额的，由劳动保障行政部门责令限期改正；情节严重或者特别严重的，对直接负责的主管人员和其他直接负责人员可以处以罚款。当职工发现单位未依法办理社会保险参保手续，侵犯了自己的社会保险合法权益时，可以向单位所在地的劳动保障监察机构举报单位的违法行为，督促用人单位依法履行社会保险登记、申报和缴费义务。

第一节　社会保障概述

要准确把握社会保障法的内涵，首先要弄清楚什么是社会保障。

---

① 《只给部分职工办社保，用人单位行为违法》，载《每日新报》2005 年 9 月 5 日。

一、社会保障的概念

关于社会保障的定义，学者们从不同的角度有不同的理解，一般认为，社会保障是指国家立法强制规定的，由国家和社会出面举办，对公民在年老、疾病、伤残、失业、生育、死亡、遭遇灾害、面临生活困难时给予物质帮助，旨在保障公民个人和家庭基本生活需要并提高生活水平，实现社会公平和社会进步的制度。[①]

"社会保障"一词来源于英文的"Social Security"，最早出现在美国 1935 年制定的《社会保障法》中，在当代社会，社会保障已经成为各国普遍建立的一种社会稳定制度。侯文若教授在《社会保障理论与实践》一书中将社会保障的发展分为：萌芽阶段——以 1601 年英国《济贫法》颁布为标志；社会保险出台阶段——以德国社会保险立法为标志；社会保障最终形成制度阶段——以美国颁行《社会保障法》为标志；社会保障充分发展阶段——以英国建立福利国家为标志；社会保障改革阶段——以 20 世纪 70 年代为起始。

社会保障制度的建立，可以消除或减少不安定因素、缓解社会动荡、提高政府的威信；可以唤起社会参与意识、提高民主自治观念、促进社会成员和谐共存、正确引导公众心理；可以调节消费、保证经济结构调整的顺利进行、提供财政投融资，促进经济建设。

二、社会保障的范围

社会保障是一种综合性的保障制度，从各个不同的侧面，以不同的程度保障社会成员的生存权利，根据保障程度，可以把其范围确定为社会救助、社会保险、社会福利和社会优抚。

（一）社会救助

社会救助也称社会赈济，是国家通过国民收入的再分配，对因自然灾害或其他经济、社会等原因而无法维持最低生活水平的社会成员给予救助，以维持其最低生活水平的一种社会保障制度。它是最低层次的社会保障，也是人类最古老的一种保障制度。

社会救助一般分为两大类：灾害救济和贫困救济。社会救助的对象是失去生活来源者，因灾害及意外事故遭遇不幸者，以及生活贫困者；其救济目的是保障低收入者

---

① 林嘉：《劳动法和社会保障法》，中国人民大学出版社 2011 年版，第 261 页。

和无收入者的最低生活水平；其基本特征是扶危济贫，保障最低生活，具有济贫性质而不是改善生活，提高福利；其资金来源主要是国家财政支付，社会群体资助；它在社会保障体系中属最低保障，是保障人民群众基本生活的最后一道"安全网"。

（二）社会保险

国家建立基本养老保险、基本医疗保险、工伤保险、失业保险、生育保险等社会保险制度，保障公民在年老、疾病、工伤、失业、生育等情况下依法从国家和社会获得物质帮助的权利。

社会保险是通过立法手段，运用社会力量，给因年老、疾病、伤残、生育、失业、死亡等特殊原因而受到损失的劳动者以一定程度的收入补偿，使之能继续达到基本生活水平，从而保证劳动力再生产和扩大再生产的正常运行，保证社会安定的一种制度。我国社会保险的项目一般包括养老保险、医疗保险、失业保险、工伤保险和生育保险五种。

养老保险是为了帮助公民抵御丧失劳动能力的危险而施行的社会保险项目，是社会保险中最重要的基本项目。丧失劳动能力包括法定丧失和实际丧失两种，前者是国家立法规定的退休年龄；后者往往是公民遭遇意外伤害而丧失了劳动能力。

医疗保险是为了帮助公民抵御疾病危险而施行的社会保险项目，是社会保险中最重要的基本项目。医疗保险给付具有现物和服务性特点，由社会保障行政部门委托业务部门实施，从而形成了较为复杂的医、患、管三方关系。疾病保险是为了帮助公民抵御因疾病中断收入的危险而施行的社会保险项目。在中国，俗称为病假工资。

失业保险是为了帮助公民抵御因失去工作导致收入中断的危险而施行的社会保险项目。失业保险制度，经历了从消极型失业给付，到积极型促进就业与失业给付相结合的演变过程。

工伤保险是为了帮助公民抵御职业伤害、公共伤害危险而施行的社会保险项目。职业伤害包括意外伤害和职业病；公共伤害包括交通伤害、环境伤害等。

生育保险是为了帮助公民抵御生育危险而施行的社会保险项目。生育保险给付具有覆盖事前（孕期）、事中（生产）和事后（哺乳）的特点。

由上可知，社会保险是社会保障的重要组成部分，与社会保障紧密相连，密不可分。社会保障的属性，社会保险同样具备。但社会保险又不同于社会保障制度中的社会救助、社会福利以及社会优抚，其具有自身的独立性和特征。

其制度特征主要包括：保障基本生活需要，具有防贫的性质；是社会保障制度中的核心部分，起着承上启下的重要作用；实施项目多、范围广，从各个侧面构成了基本生活保障；以履行缴费义务为享受权利的前提；以法定的保险事故、给付要件、给付标准为条件分别施行。

（三）社会福利

社会福利是国家为改善和提高全体公民的物质、精神生活而建立的一种社会保障制度。其内容包括特殊群体权益保障、公共福利、职业福利、福利津贴、住房福利、教育福利、卫生保健福利、社区服务等。

其制度特征包括：是最高层次的社会保障，充实、丰富了基本生活需要的内涵；有些项目以不特定所有公民为对象，有些内容以法定范围内的公民为对象；其资金的主要来源是国家拨款、社会团体、企事业单位资助，国家可以根据财力，实行普遍的社会福利，也可以在部分公民中实施；社会福利是公民的一项法定权利，特别是以所有公民为对象的项目，公民无须履行任何义务，其他项目也只是法定范围上的限制；社会福利向低所得层倾斜。

（四）社会优抚

优抚安置制度是对以军人及其家属为主体的优抚安置对象进行物质照顾和精神抚慰的一种制度，是优待抚恤和军人安置的简称。所谓优抚，就是指国家按规定对革命烈士家属、因公牺牲军人家属以及病故军人家属等优抚对象，实行优待、抚恤、给予物质帮助、精神鼓励。军人安置是对特定对象或生产、生活有困难的军人的扶持、帮助或就业安排。

国家根据优抚对象的不同及其贡献大小，参照经济、社会发展水平，确立不同的优抚层次和标准：对于烈士遗属、牺牲和病故军人遗属、伤残军人等实行国家抚恤；对老复员军人等重点优抚对象实行定期定量生活补助；对义务兵家普遍发放优待金；残疾军人等重点优抚对象享受医疗、住房、交通、教育、就业等方面的社会优待。安置的对象包括复员退伍军人、军队离退休干部及其随军家属。

其制度特征包括：是社会保障中的特殊内容，具有强烈的阶级性、民族性；优抚对象是法定的，由国家通过立法确定；体现了权利义务的对等性，优抚对象承担了特殊任务，作出了特殊贡献，理应享受特殊的权利；社会优抚包括物质和精神两方面内容，物质待遇高于社会平均水准，精神褒扬的目的是给全社会树立榜样。

第二节　社会保障法

一、社会保障法概念和特征

社会保障法是国家有权机关制定的调整社会保障关系的法律规范的总称。我国的社会保障法律制度在新民主主义时期就已产生，经历了从新中国成立初期的创立时期、改革时期和停滞时期。十一届三中全会以后，我国立法部门秉持生存权保障理念、社会连带思想和社会平等思想等理念，着手制定适应社会主义市场经济的社会保障法律制度，设计了社会救助法、社会保险法、社会福利法以及社会优抚法等一系列的法律、法规和规章。由此可知，社会保险法属于社会保障法，是社会保障法体系中的重要组成部分，具有社会保障法的共性特征。

社会保障法的特征主要有以下几个方面：

1. 社会保障法具有社会法的最基本特征，体现了社会本位的立法思想，保护弱势群体的倾向明显，以保障公民的社会权为目的。社会保障法兼具公法和私法的属性，介于公法和私法中间，故有学者认为其是"中间法"、"社会法"。可以说，社会保障法是社会法的核心内容。

2. 社会保障法是强制性与非强制性规范的统一。社会保障以国家的行政权力为保证施行，强制法的色彩非常浓厚，大多是强制性规定。如社会保险中的各项保险义务都是当事人必须履行的、不可选择的，其中的一些项目还是部分当事人只尽义务，另一方部分当事人只享受权利的，如工伤保险和生育保险。但也有一些补充项目中具有任意性规定。如救灾救济、扶贫救济中的捐赠，就是由社会成员自愿选择的，不具有法律强制力的行为。

3. 社会保障法是人道主义与互助共济的统一。人道主义是人类社会文明进步的结果。人道主义在社会生活中的重要体现是强者对弱者的帮助和付出。与此同时，社会保障法也实行社会成员间互助共济的原则，体现"人人为我，我为人人"的社会准则。以养老保险为例，其实质是家庭养老模式社会化的结果。

4. 社会保障法具有实现社会公平的职能。通过社会保障，使社会成员能够在基本生活得到保障的前提下参与社会的竞争，不至于因先天不足或生活无保障而生存困难，失去平等参与社会公平竞争的机会。通过社会保障法的实施，还可以在一定程度上缩小社会分配的不公平。

5. 社会保障法律制度由多项法律协调构成。比如，在我国，除《中华人民共和国宪法》第44条对社会成员的退休养老保障作了规定，第45条对国家和社会给予社会成员物质帮助和发展社会保险、社会救助、医疗卫生事业、社会福利事业等作了原则规定外，还有国家立法机关通过的社会保障专门法律及可以适用于社会保障领域的其他法律。

6. 社会保障法具有实体法和程序法的统一性，既有主体权利和义务的实体规定，又有资格认定与受给手续等程序性规定，实务性很强。如社会救助法，既有救助对象所享受的权利义务的实体规定，又有救助对象资格认定以及发放手续的程序性规定。

7. 社会保障法具有特定的立法技术，社会保障的运营须以数理运算为基础，这使得社会保障法在立法上有较高的技术性。"大数法则"、"平均数法则"等一些数理原理在社会保障立法中会经常用到。另外，还有一些保障项目在费率、范围等的确定上会常用到统计技术。

二、社会保障法的调整对象

社会保障法的调整对象，是国家、各类单位和社会成员在社会保障活动中所发生的各种社会经济关系。或者说，社会保障法是以社会保障关系为其调整对象的。一般来讲，社会保障关系就是在社会保障实施过程中国家、用人单位以及社会成员之间发生的各种关系的总和。具体调整以下关系：

1. 调整国家与全体社会成员之间的关系。
2. 调整社会保障机构与政府之间的关系。
3. 调整社会保障机构与社会成员之间的关系。
4. 调整社会保障机构与用人单位和乡村集体组织之间的关系。
5. 调整用人单位与劳动者之间的关系。
6. 调整社会保障运行过程中的关系。
7. 调整社会保障运行过程中的监督关系。
8. 调整社会保障基金运营中的关系。

三、社会保障法律关系

社会保障关系经过社会保障法调整以后形成社会保障法律关系，社会保障法律关系由主体、客体和内容三大要素构成。

社会保障法律关系的主体主要包括受益主体、义务主体和行政主体。

受益主体即权利主体，是国家实施社会保障的利益归属者、最终受益者。公民，尤其是公民中的弱势群体，是社会保障的受益主体。作为基本人权之一，受益主体的生存权受到各国宪法的保护，在社会保障立法中，生存权又具体表现为社会保障权，享有社会保障，是受益主体的基本权利。

义务主体是在社会保障关系中，承担缴费、给付义务的个人或组织。义务主体分为两大类：一类是缴费主体，在社会保险中，个人和用人单位承担缴纳保险费的义务；另一类是给付主体，凡属于现金给付的，均由社会保障行政部门履行，而现物或服务性给付，通常由受托的业务机构履行。

行政主体是代表国家组织、施行、管理社会保障事务的行政部门。与其他行政主体不同，社会保障行政主体不以维护国家利益，行使国家权利为目的，而是为实现公民的生存权利而组织公务。

社会保障法律关系的客体是各种社会保障给付。包括现金给付、现物给付和社会服务性给付。

社会保障法律关系的内容是主体针对客体所享有的权利和应该履行的义务。具有以下特征：权利与生俱来、终身专属、不可剥夺；在社会救助和社会福利法律关系中，法定权利不以履行义务为前提，体现出权利和义务的不对等性；像用人单位这样的义务主体，其承担着无实质性权利的社会保障义务；国家实施社会保障，无主观权利，即不以维护国家利益为目的。

四、社会保障法的基本原则

社会保障法的基本原则是调整社会保障法律关系所应遵循的基本准则。它全面地反映社会保障法所调整的社会关系的客观要求，对社会保障法如何调整社会保障法律关系进行整体的指导和规范。

（一）实行有条件的社会共同责任的原则

在现代社会环境中，全社会成员都承受着诸如失业、伤残、疾病、老龄等多方面的风险，这不仅对社会成员的生活甚至生存构成威胁，而且这些风险产生的原因在很大程度上是社会因素导致的。对于社会风险完全靠个人来承担其后果不仅是不可能的，而且对于社会成员中的弱者也是不公平的。这就要求全体社会成员互相帮助，有条件地共同分担社会风险。

（二）社会保障水平与经济发展相适应的原则

社会保障制度的建立和发展，要与社会发展阶段和经济发展水平相适应。世界各国的社会保障制度，都不是凭空建立起来的，立法所确定的社会保障对象、社会保障项目、社会保障待遇水平，无一不受到本国社会经济发展阶段和经济发展水平的制约与影响。

（三）社会保障制度的内容和模式应适应本国国情的原则

社会保障制度的内容和模式选择，具有鲜明的国情特点。综观当今世界各国的社会保障制度，无一不是从本国的国情出发，制定社会保障立法和相应的社会保障措施。

（四）坚持社会公平与提高经济效率兼顾的原则

社会保障法的制定和实施，既要达到维护社会公平的目的，又要保障经济效率的提高，兼顾公平与效率。

【思考题】

1. 简述社会保障的概念和特征。
2. 简述社会保障的范围。
3. 简述社会保障法的概念和特征。
4. 简述社会保障法的基本原则。

第十一章

社会保险法

　　本章的学习要点在于，了解社会保险法的基本法理，把握社会保险费的征缴与社会保险基金的构成，了解社会保险经办机构与社会保险监督的作用与价值。

　　为了规范社会保险关系，维护公民参加社会保险和享受社会保险待遇的合法权益，使公民共享发展成果，促进社会和谐稳定，根据宪法，2010 年 10 月 28 日第十一届全国人民代表大会常务委员会第十七次会议通过了《中华人民共和国社会保险法》（以下简称《社会保险法》），并于 2011 年 7 月 1 日起施行。为了实施《社会保险法》，人力资源和社会保障部第 67 次部务会审议通过《实施〈中华人民共和国社会保险法〉若干规定》，自 2011 年 7 月 1 日起开始实施。

【案例 11 - 1】

高薪能否取代保险待遇①

　　某从事计算机软件开发的外商投资公司准备高薪聘用博士生赵某担任副总经理，在谈到工资待遇时，公司董事长告诉赵某，单位给他定的工资为每月一万两千元，但是除了工资以外，再没有其他福利待遇，像医疗保险、养老保险等问题都得自己解决，公司概不负责。

　　赵某认为自己 30 多岁，一般也不会得什么大病，至于养老问题，现在考虑还为时过早。不如趁年轻多挣些钱，于是与该公司签订了劳动合同。

　　工作以后，赵某为了解除自己的后顾之忧，每月从工资中拿出 1000 元，向保险公司买了一份养老保险。这样一来，他在这家公司工作，倒也觉得踏实多了。

　　几个月后，由于赵某与董事长在公司的经营管理等重大问题上产生了分歧，被董事长辞退。赵某不服，向劳动争议仲裁委员会申请仲裁。

---

　　① 蒲春平、唐正彬：《劳动法与社会保障法》，航空工业出版社 2013 年版，第 229 页。

在仲裁过程中，赵某提出了公司未给他缴纳养老保险的问题，他认为这是侵犯他合法权益的行为。但公司董事长抗辩道，不为赵某缴纳养老保险是双方事先达成的合意，公司可以据此不给他缴纳养老保险。问题：公司是否有权不为赵博士缴纳养老保险？

【案例分析】公司无权不为赵某缴纳养老保险。养老保险是国家为了保障职工退休后的基本生活而建立的一种社会保障制度。《劳动法》第72条规定："用人单位和劳动者必须依法参加社会保险，缴纳社会保险费。"这说明参加社会保险、缴纳社会保险费不仅是用人单位的义务，也是劳动者的义务。因此，即使劳动者不想参加社会保险也是不行的。虽然赵某当初同意公司不参加养老保险，但也不能因此而免除公司的责任。

本案中，该公司以高薪来取代职工的养老保险是违反法律规定的。单位不仅应该依法为职工缴纳养老保险，还应该同时缴纳失业、大病医疗等政府规定的社会保险。只有这样才能保障职工的合法权益。

第一节　社会保险法概述

一、社会保险的特点

社会保险是社会保障最重要的组成部分，也是社会保障发展的重要阶段。在我国，社会保险是社会保障的核心内容。与社会保障中的其他内容相比，有如下区别：

1. 目的与功能的相对特殊性。从微观上讲，社会保险旨在预防劳动者个体"返贫"；从宏观上讲，社会保险直接影响劳动就业从而实现社会保障的目的。

2. 覆盖范围的相对广泛性。社会保险虽然仅覆盖劳动者，但是劳动者是我国现阶段的社会主体；而其他社会保障项目的覆盖对象都是特定的个人或群体。

3. 社会保险具有明显的互助性。

4. 具有明显的权利义务特性。社会保险强调受保的劳动者个人缴纳部分保险费（税），并以此作为其享受社会保险待遇的前提条件，即受保者履行缴费义务与享受社会保险待遇的权利是相辅相成的。其体现的是部分义务对应全部权利的关系，社会保险是一种缴费制的社会保障，且其保障水平直接或间接与工龄长短、工资水平等因素相联系；而社会救助、优抚安置等却不需要受保障者履行缴费义务，体现的是政府与社会的一种净投入，实现的是受益者单方面的权利；而在社会福利中，各种福利设施是部分免费，部分实行低收费。福利生产则需要受益者付出劳动代价，国家给予政策扶持和减免税待遇。

5. 社会保险具有统一性、流动性的特点。

【案例11-2】

劳动者与用人单位约定不办理社会保险，是否可以不办理？①

王某经招聘到某保安公司从事保安工作，公司与王某就待遇等内容协商一致，准备签订劳动合同。但是，公司指出，因为要为职工办理社会保险，公司将根据规定每月从王某工资中扣除约150元的社会保险费。王某心想多拿点现钱多好啊，并且自己现在工作也不固定，不知道干多久可能就走了，办了社会保险也不一定能够用得上。因此，王某跟公司协商不办社会保险，公司经过考虑同意了王某的意见，但要求王某就主动要求不办理社会保险的情况与公司签订补充协议。于是双方签订了1年的劳动合同，约定每月工资1500元；并且在补充协议中明确，经王某要求，公司将不予办理社会保险。

该市劳动保障监察大队在劳动保障检查中，发现该公司未依法为签订劳动合同的职工办理社会保险，遂对其下达限期整改通知，责令该公司为王某及其他情况相同的劳动者办理社会保险登记、申报，补缴社会保险费。该公司认为，公司不为王某办理社会保险是王某主动要求的，并且双方就此事签订了补充意见书，所以拒绝为这些劳动者办理社会保险。劳动保障行政部门依据《社会保险费征缴暂行条例》对该公司直接负责的主管人员进行了行政处罚。

【案例分析】《劳动法》第72条规定，用人单位和劳动者必须依法参加社会保险，缴纳社会保险费。《社会保险费征缴暂行条例》规定：缴费单位必须向当地社会保险经办机构办理社会保险登记，参加社会保险。缴费单位、缴费个人应当按时、足额缴纳社会保险费。根据上述规定，强制保险是社会保险的基本原则，当事人双方不得自主协商逃避社会保险义务，因此用人单位应当依法为劳动者办理社会保险登记、缴纳社会保险费用。

二、社会保险法的历史演变

改革开放前，我国在1951年公布并实施了《劳动保险条例》，并于1953年进行了重大修改，同时修订了实施细则。《劳动保险条例》是一部综合性的劳动保险法规，包括养老、医疗、疾病、工伤、生育、遗属六个项目，以及劳动福利的一些

---

① 林嘉：《劳动法和社会保障法》，中国人民大学出版社2011年版，第279~280页。

内容。

改革开放后，我国陆陆续续就养老、医疗、失业、工伤、生育等社会保险，制定了一系列的单行法规规章，如 1991 年制定了《关于企业职工养老保险制度改革的决定》、1997 年发布了《关于建立统一的企业职工基本养老保险制度的决定》、1998 年国务院发布了《关于建立城镇职工基本医疗保险制度的决定》、1999 年国务院颁布了新的《失业保险条例》、2010 年修改后发布了新的《工伤保险条例》等。

2010 年，通过整合各种社会保险的单行条例，第十一届全国人民代表大会常务委员会第十七次会议通过了统一的《中华人民共和国社会保险法》。为了实施《社会保险法》，人力资源和社会保障部第 67 次部务会同步审议通过了《实施〈中华人民共和国社会保险法〉若干规定》，进一步完善了社会保险法。

三、社会保险法的基本原则

社会保险法是调整社会保险关系的法律规范的总称。社会保险法的基本原则是指集中反映社会保险法的本质，贯穿社会保险法律规范始终并对整个社会保险法律规范体系起主导作用的根本准则。社会保险制度坚持广覆盖、保基本、多层次、可持续的方针，社会保险水平应当与经济社会发展水平相适应。

1. 广覆盖：从城镇人口到农村人口，从国有单位到非国有单位，从从业人员到非从业人员，"老有所养，病有所医"。

2. 保基本：相对较低的社会保险待遇由我国经济发展水平相对落后决定。但同时也可防止高标准的社会保险造成国家财政、用人单位和个人负担过重，避免有劳动能力的人过分依赖社会保险。

3. 多层次：补充养老保险、医疗保险、商业保险等。

4. 可持续：社会保险基金能够收支平衡，运行良好。

5. 协调发展：有利于推动经济社会可持续发展。

第二节　社会保险费征缴

中华人民共和国境内的用人单位和个人依法缴纳社会保险费，有权查询缴费记录、个人权益记录，要求社会保险经办机构提供社会保险咨询等相关服务。个人依法享受社会保险待遇，有权监督本单位为其缴费情况。

用人单位应当自成立之日起 30 日内凭营业执照、登记证书或者单位印章，向当地社会保险经办机构申请办理社会保险登记。社会保险经办机构应当自收到申请之日起 15 日内予以审核，发给社会保险登记证件。

用人单位的社会保险登记事项发生变更或者用人单位依法终止的，应当自变更或者终止之日起 30 日内，到社会保险经办机构办理变更或者注销社会保险登记。工商行政管理部门、民政部门和机构编制管理机关应当及时向社会保险经办机构通报用人单位的成立、终止情况，公安机关应当及时向社会保险经办机构通报个人的出生、死亡以及户口登记、迁移、注销等情况。

用人单位应当自用工之日起 30 日内为其职工向社会保险经办机构申请办理社会保险登记。未办理社会保险登记的，由社会保险经办机构核定其应当缴纳的社会保险费。自愿参加社会保险的无雇工的个体工商户、未在用人单位参加社会保险的非全日制从业人员以及其他灵活就业人员，应当向社会保险经办机构申请办理社会保险登记。

国家建立全国统一的个人社会保障号码。个人社会保障号码为公民身份号码。

县级以上人民政府加强社会保险费的征收工作。社会保险费实行统一征收，实施步骤和具体办法由国务院规定。

用人单位应当自行申报、按时足额缴纳社会保险费，非因不可抗力等法定事由不得缓缴、减免。职工应当缴纳的社会保险费由用人单位代扣代缴，用人单位应当按月将缴纳社会保险费的明细情况告知本人。用人单位未按月将缴纳社会保险费的明细情况告知职工本人的，由社会保险行政部门责令改正；逾期不改的，按照《劳动保障监察条例》第 30 条的规定处理。

用人单位未依法代扣代缴的，由社会保险费征收机构责令用人单位限期代缴，并自欠缴之日起向用人单位按日加收万分之五的滞纳金。用人单位不得要求职工承担滞纳金。无雇工的个体工商户、未在用人单位参加社会保险的非全日制从业人员以及其他灵活就业人员，可以直接向社会保险费征收机构缴纳社会保险费。社会保险费征收机构应当依法按足额征收社会保险费，并将缴费情况定期告知用人单位和个人。

用人单位未按规定申报应当缴纳的社会保险费数额的，按照该单位上月缴费额的 11% 确定应当缴纳数额；缴费单位补办申报手续后，由社会保险费征收机构按照规定结算。用人单位未按时足额缴纳社会保险费的，由社会保险费征收机构责令其限期缴纳或者补足。用人单位逾期仍未缴纳或者补足社会保险费的，社会保险费征收机构可以向银行和其他金融机构查询其存款账户；并可以申请县级以上有关行政部门作出划拨社会保险费的决定，书面通知其开户银行或者其他金融机构划拨社会保险费。用人单位因不可抗力造成生产经营出现严重困难的，经省级人民政府社会保险行政部门批准后，可以暂缓缴纳一定期限的社会保险费，期限一般不超过 1 年。暂缓缴费期间，免收滞纳金。到期后，用人单位应当缴纳相应的社会保险费。

用人单位账户余额少于应当缴纳的社会保险费的，社会保险费征收机构可以要求该用人单位提供担保，签订延期缴费协议。用人单位按照《社会保险法》第63条的规定，提供担保并与社会保险费征收机构签订缓缴协议的，免收缓缴期间的滞纳金。用人单位缓缴社会保险费期间，不影响其职工依法享受社会保险待遇。用人单位未足额缴纳社会保险费且未提供担保的，社会保险费征收机构可以申请人民法院扣押、查封、拍卖其价值相当于应当缴纳社会保险费的财产，以拍卖所得抵缴社会保险费。

第三节　社会保险基金

县级以上人民政府将社会保险事业纳入国民经济和社会发展规划。国家多渠道筹集社会保险资金。县级以上人民政府对社会保险事业给予必要的经费支持。国家通过税收优惠政策支持社会保险事业。

社会保险基金包括基本养老保险基金、基本医疗保险基金、工伤保险基金、失业保险基金和生育保险基金。各项社会保险基金按照社会保险险种分别建账，分账核算，执行国家统一的会计制度。社会保险基金专款专用，任何组织和个人不得侵占或者挪用。基本养老保险基金逐步实行全国统筹，其他社会保险基金逐步实行省级统筹，具体时间、步骤由国务院规定。

社会保险基金通过预算实现收支平衡。县级以上人民政府在社会保险基金出现支付不足时，给予补贴。

社会保险基金按照统筹层次设立预算。社会保险基金预算按照社会保险项目分别编制。社会保险基金预算、决算草案的编制、审核和批准，依照法律和国务院规定执行。社会保险基金存入财政专户，具体管理办法由国务院规定。

社会保险基金在保证安全的前提下，按照国务院规定投资运营实现保值增值。社会保险基金不得违规投资运营，不得用于平衡其他政府预算，不得用于兴建、改建办公场所和支付人员经费、运行费用、管理费用，或者违反法律、行政法规规定挪作其他用途。社会保险经办机构应当定期向社会公布参加社会保险情况以及社会保险基金的收入、支出、结余和收益情况。

国家设立全国社会保障基金，由中央财政预算拨款以及国务院批准的其他方式筹集的资金构成，用于社会保障支出的补充、调剂。全国社会保障基金由全国社会保障基金管理运营机构负责管理运营，在保证安全的前提下实现保值增值。全国社会保障基金应当定期向社会公布收支、管理和投资运营的情况。国务院财政部门、社会保险行政部门、审计机关对全国社会保障基金的收支、管理和投资运营情况实施监督。

第四节　社会保险经办机构

统筹地区设立社会保险经办机构。社会保险经办机构根据工作需要，经所在地的社会保险行政部门和机构编制管理机关批准，可以在本统筹地区设立分支机构和服务网点。社会保险经办机构的人员经费和经办社会保险发生的基本运行费用、管理费用，由同级财政按照国家规定予以保障。

社会保险经办机构应当建立健全业务、财务、安全和风险管理制度。社会保险经办机构应当按时足额支付社会保险待遇。

社会保险经办机构通过业务经办、统计、调查获取社会保险工作所需的数据，有关单位和个人应当及时、如实提供。社会保险经办机构应当及时为用人单位建立档案，完整、准确地记录参加社会保险的人员、缴费等社会保险数据，妥善保管登记、申报的原始凭证和支付结算的会计凭证。社会保险经办机构应当及时、完整、准确地记录参加社会保险的个人缴费和用人单位为其缴费，以及享受社会保险待遇等个人权益记录，定期将个人权益记录单免费寄送本人。用人单位和个人可以免费向社会保险经办机构查询、核对其缴费和享受社会保险待遇记录，要求社会保险经办机构提供社会保险咨询等相关服务。

全国社会保险信息系统按照国家统一规划，由县级以上人民政府按照分级负责的原则共同建设。

第五节　社会保险监督

国家对社会保险基金实行严格监管。国务院和省、自治区、直辖市人民政府建立健全社会保险基金监督管理制度，保障社会保险基金安全、有效运行。县级以上人民政府采取措施，鼓励和支持社会各方面参与社会保险基金的监督。国务院社会保险行政部门负责全国的社会保险管理工作，国务院其他有关部门在各自的职责范围内负责有关的社会保险工作。县级以上地方人民政府社会保险行政部门负责本行政区域的社会保险管理工作，县级以上地方人民政府其他有关部门在各自的职责范围内负责有关的社会保险工作。社会保险经办机构提供社会保险服务，负责社会保险登记、个人权益记录、社会保险待遇支付等工作。工会依法维护职工的合法权益，有权参与社会保险重大事项的研究，参加社会保险监督委员会，对与职工社会保险权益有关的事项进行监督。

各级人民代表大会常务委员会听取和审议本级人民政府对社会保险基金的收支、管理、投资运营以及监督检查情况的专项工作报告，组织对《社会保险法》实施情况的执法检查等，依法行使监督职权。

县级以上人民政府社会保险行政部门应当加强对用人单位和个人遵守社会保险法律、法规情况的监督检查。社会保险行政部门实施监督检查时，被检查的用人单位和个人应当如实提供与社会保险有关的资料，不得拒绝检查或者谎报、瞒报。

财政部门、审计机关按照各自职责，对社会保险基金的收支、管理和投资运营情况实施监督。

社会保险行政部门对社会保险基金的收支、管理和投资运营情况进行监督检查，发现存在问题的，应当提出整改建议，依法作出处理决定或者向有关行政部门提出处理建议。社会保险基金检查结果应当定期向社会公布。社会保险行政部门对社会保险基金实施监督检查，有权采取下列措施：

（1）查阅、记录、复制与社会保险基金收支、管理和投资运营相关的资料，对可能被转移、隐匿或者灭失的资料予以封存；

（2）询问与调查事项有关的单位和个人，要求其对与调查事项有关的问题作出说明、提供有关证明材料；

（3）对隐匿、转移、侵占、挪用社会保险基金的行为予以制止并责令改正。

统筹地区人民政府成立由用人单位代表、参保人员代表，以及工会代表、专家等组成的社会保险监督委员会，掌握、分析社会保险基金的收支、管理和投资运营情况，对社会保险工作提出咨询意见和建议，实施社会监督。社会保险经办机构应当定期向社会保险监督委员会汇报社会保险基金的收支、管理和投资运营情况。社会保险监督委员会可以聘请会计师事务所对社会保险基金的收支、管理和投资运营情况进行年度审计和专项审计。审计结果应当向社会公开。社会保险监督委员会发现社会保险基金收支、管理和投资运营中存在问题的，有权提出改正建议；对社会保险经办机构及其工作人员的违法行为，有权向有关部门提出依法处理建议。

社会保险行政部门和其他有关行政部门、社会保险经办机构、社会保险费征收机构及其工作人员，应当依法为用人单位和个人的信息保密，不得以任何形式泄露。

任何组织或者个人有权对违反社会保险法律、法规的行为进行举报、投诉。社会保险行政部门、卫生行政部门、社会保险经办机构、社会保险费征收机构和财政部门、审计机关对属于本部门、本机构职责范围的举报、投诉，应当依法处理；对不属于本部门、本机构职责范围的，应当书面通知并移交有权处理的部门、机构处理。有权处理的部门、机构应当及时处理，不得推诿。

用人单位或者个人认为社会保险费征收机构的行为侵害自己合法权益的，可以依法申请行政复议或者提起行政诉讼。用人单位或者个人对社会保险经办机构不依法办理社会保险登记、核定社会保险费、支付社会保险待遇、办理社会保险转移接续手续或者侵害其他社会保险权益的行为，可以依法申请行政复议或者提起行政诉讼。

用人单位侵害个人社会保险权益的，个人也可以要求社会保险行政部门或者社会保险费征收机构依法处理。职工与所在用人单位发生社会保险争议的，可以依照《中华人民共和国劳动争议调解仲裁法》《劳动人事争议仲裁办案规则》的规定，申请调解、仲裁，提起诉讼。

职工认为用人单位有未按时足额为其缴纳社会保险费等侵害其社会保险权益行为的，也可以要求社会保险行政部门或者社会保险费征收机构依法处理。社会保险行政部门或者社会保险费征收机构应当按照社会保险法和《劳动保障监察条例》等相关规定处理。在处理过程中，用人单位对双方的劳动关系提出异议的，社会保险行政部门应当依法查明相关事实后继续处理。

第六节　法律责任

用人单位不办理社会保险登记的，由社会保险行政部门责令限期改正；逾期不改正的，对用人单位处应缴社会保险费数额1倍以上3倍以下的罚款，对其直接负责的主管人员和其他直接责任人员处500元以上3000元以下的罚款。

用人单位在终止或者解除劳动合同时拒不向职工出具终止或者解除劳动关系证明，导致职工无法享受社会保险待遇的，用人单位应当依法承担赔偿责任，依照《中华人民共和国劳动合同法》的规定处理。

用人单位未按时足额缴纳社会保险费的，由社会保险费征收机构责令限期缴纳或者补足，并自欠缴之日起，按日加收万分之五的滞纳金；逾期仍不缴纳的，由有关行政部门处欠缴数额1倍以上3倍以下的罚款。2011年7月1日后对用人单位未按时足额缴纳社会保险费的处理，按照社会保险法和实施细则执行；对2011年7月1日前发生的用人单位未按时足额缴纳社会保险费的行为，按照国家和地方人民政府的有关规定执行。

社会保险经办机构以及医疗机构、药品经营单位等社会保险服务机构以欺诈、伪造证明材料或者其他手段骗取社会保险基金支出的，由社会保险行政部门责令退回骗取的社会保险金，处骗取金额2倍以上5倍以下的罚款；对与社会保险经办机构签订服务协议的医疗机构、药品经营单位，由社会保险经办机构按照协议追究责任，情节严重的，可以解除与其签订的服务协议。对有执业资格的直接负责的主管人员和其他直接责任人员，由社会保险行政部门建议授予其执业资格的有关主管部门依法吊销其执业资格。以欺诈、伪造证明材料或者其他手段骗取社会保险待遇的，由社会保险行政部门责令退回骗取的社会保险金，处骗取金额 2 倍以上 5 倍以下的罚款。

社会保险经办机构、社会保险费征收机构、社会保险基金投资运营机构、开设社会保险基金专户的机构和专户管理银行及其工作人员有下列违法情形的，由社会保险行政部门按照《社会保险法》第 91 条的规定查处：

（1）将应征和已征的社会保险基金，采取隐藏、非法放置等手段，未按规定征缴、入账的；

（2）违规将社会保险基金转入社会保险基金专户以外的账户的；

（3）侵吞社会保险基金的；

（4）将各项社会保险基金互相挤占或者其他社会保障基金挤占社会保险基金的；

（5）将社会保险基金用于平衡财政预算，兴建、改建办公场所和支付人员经费、运行费用、管理费用的；

（6）违反国家规定的投资运营政策的。

社会保险经办机构及其工作人员有下列行为之一的，由社会保险行政部门责令改正；给社会保险基金、用人单位或者个人造成损失的，依法承担赔偿责任；对直接负责的主管人员和其他直接责任人员依法给予处分：

（1）未履行社会保险法定职责的；

（2）未将社会保险基金存入财政专户的；

（3）克扣或者拒不按时支付社会保险待遇的；

（4）丢失或者篡改缴费记录、享受社会保险待遇记录等社会保险数据、个人权益记录的；

（5）有违反社会保险法律、法规的其他行为的。

社会保险费征收机构擅自更改社会保险费缴费基数、费率，导致少收或者多收社会保险费的，由有关行政部门责令其追缴应当缴纳的社会保险费或者退还不应当缴纳的社会保险费；对直接负责的主管人员和其他直接责任人员依法给予处分。

违反《社会保险法》规定，隐匿、转移、侵占、挪用社会保险基金或者违规投资运营的，由社会保险行政部门、财政部门、审计机关责令追回；有违法所得的，没收违法所得；对直接负责的主管人员和其他直接责任人员依法给予处分。

社会保险行政部门和其他有关行政部门、社会保险经办机构、社会保险费征收机构及其工作人员泄露用人单位和个人信息的，对直接负责的主管人员和其他直接责任人员依法给予处分；给用人单位或者个人造成损失的，应当承担赔偿责任。国家工作人员在社会保险管理、监督工作中滥用职权、玩忽职守、徇私舞弊的，依法给予处分。违反《社会保险法》规定，构成犯罪的，依法追究刑事责任。

【思考题】

1. 简述社会保障与社会保险的联系与区别。
2. 简述社会保险法的基本原则。
3. 简述社会保险费的征缴。
4. 简述社会保险经办机构的职责。

第十二章

养老保险法

本章学习的要点是，了解和熟悉养老保险的概念、特征及模式，掌握我国基本养老保险法的内容，尤其是养老金的领取条件和待遇标准。

【案例 12 - 1】

深圳男子社保缴费 19 年退休仅拿 1220 元[①]

深圳男子"miludear"在网上发帖称，自己于 1982 年在内地工作，1992 年停薪留职后到深圳发展，并在深圳开始缴纳社保，目前养老金个人账户累积额有 4 万多元。2012 年 10 月，"miludear"办理了退休手续，并被告知 1992 年之前的工龄作废。2012 年 11 月，深圳市社保局给其的养老保险待遇核定单上的金额为 1220 元/月。"每月 1220 元在深圳怎样享受美好的退休生活？""miludear"质疑，自己在深圳工作生活 20 年，一直按规定缴纳社保，为什么退休的工资这么低？

深圳市社保局就此作出解释："深圳养老保险待遇计发结构和标准是执行国家的相关政策。"按国家政策规定，缴费年限累计满 15 年的人员，退休后按月发给基本养老金。基本养老金由基础养老金和个人账户养老金组成。退休时的基础养老金月标准以当地上年度在岗职工月平均工资和本人指数化月平均缴费工资的平均值为基数，缴费每满一年发给 1%。个人账户养老金月标准为个人账户储存额数除以计发月数，计发月数根据职工退休时城镇人口平均预期寿命、本人退休年龄、利息等因素确定。

深圳市社保局称，该参保人自 1992 年 8 月在深圳参保自 2012 年 10 月退休以来，一直按深圳市最低缴费基数的下限缴费，因此，其退休待遇相对较低。

[①] 蒲春平、唐正彬：《劳动法与社会保障法》，航空工业出版社 2013 年版，第 235 页。

第一节　养老保险概述

一、养老保险的概念与特征

养老保险，指劳动者在达到国家规定的解除劳动义务的劳动年龄界限，或因年老丧失劳动能力的情况下，能够依法获得经济收入、物质帮助和生活服务的一种社会保险制度。养老保险，是社会保障制度的重要组成部分，是社会保险五大险种中最重要的险种之一。任何国家养老保险制度的制定和实施，基本遵循保障水平与社会生产力发展水平相适应、劳动者的权利与义务相对应、公平与效率相结合、社会互济与自我保障相结合的指导思想。根据定义，养老保险主要包括以下特征：

1. 强制性。国家通过立法，强制用人单位和个人必须依法参加养老保险，履行法律所赋予的权利和义务。

2. 互济性。社会养老保险制度，在全社会范围内统一筹集资金、管理和发放，在较高层次和较大范围内实现了养老保险费用的社会统筹与互济。

3. 普遍性。养老保险的覆盖范围比较广泛，只要符合法律规定的条件，被保险人均需缴费并享受待遇。

4. 养老保险是适用范围最为广泛的社会保险项目。养老保险作为社会保险的一种，具有适用范围最为广泛的特点。由于生理原因，步入老年是每个劳动者无法回避的问题，所以养老保险保障的范围应为全体劳动者。

二、养老保险的模式

依据不同的标准，把养老保险分为不同的模式。

（一）现收现付模式、完全积累模式及部分积累模式

按养老保险基金的筹集方式，可分为现收现付制、完全积累制和部分积累制。

现收现付制是绝大多数工业化国家采取的养老保险基金筹集方式。这种模式一般是按照一个较短时期内（通常为一年）收支平衡的原则决定收费率来筹集保险资金，即本预算期内社会保险收入仅仅满足本预算期内的支出需要，不为以后时期存留积累资金。基金通常以"社会统筹"的方式筹集，按"社会互济"的原则在社会成员之间进行分配。这种模式实质上是"代际赡养"。

完全积累模式是根据长期（通常是几十年）收支平衡的原则确定收费率，即在预测未来时期社会保险支出需要的基础上，确定一个可以在相当长时期内收支平衡的相对稳定的总收费率（高于现收现付缴费率），并据此筹集社会保险基金。基金通常以个人账户的方式储存。完全积累模式能把正在工作的劳动者筹集的未来养老保险基金全部积累下来用于退休后的养老金开支，所以它实质上遵循的是"同代自养"的原则。

部分积累制是介于前两种模式之间的一种选择。它根据两方面收支平衡的原则确定收费率，即当期筹集的资金一部分用于支付现已退休者的养老金，另一部分为现在的就业者预留下来，用于今后的养老，在满足一定时期（通常为 5 年或 10 年）支出的前提下，留有一定的积累金。部分积累制既不像现收现付制那样不留积累基金，也不像完全积累制那样预留长期使用的基金，它的储备基金规模比现收现付制大，比完全积累制小。这种模式吸收了前两种模式的特点，力图在资金的横向平衡（工作的一代与退休的一代）和纵向平衡（人口年轻阶段与老龄阶段）之间寻求交点。同时，由于预留了一部分积累资金，使现收现付模式今后将遭遇的人口老龄化带来的沉重的资金负担减轻；又由于积累的资金规模比完全积累模式小，在通货膨胀中基金损失的风险也低。因此我国目前采取该模式。

（二）给付确定模式和缴费确定模式

按养老金水平的确定与给付方式，可分为给付确定制（DB）和缴费确定制（DC）。给付确定模式（defined benefit）和缴费确定模式（defined contribution）最初是美国在商业保险公司经办的企业年金中运用的两种不同的年金分配准则，后来被引进社会保险范畴，用以说明养老保险金的两种计发和给付方式。

给付确定制（DB），狭义地讲，是指按预先确定的为保障一定的生活水平所需要的替代率确定支付养老金标准；广义地讲，这种分配方式又决定着养老保险基金的征缴比例，即根据所给付的养老金水平（替代率）确定基金缴费率，通常被表述为以支定收。

缴费确定制（DC）是经过预测，确定一个缴费标准，这个标准相对比较稳定；然后按照这个缴费标准（投保费率）筹集养老保险基金（包括雇主和雇员的供款），并完全或部分地存入劳动者的个人账户。在劳动者退休时，以其个人账户中的储存金额（本金加上经营利息）作为养老金。这种模式通常被表述为以收定支。

（三）普遍保障模式与收入关联模式

按缴费和待遇是否与个人收入相关，可以分为普遍保障模式和收入关联模式。

普遍保障模式是"福利国家"广泛采用的一种养老保险制度，北欧国家、英国、澳大利亚及新西兰等国家均属于此种类型。普遍保障模式实施范围广泛，覆盖全体国民；与个人收入状况无关，国家均为其提供等额的养老金；资金来源主要靠国家财政补贴。

收入关联模式以德国为代表。德国在 19 世纪 80 年代先后推出疾病保险法、工人赔偿法及伤残和养老保险法，是建立社会保险体系最早的国家。法国、美国、日本等也是收入关联模式的典型。收入关联模式强调缴费与收入、退休待遇的相互联系，并建立在严格的保险运行规则（如大数法则）基础上。

收入关联的养老保险模式，养老保险费由企业（雇主）、个人（雇员）和国家三方负担；养老保险待遇取决于工资收入水平，但同时也体现了收入再分配。社会保险在缴费与给付方式上通过特定的技术机制，使国民收入在代际之间、不同人群的收入之间进行再次分配。

（四）公共年金模式、职业年金模式和个人储蓄模式

按养老金体系的构成及政府是否直接参与，可分为公共年金模式、职业年金模式和个人储蓄模式。

公共年金模式，是指由政府通过立法强制执行，或以工资税，或以一般财政收入为基金来源，并用现收现付方式筹集，规定养老金给付额（DB），实行公共管理的养老保险模式。

职业年金模式又称私人养老金计划、公司年金计划或补充养老保险计划。职业年金计划一般由雇主创立，或者是集体谈判决定的，目的是提高退休者的养老金水平，是对公共年金的重要补充。

我国对个人储蓄模式有两种理解。一种是指以强制储蓄的方式建立个人养老保险账户，国家通过立法，规定完全由个人或个人和企业同时按雇员工资的一定比例将养老保险费存入雇员的个人退休账户，逐年积累，由专门机构（政府或私营）负责基金管理和投资运营。当劳动者达到法定退休年龄时，将个人账户积累的基金、利息及其他投资收入作为养老金返还给退休者。这种模式主要在亚洲和拉丁美洲的一些国家推行，尤以新加坡的中央公积金制度和智利的由私营公司管理的个人账户最为典型。第二种理解是个人或家庭通过储蓄或其他方式（如人寿保险）自愿建立的补充退休收入保障计划。

三、我国养老保险立法概况

在我国，1984 年开始在部分地区进行社会统筹的试点，1986 年开始在全国推行养老保险改革。

1991 年根据各试点经验，国务院发布了《关于企业职工养老保险制度改革的决定》，确立了新养老保险制度的基本原则和方向：社会共同负担；建立个人账户；逐步提高个人缴费标准；逐步过渡到省级统筹；建立多层次的养老保险体制；并确立了养老保险主管部门。

1995 年，根据决定的实施情况，国务院发布了《关于深化企业职工养老保险制度改革的通知》，更明确具体地提出了养老保险制度改革的目标、原则和实施办法：适应社会主义市场经济体制要求；适应经济发展水平和社会承受力；适用各种所有制企业和个体劳动者；管理服务社会化；个人账户与社会统筹相结合。并提出了"老人老办法、中人中办法、新人新办法"的具体实施办法。

1997 年，在各地基本建立养老保险制度的情况下，为了统一实施办法，国务院发布了《关于建立统一的企业职工基本养老保险制度的决定》，提出到 20 世纪末，全国建立统一实施范围、统一费率、统一给付标准、统一实施办法的养老保险制度。2005 年，《国务院关于完善企业职工基本养老保险制度的决定》出台，进一步完善了企业职工基本养老保险制度。

2009 年，国务院发布《关于开展新型农村社会养老保险试点的指导意见》，探索建立个人缴费、集体补助、政府补贴相结合的新农保制度，实行社会统筹与个人账户相结合，与家庭养老、土地保障、社会救助等其他社会保障政策措施相配套，保障农村居民老年基本生活。

2010 年 10 月 28 日第十一届全国人民代表大会常务委员会第十七次会议通过了《中华人民共和国社会保险法》，完善了职工基本养老保险，规定职工必须参加基本养老保险，由用人单位和职工共同缴纳基本养老保险费。

2011 年，国务院发布《关于开展城镇居民社会养老保险试点的指导意见》，从 2011 年起开展城镇居民社会养老保险试点，加快建立覆盖城乡居民的社会保障体系的要求，逐步解决城镇无养老保障居民的老有所养问题。

2014 年，按照党的十八大精神和十八届三中全会关于整合城乡居民基本养老保险制度的要求，依据《中华人民共和国社会保险法》有关规定，在总结新型农村社会养老保险（以下简称新农保）和城镇居民社会养老保险（以下简称城居保）试点经验的基础上，国务院决定，将新农保和城居保两项制度合并实施，在全国范围内建立统一的城乡居民基本养老保险（以下简称城乡居民养老保险）制度。预计 2020 年前，全面建成公平、统一、规范的城乡居民养老保险制度，与社会救助、社会福利等其他社会保障政策相配套，充分发挥家庭养老等传统保障方式的积极作用，更好地保障参保城乡居民的老年基本生活。

至此，我国建立了覆盖农民、城镇职工以及城镇非职工的养老保险体系。本书主要介绍适用于城镇职工的基本养老保险制度。

第二节　我国基本养老保险的法律规定

基本养老保险，是国家根据法律、法规的规定，强制用人单位和劳动者依法缴纳养老保险费，在劳动者达到国家规定的退休年龄或因其他原因而退出劳动岗位后，社会保险经办机构依法向其支付养老金等待遇，从而保障其基本生活的社会保险制度，具有强制性、权利性、普遍性、互济性等特点。

一、基本养老保险的覆盖范围

国家规定，职工、无雇工的个体工商户、未在用人单位参加基本养老保险的非全日制从业人员以及其他灵活就业人员、公务员和参照公务员法管理的工作人员、国有企业和事业单位职工，均可以参加基本养老保险。

二、基本养老保险基金的构成和来源

基本养老保险实行社会统筹与个人账户相结合。

基本养老保险基金由用人单位和个人缴费以及政府补贴等组成。

用人单位应当按照国家规定的本单位职工工资总额的比例缴纳基本养老保险费，记入基本养老保险统筹基金。职工应当按照国家规定的本人工资的比例缴纳基本养老保险费，记入个人账户。

无雇工的个体工商户、未在用人单位参加基本养老保险的非全日制从业人员以及其他灵活就业人员参加基本养老保险的，应当按照国家规定缴纳基本养老保险费，分别记入基本养老保险统筹基金和个人账户。

国有企业、事业单位职工参加基本养老保险前，视同缴费年限期间应当缴纳的基本养老保险费由政府承担。基本养老保险基金出现支付不足时，政府给予补贴。

依据《社会保险征缴暂行条例》的各项规定，执行社会保险登记和缴费申报制度，强化社会保险稽核和劳动保障监察执法工作，努力提高征缴率。凡是参加企业职工基本养老保险的单位和个人，都必须按时足额缴纳基本养老保险费；对拒缴、瞒报少缴基本养老保险费的，依法处理；对欠缴基本养老保险费的，采取各种措施，加大追缴力度，确保基本养老保险基金应收尽收。基本养老保险基金纳入财政专户，实行收支两条线管理，严禁挤占挪用。

三、基本养老保险金的缴费比例

1997 年《国务院关于建立统一的企业职工基本养老保险制度的决定》规定：企业缴纳基本养老保险费（以下简称企业缴费）的比例，一般不得超过企业工资总额的 20%（包括划入个人账户的部分），具体比例由省、自治区、直辖市人民政府确定。少数省、自治区、直辖市因离退休人数较多、养老保险负担过重，确需超过企业工资总额 20% 的，应报劳动部、财政部审批。个人缴纳基本养老保险费（以下简称个人缴费）的比例，1997 年不得低于本人缴费占工资的 4%，1998 年起每两年提高 1 个百分点，最终达到本人缴费占工资的 8%。有条件的地区和工资增长较快的年份，个人缴费比例提高的速度应适当加快。职工缴费占工资 11% 的数额为职工建立基本养老保险个人账户，个人缴费全部记入个人账户，其余部分从企业缴费中划入。随着个人缴费比例的提高，企业划入的部分要逐步降至 3%。个人账户储存额，每年参考银行同期存款利率计算利息。

个人账户不得提前支取，记账利率不得低于银行定期存款利率，免征利息税。个人调动时个人账户全部随同转移。个人死亡的，个人账户余额可以继承。

2005 年《国务院关于完善企业职工基本养老保险制度的决定》出台，进一步完善了职工基本养老保险金的缴费比例，规定从 2006 年 1 月 1 日起，个人账户的规模统一由本人缴费占工资的 11% 调整为 8%，全部由个人缴费形成，单位缴费不再划入个人账户。

职工本人一般以上一年度本人月平均工资为个人缴费工资基数（有条件的地区也可以本人上月工资收入为个人缴费工资基数，下同）。月平均工资按国家统计局规定列入工资总额统计的项目计算，包括工资、奖金、津贴、补贴等收入。本人月平均工资低于当地职工平均工资 60% 的，按当地职工月平均工资的 60% 缴费；超过当地职工平均工资 300% 的，按当地职工月平均工资的 300% 缴费，超过部分不记入缴费工资基数，也不记入计发养老金的基数。

新招职工（包括研究生、大学生、大中专毕业生等）以起薪当月工资收入作为缴费工资基数；从第二年起，按上一年实发工资的月平均工资作为缴费工资基数。单位派出的长期脱产学习人员、经批准请长假的职工，保留工资关系的，以脱产或请假的上年月平均工资作为缴费工资基数。单位派到境外、国外工作的职工，按本人出境（国）上年在本单位领取的月平均工资作为缴费工资基数；次年的缴费工资基数按上年本单位平均工资增长率进行调整。失业后再就业的职工，以再就业起薪当月的工资收入作为缴费工资基数；从第二年起，按上一年实发工资的月平均工资作为缴费工资基数。

四、个人账户的建立

个人账户用于记录参加基本养老保险社会统筹的职工缴纳的基本养老保险费和从企业缴费中划转记入的基本养老保险费，以及上述两部分的利息金额。个人账户是职工在符合国家规定的退休条件并办理了退休手续后，领取基本养老金的主要依据。

个人账户的建立由职工劳动关系所在单位到当地社会保险经办机构办理，由工资发放单位向该社会保险经办机构提供个人的工资收入等基础数据。

各社会保险经办机构为已参加基本养老保险的职工每人建立一个终身不变的个人账户。个人账户建立时间从各地按社会统筹与个人账户相结合的原则，建立个人账户时开始；之后新参加工作的人员，从参加工作当月起建立个人账户。

1998年1月1日后才建立个人账户的单位，个人账户储存额除从1998年1月1日起开始按个人缴费工资的11%记账外，对1996年前参加工作的职工还应至少包括1996年、1997年两年个人缴费部分累计本息；对1996年、1997年参加工作的职工，个人账户储存额应包括自参加工作之月到1997年底的个人缴费部分累计本息。

五、基本养老金的领取条件

（一）年龄条件

我国现行法律规定：男性年满60周岁，女性年满50周岁，达到年龄有权享受养老保险待遇。法律、法规对劳动者的老年年龄有特殊规定者，从其规定。职工连续工龄满10年，国家公务员提前退休一般须连续工龄满20年，连续工龄满30年者提前退休可不受年龄限制；因工伤致残而完全丧失劳动能力的职工，退休不以连续工龄为条件。符合工龄条件，才有权享受养老保险待遇。

基本养老金由统筹养老金和个人账户养老金组成。基本养老金根据个人累计缴费年限、缴费工资、当地职工平均工资、个人账户金额、城镇人口平均预期寿命等因素确定。

（二）缴费条件

《社会保险法》规定，参加基本养老保险的个人，达到法定退休年龄时累计缴费满15年的，按月领取基本养老金。参加基本养老保险的个人，达到法定退休年龄时累计缴费不足15年的，可以缴费至满15年，按月领取基本养老金；也可以转入新型农村社会养老保险或者城镇居民社会养老保险，按照国务院规定享受相应的养老保险待遇。

根据《实施〈中华人民共和国社会保险法〉若干规定》的规定，参加职工基本养老保险的个人达到法定退休年龄时，累计缴费不足 15 年的，可以延长缴费至满 15 年。社会保险法实施前参保、延长缴费五年后仍不足 15 年的，可以一次性缴费至满 15 年。

参加职工基本养老保险的个人达到法定退休年龄后，累计缴费不足 15 年（含依照第二条规定延长缴费）的，可以申请转入户籍所在地新型农村社会养老保险或者城镇居民社会养老保险，享受相应的养老保险待遇。参加职工基本养老保险的个人达到法定退休年龄后，累计缴费不足 15 年（含依照第二条规定延长缴费），且未转入新型农村社会养老保险或者城镇居民社会养老保险的，个人可以书面申请终止职工基本养老保险关系。社会保险经办机构收到申请后，应当书面告知其转入新型农村社会养老保险或者城镇居民社会养老保险的权利以及终止职工基本养老保险关系的后果，经本人书面确认后，终止其职工基本养老保险关系，并将个人账户储存额一次性支付给本人。

个人跨统筹地区就业的，其基本养老保险关系随本人转移，缴费年限累计计算。参加职工基本养老保险的个人跨省流动就业，达到法定退休年龄时累计缴费不足 15 年的，按照《国务院办公厅关于转发人力资源社会保障部财政部城镇企业职工基本养老保险关系转移接续暂行办法的通知》有关待遇领取地的规定确定继续缴费地后，按照第 2 条办理。

参加职工基本养老保险的个人跨省流动就业，符合按月领取基本养老金条件时，基本养老金分段计算、统一支付。基本养老金分段计算、统一支付的具体办法，按照《国务院办公厅关于转发人力资源社会保障部财政部城镇企业职工基本养老保险关系转移接续暂行办法的通知》执行。

六、基本养老金的待遇

国家建立基本养老金正常调整机制。根据职工平均工资增长、物价上涨情况，适时提高基本养老保险待遇水平。

基本养老金由基础养老金和个人账户养老金组成。退休时的基础养老金月标准为省、自治区、直辖市或地（市）上年度职工月平均工资的 20%，个人账户养老金月标准为本人账户储存额除以 120。退休时的基础养老金月标准以当地上年度在岗职工月平均工资和本人指数化月平均缴费工资的平均值为基数，缴费每满 1 年发给 1%。个人账户养老金月标准为个人账户储存额除以计发月数，计发月数根据职工退休时城镇人口平均预期寿命、本人退休年龄、利息等因素确定。

个人缴费年限累计不满 15 年的，退休后不享受基础养老金待遇，其个人账户储存额一次支付给本人。

1997 年《国务院关于建立统一的企业职工基本养老保险制度的决定》实施前参加工作，2005 年《国务院关于完善企业职工基本养老保险制度的决定》实施后退休且缴费年限累计满 15 年的人员，在发给基础养老金和个人账户养老金的基础上，再发给过渡性养老金。2005 年《国务院关于完善企业职工基本养老保险制度的决定》实施后到达退休年龄但缴费年限累计不满 15 年的人员，不发给基础养老金；个人账户储存额一次性支付给本人，终止基本养老保险关系。

2005 年《国务院关于完善企业职工基本养老保险制度的决定》实施前已经离退休的人员，仍按国家原来的规定发给基本养老金，同时执行基本养老金调整办法。

职工基本养老保险个人账户不得提前支取。个人在达到法定的领取基本养老金条件前离境定居的，其个人账户予以保留，达到法定领取条件时，按照国家规定享受相应的养老保险待遇。其中，丧失中华人民共和国国籍的，可以在其离境时或者离境后书面申请终止职工基本养老保险关系。社会保险经办机构收到申请后，应当书面告知其保留个人账户的权利以及终止职工基本养老保险关系的后果，经本人书面确认后，终止其职工基本养老保险关系，并将个人账户储存额一次性支付给本人。

参加基本养老保险的个人，因病或者非因工死亡的，其遗属可以领取丧葬补助金和抚恤金；在未达到法定退休年龄时因病或者非因工致残完全丧失劳动能力的，可以领取病残津贴。所需资金从基本养老保险基金中支付。参加职工基本养老保险的个人死亡后，其个人账户中的余额可以全部依法继承。

【案例 12-2】

冯某某诉重庆市江津区某某机械有限责任公司养老保险待遇纠纷案[①]

2007 年 2 月，冯某某开始在重庆市江津区某某机械有限责任公司上班。2007 年 11 月 9 日至 2012 年 8 月 15 日，某某机械公司先后三次与冯某某签订了书面劳动合同，但未为冯某某缴纳养老保险费。2012 年 7 月 5 日，冯某某以某某机械公司未给其参加社会保险为由，向某某机械公司发出《解除劳动合同通知书》，要求解除双方之间的劳动关系，某某机械公司于次日收到该通知书。此后，冯某某提起仲裁、诉讼，要求某某机械公司赔偿养老保险待遇损失。

《最高人民法院关于审理劳动争议案件适用法律若干问题的解释（三）》第 1 条规定，"劳动者以用人单位未为其办理社会保险手续，且社会保险经办机构不能补办

---

① 刘俊：《劳动与社会保障法学》，高等教育出版社 2017 年版，第 284 页。

导致其无法享受社会保险待遇为由，要求用人单位赔偿损失而发生争议的，人民法院应予受理。"冯某某在某某机械公司工作期间，某某机械公司未依法为其缴纳养老保险费，故某某机械公司应承担冯某某在其单位工作时间年限相应的损害赔偿责任。赔偿数额应当以上年度统筹区域社会平均养老金为标准，按照劳动者在用人单位的工作年限与以统筹区域人口平均预期寿命计算的享受养老保险待遇的年限的比例进行计算。重庆市江津区 2011 年度社会平均养老金标准为 1515.33 元/月，重庆地区人口平均预期寿命 75.7 岁，冯某某在某某机械公司的工作时间为 5.33 年，故某某机械公司应当支付冯某某养老保险待遇损失 101442.51 元（1515.33 元/月×12 月/年×15.7 年×5.33/15 年）。

本案的裁判要旨：劳动者以用人单位未为其缴纳养老保险费致使其不能依法享受养老保险待遇为由，请求用人单位赔偿养老保险待遇损失的，人民法院应当予以支持。养老保险待遇损失应当以上年度统筹区域社会平均养老金为标准，按照劳动者在用人单位的工作年限与以统筹区域人口平均预期寿命计算的享受养老保险待遇的年限的比例进行计算。

【案例 12 - 3】

黄某不服厦门市思明区人事劳动和社会保障局退休待遇确认案①

1974 年 5 月黄某进入厦门市大同中学校办工厂工作，1984 年 12 月到厦门市原开元区公园幼儿园从事幼教工作，1989 年 10 月到思明区厦港幼儿园工作直至 2000 年 10 月 15 日退休。期间，黄某申请补缴 1989 年 1 月至 1999 年 6 月的社会保险，以集体所有制工人的身份参保。因思明区人事劳动和社会保障局在办理黄某退休手续时，未能给予相应的教师退休待遇，黄某于 2001 年 7 月向厦门市思明区人民法院提起行政诉讼，要求思明区人事劳动和社会保障局给予教师退休待遇。厦门市思明区人民法院以思明区人事劳动和社会保障局未在法定期限内提交证据和依据，视为行政行为没有证据和依据为由，判决撤销思明区人事劳动和社会保障局作出的原《工人退休证》，并经厦门市中级人民法院二审维持原判。2002 年 2 月 15 日，思明区人事劳动和社会保障局作出……2002000 号《工人退休证》，仍按原待遇确认黄某的退休待遇。2003 年 3 月，黄某收到思明区教育局颁发的《教师资格证书》。庭审中，黄某表示对《工人退休证》上所核定的金额没有异议。

思明区人民法院经审理查明，厦港幼儿园的前身是前卫幼儿园。1980 年经批准成为独立核算、自负盈亏的集体所有制单位。1986 年，厦门市人民政府对包括思明

---

① 刘俊：《劳动与社会保障法学》，高等教育出版社 2017 年版，第 289 页。

区在内的各区幼儿园采取"提高补贴标准，两级共同负担，多方给予支持"的方针，对退休保教人员的工资及生活补贴采取两级共同负担的办法，按幼儿人数对幼儿园补贴。2001 年 8 月，厦港幼儿园取得《社会力量办学许可证》，载明举办者是厦门市厦港街道办事处。

厦门市思明区人民法院审理认为，被告厦门市思明区人事劳动和社会保障局根据区政府的授权综合管理区机关、企事业单位工资福利和退休工作，有权确认原告的退休待遇。本案中，根据《国务院关于安置老弱病残干部的暂行办法》和《关于工人退休、退职的暂行办法》，退休待遇以退休人员的身份确定：以干部身份退休的，按干部的退休待遇标准：以工人身份退休的，按工人的退休待遇标准。根据本案查明的事实原告的身份是集体所有制工人，这一点原告也不否认。但原告根据《中华人民共和国教师法》第 25 条"教师的平均工资水平应当不低于或者高于国家公务员的平均工资水平，并逐步提高……"第 30 条及厦门市《实施〈中华人民共和国教师法〉若干规定》第 19 条、第 24 条的规定，认为其享受的待遇应比相当类型公务员退休待遇高 10%。从国务院《社会力量办学条例》（2003 年 9 月 1 日废止）第 2 条及《中华人民共和国民办教育促进法》（2003 年 9 月 1 日起施行）第 2 条的规定看，教师待遇的保障是根据单位是否利用国家财政性经费有所区分的。利用国家财政性经费的，由国家按公办教师的待遇予以保障；利用非国家财政性经费的，由民办学校保障教职工的工资、福利待遇，并为教职工交纳社会保险。厦港幼儿园是独立核算、自负盈亏的教育单位，虽然《社会力量办学许可证》中将厦港街道办事处作为举办者，区政府也进行了帮助性质的补贴，但厦港幼儿园没有利用国家财政性经费，教职工的工资根据单位的效益发放，退休后的待遇应依照《厦门市职工基本养老保险条例》参加社会保险。因此，原告的诉讼请求没有法律依据，被告作出《工人退休证》的具体行政行为证据确凿，适用法律、法规正确，符合法定程序，应予维持。依照《中华人民共和国行政诉讼法》第 54 条第 1 项的规定，该院于 2003 年 5 月 23 日作出判决：维持被告厦门市思明区人事劳动和社会保障局于 2002 年 2 月 15 日作出的 2002000 号《工人退休证》。案件受理费 100 元，由原告黄某负担。

一审宣判后，原告黄某不服，向厦门市中级人民法院提起上诉，请求撤销一审判决，还其教师退休待遇及赔偿至今的退休金不足部分。理由为：（1）教师待遇属于特别规定范畴，其已经依法获得教师资格证书，并在教育岗位上退休。是名副其实的教师，退休后应享受教师应有的待遇；（2）厦港幼儿园是思明区人民政府举办的集体所有制事业单位，是市、区两级政府财政性教育经费拨款，不属于社会力量办学机构。

被上诉人思明区人事劳动和社会保障局辩称，（1）黄某的身份是大集体的工人，属于依法缴纳社会养老保险的人员；（2）厦港幼儿园系被告独立核算、自负盈亏的民办公助集体所有制单位。黄某的请求事项没有事实依据，不符合法律规定，请求维持一审判决。

厦门市中级人民法院经审理认为，从本案的证据材料可以看出，1975 年 12 月黄某被招收为集体所有制工人，期间，黄某的工作岗位有多次的变动，包括在开元公园幼儿园及厦港幼儿园从事幼教工作，虽其工作岗位作了多次的变动，但至 2000 年 10 月从厦港幼儿园退休时，集体拥有制工人的身份并未改变。由于黄某的身份系工人，其退休后的待遇享受只能按照《国务院关于工人退休、退职的暂行办法》的规定办理。且 1999 年黄某也以集体所有制工人的身份申请补缴了 1989 年 1 月至 1999 年 6 月的社会保险，并获批准。现思明区人劳局按照《厦门市职工基本养老保险条例》的规定，确定黄某的退休待遇并无不妥。黄某认为其系教师，应按教师的退休待遇享受。本院认为，黄某具备教师资格，并于 2003 年 3 月领取了资格证书，是不争的事实。教师是一种职业，根据《中华人民共和国教师法》第 30 条的规定：教师退休或离职后，享受国家规定的退休或退职待遇，而从目前我国被告的干部、工人两条线的退休待遇标准看，由于黄某是以工人身份办理退休的，其应享受工人退休的待遇标准，这亦符合我国教师法相关的规定。黄某的上诉理由，与法不符，本院不予支持。

至于厦港幼儿园的性质问题，从双方当事人举证的证据可以看出，该幼儿园从 1980 年始实行独立核算、自负盈亏的经营方式，实践中，该幼儿园根据相关规定发放给教职工的补贴、考核奖励等经费来源均由该幼儿园自行承担，并非利用国家财政拨款。虽幼儿园曾得到市、区两级财政拨款相应的扶持、补贴，亦只属于帮助的性质，且该幼儿园在 2001 年已取得社会力量办学许可证。黄某认为厦港幼儿园系政府举办，不属于社会力量办学教育机构的理由，不能成立。

综上，一审判决认定事实清楚，证据充分，适用法律正确。依照《中华人民共和国行政诉讼法》第 61 条第 1 项的规定，该院于 2003 年 8 月 8 日作出判决：驳回上诉，维持原判。

七、补充养老保险和企业年金

补充养老保险是指企业在满足社会统筹的社会基本养老保险的基础上，为补充基本养老保险的不足，帮助企业员工建立的超出基本养老保险以上部分的一种养老形式。补充养老保险的缴费金额和次数，由用人单位和职工自行确定。所缴费用只能在本人符合规定条件时，按规定按月领取补充养老金，一律不退还或提前支取。

企业年金，即由企业退休金计划提供的养老金。其实质是以延期支付方式存在的职工劳动报酬的一部分或者是职工分享企业利润的一部分。

补充养老保险和企业年金都由企业和职工自主决定建立：补充养老保险和企业年

金缴费方式、缴费标准和缴费水平都由企业和职工依据国家相关规定自行决定，但企业年金的福利性和强制性更强；补充养老保险和企业年金的积累都计入个人账户积累，但投资方式不同；补充养老保险由社保机构统一管理，企业年金由具备资格的专业机构进行市场化运作；补充养老保险的管理兼具有一定的自由度和行政性，企业年金基金运作的风险由企业和职工自行承担；补充养老保险是为了保障广大职工退休后的基本生活需要，企业年金是为了提高职工退休后的生活水平，对基本养老保险的弥补率的不同。

八、基本养老保险关系转移接续

为切实保障参加城镇企业职工基本养老保险人员（以下简称参保人员）的合法权益，促进人力资源合理配置和有序流动，保证参保人员跨省、自治区、直辖市（以下简称跨省）流动并在城镇就业时基本养老保险关系的顺畅转移接续，人力资源社会保障部、财政部制定《城镇企业职工基本养老保险关系转移接续暂行办法》，适用于参加城镇企业职工基本养老保险的所有人员，包括农民工。已经按国家规定领取基本养老保险待遇的人员，不再转移基本养老保险关系。

参保人员跨省流动就业的，由原参保所在地社会保险经办机构（以下简称社保经办机构）开具参保缴费凭证，其基本养老保险关系应随同转移到新参保地。参保人员达到基本养老保险待遇领取条件的，其在各地的参保缴费年限合并计算，个人账户储存额（含本息，下同）累计计算；未达到待遇领取年龄前，不得终止基本养老保险关系并办理退保手续；其中出国定居和到香港、澳门、台湾地区定居的，按国家有关规定执行。

1. 转移资金的计算。参保人员跨省流动就业转移基本养老保险关系时，按下列方法计算转移资金：

（1）个人账户储存额：1998年1月1日之前按个人缴费累计本息计算转移，1998年1月1日后按计入个人账户的全部储存额计算转移。

（2）统筹基金（单位缴费）：以本人1998年1月1日后各年度实际缴费工资为基数，按12%的总和转移，参保缴费不足1年的，按实际缴费月数计算转移。

2. 关系转移接续手续。参保人员跨省流动就业，其基本养老保险关系转移接续按下列规定办理：

（1）参保人员返回户籍所在地（指省、自治区、直辖市，下同）就业参保的，户籍所在地的相关社保经办机构应为其及时办理转移接续手续。

（2）参保人员未返回户籍所在地就业参保的，由新参保地的社保经办机构为其及时办理转移接续手续。但对男性年满50周岁和女性年满40周岁的，应在原参保地继续保留基本养老保险关系，同时在新参保地建立临时基本养老保险缴费账户，记录单位和个人全部缴费。参保人员再次跨省流动就业或在新参保地达到待遇领取条件时，将临时基本养老保险缴费账户中的全部缴费本息，转移归集到原参保地或待遇领取地。

（3）参保人员经县级以上党委组织部门、人力资源社会保障行政部门批准调动，且与调入单位建立劳动关系并缴纳基本养老保险费的，不受以上年龄规定限制，应在调入地及时办理基本养老保险关系转移接续手续。

3. 待遇领取地的确定。跨省流动就业的参保人员达到待遇领取条件时，按下列规定确定其待遇领取地：

（1）基本养老保险关系在户籍所在地的，由户籍所在地负责办理待遇领取手续，享受基本养老保险待遇。

（2）基本养老保险关系不在户籍所在地，而在其基本养老保险关系所在地累计缴费年限满10年的，在该地办理待遇领取手续，享受当地基本养老保险待遇。

（3）基本养老保险关系不在户籍所在地，且在其基本养老保险关系所在地累计缴费年限不满10年的，将其基本养老保险关系转回上一个缴费年限满10年的原参保地办理待遇领取手续，享受基本养老保险待遇。

（4）基本养老保险关系不在户籍所在地，且在每个参保地的累计缴费年限均不满10年的，将其基本养老保险关系及相应资金归集到户籍所在地，由户籍所在地按规定办理待遇领取手续，享受基本养老保险待遇。

参保人员转移接续基本养老保险关系后，符合待遇领取条件的，按照《国务院关于完善企业职工基本养老保险制度的决定》的规定，以本人各年度缴费工资、缴费年限和待遇领取地对应的各年度在岗职工平均工资计算其基本养老金。

4. 关系转移接续手续的办理程序。参保人员跨省流动就业的，按下列程序办理基本养老保险关系转移接续手续：

（1）参保人员在新就业地按规定建立基本养老保险关系和缴费后，由用人单位或参保人员向新参保地社保经办机构提出基本养老保险关系转移接续的书面申请。

（2）新参保地社保经办机构在15个工作日内，审核转移接续申请，对符合本办法规定条件的，向参保人员原基本养老保险关系所在地的社保经办机构发出同意接收函，并提供相关信息；对不符合转移接续条件的，向申请单位或参保人员作出书面说明。

（3）原基本养老保险关系所在地社保经办机构在接到同意接收函的15个工作日内，办理好转移接续的各项手续。

（4）新参保地社保经办机构在收到参保人员原基本养老保险关系所在地社保经办机构转移的基本养老保险关系和资金后，应在15个工作日内办结有关手续，并将确认情况及时通知用人单位或参保人员。

农民工中断就业或返乡没有继续缴费的，由原参保地社保经办机构保留其基本养老保险关系，保存其全部参保缴费记录及个人账户，个人账户储存额继续按规定计息。农民工返回城镇就业并继续参保缴费的，无论其回到原参保地就业还是到其他城镇就业，均按前述规定累计计算其缴费年限，合并计算其个人账户储存额，符合待遇领取条件的，与城镇职工同样享受基本养老保险待遇；农民工不再返回城镇就业的，其在城镇参保缴费记录及个人账户全部有效，并根据农民工的实际情况，或在其达到规定领取条件时享受城镇职工基本养老保险待遇，或转入新型农村社会养老保险。

【思考题】

1. 简述养老保险的概念和特征。
2. 简述养老保险的模式。
3. 简述养老保险待遇的领取条件。
4. 简述停止领取养老金的情形。

第十三章

医疗保险法

本章学习的要点在于，了解医疗保险的概念和特征，掌握医疗保险法律关系三大要素的内容，把握基本医疗保险与补充医疗保险的区别。

【案例 13 −1】

医疗保险与病假工资①

李某 1995 年 7 月大学毕业后到国有企业性质的 A 公司工作。A 公司经济效益很好，员工工资水平较高，1999 年又参加了城镇职工基本医疗保险，为所有员工按时、足额缴纳了医疗保险费。2000 年 3 月初，李某因患上了一场大病而住院治疗。住院期间，A 公司以已为李某按时足额缴纳了医疗保险费为理由，停发了李某的工资，要求李某到医疗保险经办机构申请有关医疗待遇。李某认为公司侵害了其合法权益，委托代理人向劳动争议仲裁机构提出申请，请求仲裁机构责令公司补发住院期间的病假工资。劳动争议仲裁机构受案后经查，裁决 A 公司补发李某住院期间的病假工资。

【案例分析】这是一起因企业没有正确执行社会保险法律、法规而导致侵害劳动者合法权益的案件，从中可以看出在我国社会保险法律制度中医疗保险和疾病保险的关系。《社会保险法》确立了我国医疗保险法律制度的基本规则，是我国目前医疗保险法律领域最重要的法律渊源。《社会保险法》第 26 条规定：职工基本医疗保险、新型农村合作医疗和城镇居民基本医疗保险的待遇标准按照国家规定执行。国务院《关于建立城镇职工基本医疗保险制度的决定》指出，基本医疗保险制度是保障职工基本医疗需求的制度，参保职工患病或非因工负伤后，从基本医疗保险基金中享受的待遇只能是按规定报销医疗费用，包括药品费用、诊疗项目费用、医疗服务设施费用，但不能申请病假工资及治疗期间其他生活方面的补助。劳动部《关于贯彻执行

---

① 林嘉：《劳动与社会保障法》，中国人民大学出版社 2011 年版，第 324 页。

〈中华人民共和国劳动法〉若干问题的意见》进一步规定，病假工资或疾病救济费按有关规定支付，但不能低于最低工资标准的80%。在我国，医疗保险是一个独立的社会保险项目，被保险人患病或非因工负伤，可以享受医疗保险基金提供的医疗费用待遇。病假期间的工资，即有些国家或国际公约中的疾病保险所覆盖的范围，在我国并不由社会保险基金来承担，而是由用人单位来承担。

因此，本案中，医疗保险基金承担李某住院期间的医疗费用，A公司应当负担李某在病假期间的工资。

第一节　医疗保险与医疗保险法概述

医疗保险制度起源于欧洲。早在古希腊、古罗马时代，就有了专门为贫民和军人治病的国家公职人员。1883年，德国政府颁布了《疾病保险法》，标志着世界上第一个强制性医疗保险制度的诞生。法律规定：收入低于一定标准的工人，必须参加疾病基金会，基金由雇主和雇员共同缴纳、强制筹集。继德国之后，奥地利在1887年、挪威在1902年、英国在1910年、法国在1921年，也相继通过立法实施医疗社会保险。新中国成立后，我国也出台了一系列医疗保险法律规范。

一、医疗保险的概念和意义

医疗保险，是指劳动者由于患病或非因工负伤后，在医疗和生活上获得物质帮助的一种社会保险制度，其具有对象范围的广泛性、较强的互济性、支付形式的服务性、福利性、管理的多方性等特点。

医疗保险制度的建立和实现，有助于被保险人的病、伤得到及时有效地医治，保障被保险人身心健康和社会再生产的顺利进行；解除被保险人的后顾之忧，提高其工作积极性，促进经济发展和社会稳定；改善被保险人的医疗条件，促进卫生事业健康发展，提高国民身体素质；有利于培养人们的自我保健意识和发扬互助共济的精神。

二、医疗保险法

医疗保险法是调整医疗保险关系的法律规范的总称。医疗保险关系是围绕医疗的需求和供给以及医疗费用的筹集、管理与支付过程而产生的有关各个方面、各种因素相互作用和相互依存而形成的社会关系。主要是医疗保险机构、参保人、医疗服务提供者和政府有关部门之间构成的关系。经过医疗保险法调整后的医疗保险关系，形成医疗保险法律关系。

（一）医疗保险法律关系的主体

医疗保险法律关系的主体，指的是形成医疗保险关系，享有权利承担义务的各方当事人。

1. 医疗保险机构。医疗保险机构是指在医疗保险活动过程中，具体负责承办医疗保险费用筹集、管理和支付等业务的组织，即医疗保险系统中的保险人。医疗保险机构在医疗保险关系中处于主导地位，其承担的主要任务是负责医疗保险基金的筹集、管理和支付，确立医疗服务机构与服务方式，确定合适的医疗费用支付方式并实施医疗保险费用的计算，对医疗服务的供给方和需求方实施有效的监督。

2. 医疗保险参保人。医疗保险参保人是指医疗保险系统中的被保险人，也可称为投保人，他们可按经济收入、职业、年龄、健康状况等进行分类。在医疗保险关系中，参保人处于主体地位，这主要表现在：在费用一定的条件下，参保人抵御疾病的情况、健康状况以及他们对保险方案的满意程度，是衡量和评价一种医疗保险制度或方案的最根本的标准；参保人是医疗保险资金的主要来源，同时又是医疗保险资金的消耗者，他们在医疗保险资金筹集和支付过程中的行为，对医疗保险的效果和效益影响重大。

3. 医疗服务提供者。医疗服务提供者有狭义和广义之分。狭义的医疗服务提供者是指保险方需要支付其服务费用的各类与治疗疾病有关的医疗、护理、药剂等服务提供者，包括个人和机构。广义的医疗服务提供者按照健康保险概念来解释，除了上述人员和部门外，还包括提供各种卫生保健等服务的卫生部门人员和机构，如防疫、妇幼保健、健康教育。

医疗服务提供者在医疗保险关系中的作用主要表现为两方面：保证医疗保险质量、调控医疗保险资金消耗。

（二）医疗保险合同

医疗保险合同是指医疗保险机构与参保单位双方所订立的保险契约，旨在明确双方在基本医疗保险服务中因医疗资源管理、分配和使用而发生的权利，义务的协议。参保单位和参保人根据合同规定定期向医疗保险机构缴纳一定数量的保险费，当参保人患病到合同中指定的医疗保险约定医疗单位就医时，医疗保险机构则根据合同规定，对其医疗费用承担偿付责任。[①]

按保险保障范围的不同，医疗保险合同可分为门诊医疗费用保险合同、住院医疗

---

① 周绿林、李绍华：《医疗保险学》，科学出版社 2006 年版。

费用保险合同、外科医疗费用保险合同、综合医疗费用保险合同、大额医疗费用保险合同等。

我国的医疗保险合同的法律依据源自《国务院关于建立城镇职工基本医疗保险制度的决定》的规定，指医疗保险经办机构与定点医院和定点药店签订的医疗保险合同，合同要明确医疗服务机构与社会保险经办机构（或企业）是平等的法人。

医疗保险合同的具体内容包括：医疗服务期限、医疗服务项目和质量、医疗服务费用的支付方式和标准、双方当事人的权利、义务和责任、违约责任。

1. 服务期限。医疗保险合同的服务期限以季度或者年为届，比较普遍的做法是一年期限。

2. 服务项目和质量。医疗保险合同的服务项目和质量一般由法律规定，如果没有相关法律规定，当事人可以协商，也可以在国家规定之外做补充规定。

3. 医疗服务费用的支付方式和标准。医疗服务费用的支付方式和标准是构成不同类型医疗保险合同的主要依据。医疗服务费用的支付方式和标准主要有三种类型：（1）扣除保险（Deductibles），即患者在就医时先付一笔固定的医疗费，其余的医疗费全部或部分由医疗保险人支付。先付的医疗费水平为起付线。扣除保险可以用于每一服务单位，也可以是积累性的。这种方式交易成本低，同时可以分担大额医疗费用的风险；另外，如果扣除的金额比报销金额高，就会刺激患者寻找便宜医疗服务。（2）共付保险（Coinsurance），即保险人作为第三方付款人为患者偿付一定百分比的医疗费。共付率80%就是保险人患者偿付医疗费用的80%，患者自付20%。这种方式可以降低医疗服务价格，也能促使患者寻找便宜的医疗服务。共付保险的有效程度取决于医疗服务的利用率对价格下降的反应程度，即需求的价格弹性。依靠共付保险率的高低和需求的价格弹性，共付保险可以改变医疗费用的分布情况。（3）限额保险（Limits and Maximums），即为患者医疗费用建立最高限额或者最大就诊量限制。这种做法是把大笔的医疗费用留给患者及家庭，而不是在投保人中间分摊。美国蓝十字保险即采用这种做法，保险公司规定只报销30天以内的住院治疗费。此外，还有赔付、服务性补贴和互助金等其他方式。

4. 双方当事人的权利、义务和责任。医疗服务机构应当依据法律和合同的要求，配备医务人员和医疗服务设施，提供医疗服务，及时准确地向医疗保险人（经办机构）报告参保患者医疗费用情况和有关信息。医疗保险经办机构要加强对合同医院参保患者医疗费用的检查和审核，及时正确地支付医疗费用。合同双方在对方违反协议时，有权变更和解除合同，但需要提前通知对方，一般需要提前3个月。

社会保险经办机构根据管理服务的需要，也可以与医疗机构、药品经营单位签订服务协议，规范医疗服务行为。医疗机构应当为参保人员提供合理、必要的医疗服务。

第二节 我国医疗保险立法概况

在我国，改革开放以后，传统的劳保和公费医疗进行了一系列改革和试点工作，最终建立了新的医疗保险制度。首先在国家全额负担的公费医疗中展开，1989 年，卫生部和财政部联合颁布了《公费医疗管理办法》，1993 年，又联合发出了《关于加强公费医疗用药管理的意见》，改革了国家全额负担的局面，逐渐扩大了个人承担的比例，同时，公费用药的范围也得到了严格限制。

在公费医疗改革中，各地在劳保医疗中展开了"大病医疗费用社会统筹"的试点，开始向医疗保险的方向迈进。1992 年，在各地试点取得一定成果的基础上，劳动部发出了《关于试行职工大病医疗费用社会统筹的意见的通知》。所谓大病，开始是指住院治疗，后来又发展到门急诊的部分项目，如在急诊观察室留院观察治疗、家庭病床、门诊的化学和透析治疗等。

与此同时，新的医疗保险制度的试点工作开始进行。1993 年 10 月，劳动部发布了《关于职工医疗保险制度改革试点的意见》，1994 年 4 月，国家体改委、财政部、劳动部、卫生部联合发布了《关于职工医疗制度改革的试点意见》。在各地的试点中，逐步产生了几个比较有影响的改革模式，即镇江、九江的两江模式；海南、深圳的板块模式；山东省的三金模式。

为加快医疗保险制度改革，保障职工基本医疗，在认真总结近年来各地医疗保险制度改革试点经验的基础上，国务院决定，在全国范围内进行城镇职工医疗保险制度改革。1998 年，国务院发布了《关于建立城镇职工基本医疗保险制度的决定》，确立了全国统一的城镇职工基本医疗保险制度。其制度特点是：将医疗分成门诊和住院两大块，体现了抓大放小的思路，即费用较小的门诊，逐渐过渡至个人负担，费用较大的住院，由社会统筹基金负担大部分；确立了个人医疗账户和社会统筹相结合的模式；用人单位和职工个人承担缴纳医疗保险费义务；个人医疗账户按职工年龄分别记入不同的金额，职工用完个人账户金后，将全额承担门诊或住院的起付费，超过起付费的部分，由社会统筹基金和职工个人按比例承担。医疗保险实施个人医疗账户，导入了个人控制和调剂使用的机制，淡化了互助共济的理念。

2003 年卫生部、财政部、农业部《关于建立新型农村合作医疗制度的意见》经国务院同意并转发，对提高农民健康水平，促进农村经济发展，维护社会稳定具有重大意义。新型农村合作医疗制度是由政府组织、引导、支持，农民自愿参加，个人、集体和政府多方筹资，以大病统筹为主的农民医疗互助共济制度。从 2003 年起，各省、自治区、直辖市开始选择 2~3 个县（市）先行试点，取得经验后逐步推开。到

2010年，基本实现了在全国建立基本覆盖农村居民的新型农村合作医疗制度的目标，减轻农民因疾病带来的经济负担，提高农民健康水平。

随着我国经济体制改革的进一步深化和产业结构的调整，以非全日制、临时性和弹性工作等灵活形式就业的人员（以下简称灵活就业人员）逐步增加，这部分人的医疗保障问题日益突出。为解决灵活就业人员的医疗保障问题，落实《中共中央国务院关于进一步做好下岗失业人员再就业工作的通知》关于抓紧制定以灵活形式就业的下岗失业人员社会保障配套办法的要求，《劳动和社会保障部办公厅关于城镇灵活就业人员参加基本医疗保险的指导意见》发布，将灵活就业人员纳入基本医疗保险制度范围，要求已与用人单位建立明确劳动关系的灵活就业人员，要按照用人单位参加基本医疗保险的方法缴费参保。其他灵活就业人员，要以个人身份缴费参保。

为实现基本建立覆盖城乡全体居民的医疗保障体系的目标，国务院决定，从2007年开展城镇居民基本医疗保险试点，出台了《国务院关于开展城镇居民基本医疗保险试点的指导意见》。不属于城镇职工基本医疗保险制度覆盖范围的中小学阶段的学生（包括职业高中、中专、技校学生）、少年儿童和其他非从业城镇居民都可自愿参加城镇居民基本医疗保险。

根据《国务院关于开展城镇居民基本医疗保险试点的指导意见》有关精神，为进一步做好大学生医疗保障工作，2008年国务院决定将大学生纳入城镇居民基本医疗保险试点范围，出台《国务院办公厅关于将大学生纳入城镇居民基本医疗保险试点范围的指导意见》。各类全日制普通高等学校（包括民办高校）、科研院所（以下统称高校）中接受普通高等学历教育的全日制本专科生、全日制研究生纳入城镇居民基本医疗保险试点范围。大学生住院和门诊大病医疗，按照属地原则通过参加学校所在地城镇居民基本医疗保险解决，大学生按照当地规定缴费并享受相应待遇，待遇水平不低于当地城镇居民。同时按照现有规定继续做好大学生日常医疗工作，方便其及时就医。

2010年10月28日第十一届全国人民代表大会常务委员会第十七次会议通过了《中华人民共和国社会保险法》，第三章进一步完善了基本医疗保险制度。职工应当参加职工基本医疗保险，由用人单位和职工按照国家规定共同缴纳基本医疗保险费。无雇工的个体工商户、未在用人单位参加职工基本医疗保险的非全日制从业人员以及其他灵活就业人员可以参加职工基本医疗保险，由个人按照国家规定缴纳基本医疗保险费。国家建立和完善新型农村合作医疗制度，管理办法由国务院规定。国家建立和完善城镇居民基本医疗保险制度，实行个人缴费和政府补贴相结合。享受最低生活保障的人、丧失劳动能力的残疾人、低收入家庭60周岁以上的老年人和未成年人等所需个人缴费部分，由政府给予补贴。职工基本医疗保险、新型农村合作医疗和城镇居民基本医疗保险的待遇标准按照国家规定执行。至此，我国建立了覆盖全民的基本医疗保险体系。

第三节　基本医疗保险

一、城镇职工基本医疗保险

基本医疗保险是为补偿劳动者因疾病风险造成的经济损失而建立的一项社会保险制度。城镇所有用人单位及其职工都要参加基本医疗保险。基本医疗保险费由用人单位和职工个人双方共同负担，建立基本医疗保险基金。基本医疗保险基金实行社会统筹和个人账户相结合，参保人员患病就诊发生医疗费用后，由医疗保险经办机构给予一定的经济补偿，以避免或减轻劳动者因患病、治疗等所带来的经济风险。

（一）覆盖范围

《社会保险法》规定，城镇所有用人单位及其职工都要参加基本医疗保险，包括企业、机关、事业单位、社会团体、民办非企业单位及其职工。无雇工的个体工商户、未在用人单位参加职工基本医疗保险的非全日制从业人员以及其他灵活就业人员根据自愿原则，可以参加职工基本医疗保险，由个人按照国家规定缴纳基本医疗保险费。

（二）基金筹集

基本医疗保险资金主要为用人单位和个人共同缴纳的医疗保险费。

1. 缴费基数和缴费比例。用人单位缴费率为职工工资总额的6%；职工缴费率一般为本人工资收入的2%。灵活就业人员的缴费基数可参照当地上一年职工年平均工资核定，缴费比例原则上按照当地的缴费比例确定。从统筹基金起步的地区，可参照当地基本医疗保险建立统筹基金的缴费水平确定。

2. 筹资模式。基本医疗保险基金的筹资模式为：社会统筹和个人账户相结合的部分积累模式。职工个人缴纳的基本医疗保险费，全部计入个人账户。用人单位缴纳的基本医疗保险费分为两部分：一部分用于建立统筹基金，另一部分划入个人账户。划入个人账户的比例一般为用人单位缴费的30%左右，具体比例由统筹地区根据个人账户的支付范围和职工年龄等因素确定。

（三）基金支付

统筹基金和个人账户要划定各自的支付范围，分别核算，不得相互挤占。要确定统筹基金的起伏标准和最高支付限额，起付标准原则上控制在当地职工年平均工资的10%左右，最高支付限额原则上控制在当地职工年平均工资的4倍左右。起付标准以下的医疗费用，从个人账户中支付或由个人自付。起付标准以上、最高支付限额以下的医疗费用，主要从统筹基金中支付，个人也要负担一定比例。超过最高支付限额的医疗费用，可以通过商业医疗保险等途径解决。统筹基金的具体起付标准、最高支付限额以及在起付标准以上和最高支付限额以下医疗费用的个人负担比例，由统筹地区根据以收定支、收支平衡的原则确定。

符合基本医疗保险药品目录、诊疗项目、医疗服务设施标准以及急诊、抢救的医疗费用，按照国家规定从基本医疗保险基金中支付。参保人员医疗费用中应当由基本医疗保险基金支付的部分，由社会保险经办机构与医疗机构、药品经营单位直接结算。社会保险行政部门和卫生行政部门应当建立异地就医医疗费用结算制度，方便参保人员享受基本医疗保险待遇。

下列医疗费用不纳入基本医疗保险基金支付范围：（1）应当从工伤保险基金中支付的；（2）应当由第三人负担的；（3）应当由公共卫生负担的；（4）在境外就医的。医疗费用依法应当由第三人负担，第三人不支付或者无法确定第三人的，由基本医疗保险基金先行支付。基本医疗保险基金先行支付后，有权向第三人追偿。

（四）基本医疗保险基金的管理监督机制

根据《国务院关于建立城镇职工医疗保险制度的决定》的规定，基本医疗保险基金纳入财政专户管理，专款专用，不得挤占挪用。社会保险经办机构负责基本医疗保险基金的筹集、管理和支付，并要建立健全预决算制度、财务会计制度和内部审计制度。社会保险经办机构的事业经费不得从基金中提取，由各级财政预算解决。

基本医疗保险基金的银行计息办法：当年筹集的部分，按活期存款利率计息；上年结转的基金本息，按3个月期整存整取银行存款利率计息；存入社会保障财政专户的沉淀资金，比照3年期零存整取储蓄存款利率计息，并不低于该档次利率水平。个人账户的本金和利息归个人所有，可以结转使用和继承。

各级劳动保障和财政部门，要加强对基本医疗保险基金的监督管理。审计部门要定期对社会保险经办机构的基金收支情况和管理情况进行审计。统筹地区应设立由政府有关部门代表、用人单位代表、医疗机构代表、工会代表和有关专家参加的医疗保险基金监督组织，加强对基本医疗保险基金的社会监督。

（五）妥善解决有关人员的医疗待遇

离休人员、老红军的医疗待遇不变，医疗费用按原资金渠道解决，支付确有困难的，由同级人民政府帮助解决。离休人员、老红军的医疗管理办法由省、自治区、直辖市人民政府制定。

二等乙级以上革命伤残军人的医疗待遇不变，医疗费用按原资金渠道解决，由社会保险经办机构单独列账管理。医疗费支付不足部分，由当地人民政府帮助解决。

参加职工基本医疗保险的个人，达到法定退休年龄时累计缴费达到国家规定年限的，退休后不再缴纳基本医疗保险费，按照国家规定享受基本医疗保险待遇；未达到国家规定年限的，可以缴费至国家规定年限。

国家公务员在参加基本医疗保险的基础上，享受医疗补助政策。具体办法下文叙述。

为了不降低一些特定行业职工现有的医疗消费水平，在参加基本医疗保险的基础上，作为过渡措施，允许建立企业补充医疗保险。企业补充医疗保险费在工资总额4%以内的部分，从职工福利费中列支，福利费不足列支的部分，经同级财政部门核准后列入成本。

国有企业下岗职工的基本医疗保险费，包括单位缴费和个人缴费，均由再就业服务中心按照当地上年度职工平均工资的60%为基数缴纳。

【案例 13 - 2】

员工的医疗费用如何报销？[①]

某统筹地区有关职工住院报销费用的起付标准为 1300 元，最高支付限额为 10 万元，统筹基金支付范围内个人自付比例为 10%。现假定某职工一次住院所花费的医疗费用为 3 万元，其中，2000 元为非《药品目录》所列药品的费用。该员工的医疗费用如何报销？

①1300 元属于起付标准以下的医疗费用，不属于报销范围。

②非《药品目录》所列药品的费用为 2000 元，也不属于报销范围。

③属于统筹基金支付的医疗费用为 30000 - 1300 - 2000 = 26700（元）。

④可以用统筹基金支付的医疗费用为 26700 × 90% = 24030（元）。

⑤该职工承担的自费部分为 30000 - 24030 = 5970（元）。

二、城镇居民基本医疗保险制度

2007 年 7 月国务院发布了《关于开展城镇居民基本医疗保险试点的指导意见》，决定开展城镇居民基本医疗保险试点。

---

① 蒲春平、唐正彬：《劳动法与社会保障法》，航空工业出版社 2013 年版，第 241 页。

（一）目标和原则

1. 目标。2010 年在全国全面推开，逐步覆盖全体城镇非从业居民。探索和完善城镇居民基本医疗保险的政策体系，形成合理的筹资机制、健全的管理体制和规范的运行机制，逐步建立以大病统筹为主的城镇居民基本医疗保险制度。

2. 原则。坚持低水平起步，根据经济发展水平和各方面承受能力，合理确定筹资水平和保障标准，重点保障城镇非从业居民的大病医疗需求，逐步提高保障水平；坚持自愿原则，充分尊重群众意愿；明确中央和地方政府的责任，中央确定基本原则和主要政策，地方制订具体办法，对参保居民实行属地管理；坚持统筹协调，做好各类医疗保障制度之间基本政策、标准和管理措施等的衔接。

（二）参保范围和筹资水平

1. 参保范围。不属于城镇职工基本医疗保险制度覆盖范围的中小学阶段的学生（包括职业高中、中专、技校学生）、少年儿童和其他非从业城镇居民都可自愿参加城镇居民基本医疗保险。

2. 筹资水平。试点城市应根据当地的经济发展水平以及成年人和未成年人等不同人群的基本医疗消费需求，并考虑当地居民家庭和财政的负担能力，恰当确定筹资水平；探索建立筹资水平、缴费年限和待遇水平相挂钩的机制。

3. 缴费和补助。城镇居民基本医疗保险以家庭缴费为主，政府给予适当补助。参保居民按规定缴纳基本医疗保险费，享受相应的医疗保险待遇，有条件的用人单位可以对职工家属参保缴费给予补助。国家对个人缴费和单位补助资金制定税收鼓励政策。

对试点城市的参保居民，政府每年按不低于人均 40 元给予补助，其中，中央财政从 2007 年起每年通过专项转移支付，对中西部地区按人均 20 元给予补助。在此基础上，对属于低保对象的或重度残疾的学生和儿童参保所需的家庭缴费部分，政府原则上每年再按不低于人均 10 元给予补助，其中，中央财政对中西部地区按人均 5 元给予补助；对其他低保对象、丧失劳动能力的重度残疾人、低收入家庭 60 周岁以上的老年人等困难居民参保所需家庭缴费部分，政府每年再按不低于人均 60 元给予补助，其中，中央财政对中西部地区按人均 30 元给予补助。中央财政对东部地区参照新型农村合作医疗的补助办法给予适当补助。财政补助的具体方案由财政部门商劳动保障、民政等部门研究确定，补助经费要纳入各级政府的财政预算。

4. 费用支付。城镇居民基本医疗保险基金重点用于参保居民的住院和门诊大病医疗支出，有条件的地区可以逐步试行门诊医疗费用统筹。

城镇居民基本医疗保险基金的使用坚持以收定支、收支平衡、略有结余的原则。

要合理制定城镇居民基本医疗保险基金起付标准、支付比例和最高支付限额，完善支付办法，合理控制医疗费用。探索适合困难城镇非从业居民经济承受能力的医疗服务和费用支付办法，减轻他们的医疗费用负担。城镇居民基本医疗保险基金用于支付规定范围内的医疗费用，其他费用可以通过补充医疗保险、商业健康保险、医疗救助和社会慈善捐助等方式解决。

【案例 13-3】

许某诉江阴市某橡塑有限公司医疗保险待遇纠纷案①

2012 年 6 月 29 日 22 时 30 分许，许某中班下班后到公司宿舍楼下取摩托车准备回家时，发现其摩托车被水淋湿，他认为是同事张某某在楼上泼的水就骂人，张某某听后从宿舍携带一把水果刀赶到楼下，向许某解释是晾衣服时水滴到他摩托车上的，但许某还是不停骂人，为此，双方发生口角并互相推搡，继而张某某手持水果刀将许某刺成重伤。许某被送往江阴市人民医院住院治疗。许某受伤后，未再到某公司上班，某公司支付其 7000 元补偿款。

许某就其 2012 年 6 月 29 日受到的事故伤害申请认定工伤，经劳动行政部门、本院一审、无锡中院二审，最终未认定为工伤。许某又于 2013 年 7 月 29 日申请劳动仲裁，以某公司未为其缴纳社会保险为由，主张本案诉请。因仲裁委逾期未裁决，许某又诉至江苏省无锡市人民法院。

原告许某诉称：2011 年 7 月 1 日他由被告招聘为橡塑操作工，工资每月 3535 元，被告没有依法为他办理社会保险。2012 年 6 月 29 日 22 时 30 分许，在被告统一安排的宿舍楼下停放工人车辆区取车准备下班，他发现自己车辆被同事张某某晾衣淋湿。在双方发生口角中，张某某持刀将他捅成重伤，张某某已被判刑。他受伤后，至2013 年 2 月 7 日才经后续医疗出院。他受伤的医疗费及误工费虽然不是工伤所致，但属非工伤医疗费误工费，因被告没有依法为他办理社会保险，何况被告存在管理上的责任，对他受伤有一定的因素，被告应承担赔偿责任。故诉至法院，请求判令：被告赔偿原告非因工伤医疗费 52007 元及非因工伤医疗期工资 3960 元（每月最低，工资 1320 元×3 个月），合计 55967 元。被告某公司辩称：原告医疗期间的相关费用，应当由张某某承担。关于医疗期内的工资，原告也应当向张某某主张误工费。他公司在原告遭受侵害以后，已经支付其 7000 元补偿款，现原告起诉赔偿，要求在本案中扣除。

审理中，许某同意在本案中扣除某公司支付的 7000 元补偿款。因为涉及第三人

---

① 刘俊：《劳动与社会保障法学》，高等教育出版社 2017 年版，第 301 页。

侵权，所以某公司无需承担医疗费。即便某公司为许某交了社保，医保部门对许某的医疗费也不会报销，而且也不论许某与第三人的过错分担比例。另查明：张某某于2012年11月8日被本院以故意伤害罪判处有期徒刑五年。案发后，张某某赔偿许某13200元，许某尚未对张某某提起民事赔偿诉讼。江阴市的最低工资标准从2012年6月1日起调整为1320元/月。

江苏省无锡市人民法院认为：劳动者以用人单位未为其办理社会保险手续，且社会保险经办机构不能补办导致其无法享受社会保险待遇为由，要求用人单位赔偿损失而发生争议的，人民法院应予受理。应当由第三人负担的医疗费用不纳入基本医疗保险基金支付范围。本案中，许某受伤是由第三人张某某故意伤害导致，即使某公司为许某依法缴纳了医疗保险费，医疗保险经办机构也不予报销相关医疗费用，故许某以贝特公司未为其缴纳社会保险为由要求某公司赔偿医疗费损失的诉请于法无据，不予支持。

5. 基金管理和服务管理。城镇居民基本医疗保险基金纳入社会保障基金财政专户统一管理，单独列账。

对城镇居民基本医疗保险的医疗服务管理，要综合考虑参保居民的基本医疗需求和基本医疗保险基金的承受能力等因素，合理确定医疗服务的范围。通过订立和履行定点服务协议，规范对定点医疗机构和定点零售药店的管理，明确医疗保险经办机构和定点的医疗机构、零售药店的权利和义务。医疗保险经办机构要简化审批手续，方便居民参保和报销医疗费用；明确医疗费用结算办法，按规定与医疗机构及时结算。加强对医疗费用支出的管理，探索建立医疗保险管理服务的奖惩机制。积极推行医疗费用按病种付费、按总额预付等结算方式，探索协议确定医疗费用标准的办法。

充分发挥城市社区服务组织等的作用。整合、提升、拓宽城市社区服务组织的功能，加强社区服务平台建设，做好基本医疗保险管理服务工作。大力发展社区卫生服务，将符合条件的社区卫生服务机构纳入医疗保险定点范围；对参保居民到社区卫生服务机构就医发生的医疗费用，要适当提高医疗保险基金的支付比例。

三、新型农村合作医疗制度

新型农村合作医疗制度是由政府组织、引导、支持，农民自愿参加，个人、集体和政府多方筹资，以大病统筹为主的农民医疗互助共济制度。从2003年起，为了实现在全国建立基本覆盖农村居民的新型农村合作医疗制度的目标，减轻农民因疾病带来的经济负担，提高农民健康水平。我国建立了新型农村合作医疗制度。参保对象一般为当地公安机关登记的农业户口的居民，以农户家庭（实际在一起居住的农户）

为参保单位。

（一）基本原则

建立新型农村合作医疗制度要遵循以下基本原则：

1. 自愿参加，多方筹资。农民以家庭为单位自愿参加新型农村合作医疗，遵守有关规章制度，按时足额缴纳合作医疗经费；乡（镇）、村集体要给予资金扶持；中央和地方各级财政每年要安排一定专项资金予以支持。

2. 以收定支，保障适度。新型农村合作医疗制度要坚持以收定支，收支平衡的原则，既保证这项制度持续有效运行，又使农民能够享有最基本的医疗服务。

3. 先行试点，逐步推广。建立新型农村合作医疗制度必须从实际出发，通过试点总结经验，不断完善，稳步发展。要随着农村社会经济的发展和农民收入的增加，逐步提高新型农村合作医疗制度的社会化程度和抗风险能力。

（二）组织管理

新型农村合作医疗制度一般采取以县（市）为单位进行统筹。条件不具备的地方，在起步阶段也可采取以乡（镇）为单位进行统筹，逐步向县（市）统筹过渡。要按照精简、效能的原则，建立新型农村合作医疗制度管理体制。省、地级人民政府成立由卫生、财政、农业、民政、审计、扶贫等部门组成的农村合作医疗协调小组。各级卫生行政部门内部应设立专门的农村合作医疗管理机构，原则上不增加编制。

县级人民政府成立由有关部门和参加合作医疗的农民代表组成的农村合作医疗管理委员会，负责有关组织、协调、管理和指导工作。委员会下设经办机构，负责具体业务工作，人员由县级人民政府调剂解决。根据需要在乡（镇）可设立派出机构（人员）或委托有关机构管理。经办机构的人员和工作经费列入同级财政预算，不得从农村合作医疗基金中提取。

（三）筹资标准

新型农村合作医疗制度实行个人缴费、集体扶持和政府资助相结合的筹资机制。

1. 农民个人每年的缴费标准不应低于10元，经济条件好的地区可相应提高缴费标准。乡镇企业职工（不含以农民家庭为单位参加新型农村合作医疗的人员）是否参加新型农村合作医疗由县级人民政府确定。

2. 有条件的乡村集体经济组织应对本地新型农村合作医疗制度给予适当扶持。扶持新型农村合作医疗的乡村集体经济组织类型、出资标准由县级人民政府确定，但集体出资部分不得向农民摊派。鼓励社会团体和个人资助新型农村合作医疗制度。

3. 地方财政每年对参加新型农村合作医疗农民的资助不低于人均 10 元，具体补助标准和分级负担比例由省级人民政府确定。经济较发达的东部地区，地方各级财政可适当增加投入。从 2003 年起，中央财政每年通过专项转移支付对中西部地区除市区以外的参加新型农村合作医疗的农民按人均 10 元安排补助资金。

（四）基金管理

农村合作医疗基金是由农民自愿缴纳、集体扶持、政府资助的民办公助社会性资金，要按照以收定支、收支平衡和公开、公平、公正的原则进行管理，必须专款专用，专户储存，不得挤占挪用。

1. 农村合作医疗基金由农村合作医疗管理委员会及其经办机构进行管理。农村合作医疗经办机构应在管理委员会认定的国有商业银行设立农村合作医疗基金专用账户，确保基金的安全和完整，并建立健全农村合作医疗基金管理的规章制度，按照规定合理筹集、及时审核支付农村合作医疗基金。

2. 农村合作医疗基金中农民个人缴费及乡村集体经济组织的扶持资金，原则上按年由农村合作医疗经办机构在乡（镇）设立的派出机构（人员）或委托有关机构收缴，存入农村合作医疗基金专用账户；地方财政支持资金，由地方各级财政部门根据参加新型农村合作医疗的实际人数，划拨到农村合作医疗基金专用账户；中央财政补助中西部地区新型农村合作医疗的专项资金，由财政部根据各地区参加新型农村合作医疗的实际人数和资金到位等情况核定，向省级财政划拨。中央和地方各级财政要确保补助资金及时、全额拨付到农村合作医疗基金专用账户，并通过新型农村合作医疗试点逐步完善补助资金的划拨办法，尽可能简化程序，易于操作。要结合财政国库管理制度改革和完善情况，逐步实现财政直接支付。关于新型农村合作医疗资金具体补助办法，由财政部商有关部门研究制定。

3. 农村合作医疗基金主要补助参加新型农村合作医疗农民的大额医疗费用或住院医疗费用。有条件的地方，可实行大额医疗费用补助与小额医疗费用补助结合的办法，既提高抗风险能力又兼顾农民受益面。对参加新型农村合作医疗的农民，年内没有动用农村合作医疗基金的，要安排进行一次常规性体检。各省、自治区、直辖市要制订农村合作医疗报销基本药物目录。各县（市）要根据筹资总额，结合当地实际，科学合理地确定农村合作医疗基金的支付范围、支付标准和额度，确定常规性体检的具体检查项目和方式，防止农村合作医疗基金超支或过多结余。

4. 加强对农村合作医疗基金的监管。农村合作医疗经办机构要定期向农村合作医疗管理委员会汇报农村合作医疗基金的收支、使用情况；要采取张榜公布等措施，定期向社会公布农村合作医疗基金的具体收支、使用情况，保证参加合作医疗农民的参与、知情和监督的权利。县级人民政府可根据本地实际，成立由相关政府部门和参加合作医疗的农民代表共同组成的农村合作医疗监督委员会，定期检查、监督农村合作医疗基金使用和管理情况。农村合作医疗管理委员会要定期向监督委员会和同级人民代表大会汇报工作，主动接受监督。审计部门要定期对农村合作医疗基金收支和管理情况进行审计。

（五）医疗服务管理

加强农村卫生服务网络建设，强化对农村医疗卫生机构的行业管理，积极推进农村医疗卫生体制改革，不断提高医疗卫生服务能力和水平，使农民得到较好的医疗服务。各地区要根据情况，在农村卫生机构中择优选择农村合作医疗的服务机构，并加强监管力度，实行动态管理。要完善并落实各种诊疗规范和管理制度，保证服务质量，提高服务效率，控制医疗费用。

综上所述，城镇职工医疗保险、城镇居民医疗保险以及新型农村合作医疗保险，是我国基本医疗保险法的主要内容。除此之外，我国的医疗保险法在基本医疗保险法的基础上针对国家公务员建立了公务员医疗补助制度，公务员超过基本医疗保险以外的医疗费用，由国家对公务员实行补贴；设置了职工大额医疗费用补助，以解决职工超过基本医疗保险最高支付限额以上的医疗费用；由政府投入设立社会医疗救助制度，为特殊困难群体提供基本医疗保障。

另外，国家鼓励企业为职工建立补充医疗保险。《国务院关于建立城镇职工医疗保险制度的决定》规定，为了不降低一些行业（如邮电、电力、银行、保险公司等）职工现有的医疗消费水平，在参加基本医疗保险的基础上，作为过渡措施，允许建立企业补充医疗保险。企业补充医疗保险费在工资总额4%以内的部分，从职工福利费中列支，福利费不足列支的部分，经同级财政部门核准后列入成本。

补充医疗保险的形式主要包括自办补充医疗保险、公办补充医疗保险以及商业补充医疗保险。

自办补充医疗保险，是由部分规模较大、效益较好的企业和行业自己出资，加上职工个人缴纳的补充医疗保险费，建立补充医疗保险专项基金，用于补偿职工医疗费用超过"封顶线"的那部分费用。

公办补充医疗保险，是由社会医疗保险经办机构基于强制性基本医疗保险，根据自愿参保原则开办的补充医疗保险。该类医疗保险起付线与基本医疗规定的"封顶线"相衔接。由于社会医疗保险机构在补充医疗保险基金的收缴、管理和医疗费用控制方面具有一定的优势。执行中应注意的是补充医疗保险基金和"基本医疗保险"的各项基金间应相互独立，不得互相透支，同时应当积极扩大投保规模以提高补充医疗保险基金的抗风险能力。

商业性补充医疗保险。主要有两种情况：①由已参加"基本医疗保险"的单位和个人向商业保险公司投保补偿高额医疗费用的补充医疗保险，如厦门模式。"基本医疗保险"的"封顶线"即为商业性补充医疗保险的起付线，起付线以上的高额医药费由商业医疗保险承担，但商业保险公司一般仍规定有一个给付上限（如每年的补偿金额不超过 15 万元或 20 万元）。目前仅有中国太平洋保险公司和中国平安保险公司在某些地区进行了一些初步的探索。②目前，各大商业保险公司提供的针对某些特殊疾病的"重大疾病保险""癌症保险"和"津贴型住院医疗保险"也能为职工超过"封顶线"的高额医疗费用提供一定程度的补偿。

【思考题】

1. 简述医疗保险的概念和特征。
2. 简述医疗保险合同主体的权利与义务。
3. 简述城镇职工基本医疗保险的基金筹集。
4. 简述新型农村合作医疗的基本原则。

第十四章

失业保险法

本章学习的要点在于，理解失业保险的概念、特征、保障对象，熟记失业保险待遇的条件和标准，掌握失业保险基金的筹集、给付期限等内容。

为保障失业人员失业期间的基本生活，促进其就业，1998年12月26日国务院第11次常务会议通过《失业保险条例》，并于发布之日起开始施行。为保证失业人员及时获得失业保险金及其他失业保险待遇，根据《失业保险条例》，劳动和社会保障部2000年10月10日通过《失业保险金申领发放办法》，自2001年1月1日起施行。2010年国家出台的《社会保险法》第五章对失业保险制度做出了进一步完善。

【案例14-1】

刑满释放人员可以领取失业保险金吗？①

王某原是一家企业的工人，因过失伤害被判了1年有期徒刑，工厂解除了与他的劳动合同。出狱后王某一直没有工作，生活困难。入狱前，王某曾在用人单位缴纳了多年的失业保险费，他要求领取失业保险金被拒。于是，提起了相关的诉求。问题：刑满释放人员可以领取失业保险金吗？

【案例分析】就社会保险权利而言，王某工作期间缴纳了失业保险费，履行了相关的社会保险义务，就应当享有相应的权利。劳动和社会会保障部办公厅2000年9月7日发布《关于对刑满释放或者解除劳动教养人员能否享受失业保险待遇问题的复函》，规定：在职人员因被判刑收监执行或者被劳动教养，而被用人单位解除劳动合同的，可以在其刑满、假释、劳动教养期满或解除劳动教养后，申请领取失业保险金。失业保险金自办理失业登记之日起算起。失业人员在领取失业保险金期间被判刑收监执行或者被劳动教养而停止领取失业保险金的，可以在其刑满、假释、劳动教养

---

① 黎建飞：《劳动法与社会保障法教程》，中国人民大学出版社2012年版，第296~297页。

期满或解除劳动教养后恢复领取失业保险金。失业人员在领取失业保险金期间，按照规定同时享受其他失业保险待遇。

王某可以根据《社会保险法》第46条的规定领取失业保险金，即"失业人员失业前用人单位个本人累计缴费满1年不足5年的，领取失业保险金的期限最长为12个月；累计缴费满5年不足10年的，领取失业保险金的期限最长为18个月；累计缴费10年以上的，领取失业保险金的期限最长为24个月。重新就业后，再次失业的，缴费时间重新计算，领取失业保险金的期限与前次失业应当领取而尚未领取的失业保险金的期限合并计算，最长不超过24个月"。

第一节 理 论 概 述

要理解失业保险，首先要弄清楚失业的概念和类型。

一、失业的概念和类型

（一）失业、就业及失业者

失业是指具有劳动能力的劳动年龄人口愿意接受现行的工资水平和工作条件但仍没有工作的状态。失业是相对于就业而言的。

就业是指具有劳动能力并处在法定劳动年龄阶段的人们为获取劳动报酬或赚取利润所从事的一种合法的社会经济活动。凯恩斯于1936年发表的《就业、利息和货币通论》中首次提出"充分就业"的概念，指在某一工资水平下愿意就业的人都能就业。国际上一般公认，一个地区的失业率保持在4%～5%，可视为实现了充分就业；超过5%被视为就业不充分。因此，5%的失业率通常被视为一个国家或地区的失业警戒线。

失业者是指在调查期内达到一定年龄并满足以下条件者：没有工作，即未被雇佣同时也未自谋职业者；目前可以工作，即可被雇佣或自谋职业者；正在寻找工作，即在最近特定时期已经采取明确步骤寻找工作或自谋职业者。我国学者一般认为，失业者是指在城镇非农业户口的劳动年龄内、有劳动能力、无业而要求就业并在当地劳动部门所属的劳动服务公司进行失业登记的人员。

（二）失业的类型
根据不同的标准，可以把失业分为以下类型：

1. 按就业意愿不同，可以把失业分为自愿性失业和非自愿性失业。自愿性失业指劳动者虽然有就业机会，但不愿接受现行的工资水平和工作条件而引起的失业。非自愿性失业是指劳动者愿意接受现行的工资水平和工作条件但仍然处于失业的状态。解决失业问题一般是指解决非自愿失业。本书所指失业仅指非自愿性失业。

【案例 14 - 2】

劳动者因为自身的过错导致被解雇，是否可以申领失业保险待遇①

张某为某科技公司的员工，经常无故长期旷工，公司多次要求其遵守公司的规章制度，按时上班，但张某依然我行我素，对于公司的警示置之不理。无奈之下，公司根据公司内部规章制度以及《劳动合同法》第39条的规定，以张某"严重违反用人单位的规章制度"解除劳动合同。张某持解除劳动合同通知等相关材料，要求失业保险经办机构发放失业保险金。失业保险经办机构工作人员认为，张某属因本人意愿中断就业，不具备享受失业保险待遇的条件。张某则认为《失业保险金申领发放办法》规定，被用人单位解除劳动合同的，属于非因本人意愿中断就业。因此，失业保险经办机构必须发给他失业保险金。

【案例分析】本案例中张某与失业保险经办机构争议的焦点在于：由于劳动者自身的过错导致被解雇，是否可以申领失业保险待遇呢？

我国《失业保险条例》将"非因本人意愿中断就业"作为申领失业保险待遇的必要条件之一，而该条件实际上包括了两个方面的内容：（1）客观方面：中断就业；（2）主观方面：非因本人意愿。其中审核的重点和难点在于后者。原劳动部和社会保障部所颁布的《失业保险金申领发放办法》对于"非因本人意愿中断就业"作了列举性的规定，而其所列举的情形仅仅是明确了"中断就业"的具体判断标准，而没有明确"非因本人意愿"的判断标准。因此，在我国除了劳动者主动辞职的情形不属于"非本人意愿"中断就业，不能申领失业保险待遇外，似乎其他情形都属于"非本人意愿中断就业"，所以，张某认为其符合失业保险待遇的申领条件，失业保险经办机构应向其给付失业保险待遇。而失业保险经办机构则认为，科技公司解除劳动合同，是由于张某自身的过错——不遵守规章制度，长期旷工导致的，应该不属于"非因本人意愿中断就业"，因此，张某不能享有相应的失业保险待遇。

美国将"员工因职务相关的个人过失导致解雇"作为不符合申领资格的情形，加拿大也要求是"非自身过失而导致失业"，即劳动者因正当理由而导致失业，而正当理由包括：遭受性骚扰或其他骚扰；必须随配偶或抚养的孩童搬离至其他住所；遭受

---

① 林嘉：《劳动法和社会保障法》，中国人民大学出版社 2011 年版，第 372～373 页。

歧视或不公平待遇；工作环境危及健康或安全等。而国际劳工组织《关于促进就业和失业保护的公约》（第 168 号公约）则规定，经主管部门判断，当事人故意造成他或她的解雇时，可在规定的范围内拒付、取消、停发或削减其津贴。因此，我们认为，应该严格对"非因本人意愿"的审核，由于劳动者自身的过失导致劳动合同被解除的情形应不符合"非因本人意愿终止就业"的条件。

2. 按失业的程度不同，失业可以分为完全失业和部分失业。完全失业指劳动者有劳动能力但找不到合适的工作岗位。部分失业，也叫不充分就业，指有劳动能力的人，虽然有工作，但工作报酬达不到法定的工资标准，工作时间达不到正常工作时间的 1/3。

3. 按失业的表现形式，失业可以分为显性失业和隐性失业。显性失业一般以失业人员到职业介绍机构进行求职登记为准，多用失业率来反映。隐性失业是指失业未表现出来，但确实存在失业或就业不充分现象，是一种劳动力资源未被充分利用的情况。

除此之外，按失业原因不同，还可以把失业分为摩擦性失业、季节性失业、周期性失业、技术性失业和结构性失业等类型。

二、失业保险的概念和特征

失业保险源于欧洲，是工业化与市场经济的产物。法国是世界上最早建立失业保险制度的国家，于 1905 年颁布了专门的失业保险法，实行的是非强制性的失业保险制度。1911 年，英国颁布了《国民保险法》，开创了强制性失业保险制度的先河，构成了世界失业保险制度的主流，标志着现代意义上的失业保险制度的真正诞生。

失业保险是社会保险制度中的重要组成部分。失业保险是指国家通过建立失业保险基金，使因失业而暂时中断生活来源的劳动者在法定期间内获得失业保险金，以维持其基本生活的一项社会保险制度。

我国的失业保险是国家对法定范围内的劳动者强制实施的一项社会保险制度。享受失业保险待遇不以劳动者丧失劳动能力为前提，而是以劳动者就业后因社会经济原因失去工作、中断收入为前提。失业保险不是单纯地提供经济救济和物质帮助，更重要的是通过就业服务为失业者创造条件，以便重新就业。

根据定义可知，失业保险具有以下特征：

1. 对象的特定性。享受失业保险待遇的前提是劳动者失业。失业保险的对象是在劳动年龄范围内，具有劳动能力和就业意愿但丧失劳动岗位的劳动者。

2. 待遇的期限性。享受失业保险的待遇有一定期限性，一般最长不超过 24 个月。

3. 功能的多样性。实施失业保险的目的不是单纯的经济救济和帮助，更重要的是通过职业培训、职业介绍，提高待业人员的竞争能力，协助他们谋求职业创造条件，以便重新走上就业岗位。失业保险具有保障生活和促进再就业的双重功能。

4. 强制性。它是通过国家制定法律、法规来强制实施的。按照规定，在失业保险制度覆盖范围内的单位及其职工必须参加失业保险并履行缴费义务，享受失业保险待遇有一定期限。

5. 互济性。失业保险主要来源于社会筹集，由单位、个人和国家三方共同负担，失业保险不是单纯的经济救助和帮助，更重要的是通过职业培训、职业介绍，提高待业人员的竞争能力，协助他们谋求职业创造条件，以便重新走上就业岗位。

三、失业保险法的内涵

失业保险法是调整由国家建立失业保险基金，对失业而中断生活来源的劳动者在法定期间内提供保险金，以维护其基本生活而发生的生活关系的法律规范的总称，也即调整失业保险关系的法律规范的总称。

失业保险法是社会保障法的重要组成部分，其内容主要包括失业保险法的基本原则、失业保险的保障对象、失业保险基金的来源、享受失业保险待遇的条件、失业保险金的支付标准和期限、失业保险的管理和监督等。

失业保险法的制定，有利于建立社会主义市场经济体制和培育统一的劳动力市场；有利于保证失业劳动者的基本生活；有利于促进失业劳动者的再就业。

第二节 我国失业保险立法概况

在我国，20 世纪 50 年代以前，是失业的救济时代。改革开放以后，失业问题成为我国影响社会稳定的重大问题，建立失业保险制度迫在眉睫。

20 世纪 80 年代中期到 90 年代初期，我国开始建立待业保险制度。1986 年，国务院颁布了《国营企业职工待业保险暂行办法》，规定国营企业以下四种职工为待业保险对象：破产企业职工、濒临破产整顿期间被精简职工、被终止或解除劳动合同、被辞退职工。1993 年，国务院颁布了《国有企业职工待业保险规定》，将待业保险对象扩大到 7 种 9 类人，即增加了被撤消、解散企业的职工；按规定停产整顿而被精简的职工；按法律或地方政府规定可以享受保险待遇的职工。另外，原先的被辞退职工，扩大为被辞退、除名或开除职工。

20 世纪 90 年代中期以后，我国开始进入失业保险时期。1999 年 1 月，国务院颁布了新的《失业保险条例》，将实施范围扩大到城镇各类企事业单位。其制度特点是：保险对象为有劳动能力而非自愿性失业的职工，并要求其有求职意愿；采取用人单位和职工个人缴费、政府补贴的形式建立失业保险基金；保险基金用于支付失业金、失业期间的医疗等各种补贴、失业期间的职业培训和职业介绍费用，体现了积极促进就业的立法理念；失业保险待遇及受给期限与缴费年限挂钩，体现了权利和义务的一致性。

为保证失业人员及时获得失业保险金及其他失业保险待遇，根据《失业保险条例》，劳动和社会保障部 2000 年 10 月 10 日通过《失业保险金申领发放办法》，自 2001 年 1 月 1 日起施行。其中对失业保险金的申领、发放以及失业保险关系的转移等做了详细的规定。

2010 年国家出台的《社会保险法》第五章对失业保险制度做出了进一步完善。尤其对保障对象、范围、期限、保险金申领条件和待遇等内容做了更进一步的规定和完善。

第三节　我国失业保险法的内容

国务院劳动保障行政部门主管全国失业保险工作。县级以上地方各级人民政府劳动保障行政部门主管本行政区域内的失业保险工作。劳动保障行政部门按照国务院规定设立的经办失业保险业务的社会保险经办机构依照 1999 年 1 月国务院发布的《失业保险条例》的规定，具体承办失业保险工作。

一、失业保险的覆盖范围

1999 年 1 月国务院发布的《失业保险条例》第二条规定了失业保险的覆盖范围，为各类所有制的城镇企业以及事业单位的职工。城镇企业事业单位、城镇企业事业单位职工依照本条例的规定，缴纳失业保险。城镇企业事业单位失业人员依照条例的规定，享受失业保险待遇。城镇企业，是指国有企业、城镇集体企业、外商投资企业、城镇私营企业以及其他城镇企业。根据《失业保险条例》授权，省、自治区、直辖市人民政府可以决定将统一的失业保险制度扩大到社会团体专职人员、民办非企业单位的职工和城镇个体工商户的雇工。

二、失业保险基金

（一）失业保险基金的来源

职工应当参加失业保险，由用人单位和职工按照国家规定共同缴纳失业保险费。

城镇企业事业单位按照本单位工资总额的2%缴纳失业保险费。城镇企业事业单位职工按照本人工资总额的1%缴纳失业保险费。城镇企业事业单位招用的农民合同制工人本人不缴纳失业保险费。省、自治区、直辖市人民政府根据本行政区域失业人员数量和失业保险基金数额，报经国务院批准，可以适当调整本行政区域失业保险费的费率。

《失业保险条例》第五条具体规定了失业保险基金的构成部分：（1）城镇企业事业单位、城镇企业事业单位职工缴纳的失业保险费；（2）失业保险基金的利息；（3）财政补贴；（4）依法纳入失业保险基金的其他资金。

（二）失业保险基金的统筹

《失业保险条例》第7条规定：失业保险基金在直辖市和设区的市实行全市统筹；其他地区的统筹层次由省、自治区人民政府规定。

省、自治区可以建立失业保险调剂金。失业保险调剂金以统筹地区依法应当征收的失业保险费为基数，按照省、自治区人民政府规定的比例筹集。

统筹地区的失业保险基金入不敷出时，由失业保险调剂金调剂、地方财政补贴。失业保险调剂金的筹集、调剂使用以及地方财政补贴的具体办法，由省、自治区人民政府规定。

（三）失业保险基金的支付项目

根据《失业保险条例》规定，失业保险基金主要用于下列项目支出：

1. 失业保险金；

2. 领取失业保险金期间的医疗补助金；

3. 领取失业保险金期间死亡的失业人员的丧葬补助金和其供养的配偶、直系亲属的抚恤金；

4. 领取失业保险金期间接受职业培训、职业介绍的补贴，补贴的办法和标准由省、自治区、直辖市人民政府规定；

5. 国务院规定或批准的与失业保险有关的其他费用。

（四）失业保险基金的监管

失业保险基金在直辖市和设区的市实行全市统筹，其他地区的统筹层次由省、自治区人民政府规定。

失业保险基金必须存入财政部门在国有商业银行开设的社会保险基金财政专户，实行收支两条线管理，由财政部门依法进行监督。存入银行和按照国家规定购买国债的失业保险基金，分别按照城乡居民同期存款利率和国债利息计息。失业保险基金的利息并入失业保险基金。失业保险基金专款专用，不得挪作他用，不得用于平衡财政收支。

失业保险基金收支的预算、决算，由统筹地区社会保险经办机构编制，经同级劳动保障行政部门复核、同级财政部门审核，报同级人民政府审批。失业保险基金的财务制度和会计制度按照国家有关规定执行。

三、失业保险金的申领

失业人员符合下列条件的，从失业保险基金中领取失业保险金：（1）失业前用人单位和本人已经缴纳失业保险费满一年的；（2）非因本人意愿中断就业的；（3）已经进行失业登记，并有求职要求的。失业人员在领取失业保险金期间，按照规定同时享受其他失业保险待遇。

其中，非因本人意愿中断就业包括下列情形：

（1）依照《劳动合同法》第44条第1项、第4项、第5项规定终止劳动合同的；

（2）由用人单位依照《劳动合同法》第39条、第40条、第41条规定解除劳动合同的；

（3）用人单位依照《劳动合同法》第36条规定向劳动者提出解除劳动合同并与劳动者协商一致解除劳动合同的；

（4）由用人单位提出解除聘用合同或者被用人单位辞退、除名、开除的；

（5）劳动者本人依照《劳动合同法》第38条规定解除劳动合同的；

（6）法律、法规、规章规定的其他情形。

用人单位应当及时为失业人员出具终止或者解除劳动关系的证明，并将失业人员的名单自终止或者解除劳动关系之日起15日内告知社会保险经办机构。失业人员应当持本单位为其出具的终止或者解除劳动关系的证明，及时到指定的公共就业服务机构办理失业登记。失业人员凭失业登记证明和个人身份证明，到社会保险经办机构办理领取失业保险金的手续。失业保险金领取期限自办理失业登记之日起计算。

失业人员应在终止或者解除劳动合同之日起60日内到受理其单位失业保险业务的经办机构申领失业保险金。失业人员申领失业保险金应填写《失业保险金申领表》，并出示下列证明材料：（1）本人身份证明；（2）所在单位出具的终止或者解除劳动合同的证明；（3）失业登记及求职证明；（4）省级劳动保障行政部门规定的其他材料。

失业人员领取失业保险金，应由本人按月到经办机构领取，同时应向经办机构如实说明求职和接受职业指导、职业培训情况。

失业人员在领取失业保险金期间患病就医的，可以按照规定向经办机构申请领取医疗补助金。失业人员在领取失业保险金期间，参加职工基本医疗保险，享受基本医疗保险待遇。

失业人员应当缴纳的基本医疗保险费从失业保险基金中支付，个人不缴纳基本医疗保险费。

失业人员在领取失业保险金期间死亡的，参照当地对在职职工死亡的规定，向其遗属发给一次性丧葬补助金和抚恤金。其家属可持失业人员死亡证明、领取人身份证明、与失业人员的关系证明，按规定向经办机构领取一次性丧葬补助金和其供养配偶、直系亲属的抚恤金。失业人员当月尚未领取的失业保险金可由其家属一并领取。所需资金从失业保险基金中支付。个人死亡同时符合领取基本养老保险丧葬补助金、工伤保险丧葬补助金和失业保险丧葬补助金条件的，其遗属只能选择领取其中的一项。

失业人员在领取失业保险金期间，应积极求职，接受职业指导和职业培训。失业人员在领取失业保险金期间求职时，可以按规定享受就业服务减免费用等优惠政策。

失业人员在领取失业保险金期间或期满后，符合享受当地城市居民最低生活保障条件的，可以按照规定申请享受城市居民最低生活保障待遇。

失业人员在领取失业保险金期间，发生《失业保险条例》第15条规定情形之一的，不得继续领取失业保险金和享受其他失业保险待遇。

四、失业保险待遇

经办机构自受理失业人员领取失业保险金申请之日起10日内，对申领者的资格进行审核认定，并将结果及有关事项告知本人。经审核合格者，从其办理失业登记之日起计发失业保险金。

失业保险金的标准，按照低于当地最低工资、高于城市居民最低生活保障标准的水平，由省、自治区、直辖市人民政府确定。失业保险金应按月发放，由经办机构开具单证，失业人员凭单证到指定银行领取。单位招用的农民合同制工人连续工作满1年，本单位并已缴纳失业保险费，劳动合同期满未续订或者提前解除劳动合同的，由社会保险经办机构根据其工作时间长短，对其支付一次性生活补助。补助的办法和标准由省、自治区、直辖市人民政府规定。

（一）失业保险金的发放期限

经办机构根据失业人员累计缴费时间核定其领取失业保险金的期限。失业人员累计缴费时间按照下列原则确定：

1. 实行个人缴纳失业保险费前，按国家规定计算的工龄视同缴费时间，与《条例》发布后缴纳失业保险费的时间合并计算。

2. 失业人员在领取失业保险金期间重新就业后再次失业的，缴费时间重新计算，其领取失业保险金的期限可以与前次失业应领取而尚未领取的失业保险金的期限合并计算，但是最长不得超过 24 个月。失业人员在领取失业保险金期间重新就业后不满一年再次失业的，可以继续申领其前次失业应领取而尚未领取的失业保险金。

失业人员失业前所在单位和本人按照规定累计缴费时间满 1 年不足 5 年的，领取失业保险金的期限最长为 12 个月；累计缴费时间满 5 年不足 10 年的，领取失业保险金的期限最长为 18 个月；累计缴费时间 10 年以上的，领取失业保险金的期限最长为 24 个月，重新就业后，再次失业的，缴费时间重新计算，领取失业保险金的期限可以与前次失业应领取而尚未领取的失业保险金的期限合并计算，但是最长不得超过 24 个月。对领取失业保险金期限即将届满的失业人员，经办机构应提前一个月告知本人。

【案例 14 - 3】

浙江某通信有限公司与金某失业保险待遇纠纷案[①]

金某于 2000 年 9 月 1 日进入浙江某通信有限公司单位工作，担任客服部经理一职，双方签订劳动合同。2002 年 1 月至 2007 年 7 月期间，金某为其所在的客服部门职工制作工资表。2000 年 9 月 1 日起至 2005 年 9 月，浙江某通信有限公司未为金某缴纳失业保险费。2005 年 10 月 1 日，浙江某通信有限公司开始为金某缴纳社会保险费至 2008 年 3 月止。

2008 年 3 月 31 日，浙江某通信有限公司与金某签订解除劳动合同协议书，约定解除劳动合同日为 2008 年 3 月 31 日，浙江某通信有限公司支付金某经济补偿金 25217 元。金某于 2008 年 4 月开始在另一家公司工作，与该公司签订了 3 年的劳动合同，由该公司为其缴纳社会保险。

2008 年 5 月 7 日，金某向劳动争议仲裁委员会提起仲裁，诉称金某于 2000 年 9 月进入浙江某通信有限公司工作至 2008 年 3 月 31 日。浙江某通信有限公司于 2005 年 10 月才为其缴纳失业保险，导致其失业保险待遇受到损失，要求浙江某通信有限公司双倍赔偿失业保险待遇损失 10880 元。浙江某通信有限公司辩称，首先，浙江某通信有限公司于 2005 年 10 月开始为全体职工缴纳失业保险，金某从其工资明细中完全可以得知失业保险缴纳情况，但金某现提出仲裁请求，其仲裁请求已超过仲裁时效。其次，金某并非失业人员，且浙江某通信有限公司只是少缴失业保险并非未缴纳，故金

---

① 刘俊：《劳动与社会保障法》，高等教育出版社 2017 年版，第 341 页。

某没有要求赔偿失业保险待遇损失的权利。最后，金某与浙江某通信有限公司签订解除劳动合同协议书，浙江某通信有限公司已依约支付经济补偿金25217元，双方无其他争议，故金某早已放弃了要求浙江某通信有限公司赔偿失业保险待遇损失的权利。

2008年6月5日，劳动争议仲裁委员会作出仲裁裁决。劳动争议仲裁委员会认为，金某于2000年9月进入浙江某通信有限公司，2008年3月31日解除劳动合同。根据《浙江省失业保险条例》第23条规定，金某可领取12个月失业保险金，但浙江某通信有限公司于2005年10月1日起为金某缴纳失业保险，据其缴费年限金某只可领取4个月失业保险金。根据《浙江省失业保险条例》第47条规定，浙江某通信有限公司应当按照金某失业保险待遇损失总额的二倍给予赔偿，故金某提出的要求浙江某通信有限公司双倍赔偿失业保险待遇损失10880元的请求本委予以支持。裁决浙江某通信有限公司向金某支付失业保险待遇损失10880元。

浙江某通信有限公司不服仲裁裁决，依法提起诉讼。浙江某通信有限公司认为金某在与浙江某通信有限公司解除劳动关系后，重新就业，并没有失业，不享有领取失业保险金的权利，再者，金某所主张的失业保险待遇损失至今没有实际发生，并且也不确定，其要求支付失业保险待遇损失缺乏依据。金某所主张的失业保险待遇损失的时间是在2000年9月至2005年9月，而浙江某通信有限公司发给金某的工资中有明确的各种工资项目如缴费工资、浮动工资等，金某为所在部门职工制作工资表长达65个月，理应知道自己失业保险的缴纳情况，对于自己从2005年10月才缴纳失业保险是明知的，也是认可的。因此，金某认为浙江某通信有限没有为其缴纳失业保险，应该在2002年1月就已经知道自己的权利受到侵害，金某迟至2008年5月6日提出起仲裁，已超过仲裁时效。《浙江省失业保险条例》第47条对本案不适用。《浙江省失业保险条例》于2004年1月1日施行，对于2004年1月1日以前发生的行为不适用。浙江某通信有限公司请求法院判决不支付失业保险待遇损失10880元。浙江某通信有限公司向法院提供了在2002年1月至2007年7月期间，由金某为所在部门员工制作的65个月的工资表65张。

（二）停止发放失业保险金的情形

由于失业保险的作用在于保障劳动者的基本生活和促进劳动者再就业，因而劳动者状况发生变化就不得继续享受失业待遇，有关法规对失业保险金的领取作了限制性的规定，失业人员在领取失业保险金期间有下列情形之一的，停止领取失业保险金，并同时停止享受其他失业保险待遇：重新就业的；应征服兵役的；移居境外的；享受基本养老保险待遇的；被判刑收监执行或者被劳动教养的；无正当理由，拒不接受当地人民政府指定部门或者机构介绍的适当工作或者提供的培训的；有法律、行政法规规定的其他情形的。

不符合享受失业保险待遇条件，骗取失业保险金和其他失业保险待遇的，由社会保险经办机构责令退还；情节严重的，由劳动保障行政部门处骗取金额 1 倍以上 3 倍以下的罚款。

五、失业保险关系转迁

城镇企业事业单位成建制跨统筹地区转移，失业人员跨统筹地区流动的，失业保险关系随之转迁。对失业人员失业前所在单位与本人户籍不在同一统筹地区的，其失业保险金的发放和其他失业保险待遇的提供由两地劳动保障行政部门进行协商，明确具体办法。协商未能取得一致的，由上一级劳动保障行政部门确定。

失业人员失业保险关系跨省、自治区、直辖市转迁的，失业保险费用应随失业保险关系相应划转。需划转的失业保险费用包括失业保险金、医疗补助金和职业培训、职业介绍补贴。其中，医疗补助金和职业培训、职业介绍补贴按失业人员应享受的失业保险金总额的一半计算。

失业人员失业保险关系在省、自治区范围内跨统筹地区转迁，失业保险费用的处理由省级劳动保障行政部门规定。

失业人员跨统筹地区转移的，凭失业保险关系迁出地经办机构出具的证明材料到迁入地经办机构领取失业保险金。职工跨统筹地区就业的，其失业保险关系随本人转移，缴费年限累计计算。

【思考题】

1. 简述失业保险的概念和特征。
2. 简述失业保险基金的来源。
3. 简述领取失业保险待遇的条件。
4. 简述领取失业保险金的期限。

第十五章

工伤保险法

　　本章学习要点为掌握工伤、工伤认定、劳动能力鉴定以及伤残等级鉴定及待遇等相关知识点，构建工伤法律体系，学会判断工伤与非工伤、处理工伤事故、计算工伤赔偿数额等能力。

　　为了保障因工作遭受事故伤害或者患职业病的职工获得医疗救治和经济补偿，促进工伤预防和职业康复，分散用人单位的工伤风险，2003 年 4 月 27 日中华人民共和国国务院令第 375 号公布《工伤保险条例》，并于 2010 年 12 月 20 日根据《国务院关于修改〈工伤保险条例〉的决定》进行了修订。

【案例 15 – 1】

做家教有权享受工伤待遇吗？[①]

　　小琴 2005 年 7 月从某大学艺术系毕业后，只身来到北方某城市准备边打工边复习考研。此间，小琴受聘于甲和乙两个家政服务公司，做上门教授儿童学钢琴的"钟点工"。公司为小琴联系主户，小琴则按实际工作小时量领取报酬和交通补助。2005 年 11 月下旬的一个周末，小琴受甲公司指派骑车做家教，路上被一辆外地货车刮倒。货车肇事后逃逸，小琴被路过的好心人送到医院。住院期间，小琴多次请求甲公司为自己支付医疗费用，但甲公司表示，公司仅仅提供中介服务，双方不存在劳动关系，可以结算出事当月的报酬，但不负责治疗费用。问题：大学毕业生从事家教能否享受工伤保险待遇？

　　【案例分析】首先需要确定的是小琴与甲公司之间是否存在劳动关系。甲公司具备《劳动法》第 2 条规定的用人单位主体资格；小琴是大学毕业生，也符合《劳动法》规定的劳动者主体资格。劳动者通过依法成立的用人单位提供非全日制劳动，由用人单位与非全日制劳动者签订劳动合同，双方建立了劳动关系。进而，小琴按甲公

---

　　① 黎建飞：《劳动与社会保障法教程》，中国人民大学出版社 2013 年版，第 307 页。

司的要求提供劳动，按时取酬，符合了实际履行非全日制劳动关系的法律特征。当时适用的《关于非全日制用工若干问题的意见》规定，从事非全日制工作的劳动者，与用人单位因履行劳动合同引发劳动争议，按照国家劳动争议处理规定执行；并且要求用人单位按照国家有关规定，为建立劳动关系的非全日制劳动者缴纳工伤保险费。从事非全日制工作的劳动者发生工伤，依法享受工伤保险待遇。

小琴受甲公司指派完成家教工作，往返途中即为上下班途中。根据《工伤保险条例》的规定，职工在上下班途中受到机动车事故伤害的应当认定为工伤。所以，小琴符合认定工伤的条件，依法应当享受工伤保险待遇。

第一节 理论概述

一、工伤保险的概念和特征

工伤，也称职业伤害，指企业职工在工作岗位从事与生产劳动有关的工作中发生的，或由于劳动条件、作业环境所引致的人身伤害事故（死亡、负伤、残废）或职业病等。职业伤害包括因突发性生产事故导致的伤害，以及因工作环境和条件原因长时间侵害工人健康造成的职业病等。

工伤保险是社会保障的一个组成部分，是通过国家立法强制实施，由社会集中建立基金，对工伤职工或其家属提供物质帮助的一种社会保障制度。具体而言，工伤保险又称为职业伤害保险，它是指劳动者在工作中因意外事故或患职业病致伤、致病、致残、死亡时依法所享有的一种社会保险。

根据定义可知，工伤保险具有以下特点：

1. 工伤保险对象的特定性。工伤保险对象的范围是在生产劳动过程中的劳动者。

2. 工伤保险的责任具有赔偿性，赔偿标准法定化。

3. 工伤保险赔偿责任实行无过错责任原则。

4. 工伤保险的投保人仅为用人单位，劳动者不缴纳工伤保险费。

5. 工伤保险待遇相对优厚，标准较高。

6. 工伤保险的保障内容比较丰富，包括职业病的报销、急性病猝死保险金、丧葬补助等。

二、工伤保险法概述

工伤保险法，是规范工伤保险制度当事人之间权利义务关系的法律规范的总称。

工伤保险法的调整对象，在大多数国家包括两项内容，即工伤保险和职业病保险。具体而言，工伤保险法是调整为在生产、工作过程中，遭受事故伤害或者患职业病的劳动者本人及家属提供医疗费、康复费、生活费、经济补偿和职业康复等物质帮助的过程中发生的生活关系的法律规范的总称。

工伤保险法的调整对象是工伤保险社会关系。工伤保险关系，经过工伤保险法规范后形成工伤保险法律关系。工伤保险法律关系是工伤保险法律确认和保护的具有权利义务内容的一种具体社会关系，是工伤保险制度主体间的权利和义务关系的体现。我国工伤保险法律关系，主要包括以下几种：

（1）用人单位与劳动者的劳动关系。劳动关系的存在是建立工伤保险关系的前提。

（2）工伤保险经办机构与投保人、被保险人的行政业务关系。用人单位一旦参加工伤保险，行政业务关系即产生。行政业务关系的主体是政府社会保险经办机构，行政相对人是投保人和被保险人。投保人是参加工伤保险并缴纳工伤保险费的企业，被保险人为依法享受工伤保险待遇的职工及其供养的亲属。

（3）劳动保障行政部门与用人单位、工伤职工之间的行政管理关系。

按《工伤保险条例》的规定，劳动保障行政部门负责工伤保险的管理工作，企业应当在工伤事故发生后按规定向当地劳动保障行政部门报告，工伤职工或其亲属应当在事故后提出工伤保险待遇申请，行政部门应在接到报告或申请后进行调查取证并做出工伤认定，等等。

（4）工伤职工与劳动能力鉴定机构之间的社会关系。工伤职工与劳动能力鉴定机构之间的社会关系因劳动能力鉴定和工伤评残而发生。

（5）其他社会关系。如工伤职工供养亲属与企业或工伤保险经办机构的关系，工会代表职工因工伤认定与劳动保障行政部门、企业发生的社会关系，经办机构与医疗服务机构的契约关系，工伤职工与医疗服务机构的服务关系等。

三、工伤保险法律关系的要素

工伤保险法律关系由主体、内容和客体三大要素构成。

（一）主体

工伤保险法律关系的主体是指构成工伤保险关系的当事人，主要包括保险人、投保人、被保险人、受益人以及医疗服务提供人等。

职业伤害保险人，在我国主要是工伤保险经办机构。

投保人，一般是用人单位，包括企业、事业单位、国家机关以及社会团体等。

被保险人，一般是劳动者。

受益人，一般是工伤的劳动者，有时也包括其供养人。

医疗服务提供人，是合同医院或者专业医院。伤病残的鉴定机构虽不是职业伤害保险法调整的社会关系主体，但与被保险人就工伤鉴定与评残发生社会关系。

（二）客体

工伤保险法律关系的客体是指工伤保险法律关系中权利义务指向的对象。

法律关系客体一般分为物、行为、智力成果和特定精神利益。在工伤保险法律关系中，客体主要表现为物和行为。

以物形式出现的客体：包括工伤保险费、各类现金性经济补偿待遇和各类辅助器具等；

以行为形式出现的客体：有工伤保险法律关系主体的相关活动，如工伤保险基金管理部门的基金支付行为、工伤认定机构的工伤认定行为、劳动能力鉴定机构的鉴定行为、社会保险经办机构的待遇发放行为、用人单位的缴费行为、用人单位和劳动者的工伤保险待遇申请行为、受益者接受补偿的行为等。

（三）内容

工伤保险法律关系的内容，是指工伤保险法律关系的主体针对客体所享有的权利以及应该履行的义务。包括工伤保险权利和工伤保险义务。

【案例 15 - 2】

离职别忘主张工伤待遇①

刘某于 2005 年 5 月底到公司上班，与公司间未签订劳动合同，7 月下旬在工作时受伤，经劳动保障部门认定为工伤，伤残等级为九级。2006 年 5 月，小刘与公司签订了工伤处理协议，约定由公司一次性补偿工伤补助金和工伤期间工资 1.5 万元，小刘继续在公司工作。2008 年 1 月，小刘向公司提出辞职。与此同时，刘某向劳动仲裁委员会申诉，要求公司支付工伤保险待遇，劳动仲裁部门支持了小刘的申诉。公司不服仲裁结论，向法院提起诉讼，认为双方已就工伤处理达成一次性补偿协议，公司也支付了款项，不应再次付款。问题：劳动者离职时有权主张工伤保险待遇吗？

【案例分析】我国《工伤保险条例》第 36 条规定，职工因工致残被鉴定为五级、六级伤残的，经工伤职工本人提出，该职工可以与用人单位解除或者终止劳动关系，

---

① 黎建飞：《劳动与社会保障法教程》，中国人民大学出版社 2013 年版，第 311～312 页。

由工伤保险基金支付一次性工伤医疗补助金，由用人单位支付一次性伤残就业补助金。第37条也规定，职工因工致残被鉴定为七级至十级伤残的，劳动、聘用合同期满终止，或者职工本人提出解除劳动、聘用合同的，由工伤保险基金支付一次性工伤医疗补助金，由用人单位支付一次性伤残就业补助金。一次性工伤医疗补助金和一次性伤残就业补助金的具体标准由省、自治区、直辖市人民政府规定。法院据此认为，刘某已经通过行政程序确认为工伤，法院理应保护刘某依法享有的工伤保险待遇权力。双方签订的工伤处理协议虽然对刘某的工伤补助金和工伤期间的工资进行补偿，但并未包含劳动者在解除劳动关系时可主张的一次性工伤医疗补助金及一次性伤残就业补助金。在明确用人单位的权责后，经法院调解，公司同意再支付5.8万元。

第二节　工伤保险法的基本原则

一、无过失雇主责任原则

无过失雇主责任原则，指雇主对职业伤害的事实承担经济补偿责任。雇主责任原则是基于：提供安全生产教育和设施是雇主应尽的责任；建立共担风险的工伤保险社会统筹基金是雇主的义务；对于已经发生的职业伤害，即使雇主没有任何过失和直接责任，也应当承担善后处理和经济补偿责任。在现代社会中，雇主经济补偿责任表现为由雇主缴纳工伤保险费，工伤风险由社会共担。

二、无过失补偿原则

无过失补偿原则，指在各种工伤事故中只要不是受害职工本人故意行为所致，无论受到伤害的职工是否有过失，都应该享受工伤保险待遇。

三、严格区别工伤和非工伤的原则

工伤保险待遇应当按照一定的原则和标准公平给付。因此，工伤保险制度需要通过立法建立严格科学的认定、鉴定标准。工伤保险仅对因工发生的伤、病、残、亡进行补偿和提供保障待遇。所以，工伤保险制度需要通过立法，严格、合理地区分因工和非因工发生的伤、病、残、亡。

四、工伤保险补偿与社会救助相结合原则

工伤保险不局限于以受害人的人身伤害为救助对象，它对受伤者实施全面补偿，在于维护受害人及其亲属的基本生活不受影响。工伤保险待遇既包括一次性经济补偿，也包括长期待遇，体现了人文关怀，是将经济补偿和社会救助有机结合的法律制度。

五、与医疗保险和养老保险并列授权原则

工伤保险待遇与疾病津贴或养老金在时间上可能发生冲突或者衔接；工伤保险待遇与医疗保险待遇常常交叉发生。所以，很多国家职业伤害法律规定工伤保险待遇与疾病津贴或养老金并列授权，以避免重复给付，保证各社会保险之间的合理衔接。

六、补偿与预防、康复相结合原则

工伤事故一旦发生，补偿是理所当然的，但工伤保险最主要的工作还包括预防和康复工作。大多数国家既向受害人进行补偿，又为其提供医疗康复和职业康复服务。

第三节 工伤保险立法概况

工伤保险作为国家立法出现，始于19世纪后期的德国。1884年7月6日，德国颁布的《工伤保险法》，是世界上第一部工伤保险法，是专门涉及工业事故和职业病及其预防与补偿问题的法规。之后英国在1897年、意大利在1898年、法国在1898年、瑞典在1901年分别颁布了工伤保险法律制度，日本工伤保险于1911年首次立法，美国1908年联邦政府颁布了《美国联邦雇员伤害赔偿法》。

我国工伤保险制度建立于20世纪50年代初。1951年2月政务院颁布的《中华人民共和国劳动保险条例》中就包括了有关工伤保险的规定，确立了中国工伤保险基本模式和理念，是我国真正意义上的工伤保险立法的开端。1957年2月卫生部发布了《职业病范围和职业病患者处理办法的规定》，明确将职业病伤害列入了工伤保险的范畴。

改革开放以后，我国从80年代末开始对工伤保险制度进行改革。1996年3月14日，原国家质量技术监督局发布了《职工工伤与职业病残程度鉴定》，同年8月劳动

部颁发《企业职工工伤保险试行办法》，这两个文件于 1996 年 10 月 1 日起在全国试行，把我国工伤保障制度从企业保险转向了社会保险。这两个文件的规定，扩大了工伤保险实施范围，改革了工伤认定政策，提高了工伤保险待遇标准，强化了工伤康复的工作。

2003 年 4 月 27 日国务院颁布《工伤保险条例》，并同步发布《工伤保险条例实施细则》，扩展了工伤保险制度的适用范围，解决了工伤保险费的缴纳主体问题，解决了工伤保险基金的来源和安全性问题，进一步明确了工伤认定的标准在工伤鉴定方面，引入了医疗卫生专家参与劳动能力鉴定的制度，规定了用人单位的举证责任，划分了工伤保险责任，对工伤职工劳动关系的终止问题做出了新规定。该条例的颁布，使工伤保险成为社会保险诸险种中立法层次最高、最早得以定型的险种之一，也标志着中国工伤保险进入法制化阶段。

2010 年 10 月 28 日《中华人民共和国社会保险法》公布，该法第 4 章共用 11 个条文对工伤保险进行规范，构建了中国工伤保险法律制度的基本框架。为了建立与社会主义市场经济体制和运行机制相适应的工伤保险制度，分散企业工伤风险，促进企业安全生产，利于企业深化改革，发挥工伤预防机制作用，2010 年 12 月 20 日根据《国务院关于修改〈工伤保险条例〉的决定》对《工伤保险条例》进行了修订。

《社会保险法》是中国有关职业安全和健康保障的核心法律。以其为核心，形成了工伤保险的多层法律制度，具体包括：《工伤保险条例》《职业病防治法》《工伤认定办法》《职业病诊断与鉴定管理办法》《部分行业企业工伤保险费缴纳办法》《非法用工单位伤亡人员一次性赔偿办法》《社会保险基金先行支付暂行办法》等。

2011 年 12 月 31 日《中华人民共和国职业病防治法》也进行了修改。这一系列紧锣密鼓的立法和修法，使中国工伤保险制度更加完善。其他作为立法层级中的附属法律还有：《中华人民共和国尘肺病防治条例》《安全生产法》《矿山安全法》《职业病危害项目申报办法》《工作场所职业卫生监督管理规定》《用人单位职业健康监护监督管理办法》等。

第四节　我国工伤保险法的内容

一、覆盖范围

《工伤保险条例实施细则》第二条规定，中华人民共和国境内的企业、事业单位、社会团体、民办非企业单位、基金会、律师事务所、会计师事务所等组织和有雇工的个体工商户（以下称用人单位）应当依照本条例规定参加工伤保险，为本单位全部职工或者雇工（以下称职工）缴纳工伤保险费。中华人民共和国境内的企业、事业单位、社会团体、民办非企业单位、基金会、律师事务所、会计师事务所等组织的职工和个体工商户的雇工，均有依照本条例的规定享受工伤保险待遇的权利。

根据法律规定，我国工伤保险覆盖的范围主要包括：在中华人民共和国境内各类企业、个体工商户、事业单位、社会团体、民办非企业单位、基金会、律师事务所、会计师事务所等组织的劳动者，以及与国家机关形成劳动关系的劳动者。

用人单位和职工应当遵守有关安全生产和职业病防治的法律法规，执行安全卫生规程和标准，预防工伤事故发生，避免和减少职业病危害。职工发生工伤时，用人单位应当采取措施使工伤职工得到及时救治。

二、工伤保险基金

（一）工伤保险基金的来源

工伤保险基金由用人单位缴纳的工伤保险费、工伤保险基金的利息和依法纳入工伤保险基金的其他资金构成。用人单位应当按时缴纳工伤保险费。职工个人不缴纳工伤保险费。

用人单位缴纳工伤保险费的数额为本单位职工工资总额乘以单位缴费费率之积。对难以按照工资总额缴纳工伤保险费的行业，其缴纳工伤保险费的具体方式，由国务院社会保险行政部门规定。工资总额，是指用人单位直接支付给本单位全部职工的劳动报酬总额。

用人单位依照规定应当参加工伤保险而未参加的，由社会保险行政部门责令限期参加，补缴应当缴纳的工伤保险费，并自欠缴之日起，按日加收万分之五的滞纳金；逾期仍不缴纳的，处欠缴数额1倍以上3倍以下的罚款。依照规定应当参加工伤保险而未参加工伤保险的用人单位职工发生工伤的，由该用人单位按照本条例规定的工伤保险待遇项目和标准支付费用。用人单位参加工伤保险并补缴应当缴纳的工伤保险费、滞纳金后，由工伤保险基金和用人单位依照本条例的规定支付新发生的费用。

工伤保险基金应当留有一定比例的储备金，用于统筹地区重大事故的工伤保险待遇支付；储备金不足支付的，由统筹地区的人民政府垫付。储备金占基金总额的具体比例和储备金的使用办法，由省、自治区、直辖市人民政府规定。

（二）工伤保险费率问题

工伤保险费根据以支定收、收支平衡的原则，确定费率。国家根据不同行业的工伤风险程度确定行业的差别费率，并根据工伤保险费使用、工伤发生率等情况在每个行业内确定若干费率档次。行业差别费率及行业内费率档次由国务院社会保险行政部门制定，报国务院批准后公布施行。统筹地区经办机构根据用人单位工伤保险费使用、工伤发生率等情况，适用所属行业内相应的费率档次确定单位缴费费率。国务院社会保险行政部门应当定期了解全国各统筹地区工伤保险基金收支情况，及时提出调整行业差别费率及行业内费率档次的方案，报国务院批准后公布施行。

根据不同行业的工伤风险程度，参照《国民经济行业分类》（GB/T4754—2002），将行业划分为三个类别：一类为风险较小行业，二类为中等风险行业，三类为风险较大行业。三类行业分别实行三种不同的工伤保险缴费率。统筹地区社会保险经办机构要根据用人单位的工商登记和主要经营生产业务等情况，分别确定各用人单位的行业风险类别。

各省、自治区、直辖市工伤保险费平均缴费率原则上要控制在职工工资总额的1.0%左右。在这一总体水平下，各统筹地区三类行业的基准费率要分别控制在用人单位职工工资总额的0.5%左右、1.0%左右、2.0%左右。各统筹地区劳动保障部门要会同财政、卫生、安全监管部门，按照以支定收、收支平衡的原则，根据工伤保险费使用、工伤发生率、职业病危害程度等情况提出分类行业基准费率的具体标准，报统筹地区人民政府批准后实施。基准费率的具体标准可定期调整。

用人单位属一类行业的，按行业基准费率缴费，不实行费率浮动。用人单位属二、三类行业的，费率实行浮动。用人单位的初次缴费费率，按行业基准费率确定，以后由统筹地区社会保险经办机构根据用人单位工伤保险费使用、工伤发生率、职业病危害程度等因素，1～3年浮动一次。在行业基准费率的基础上，可上下各浮动两档：上浮第一档到本行业基准费率的120%，上浮第二档到本行业基准费率的150%，下浮第一档到本行业基准费率的80%，下浮第二档到本行业基准费率的50%。费率浮动的具体办法由各统筹地区劳动保障行政部门会同财政、卫生、安全监管部门制定。

（三）工伤保险基金的统筹

工伤保险基金逐步实行省级统筹。跨地区、生产流动性较大的行业，可以采取相对集中的方式异地参加统筹地区的工伤保险。具体办法由国务院社会保险行政部门会同有关行业的主管部门制定。

工伤保险基金存入社会保障基金财政专户，用于本条例规定的工伤保险待遇，劳动能力鉴定，工伤预防的宣传、培训等费用，以及法律、法规规定的用于工伤保险的其他费用的支付。工伤预防费用的提取比例、使用和管理的具体办法，由国务院社会保险行政部门会同国务院财政、卫生行政、安全生产监督管理等部门规定。任何单位或者个人不得将工伤保险基金用于投资运营、兴建或者改建办公场所、发放奖金，或者挪作其他用途。

三、工伤认定

工伤认定的前提，是当事人双方必须存在劳动关系。

（一）应当认定为工伤的情形

职工有下列情形之一的，应当认定为工伤：

1. 在工作时间和工作场所内，因工作原因受到事故伤害的。"三工"中最核心的因素的"工作原因"，是构成工伤的充分条件，"工作场所"和"工作时间"更多的是证明工作原因的辅助因素，同时也对工作原因起补充作用。以下四种情形可认定为工伤：在工作时间和工作场所内受到伤害，用人单位或者社会保险行政部门没有证据证明是非工作原因导致的，则推定为工作原因；职工参加用人单位组织或者受用人单位指派参加其他单位组织的活动受到伤害的；在工作时间内，职工来往于多个与其工作职责相关的工作场所之间的合理区域因工受到伤害的；其他与履行工作职责相关，在工作时间及合理区域内受到伤害的。

国务院法制办公室对《关于职工参加单位组织的体育活动受到伤害能否认定为工伤的请示》的复函认为，作为单位的工作安排，职工参加体育训练活动而受到伤害的，应当依照《工伤保险条例》第 14 条第 1 项中关于"因工作原因受到事故伤害的"的规定，认定为工伤。

【案例 15 - 3】

孙某诉天津园区劳动局工伤认定行政纠纷案[①]

孙某系某公司员工，2003 年 6 月 10 日上午，孙某受中力公司负责人指派去北京机场接人。孙立兴从某公司所在天津市南开区华苑产业园区国际商业中心（以下简称商业中心）8 楼下楼，欲到商业中心院内停放的红旗轿车处开车，当其行至一楼门口台阶处时，脚下一滑，从 4 层台阶处摔倒在地面上，造成四肢不能动，经医院诊断为颈髓过伸位损伤合并颈部神经根牵拉伤、上唇挫裂伤、左手臂擦伤、左腿皮擦伤。孙某向园区劳动局提出工伤认定申请，园区劳动局经调查核实后认为没有证据表明孙某的摔伤系由工作原因造成，故作出不认定孙某摔伤事故为工伤事故的决定。孙某不

---

① 林嘉：《劳动法和社会保障法》，中国人民大学出版社 2011 年版，第 344～345 页。

服，向天津市第一中级人民法院提起行政诉讼。

【案例分析】本案争议的焦点是：（1）孙某摔伤的地点是否在"工作场所"范围内？（2）孙某是否"因工作原因"摔伤？（3）孙某本人行走当中不够谨慎的过失是否影响工伤认定？《工伤保险条例》第14条第1项规定，职工在工作时间和工作场所内，因工作原因受到事故伤害，应当认定为工伤。对该规定中的"工作场所"、"因工作原因"应做全面、正确的理解。"工作场所"，是指职工从事职业活动的场所，在有多个工作场所的情形下，还包括职工来往于多个工作场所之间的必经区域；"因工作原因"，是指职工受伤与从事本职工作之间存在因果关系，即职工系因从事本职工作而受伤。除了《工伤保险条例》第16条规定的情形外，职工在从事工作过程中存在过失，不影响该因果关系的成立。因此，法院判决撤销园区劳动局作出的"工伤认定决定书"，并限其在规定的期限内重新作出具体行政行为。

2. 工作时间前后在工作场所内，从事与工作有关的预备性或者收尾性工作受到事故伤害的。所谓"预备性工作"，是指在工作前的一段合理时间内，从事与工作有关的准备工作。诸如运输、备料、准备工具等。所谓"收尾性工作"，是指在工作后的一段合理时间内，从事与工作有关的收尾性工作，诸如清理、安全贮存、收拾工具和衣物等。

3. 在工作时间和工作场所内，因履行工作职责受到暴力等意外伤害的。"因履行工作职责受到暴力等意外伤害"，是指他人因不服从职工履行工作职责的管理行为而施加暴力对职工造成的伤害，该暴力伤害与履行工作职责应具有直接因果关系。

"因履行工作职责受到暴力等意外伤害"包括两层含义，一层是指职工因履行工作职责，使某些人的不合理的或违法的目的没有达到，这些人出于报复而对该职工进行的暴力人身伤害；另一层是指在工作时间和工作场所内，职工因履行工作职责受到的意外伤害，诸如地震、厂区失火、车间房屋倒塌以及由于单位其他设施不安全而造成的伤害等。

4. 患职业病的。职业病必须是职工在职业活动中引起的疾病。如果某人患有职业病目录中规定的某种疾病，但不是在职业活动中因接触粉尘、放射性物质或其他有毒、有害物质等因素引起的，而是由于其居住环境周围有生产有毒物品的单位引起的，那么，该职工的这种疾病就不属于工伤保险条例中所称的职业病。

职业病诊断和诊断争议的鉴定，依照职业病防治法的有关规定执行。对依法取得职业病诊断证明书或者职业病诊断鉴定书的，社会保险行政部门不再进行调查核实，可直接认定工伤。

【案例 15 - 4】

职业危害，后果严重①

辽宁省某矿务局现有职工 35000 多名，接触粉尘作业的工人 12000 多名。统计到 1996 年年底，累计发生矽肺病人数将近 5000 名，矽肺病患病率占接尘工人的 40% 左右，还有可疑矽肺病人 1000 多名，矽肺加可疑矽肺人数占接尘工人的 50%。累计矽肺病死亡人数达 1500 多人，死亡人数占矽肺病人的 30% 以上。1990 年以来的 7 年间，平均每年新增矽肺病人 168 名，死亡 93 名。

该局早年统计因吸肺病死亡的 470 人中，大部分都是生产骨干。其中班组长以上者 57 人，党员 101 人，先进生产者和全国劳动模范 50 人。20 世纪 50 年代全国著名的该矿务局某掘进队，为发展我国煤炭事业做出了重大贡献，但由于没开展防尘工作，到 70 年代末期 3 个掘进队的大部分职工都患了矽肺病，基本上离开了人间。一些全国著名劳动模范也都过早去世。曾获全国煤炭战线"十面红旗"之一的某掘进队，是矿务局第二代全国驰名的标杆队，1958 年建队，已有 16 人患矽肺病。

此外，辽宁省某硫化铁厂，从 1949 年开采到 1968 年闭矿。矿虽关闭，但矽肺病人的发生、发展并未停止。至 1983 年止，累计发生矽肺病人 561 名，可疑矽肺病人 3 名，占全矿接触粉尘作业工人的 90%。井下接尘工人几乎全部患矽肺病。累计死亡 268 名，病死率为 47.8%。1983 年至 1997 年，新增矽肺病人 117 名。该矿从开矿到闭矿的 20 年间，共上缴利润 367 万元，至 1994 年 12 月，仅支付的职业病医疗费就已花掉 553 万元，经济损失惊人。矿虽已停产了近 30 年，但矽肺疗养所至今仍然存在，由民政部门承担费用。

5. 因工外出期间，由于工作原因受到伤害或者发生事故下落不明的。因工外出期间包括：职工受用人单位指派或者因工作需要在工作场所以外从事与工作职责有关的活动期间；职工受用人单位指派外出学习或者开会期间；职工因工作需要的其他外出活动期间。

职工因工外出期间从事与工作或者受用人单位指派外出学习、开会无关的个人活动受到伤害，不能认定为工伤。

职工因工外出期间发生事故下落不明的，从事故发生当月起 3 个月内照发工资，从第 4 个月起停发工资，由工伤保险基金向其供养亲属按月支付供养亲属抚恤金。生活有困难的，可以预支一次性工亡补助金的 50%。职工被人民法院宣告死亡的，按照《工作保险条例》第 39 条职工因工死亡的规定处理。

---

① 黎建飞：《劳动法与社会保障法》，中国人民大学出版社 2013 年版，第 115 页。

6. 在上下班途中，受到非本人主要责任的交通事故或者城市轨道交通、客运轮渡、火车事故伤害的。"上下班途中"包括：在合理时间内往返于工作地与住所地、经常居住地、单位宿舍的合理路线的上下班途中；在合理时间内往返于工作地与配偶、父母、子女居住地的合理路线的上下班途中；从事属于日常工作生活所需要的活动，且在合理时间和合理路线的上下班途中；在合理时间内其他合理路线的上下班途中。

国务院法制办对《关于职工违反企业内部规定在下班途中受到机动车伤害能否认定为工伤的请示》的复函中认为，职工所受伤害只要符合《工伤保险条例》第 14 条第 6 项规定的"上下班途中，受到机动车事故伤害的"规定，就应当认定为工伤。

国务院法制办公室对安徽省政府法制办公室《关于〈工伤保险条例〉第 14 条第 6 项适用问题的请示》的复函认为：职工李某从单位宿舍至其父母家的情形，属于《工伤保险条例》第 14 条第 6 项规定的"在上下班途中"，认定为工伤。

"非本人主要责任"事故包括非本人主要责任的交通事故和非本人主要责任的城市轨道交通、客运轮渡和火车事故。

"交通事故"是指《道路交通安全法》第 119 条规定的车辆在道路上因过错或者意外造成的人身伤亡或者财产损失事件。"车辆"是指机动车和非机动车；"道路"是指公路、城市道路和虽在单位管辖范围但允许社会机动车通行的地方，包括广场、公共停车场等用于公众通行的场所。

7. 法律、行政法规规定应当认定为工伤的其他情形。

（二）视同工伤的情形

职工有下列情形之一的，视同工伤。

1. 在工作时间和工作岗位，突发疾病死亡或者在 48 小时之内经抢救无效死亡的。"突发疾病"包括各类疾病，不要求与工作有关联。"48 小时"的起算时间，以医疗机构的初次诊断时间作为突发疾病的起算时间。注意：职工虽然是在工作时间和工作岗位突发疾病，经过 48 小时抢救之后才死亡的，不属于视同工伤的情形。

2. 在抢险救灾等维护国家利益、公共利益活动中受到伤害的。本项仅列举了抢险救灾这种情形，但凡是与抢险救灾性质类似的行为，都应当认定为属于维护国家利益和维护公共利益的行为。维护国家利益、公共利益活动中受到伤害的，无需符合工作时间、工作地点、工作原因等因素。

3. 职工原在军队服役，因战、因公负伤致残，已取得革命伤残军人证，到用人单位后旧伤复发的。已取得革命伤残军人证的职工在用人单位旧伤复发，一次性伤残补助金不再享受，但其他工伤保险待遇均可享受。

职工有前款第（一）项、第（二）项情形的，按照本条例的有关规定享受工伤保险待遇；职工有前款第（三）项情形的，按照本条例的有关规定享受除一次性伤残补助金以外的工伤保险待遇。

【案例 15 - 5】

上海某足部保健服务部诉上海市普陀区人力资源和社会保障局工伤认定案①

原告上海某足部保健服务部（以下简称某足保部）因与被告上海市普陀区人力资源和社会保障局（以下简称普陀区人保局）发生工伤认定纠纷，向上海市普陀区人民法院提起诉讼。

原告某足保部诉称：被告普陀区人保局作出工伤认定未查清死者吴亚海的工作时间、工作岗位及死亡原因，事实认定不清，法律适用错误，请求法院撤销被诉行政行为。

被告普陀区人保局查明，第三人何从美、吴某于 2014 年 10 月 13 日提出申请，称吴某于 2013 年 12 月 23 日在工作中突发疾病，于 2013 年 12 月 24 日因抢救无效死亡，要求认定工伤。普陀区人保局认为，吴某于 2013 年 12 月 23 日工作时突发疾病，当日送同济医院救治，次日死亡。吴某受到的伤害，符合《工伤保险条例》第 15 条第 1 项的规定、《上海市工伤保险实施办法》第 15 条第 1 项的规定，属于视同工伤范围，现予以视同为工伤。

被告普陀区人保局辩称：被诉行政行为认定事实清楚、适用法律正确、程序合法，请求驳回原告某足保部诉请。

两第三人共同述称：不同意原告某足保部的诉讼请求，被告普陀区社保局所作行政行为符合法律规定。

上海市普陀区劳动人事争议仲裁委员会于 2014 年 8 月 19 日作出裁决书，认定吴某与原告某足保部自 2012 年 12 月 20 日至 2013 年 12 月 24 日存在劳动关系。何某、吴某系死者吴亚海的妻子和儿子，两人于 2014 年 10 月 13 日向被告普陀区人保局提出申请，要求对吴某于 2013 年 12 月 23 日在工作中突发疾病于次日抢救无效死亡进行工伤认定。普陀区人保局于 2014 年 10 月 22 日受理后，进行了工伤认定调查，同年 12 月 19 日作出认定工伤决定，认为吴某受到的伤害，符合《工伤保险条例》第 15 条第 1 项的规定、《上海市工伤保险实施办法》第 15 条第 1 项的规定，属于视同工伤范围，现予以视同为工伤。

上海市普陀区人民法院一审认为：根据《工伤保险条例》第 5 条第 2 款、《上海市工伤保险实施办法》第 5 条第 2 款的规定，被告普陀区人保局作为劳动保障行政部

---

① 《最高人民法院公报》2017 年第 4 期。

门，依法具有作出工伤认定的执法主体资格。本案中，普陀区人保局提供的证据具有真实性、关联性和合法性，可以作为定案证据，上海市普陀区人民法院予以确认。普陀区人保局收到第三人申请后在 10 个工作日内予以受理，并在受理后，60 日内作出了工伤认定，符合法定程序。根据《工伤保险条例》第 15 条第 1 项的规定，"职工有下列情形之一的，视同工伤：在工作时间和工作岗位，突发疾病死亡或者在 48 小时之内经抢救无效死亡的"。本案中，依据上海市普陀区劳动人事争议仲裁委员会裁决书、普陀区人保局对原告某足保部投资人吴建煌等的调查笔录、上海市同济医院门急诊病历、居民死亡医学证明书等，可认定吴某系原告单位的职工，其于 2014 年 12 月 23 日在工作时间和工作岗位上突发疾病，并经送医抢救后于次日死亡。根据《工伤保险条例》第 19 条第 2 款的规定，职工或者其直系亲属认为是工伤，用人单位不认为是工伤的，由用天单位承担举证责任。即原告不认为吴某工伤的，应承担相应的举证责任。原告于工伤认定调查程序中未提供相应证据推翻上述结论，并且本案中原告的证据也不足以推翻被告认定的事实。需要指出，普陀区人保局在认定工伤决定书上"吴某受到的伤害"的表述虽有瑕疵，但该瑕疵不足以撤销被诉行政行为。综上所述，普陀区人保局作出被诉行政行为，主要事实认定清楚、适用法律正确。原告要求撤销被诉行政行为的诉讼请求，缺乏事实证据和法律依据，依法不能成立，难以支持。据此，上海市普陀区人民法院依照《中华人民共和国行政诉讼法》第 69 条的规定，于 2015 年 6 月 24 日作出判决：驳回原告上海某足部保健服务部的诉讼请求。

一审宣判后，某足保部不服，向上海市第二中级人民法院提起上诉称：吴某发病时非工作时间，死亡地点不明，吴某患肝硬化，并非突发疾病，也不是经抢救无效死亡，而是慢性病发作并主动放弃治疗所导致。吴某家属租用非正规救护车运送吴某回乡，上海化学工业区医疗中心出具的居民死亡医学证明书日期有不当涂改，上述证据真实性存疑。被上诉人普陀区人保局认定事实不清，证据不足，请求二审法院撤销一审判决及普陀区人保局所作工伤认定决定。

被上诉人普陀区人保局辩称：被诉工伤认定决定事实清楚、证据充分、程序合法、适用法律正确。根据居民死亡医学证明书、吴某病史材料等证据可以证明吴亚海是在工作时间、工作岗位上突发疾病送医救治，在 48 小时之内经抢救无效死亡的。故不同意上诉人某足保部的上诉请求，一审判决正确，请求二审法院予以维持。

二审法院认为，从吴某发病后被送至同济医院治疗直至在救护车上死亡，其始终未脱离医疗机构的治疗抢救状态，其家属始终未有拒绝接受救治的意思表示，故上诉人的上述主张不能成立。一审法院判决驳回上诉人某足保部的诉讼请求并无不当。上诉人的上诉请求和理由缺乏事实证据和法律依据，法院不予支持。

（三）最高人民法院行政庭相关答复中认为认定工伤的七种情形

1. 最高人民法院行政审判庭《关于退休人员与现工作单位之间是否构成劳动关

系以及工作时间内受伤是否适用〈工伤保险条例〉问题的答复》认为，根据《工伤保险条例》第2条、第61条等有关规定，离退休人员受聘于现工作单位，现工作单位已经为其缴纳了工伤保险费，其在受聘期间因工作受到事故伤害的，应当适用《工伤保险条例》的有关规定处理。

2. 最高人民法院行政审判庭《关于职工外出学习休息期间受到他人伤害应否认定为工伤问题的答复》认为，职工受单位指派外出学习期间，在学习单位安排的休息场所休息时受到他人伤害的，应当认定为工伤。

3. 最高人民法院行政审判庭《关于车辆挂靠其他单位经营车辆实际所有人聘用的司机工作中伤亡能否认定为工伤问题的答复》认为，个人购买的车辆挂靠其他单位且以挂靠单位的名义对外经营的，其聘用的司机与挂靠单位之间形成了事实劳动关系，在车辆运营中伤亡的，应当适用《劳动法》和《工伤保险条例》的有关规定认定是否构成工伤。

4. 最高人民法院《关于审理与低温雨雪冰冻灾害有关的行政案件若干问题座谈会纪要》认为，低温雨雪冰冻灾害期间，用人单位为维护国家利益和公共利益的需要，在恢复交通、通信、供电、供水、排水、供气、道路抢修、保障食品、饮用水、燃料等基本生活必需品的供应、组织营救和救治受害人员等过程中，临时雇用员工受到伤害的，可视为工伤，参照《工伤保险条例》的规定进行处理。

5. 最高人民法院行政审判庭《关于国家机关聘用人员工作期间死亡如何适用法律请示的答复》认为，鹤岗市公安局东山分局东方红派出所临时聘用、未参加工伤保险、不是正式干警的司机王奎在单位突发疾病死亡，应由鹤岗市劳动和社会保障局参照《工伤保险条例》认定是否属于工伤、确定工伤待遇的标准。有关工伤待遇费用由聘用机关支付。

6. 最高人民法院行政审判庭《关于超过法定退休年龄的进城务工农民因工伤亡的，应否适用〈工伤保险条例〉请示的答复》认为，用人单位聘用的超过法定退休年龄的务工农民，在工作时间内、因工作原因伤亡的，应当适用《工伤保险条例》的有关规定进行工伤认定。

7. 最高人民法院行政审判庭《关于职工因公外出期间死因不明应否认定工伤的答复》认为，职工因公外出期间死因不明，用人单位或者社会保障部门提供的证据不能排除非工作原因导致死亡的，应当依据《工伤保险条例》第14条第5项和第19条第2款的规定，认定为工伤。

（四）不得认定为工伤或者视同工伤的情形

职工符合《工伤保险条例》第14条、第15条的规定，但是有下列情形之一的，不得认定为工伤或者视同工伤：

1. 故意犯罪的。"明知自己的行为会发生危害社会的结果，并且希望或者放任这种结果发生，因而构成犯罪的，是故意犯罪"。"故意犯罪"的认定，应当以刑事侦查机关、检察机关和审判机关的生效法律文书或者结论性意见为依据。过失犯罪不影响工伤认定，比如交通肇事罪、重大责任事故罪。

2. 醉酒或者吸毒的。对于醉酒标准，可以参照《车辆驾驶人员血液、呼气酒精含量阈值与检验》国家标准（GB19522—2010）。这一标准规定：驾驶人员血液中的酒精含量大于（等于）20 毫克/100 毫升、小于 80 毫克/100 毫升的行为属于饮酒后驾车，含量大于（等于）80 毫克/100 毫升的行为属于醉酒后驾车。公安机关交通管理部门、医疗机构等有关单位依法出具的检测结论、诊断证明等材料，可以作为认定醉酒的依据。

3. 自残或者自杀的。"自残"是指通过各种手段和方式伤害自己的身体，并造成伤害结果的行为。"自杀"是指通过各种手段和方式结束自己生命的行为。自残或者自杀与工作没有必然联系，因此，不能认定工伤。

【案例 15 – 6】

首例确认自杀为工伤案①

2006 年 12 月 15 日凌晨，北京铁路局职工杨某在自己家中突然起身，拿来菜刀，将妻子和儿子砍伤后，又举刀自杀，最终割腕而亡。案发后，警方委托精神疾病司法鉴定中心对这起案件进行司法精神医学鉴定。鉴定结论指出，杨某作案时存在严重的抑郁情绪，他的作案动机受情绪障碍的影响，在抑郁情绪影响下发生扩大性自杀。杨某死后不久，他的妻子向北京市海淀区劳动和社会保障局提出申请，认为杨某是在单位施工中因头部受伤造成的外伤性精神病，并最终导致其扩大性自杀的严重后果；要求将杨某的自杀死亡认定为因工死亡。原来，案发前半个月，杨某参加单位组织的更换混凝土轨枕施工过程中，被一根十多公斤重的铁撬棍击中头部，经卫生站诊断为头顶部 3 厘米皮裂伤。12 月 14 日，回到家中休养的杨某曾前往卫生院就诊，没想到当天夜里就发生了杨某砍伤妻儿后自杀的惨剧。但海淀区劳动和社会保障局根据《工伤保险条例》第 16 条第 3 项的规定，认定杨某"自杀"不属于因工死亡。杨妻不服，提起行政复议与行政诉讼。经过二审改判，法院认定杨某自杀属于因工死亡，判决海淀区劳动和社会保障局对此事重新处理。

【案例分析】 法院认为，尽管《工伤保险条例》第 16 条第 3 项规定，"自残或者自杀的"不能认定为工伤或视同工伤，但是，《工伤保险条例》没有对自残或自杀的

---

① 林嘉：《劳动法和社会保障法》，中国人民大学出版社 2011 年版，第 348 ~ 349 页。

原因和情形作出明确的规定。对"自杀"的通常理解应是：一是在自己自由意志支配下结束自己的生命，二是与工作时间、工作场所、工作原因无关。而因工作遭受事故伤害而直接导致精神疾病，严重影响意志自由并在此精神障碍状态下结束自己生命的情形，应当与《工伤保险条例》中的"自杀"不属于同一性质。根据倾斜保护劳动者的原则，不能简单地以《工伤保险条例》第16条的规定来论处。本案中，工伤与死亡之间由精神障碍自杀这一介入行为连接，精神障碍是工伤的直接后果，而精神障碍下的自杀不能归责于行为人。因此，工伤与死亡之间具有法律上的因果关系，杨某的自杀应当认定为工伤。

（五）工伤认定的申请

《工伤保险条例实施细则》第17条规定，"职工发生事故伤害或者按照职业病防治法规定被诊断、鉴定为职业病，所在单位应当自事故伤害发生之日或者被诊断、鉴定为职业病之日起30日内，向统筹地区社会保险行政部门提出工伤认定申请。遇有特殊情况，经报社会保险行政部门同意，申请时限可以适当延长。用人单位未按前款规定提出工伤认定申请的，工伤职工或者其近亲属、工会组织在事故伤害发生之日或者被诊断、鉴定为职业病之日起1年内，可以直接向用人单位所在地统筹地区社会保险行政部门提出工伤认定申请。按照本条第一款规定应当由省级社会保险行政部门进行工伤认定的事项，根据属地原则由用人单位所在地的设区的市级社会保险行政部门办理。用人单位未在本条第一款规定的时限内提交工伤认定申请，在此期间发生符合本条例规定的工伤待遇等有关费用由该用人单位负担。"

提出工伤认定申请应当提交下列材料：工伤认定申请表；与用人单位存在劳动关系（包括事实劳动关系）的证明材料；医疗诊断证明或者职业病诊断证明书（或职业病诊断鉴定书）。工伤认定申请表应当包括事故发生的时间、地点、原因以及职工伤害程度等基本情况。工伤认定申请人提供材料不完整的，社会保险行政部门应当一次性书面告知工伤认定申请人需要补正的全部材料。申请人按照书面告知要求补正材料后，社会保险行政部门应当受理。

【案例15-7】

杨某诉无锡市劳动和社会保障局工伤认定行政纠纷案①

杨某于2004年3月进入汽车修理所（后改制为汽车修理公司）从事汽车修理工作。2004年6月，杨某与其师傅共同拆卸一辆汽车的拉杆球头时铁屑溅入杨某的左

---

① 林嘉：《劳动法和社会保障法》，中国人民大学出版社2011年版，第350页。

眼中。杨某当时感觉左眼疼痛，滴了眼药水后疼痛缓解，故未去医院检查。2006 年 10 月 3 日，杨某感觉左眼剧烈疼痛，视觉模糊，10 月 5 日到无锡市第二人民医院诊疗，10 月 11 日至 13 日经医院手术治疗，诊断为：（1）左眼外伤性白内障；（2）左眼铁锈沉着综合征；（3）左眼球内附异物。虽经治疗，杨某的左眼视力明显减弱。医生诊断认为杨某左眼所受伤害与涉案事故存在因果关系，从医学角度看此类事故伤害可能存在较长的潜伏期。2007 年 4 月 9 日，杨某向无锡市劳动和社会保障局提出工伤认定申请，无锡市劳动和社会保障局根据《工伤保险条例》第 17 条和《江苏省实施〈工伤保险条例〉办法》第 12 条的规定，于同年 4 月 11 日以杨某提出的工伤认定申请已超过规定的申请时效为由，作出"不予受理通知书"，并送达杨某和汽车修理公司。杨某不服，于 2007 年 4 月 25 日提起行政诉讼，请求撤销无锡市劳动和社会保障局作出的"不予受理通知书"。

【案例分析】本案的争议焦点是：工伤事故发生时伤害后果尚未发生，伤害后果发生后经医生诊断证明确系工伤事故导致的，应当如何确定工伤认定申请时效的起算时间？法院认为，根据《工伤保险条例》第 17 条第 2 款的规定，工伤认定申请时效应当从事故伤害发生之日起算。这里的"事故伤害发生之日"应当包括工伤事故导致的伤害结果实际发生之日。工伤事故发生时伤害结果尚未实际发生，工伤职工在伤害结果实际发生后 1 年内提出工伤认定申请的，不属于超过工伤认定申请时效的情形。因此，法院判决撤销无锡市劳动和社会保障局作出的"不予受理通知书"，并限其在规定的期限内重新作出具体行政行为。

（六）工伤认定的受理及决定

社会保险行政部门受理工伤认定申请后，根据审核需要可以对事故伤害进行调查核实，用人单位、职工、工会组织、医疗机构以及有关部门应当予以协助。职业病诊断和诊断争议的鉴定，依照职业病防治法的有关规定执行。对依法取得职业病诊断证明书或者职业病诊断鉴定书的，社会保险行政部门不再进行调查核实。职工或者其近亲属认为是工伤，用人单位不认为是工伤的，由用人单位承担举证责任。

社会保险行政部门应当自受理工伤认定申请之日起 60 日内作出工伤认定的决定，并书面通知申请工伤认定的职工或者其近亲属和该职工所在单位。社会保险行政部门对受理的事实清楚、权利义务明确的工伤认定申请，应当在 15 日内作出工伤认定的决定。作出工伤认定决定需要以司法机关或者有关行政主管部门的结论为依据的，在司法机关或者有关行政主管部门尚未作出结论期间，作出工伤认定决定的时限中止。社会保险行政部门工作人员与工伤认定申请人有利害关系的，应当回避。

【案例 15 – 8】

北京某大酒店有限公司诉北京市朝阳区劳动和
社会保障局工伤认定行政纠纷案①

陈某系北京某酒店职工，双方签有书面劳动协议书，但未明确约定每日工作时间及工休时间，某酒店未给陈某缴纳工伤保险费，该费用一直由陈某下岗时所在的馄饨侯公司负责缴纳。2006年9月20日晨，陈某自其住所骑一辆三轮车前往某酒店上班。6时5分，陈某行至北京市朝阳区北辰西路安翔北路东口时发生机动车交通事故受伤，经抢救无效死亡。交警朝阳支队对此次交通事故作出责任认定，结论为陈某无责任。2006年11月24日，陈某之妻余某向北京市朝阳区劳动和保障局提出工伤认定申请。2007年1月16日，北京市朝阳区劳动和保障局作出工伤认定书，认定陈某于2006年9月20日死亡，符合工伤认定范围，认定为工伤，并于2007年1月22日送达某酒店。某酒店不服该工伤认定，向北京市劳动局申请行政复议。北京市劳动局维持了涉案工伤认定书。某酒店不服，向北京市朝阳区人民法院提起行政诉讼。

【案例分析】本案争议的焦点是：陈某是否在其上班途中因交通事故伤害致死。某酒店制作了一份从陈某住处到某酒店的交通路线图，并以涉案交通事故发生的地点不在该图所示路线上为由，认为北京市朝阳区劳动和社会保障局认定陈某在上班途中因机动车事故伤害致死不当。对此法院认为：对这里的"上下班途中"应当从有利于保障工伤事故受害者的立场出发，作出全面、正确的理解。"上下班途中"，原则上是指职工为了上下班而往返于住处和工作单位之间的合理路径之中。根据日常生活的实际情况，职工上下班的路径并非固定的、一成不变的、唯一的，而是存在多种选择，用人单位无权对此加以限制。只要在职工为上下班而往返于住处和工作单位之间的合理路径之中，都属于"上下班途中"。至于该路径是否最近，不影响对"上下班途中"的认定。

【案例 15 – 9】

李某诉垦利县劳动和社会保障局劳动保障行政确认案②

李某之夫许某系利津县明集乡玉皇庙村农民，1942年9月15日出生。许某自2008年6月2日至2008年9月29日在东营市某石业有限责任公司从事门卫工作。2008年9月29日19时左右，许某由北向南推人力三轮车过公路时，与一机动车相撞，发生交通事故，许某死亡。李某于2008年12月30日向垦利县劳动和社会保障

---

① 林嘉：《劳动法和社会保障法》，中国人民大学出版社2011年版，第346~347页。
② 林嘉：《劳动法和社会保障法》，中国人民大学出版社2011年版，第343页。

局申报许某工伤认定申请，垦利县劳动和社会保障局于 2009 年 1 月 5 日以受害者许某于 1942 年 9 月出生，至受伤之日时年龄已经超过 60 周岁为由，根据《工伤保险条例》以及《山东省工伤认定工作规程》之规定作出"工伤认定申请不予受理通知书"，对申请人的申请决定不予受理。李某不服，向法院提起行政诉讼。

【案例分析】本案争议的焦点是：超过法定退休年龄的人员与现工作单位之间是否构成《劳动法》所规制的劳动关系？如构成劳动关系，则应适用《工伤保险条例》，反之，则不应适用。本案相关法律问题经山东省高级人民法院请示了最高人民法院。最高人民法院认为，法律并未禁止使用超过法定退休年龄的进城务工农民，而且从《工伤保险条例》的规定来看，也没有将这些人排除出去，既然用人单位已经实际用工，职工在工作时间受伤的，参照《最高人民法院行政审判庭关于离退休人员与现单位之间是否构成劳动关系以及工作时间内受伤是否适用〈工伤保险条例〉问题的答复》的精神，用人单位聘用的超过法定退休年龄的进城务工农民，在工作时间内、因工作原因伤亡的，应当适用《工伤保险条例》的有关规定进行工伤认定。

四、劳动能力鉴定

（一）劳动能力鉴定的概念和类型

劳动鉴定是指鉴定机构根据法定的鉴定标准，对因工伤事故或患职业病的劳动者伤残后丧失劳动能力的程度和护理依赖程度进行的鉴定。职工发生工伤，经治疗伤情相对稳定后存在残疾、影响劳动能力的，应当进行劳动能力鉴定。

劳动能力鉴定是指劳动功能障碍程度和生活自理障碍程度的等级鉴定。

劳动功能障碍分为十个伤残等级，最重的为一级，最轻的为十级。符合评残标准一级至四级为全部丧失劳动能力；五级至六级为大部分丧失劳动能力；七级至十级为部分丧失劳动能力。

生活自理障碍分为三个等级：生活完全不能自理、生活大部分不能自理和生活部分不能自理。劳动能力鉴定标准由国务院劳动保障行政部门会同国务院卫生行政部门等部门制定。

（二）劳动能力鉴定的申请

劳动能力鉴定由用人单位、工伤职工或者其近亲属向设区的市级劳动能力鉴定委员会提出申请，并提供工伤认定决定和职工工伤医疗的有关资料。

省、自治区、直辖市劳动能力鉴定委员会和设区的市级劳动能力鉴定委员会分别由省、自治区、直辖市和设区的市级社会保险行政部门、卫生行政部门、工会组织、经办机构代表以及用人单位代表组成。劳动能力鉴定委员会建立医疗卫生专家库。列入专家库的医疗卫生专业技术人员应当具备下列条件：

1. 具有医疗卫生高级专业技术职务任职资格；

2. 掌握劳动能力鉴定的相关知识；

3. 具有良好的职业品德。

（三）劳动能力的鉴定

设区的市级劳动能力鉴定委员会收到劳动能力鉴定申请后，应当从其建立的医疗卫生专家库中随机抽取 3 名或 5 名相关专家组成专家组，由专家组提出鉴定意见。设区的市级劳动能力鉴定委员会根据专家组的鉴定意见作出工伤职工劳动能力鉴定结论；必要时，可以委托具备资格的医疗机构协助进行有关的诊断。

设区的市级劳动能力鉴定委员会应当自收到劳动能力鉴定申请之日起 60 日内作出劳动能力鉴定结论，必要时，作出劳动能力鉴定结论的期限可以延长 30 日。劳动能力鉴定结论应当及时送达申请鉴定的单位和个人。

从事劳动能力鉴定的组织或者个人有下列情形之一的，由社会保险行政部门责令改正，处 2000 元以上 1 万元以下的罚款；情节严重，构成犯罪的，依法追究刑事责任：提供虚假鉴定意见的；提供虚假诊断证明的；收受当事人财物的。

申请鉴定的单位或者个人对设区的市级劳动能力鉴定委员会作出的鉴定结论不服的，可以在收到该鉴定结论之日起 15 日内向省、自治区、直辖市劳动能力鉴定委员会提出再次鉴定申请。省、自治区、直辖市劳动能力鉴定委员会作出的劳动能力鉴定结论为最终结论。

劳动能力鉴定工作应当客观、公正。劳动能力鉴定委员会组成人员或者参加鉴定的专家与当事人有利害关系的，应当回避。

自劳动能力鉴定结论作出之日起 1 年后，工伤职工或者其近亲属、所在单位或者经办机构认为伤残情况发生变化的，可以申请劳动能力复查鉴定。

劳动能力鉴定委员会进行再次鉴定和复查鉴定的期限，依照《劳动保险条例》第 25 条第 2 款的规定执行。

五、工伤保险待遇

（一）工伤医疗期间待遇与支付主体

职工因工作遭受事故伤害或者患职业病进行治疗，享受工伤医疗待遇。工伤职工治疗非工伤引发的疾病，不享受工伤医疗待遇，按照基本医疗保险办法处理。用人单位、工伤职工或者其近亲属骗取工伤保险待遇，医疗机构、辅助器具配置机构骗取工伤保险基金支出的，由社会保险行政部门责令退还，处骗取金额 2 倍以上 5 倍以下的罚款；情节严重，构成犯罪的，依法追究刑事责任。

职工因工负伤或患职业病而停工治疗并领取工伤津贴的期限，按照轻伤和重伤的不同情况确定为依据 24 个月，严重工伤和职业病需要延长，最长不超过 36 个月。工伤医疗期满后仍需治疗的，继续享受工伤医疗待遇。

职工因工作遭受事故伤害或者患职业病需要暂停工作接受工伤医疗的，在停工留薪期内，原工资福利待遇不变，由所在单位按月支付。停工留薪期一般不超过 12 个月。伤情严重或者情况特殊，经设区的市级劳动能力鉴定委员会确认，可以适当延长，但延长不得超过 12 个月。工伤职工评定伤残等级后，停发原待遇，按照有关规定享受伤残待遇。工伤职工在停工留薪期满后仍需治疗的，继续享受工伤医疗待遇。生活不能自理的工伤职工在停工留薪期需要护理的，由所在单位负责。

职工治疗工伤应当在签订服务协议的医疗机构就医，情况紧急时可以先到就近的医疗机构急救。治疗工伤所需费用符合工伤保险诊疗项目目录、工伤保险药品目录、工伤保险住院服务标准的，从工伤保险基金中支付。

职工住院治疗工伤的伙食补助费，以及经医疗机构出具证明，报经办机构同意，工伤职工到统筹地区以外就医所需的交通、食宿费用从工伤保险基金中支付，基金支付的具体标准由统筹地区人民政府规定。工伤职工到签订服务协议的医疗机构进行工伤康复的费用，符合规定的，从工伤保险基金中支付。

社会保险行政部门作出认定为工伤的决定后发生行政复议、行政诉讼的，行政复议和行政诉讼期间不停止支付工伤职工治疗工伤的医疗费用。工伤职工因日常生活或者就业需要，经劳动能力鉴定委员会确认，可以安装假肢、矫形器、假眼、假牙和配置轮椅等辅助器具，所需费用按照国家规定的标准从工伤保险基金中支付。

工伤职工已经评定伤残等级并经劳动能力鉴定委员会确认需要生活护理的，从工伤保险基金按月支付生活护理费。生活护理费按照生活完全不能自理、生活大部分不能自理或者生活部分不能自理三个不同等级支付，其标准分别为统筹地区上年度职工月平均工资的 50%、40% 或 30%。

公务员和参照公务员法管理的事业单位、社会团体的工作人员因工作遭受事故伤害或者患职业病的，由所在单位支付费用。

无营业执照或者未经依法登记、备案的单位以及被依法吊销营业执照或者撤销登记、备案的单位的职工受到事故伤害或者患职业病的，由该单位向伤残职工或者死亡职工的近亲属给予一次性赔偿，赔偿标准不得低于《工伤保险条例》规定的工伤保险待遇；用人单位不得使用童工，用人单位使用童工造成童工伤残、死亡的，由该单位向童工或者童工的近亲属给予一次性赔偿，赔偿标准不得低于《工伤保险条例》

规定的工伤保险待遇。

（二）工伤一级至四级伤残待遇

本人工资，是指工伤职工因工作遭受事故伤害或者患职业病前 12 个月平均月缴费工资。本人工资高于统筹地区职工平均工资 300% 的，按照统筹地区职工平均工资的 300% 计算；本人工资低于统筹地区职工平均工资 60% 的，按照统筹地区职工平均工资的 60% 计算。

职工因工致残被鉴定为一级至四级伤残的，保留劳动关系，退出工作岗位，享受以下待遇：

1. 从工伤保险基金按伤残等级支付一次性伤残补助金，标准为：一级伤残为 27 个月的本人工资，二级伤残为 25 个月的本人工资，三级伤残为 23 个月的本人工资，四级伤残为 21 个月的本人工资；

2. 从工伤保险基金按月支付伤残津贴，标准为：一级伤残为本人工资的 90%，二级伤残为本人工资的 85%，三级伤残为本人工资的 80%，四级伤残为本人工资的 75%。伤残津贴实际金额低于当地最低工资标准的，由工伤保险基金补足差额；

3. 工伤职工达到退休年龄并办理退休手续后，停发伤残津贴，按照国家有关规定享受基本养老保险待遇。基本养老保险待遇低于伤残津贴的，由工伤保险基金补足差额。

职工因工致残被鉴定为一级至四级伤残的，由用人单位和职工个人以伤残津贴为基数，缴纳基本医疗保险费。

（三）工伤五级、六级伤残待遇

职工因工致残被鉴定为五级、六级伤残的，享受以下待遇：

1. 从工伤保险基金按伤残等级支付一次性伤残补助金，标准为：五级伤残为 18 个月的本人工资，六级伤残为 16 个月的本人工资。

2. 保留与用人单位的劳动关系，由用人单位安排适当工作。难以安排工作的，由用人单位按月发给伤残津贴，标准为：五级伤残为本人工资的 70%，六级伤残为本人工资的 60%，并由用人单位按照规定为其缴纳应缴纳的各项社会保险费。伤残津贴实际金额低于当地最低工资标准的，由用人单位补足差额。

经工伤职工本人提出，该职工可以与用人单位解除或者终止劳动关系，由工伤保险基金支付一次性工伤医疗补助金，由用人单位支付一次性伤残就业补助金。一次性工伤医疗补助金和一次性伤残就业补助金的具体标准由省、自治区、直辖市人民政府规定。

（四）工伤七级至十级伤残待遇

职工因工致残被鉴定为七级至十级伤残的，享受以下待遇：

1. 从工伤保险基金按伤残等级支付一次性伤残补助金，标准为：七级伤残为 13 个月的本人工资，八级伤残为 11 个月的本人工资，九级伤残为 9 个月的本人工资，十级伤残为 7 个月的本人工资。

2. 劳动、聘用合同期满终止，或者职工本人提出解除劳动、聘用合同的，由工伤保险基金支付一次性工伤医疗补助金，由用人单位支付一次性伤残就业补助金。一次性工伤医疗补助金和一次性伤残就业补助金的具体标准由省、自治区、直辖市人民政府规定。

（五）工伤死亡待遇

职工因工死亡，其近亲属按照下列规定从工伤保险基金领取丧葬补助金、供养亲属抚恤金和一次性工亡补助金：

1. 丧葬补助金为 6 个月的统筹地区上年度职工月平均工资。

2. 抚恤金。供养亲属抚恤金按照职工本人工资的一定比例发给由因工死亡职工生前提供主要生活来源、无劳动能力的亲属。标准为：配偶每月 40%，其他亲属每人每月 30%，孤寡老人或者孤儿每人每月在上述标准的基础上增加 10%。核定的各供养亲属的抚恤金之和不应高于因工死亡职工生前的工资。供养亲属的具体范围由国务院社会保险行政部门规定。

3. 一次性工亡补助金。一次性工亡补助金标准为上一年度全国城镇居民人均可支配收入（2010 年全国城镇居民人均年可支配收入为 19109 元）的 20 倍。

伤残职工在停工留薪期内因工伤导致死亡的，其近亲属享受本条第一款规定的待遇。一级至四级伤残职工在停工留薪期满后死亡的，其近亲属可以享受上述第（1）项、第（2）项规定的待遇。

职工因工外出期间发生事故或者在抢险救灾中下落不明的，从事故发生当月起 3 个月内照发工资，从第 4 个月起停发工资，由工伤保险基金向其供养亲属按月支付供养亲属抚恤金。生活有困难的，可以预支一次性工亡补助金的 50%。职工被人民法院宣告死亡的，按照因工死亡的规定处理。

（六）停止享受工伤保险待遇的情形

工伤职工有下列情形之一的，停止享受工伤保险待遇：丧失享受待遇条件的；拒不接受劳动能力鉴定的；拒绝治疗的。

（七）几种特殊情形下的工伤保险待遇

1. 用人单位分立、合并、转让的，承继单位应当承担原用人单位的工伤保险责任；原用人单位已经参加工伤保险的，承继单位应当到当地经办机构办理工伤保险变更登记。

2. 用人单位实行承包经营的，工伤保险责任由职工劳动关系所在单位承担。

3. 职工被借调期间受到工伤事故伤害的，由原用人单位承担工伤保险责任，但原用人单位与借调单位可以约定补偿办法。

4. 企业破产的，在破产清算时依法拨付应当由单位支付的工伤保险待遇费用。

5. 职工被派遣出境工作，依据前往国家或者地区的法律应当参加当地工伤保险的，参加当地工伤保险，其国内工伤保险关系中止；不能参加当地工伤保险的，其国内工伤保险关系不中止。

6. 职工再次发生工伤，根据规定应当享受伤残津贴的，按照新认定的伤残等级享受伤残津贴待遇。

六、工伤保险争议的处理

职工与用人单位发生工伤待遇方面的争议，按照处理劳动争议的有关规定处理。伤残职工或者死亡职工的近亲属就赔偿数额与单位发生争议的，以及童工或者童工的近亲属就赔偿数额与单位发生争议的，按照处理劳动争议有关规定处理。

有下列情形之一的，有关单位或者个人可以依法申请行政复议，也可以依法向人民法院提起行政诉讼：

1. 申请工伤认定的职工或者其近亲属、该职工所在单位对工伤认定申请不予受理的决定不服的；

2. 申请工伤认定的职工或者其近亲属、该职工所在单位对工伤认定结论不服的；

3. 用人单位对经办机构确定的单位缴费费率不服的；

4. 签订服务协议的医疗机构、辅助器具配置机构认为经办机构未履行有关协议或者规定的；

5. 工伤职工或者其近亲属对经办机构核定的工伤保险待遇有异议的。

【案例 15 – 10】

杨某诉某二十冶公司人身损害赔偿纠纷案[①]

原告杨某系上海某冶金建设公司（以下简称冶金公司）职工。2000 年 10 月 16 日，被告上海某二十冶企业开发公司（以下简称某二十冶公司）职工在工作过程中违规作业，从高处抛掷钢管，将正在现场从事工作的杨文伟头部砸伤，致其重度颅脑

---

① 林嘉：《劳动法和社会保障法》，中国人民大学出版社 2011 年版，第 357～358 页。

外伤、外伤性尿崩症等。经鉴定，结论为因工致残，程度四级。根据病情，原告须长期服用德巴金、弥凝片，并需要护理 12 个月、营养 8 个月。虽然原告所在单位冶金公司按规定支付了一定的工伤保险赔偿，但原告认为损害系由被告的侵权行为所致，被告应承担人身侵权损害赔偿责任，故要求被告赔偿交通费、护理费、营养费、被抚养人生活费、被赡养人生活费、精神抚慰金等费用共计 839727.5 元。然被告认为，原告系因工受伤，其损失已得到本单位赔偿，现重复要求被告赔偿缺乏依据。案件起诉到上海市宝山区人民法院。经过两审，上海市第二中级人民法院维持一审判决，支持了原告的大部分诉讼请求。

【案例分析】本案争议的焦点是：因用人单位以外的第三人侵权造成劳动者人身损害，构成工伤的，劳动者在获得用人单位工伤保险赔偿后，是否还可以要求侵权人承担民事赔偿责任？由于工伤保险待遇与侵权损害赔偿在基本思想、成立要件、给付内容、实现程序等方面存在不同，在实践中就产生了工伤保险待遇请求权与侵权损害赔偿请求权之间的竞合问题。各国及地区由于各自的工伤保险制度、工伤保险待遇水平、工会运动、社会哲学以及经济发展程度不同，对两者的关系采取了不同的立法模式，归纳起来有四种：取代模式、选择模式、兼得模式、补充模式。我国《工伤保险条例》对两者的竞合关系未作规定，2006 年最高人民法院作出《关于因第三人造成工伤的职工或其亲属在获得民事赔偿后是否还可以获得工伤保险补偿问题的答复》，认可了兼得模式。上海市第二中级人民法院认为，根据《最高人民法院关于审理人身损害赔偿案件适用法律若干问题的解释》第 12 条的规定，劳动者因工伤事故享有工伤保险赔偿请求权，因第三人侵权享有人身损害赔偿请求权，二者虽然基于同一损害事实，但存在于两个不同的法律关系之中，互不排斥。基于双重主体身份，劳动者有权向用人单位主张工伤保险赔偿，同时还有权向侵权人主张人身损害赔偿，即有权获得双重赔偿。

【案例 15 - 11】

下班吃午餐遇车祸　不服非工伤认定状告人保局①

原告之妻黎某生前与江西某实业有限公司签订《劳动合同书》，成为实业公司员工，合同期限为 2011 年 4 月 26 日至 2013 年 4 月 26 日，公司也为黎某缴纳了工伤保险。2012 年 5 月 7 日 12 时 16 分，黎某与同事中午下班后出了公司，到国道对面的小吃店吃午餐，途中不幸因交通事故身亡，经交警大队认定黎某负事故同等责任。2012 年 5 月 18 日，原告向上高县人力资源和社会保障局提交了工伤认定申请书。上高县

---

① 蒲春平、唐正彬：《劳动法与社会保障法》，航空工业出版社 2013 年版，第 245～246 页。

人力资源和社会保障局认为黎某中午下班后没有到指定的食堂吃饭，而是私自离场外出，发生交通事故，这种情形既不属于上下班途中也不属于工作场所，不符合《工伤保险条例》第14条、第15条认定工伤或视同工伤的情形，因此，于2012年7月16日作出不予认定为工伤的决定。

原告不服，向法院提起诉讼，主张黎某属于上、下班途中死亡，应认定为工伤，被告作出不予认定为工伤的决定是错误的，请求法院给予撤销。

法院审理认为，原告请求撤销被告上高县人力资源和社会保障局作出的《不予认定工伤决定书》，应给予支持。死者黎某系下班后到国道对面的小餐馆吃午饭途中发生交通事故身亡，应属上、下班途中，且经县交警大队认定黎某仅负事故同等责任，符合《工伤保险条例》第14条第6项规定。而被告以死者中午下班没有在单位指定的食堂吃饭为由不予认定工伤，是没有任何法律依据的。《工伤保险条例》所称的职工，是指与用人单位存在劳动关系（包括事实劳动关系）的各种用工形式、各种用工期限的劳动者。虽然死者黎某使用了假身份证是错误的，但法律能保护双方所建立的事实上的劳动关系，以使用假身份证为由拒绝承担工伤责任也是没有法律依据的，故判决撤销了被告2012年7月16日作出的《不予认定工伤决定书》。

【思考题】

1. 简述工伤保险的概念与特征。
2. 简述应当认定为工伤的情形。
3. 简述视同工伤的情形。
4. 简述不属于工伤的情形。

第十六章

生育保险法

本章的学习要点，了解生育保险的概念、特征以及与医疗保险的联系与区别，熟悉我国生育保险立法概况，掌握我国生育保险法的内容。

为了维护企业女职工的合法权益，保障她们在生育期间得到必要的经济补偿和医疗保健，均衡企业间生育保险费用的负担，我国制定了《企业职工生育保险试行办法》等一系列生育保险法律规范。

【案例 16 - 1】

单位是否应为农民工报销生育费？[①]

2003 年 6 月，董女士与某物业公司签订了 2003 年 9 月至 2004 年 9 月的劳动合同。2004 年 7 月，董女士取得北京市生育服务证后，于当月 28 日在某妇幼保健院产下一女婴。后因生育费报销问题与所在物业公司发生纠纷，董女士向北京市密云县劳动仲裁委员会申请了劳动争议仲裁，要求物业公司履行其报销生育费用的义务。2004 年 12 月 21 日，仲裁委员会裁决物业公司支付董女士生育费。物业公司不服仲裁裁决，随即向一审法院提起诉讼，声称医疗保险不负担生育费用，公司并未找到该费用报销的相关标准与方针政策；且董女士没有在公司指定的医疗机构进行检查、分娩，所花费用没有标准，无法报销，故请求撤销密云县劳动争议仲裁委员会的裁决。一审法院经审理后判决物业公司向董女士支付相应生育费用。物业公司即又以董女士系农民工，社会保险经办机构不为其上生育保险为由上诉到北京市第二中级人民法院。二审法院经审理后认为，董女士在物业公司工作期间，在专科医院生育子女，其生育费用应由所在单位报销。物业公司以其农民工身份不能上生育保险，没有相关配套文件规定相关标准，无法操作，且未在指定医院生育为由拒绝支付上述费用，缺乏依据，

---

① 黎建飞：《劳动与社会保障法教程》，中国人民大学出版社 2013 年版，第 315 ~ 316 页。

法院对其诉讼请求难以支持。一审法院所作判决并无不当，应予维持。问题：外地进城务工人员能否享受生育保险？

【案例分析】答案应当是肯定的，因为劳动法的调整对象是劳动行为，而不是劳动者的身份属性。法律是以人的行为为调整对象的社会规范。法律通过对行为的作用来调整社会关系，通过对行为的控制来调整和控制社会关系。社会关系是人与人之间的行为互动或交互行为，没有人们之间的交互行为，就没有社会关系。法律正是通过影响人们的行为实现对社会关系的调整。就劳动法而言，其调整对象同样是也只能是劳动行为；并且，凡是劳动行为都应当，且只能由劳动法来调整。劳动法意义上的"劳动"要求从事劳动的人具备作为劳动者的法定条件；而且是由劳动者从事的，能够得到劳动报酬，从而用以满足自身及其家庭成员生活需求的劳动；这种劳动的对象必须是除本人和家人以外的他人的，具有明显的社会性；这种劳动还必须建立在劳动合同或者雇佣关系基础上，是从属于一定的用人单位或者雇主的，从事劳动的人须服从用人单位或者雇主的管理。

劳动关系的各方当事人在法律上享有平等的权利。当我们避开劳动行为这一劳动关系的本质特征而囿于劳动者是农民工还是城镇工，并据此在法律上给予实施同一劳动行为的劳动者完全不同的差别待遇时，我们实际上是在以劳动关系当事人的"身份"而非劳动行为作为劳动法的调整对象。但这与劳动法的质的规定性，与社会发展的规律是相悖的。正如梅因在其影响深远的名著《古代法》中所言："所有进步社会的运动，到此处为止，是一个'从身份到契约的运动'。"契约是一种基于自由合意产生的关系，是确定人们权利能力和行为能力的基准。所有劳动者因而都享有同样的劳动权利，劳动法一视同仁地保护每一个劳动者，这是现代社会劳动法制赖以建立的社会基础。在《劳动法》制定之前，我国对于劳动关系采取按用人单位的不同所有制（全民、集体、个体等）和劳动者的不同身份（固定工、临时工、轮换工、合同工等）进行分别立法，在法律上给予差别待遇，其结果是扭曲了社会主义市场经济的规律，人为地制造了劳动者之间的矛盾和增加了法律对社会关系调整的复杂性。可喜的是，《劳动法》的面世已经在立法层面上终结了这种现象。

第一节　理 论 概 述

一、生育保险的概念和特征

生育保险，是为了保障女职工因怀孕和分娩而从社会上获得物质帮助设计的一种社会保险制度。具体而言，生育保险是通过国家立法规定，在劳动者因生育子女而导致劳动力暂时中断时，由国家和社会及时给予其物质帮助的一项社会保险制度。其宗旨在于通过向职业妇女提供生育津贴、医疗服务和产假，帮助他们恢复劳动能力，重返工作岗位。

故而，生育保险，具有福利与保护的性质，能有力地保证女职工身体健康和劳动能力的恢复，促进劳动力资源持续、有效的供给；有利于提高人口素质，促进人类社会延续后代，保证社会劳动力的再生产；有利于促进国家人口政策的顺利贯彻实施。

根据定义，生育保险具有以下特征：

1. 保险对象的特定性。一般情况下，生育保险仅补偿给参加保险的女职工由于生育行为造成的直接经济损失。这是生育保险与其他社会保险项目相比较的一个显著特点，其待遇享受人群相对狭窄，影响范围、程度相对有限。

2. 对象的合法性。合法的生育者是指符合法定的结婚年龄、按法律规定办理了合法的结婚程序、符合和遵守国家生育政策的生育人员。不符合国家政策的非法生育被排除在享受生育保险待遇之外。

【案例 16－2】

未婚先孕的女职工是否可以享受生育保险待遇[①]

2007 年 9 月，张某与某公司订立了为期 3 年的劳动合同，约定试用期为 2 个月。合同订立后，公司为张某办理了社会保险登记，并依法缴纳了相关的费用。2008 年 2 月，未婚的张某发现自己怀孕了，经慎重考虑打算生下这个孩子。2008 年年底，张某向公司申请产假，而公司认为她未婚先孕，不符合产假的规定，不能享受生育保险待遇。张某不服，向劳动争议仲裁委员会提起劳动仲裁，请求裁决该公司同意其享有产假，并支付其休产假期间的工资及相关的生育保险待遇。

【案例分析】该案涉及的法律问题包括：（1）女职工非婚生育的，可以享受产假待遇。《妇女权益保障法》第 26 条明确规定："任何单位均应根据妇女的特点，依法保护妇女在工作和劳动时的安全和健康，不得安排不适合妇女从事的工作和劳动。妇女在经期、孕期、产期、哺乳期受特殊保护。"《劳动法》第 62 条规定："女职工生育享受不少于九十天的产假。"因此，产假待遇是对怀孕女职工身体健康的保护，无论是否符合计划生育政策的规定，原则上怀孕女职工都应享有产假待遇。

（2）女职工未婚生育不能享受生育津贴以及医疗护理费。《人口与计划生育法》第 21 条规定："实行计划生育的育龄夫妻免费享受国家规定的基本项目的计划生育技

---

① 林嘉：《劳动法和社会保障法》，中国人民大学出版社 2011 年版，第 382～383 页。

术服务。前款规定所需经费，按照国家有关规定列入财政预算或者由社会保险予以保障。"中共中央、国务院《关于进一步做好计划生育工作的指示》规定："对于不按计划生育的，要给予适当的经济限制。国家干部和职工，城镇居民，计划外生第二胎的，要取消其按合理生育所享受的医药、福利等待遇，还可视情况扣发一定比例的工资，或不得享受困难补助、托幼补助"。

（3）非婚生育女职工产假期间，企业无须支付工资，但可酌情给付补助。原劳动部工资局1965年《关于女职工非婚生育时是否享受劳保待遇问题的复函》指明："女职工非婚生育时，不能按照劳动保险条例的规定享受生育待遇。其需要休养的时间不应发给工资。对于生活有困难的，可以由企业行政方面酌情给予补助。"

因此，本案中，公司应同意张某享有相应的产假，但张某属于非婚生育，不能享受相应的生育保险待遇。在张某产假期间，公司无须支付工资，但可酌情给予补助。

3. 带有明显的福利性。我国职工个人不缴纳生育保险费，而是由参保单位按照其工资总额的一定比例缴纳。生育保险提供的生育津贴，一般为生育女职工的原工资水平，也高于其他保险项目。生育期间的经济补偿也明显高于养老、医疗等保险。

4. 保障形式多样。生育保险既向保险受益人提供生育津贴，报销生育费用，又提供产假等休养时间。

另外，生育保险待遇在产前与产后都可以享受。其他社会保险项目基本上都是在保险"事故"发生后才享受待遇，而生育保险待遇在产前与产后都可以享受，如产假，产前15天就可以享受。

二、生育保险和医疗保险的联系与区别

（一）联系

生育保险和医疗保险两者都是对暂时丧失劳动能力的职工提供生活保障和必要的医疗服务。生育保险的享受者在享受期内，如果出现特殊情况，可同时享受两种待遇，即医疗保险待遇和生育保险待遇。

（二）区别

1. 生育保险待遇的享受者一般为女职工及职工未就业配偶，而医疗保险待遇享受的对象是全体职工。

2. 生育保险的享受时间是育龄女职工，还取决于妇女的年龄、结婚时间、生育顺序等。在我国实行计划生育国策，因此，女职工一生基本只享受一次生育保险待

遇，极少能享受两次以上。医疗保险没有年龄的限制，无论哪一个年龄段都可能患病，而且在享受次数上也没有限制。

3. 生育保险享受者的医疗服务，基本上以保健和监测为主。正常的分娩无需进行治疗，只要求定期对产妇进行身体检查，以及对产妇和胎儿的监护，以保证正常分娩。而医疗保险享受者主要是通过必要的检查、药物、理疗和手术等方面的医疗手段，对患病的参保者进行治疗，使其早日康复走向工作岗位。

4. 生育假期的享受期限，国家有明确规定。如正常产假为98天，并且严格规定产前假为15天。医疗保险对享受者的假期没有时间限制，一般以病愈为期限。

5. 生育保险的待遇保障标准一般高于医疗保险待遇。我国医疗保险实行统筹基金和个人账户相结合的模式。职工个人要缴纳保险费，建立个人账户。而生育保险职工个人不需缴费。职工在产假期间享受生育津贴，而医疗保险没有疾病津贴。

【案例 16－3】

怀孕被炒 公司赔偿①

某公司与朱某订有无固定期限劳动合同一份。2007年10月，朱某经医院诊断已怀孕，公司于同月8日发出人事任免备忘录，解除与朱某的劳动关系。朱某于2008年2月5日向法院起诉，要求维持与被告的原劳动合同关系。法院经审理后认为被告以人事任免备忘录解除与原告的劳动关系理由不足，判决撤销解除备忘录，恢复两者的劳动关系。本案中，朱某先后申请了两次劳动仲裁，4次与某公司"法庭上见"。法院于2009年5月5日判决某公司支付朱某工资13301.78元、赔偿金22078元，并为她补交从2007年10月到2008年8月除个人交纳部分外的养老保险费。问题：某公司在朱某怀孕后，以其未办理正当请假手续为由解除劳动关系是否合法？

【案例分析】根据《劳动合同法》的规定，女职工在孕期、产期、哺乳期，用人单位不得依照该法第40条、第41条的规定解除劳动合同。

2008年5月13日，8月8日，朱某先后两次共向某公司请产假105天，后者均未批准。法院认为：2007年10月8日至2008年5月12日，因某公司解除劳动关系的人事任免备忘录，朱某提起劳动仲裁与诉讼，致使朱某未能在某公司处工作，责任在于某公司。并且，某公司于2008年9月1日单方向朱某提出解除劳动合同，不符合《劳动合同法》规定可以解除劳动合同的情形，某公司系违法解除劳动合同，应向原告支付两倍经济补偿金标准的赔偿金。

---

① 黎建飞：《劳动与社会保障法教程》，中国人民大学出版社2013年版，第318～319页。

第二节 我国生育保险立法概况

生育保险法是调整生育保险关系的法律规范的总称。早期生育保险制度以1883年《疾病保险法》中关于生育保险的规定为代表。1919年第一届国际劳工大会上通过了涉及女工产前和产后就业的第一个《生育保护公约》（第3号公约），是最早的生育保险国际公约。第二次世界大战以后，生育保险在世界范围内得到迅速扩展，各国纷纷建立生育保险制度。

新中国成立初期，我国实行的是传统生育保险制度。国务院1988年颁布《女职工劳动保护规定》，具体待遇标准，按照劳动部《关于女职工生育待遇若干问题的通知》执行，即职工生育后，由所在单位负担职工的生育津贴、报销生育医疗费，生育保险的管理由职工所在单位负责。之后相继颁布了《劳动保险条例》《妇女权益保障法》《劳动法》等一系列保障妇女权益的法律法规，规定了女职工生育期间的各项保障，为她们提供基本生活和医疗服务保障。

为了适应市场经济的需要，1988年以来我国部分地区开始进行生育保险制度改革的尝试，将原有单位负担和管理的生育保障方式，逐步转变为实行社会统筹。1994年劳动部颁布了《企业职工生育保险试行办法》，对生育保险的基本原则、实施范围、待遇标准等做了明确规定，生育保险的覆盖范围包括城镇企业及其职工，参加生育保险社会统筹的用人单位，应向当地社会保险经办机构缴纳生育保险费，职工个人不缴费。该法成为我国沿用至今推进生育保险制度改革的主要依据。2010年国家颁布了《社会保险法》以及《社会保险法实施细则》第六章对生育保险的相关规定做了进一步完善，是立法层次最高的生育保险法律规范。

第三节 生育保险法的内容

一、覆盖范围

《社会保险法》第53、54条规定，职工应当参加生育保险，由用人单位按照国家规定缴纳生育保险费，职工不缴纳生育保险费。用人单位已经缴纳生育保险费的，其职工享受生育保险待遇；职工未就业配偶按照国家规定享受生育医疗费用待遇。所需资金从生育保险基金中支付。根据法律规定，生育保险法的覆盖范围包括所有职工以及职工未就业配偶。

二、生育保险基金的筹集

生育保险基金是为了使生育保险有可靠的资金保障，国家通过立法在全社会统一建立的，用于支付生育保险所需费用的各项资金。生育保险基金的来源是由参加统筹的单位缴纳生育保险费，职工个人不缴纳。

1994年的《企业职工生育保险试行办法》第4条规定，生育保险根据"以支定收，收支基本平衡"的原则筹集资金，由企业按照其工资总额的一定比例向社会保险经办机构缴纳生育保险费，建立生育保险基金。生育保险费的提取比例由当地人民政府根据计划内生育人数和生育津贴、生育医疗费等项费用确定，并可根据费用支出情况适时调整，但最高不得超过工资总额的1%。在缴费方式上生育保险与工伤保险相同，都是由用人单位缴纳，职工个人不需缴纳。

三、生育保险待遇

生育保险待遇，是指女职工在生育期间依法享有的各种帮助和物质补偿。生育保险待遇包括生育医疗费用和生育津贴。享受生育保险待遇的范围包括参保的职工以及参保职工的未就业配偶。

（一）生育医疗费用

生育医疗费用包括下列各项：（1）生育的医疗费用；（2）计划生育的医疗费用；（3）法律、法规规定的其他项目费用。

生育的医疗费用，指女职工在妊娠期、分娩期、产褥期内，因生育所发生的检查费、接生费、手术费、住院费、药费等医疗费用，以及生育出院后，因生育引起疾病的医疗费，均由生育保险基金支付。这里需要注意的是，在生育期间超出规定的医疗服务费和药费（含自费药品和营养药品的药费）由职工个人负担。

计划生育的医疗费用，指职工因实行计划生育需要，实施放置（取出）宫内节育器、流产术、引产术、绝育及复通手术所发生的医疗费用。参保职工在基本医疗保险定点医疗机构和经计划生育行政管理部门、劳动保障部门认可的计划生育服务机构实施计划生育手术，其费用可以由相应的社会保险基金支付。

（二）生育津贴

生育津贴指国家法律法规规定对职业妇女因生育而离开工作岗位期间，给予的生活费用，用以保障女职工产假期间的基本生活需要。根据我国社会保险法的规定，职工有下列情形之一的，可以按照国家规定享受生育津贴：（1）女职工生育享受产假；（2）享受计划生育手术休假；（3）法律、法规规定的其他情形。生育津贴按照职工所在用人单位上年度职工月平均工资计发。

产假是指国家法律、法规规定，给予职工在生育过程中休息的期限。具体解释为女职工在分娩前和分娩后的一定时间内所享有的假期。产假的主要作用是使女职工在生育时期得到适当的休息，使其逐步恢复体力，并使婴儿得以受到母亲的精心照顾和哺育。2012年4月28日公布实施的《女职工劳动保护特别规定》规定，女职工生育享受98天产假，其中产前可以休假15天；难产的，增加产假15天；生育多胞胎的，每多生育1个婴儿，增加产假15天。女职工怀孕未满4个月流产的，享受15天产假；怀孕满4个月流产的，享受42天产假。很多地区还采取了对晚婚、晚育的职工给予奖励政策，假期延长到180天。

有的地区允许女职工在生育后，给予男职工一定假期，以照顾生育后的妻子，假期工资照发。

公民实行计划生育手术享受国家规定的休假，按照中华人民共和国卫生部、国家计划生育委员会《关于转发〈节育手术常规〉的通知》和《劳动部关于女职工生育待遇若干问题的通知》有关规定执行，具体如下：放置宫内节育器和皮下药物埋植，自手术起休息2天，重体力劳动者，在术后一周内不作重体力劳动；取宫内节育器，当日休息1天；输精管结扎，休息7天；单纯输卵管结扎，休息21天；产后结扎输卵管，按产假另加14天；人工流产、怀孕不满3个月的休息20天，3个月以上不满4个月的休息30天，4个月以上的休息42天。人工流产同时结扎输卵管，两项休假合并计算。上述休假，如遇特殊情况，由医师决定。

目前我国生育津贴的支付方式和支付标准分两种情况：在实行生育保险社会统筹的地区，由生育保险基金按本单位上年度职工月平均工资的标准支付，支付期限一般与产假期限相一致，期限不少于98天；在没有开展生育保险社会统筹的地区，生育津贴由本单位支付，标准为女职工生育之前的基本工资，期限一般不少于98天。

【思考题】

1. 简述生育保险的概念和特征。
2. 简述生育保险与医疗保险的联系与区别。
3. 简述生育保险的待遇。

第十七章

社会救助法

本章的学习要点，了解社会救助的概念、特征，熟悉最低生活保障制度、灾害救助制度、农村社会救助制度、城市流浪乞讨人员救助制度等社会救助的具体法律概况。

社会救助是公民依法享有的一项基本权利，也是政府的一项法定责任。它在整个社会保障网络中处于最初级、最基本的层次，为社会民众撑起最后一道安全网。

【案例 17 - 1】

千万富翁骗取低保金案[①]

2009 年 10 月 30 日，陈小某向北京市宣武区民政局和广内街道办事处举报，自己的哥哥陈某从 2002 年开始骗取国家低保金。他说，陈某早些年投资房地产，挣下千万元无形资产，在北京拥有多套房产，出入开着别克轿车，其妻钟某手上戴着从香港买的大钻戒，拎的包就值十几万元。

2010 年 1 月 20 日，北京市宣武区广内街道社会保障所称，经查陈某房产、汽车等情况与所举报内容相同，停发陈某一家的低保款。宣武区民政局对此事也展开了调查，但仍不清楚漏洞到底出在哪一环节。一位工作人员说，陈某当初的申请材料都合格，现在看来，肯定是瞒报漏报了。

据了解，我国城市居民低保金申请须过"三道关"。申请者先要到居委会填交申请表，提交一系列证明，其中最重要的是申请者收入证明。接下来，街道办事处通过入户调查、邻里访问等方式，进行情况核对并填写《城市低保待遇申请人员家庭情况调查表》。申请材料通过后，再被上报到区、县民政局。问题：该案例反映了我国居民最低保障制度存在什么缺陷？

---

① 蒲春平、唐正彬：《劳动法与社会保障法》，航空工业出版社 2013 年版，第 255 页。

【案例分析】北京千万富翁反映出我国居民最低保障制度存在以下缺陷：

（1）家庭收入核实方面存在问题。准确认定家庭收入是判断申请者能否享受城市低保救助的关键。在制度运行过程中，人均收入核实缺乏统一标准，低保工作人员也缺乏像行的核查手段。一般只是通过入户调查、邻里访问以及信函索证等方式进行调查核实，而无法通过税收、公积金、社会保险缴纳情况等来核对家庭收入和财产，而且对于家庭的隐形收入也无法核实，因此，导致救助对象瞒报、少报或者不报个人及家庭收入的情况。

（2）对骗保者惩罚力度较轻。目前，对于骗保者的处理多数停留于清理和停保。相当一部分骗保者只是停发低保，没有受到经济或其他方面的处罚。较严厉的处理是，追缴之前发放的低保金及一年内不得再申请低保。这样的结果从客观上纵容了骗保行为的发生。

（3）低保信息公开。在具体操作过程中，很多低保家庭的名单、领取金额、人数不公开，缺乏群众的有效监督。

针对最低生活保障制度在实际操作中出现的问题，国务院于2012年9月1日颁发了《关于进一步加强和改进最低生活保障工作的意见》，其中，有三点颇引人关注：

一是经过申请人及其家庭成员授权，公安、人力资源和社会保障、住房城乡和建设金融等部门应当及时向民政部门提供户籍、机动车、就业、保险、住房、存款、纳税、公积金等方面的信息。

二是各地要加大对骗取最低生活保障待遇人员的调查力度，除追回骗取的最低生活保障金外，还要依法给予行政处罚；涉嫌犯罪的，移送司法机关处理。对无理取闹、采用威胁手段强行索要最低生活保障待遇的，公安机关要给予批评教育甚至相关处罚。

三是规范公示程序。各地要严格执行最低生活保障审核审批公示制度，规范公示内容、公示形式和公示时限等。建立健全投诉举报核查制度，各地要公开最低生活保障监督咨询电话，畅通投诉举报渠道，健全举报核查制度。

第一节　社会救助制度概述

一、社会救助的概念与特征

所谓社会救助，是指国家和社会对依靠自身努力难以满足其生存基本需求的公民给予物质帮助和服务。社会救助是社会保障体系中独立的组成部分，具有以下特征：

（1）救助对象的限定性。社会救助的对象由法律予以明确规定，只有不能维持最低生活水平的社会成员才有资格享受救助。

（2）救助目标的低层次性。社会救助的目标是使救助对象获得最基本的生活保障，而非改善或提高福利或生活质量，这个保障水平是与我国社会经济发展水平相适应的。

（3）救助手段的多样性。社会救助的手段和方式灵活多样，既可采用现金救助，又可采用实物救助，既有临时应急救助，又有长期固定救助，既有官方救助，也有民间救助等。

（4）救助项目的扩张性。随着社会经济发展和社会保障支出的增加，社会救助项目已从早期的单一生活救助，逐渐扩充到包含生活救助、灾害救助、医疗救助、教育救助、住房救助、求职救助、剩余救助、丧葬款救助、法律救助等多个方面。

二、社会救助的基本原则

（一）保障基本生活原则

社会救助是社会保障的最后一道防线，其性质和功能决定了其保障水平是最低的，仅限于满足被救助者的生存基本需求。

（二）公平公开公正原则

公民依法享有申请和获得社会救助的权利。在申请社会救助时，申请人应当如实申报家庭收入和财产状况，接受相关部门的核查。相关部门在进行救助审核时，应做到"政策运用准确、程序操作规范、对象审批准确"，杜绝社会救助滥用和社会救助的剥夺；同时在贯彻到社会救助实施的每一环节、每一步骤、每一方面时，都应做到"以人为本"，绝对不能给弱势群体以任何歧视。

（三）补充性原则

补充性原则是指国家或政府对弱者只承担次要的救助义务，这是由我国经济发展水平决定的。我国《城市居民最低生活保障条例》第3条规定："城市居民最低生活保障制度遵循保障城市居民基本生活的原则，坚持国家保障与社会帮扶相结合、鼓励劳动自救的方针。"该条规定同时表明，个人自助和家庭互助才是救助的主要方式。

第二节　社会救助的具体法律制度

一、最低生活保障制度

（一）最低生活保障的概念及特征

最低生活保障是政府对贫困人口按其最低生活需要保障标准给予现金或实物资助的社会救助制度。最低生活保障制度的特征如下：

1. 获取最低生活保障或社会救助是公民生存权的体现。生存权是公民在现代社会中享有的最基本的权利。保障公民的生存权是国家和社会的当然职责和基本义务，最低生活保障制度就是为保障生存权而建立的社会保障制度。

2. 最低生活保障制度提供的仅仅是满足最低生活需求的资金或实物。最低生活保障制度是社会保障制度中的最后一道"安全阀"，其责任仅仅使受助者的生活相当于或略高于最低生活需求，以避免产生依赖心理乃至不劳而获的思想。

（二）我国最低生活保障的基本内容①

1. 城市居民最低生活保障制度。

（1）保障对象：持有非农业户口的城市居民，凡共同生活的家庭成员人均收入低于当地城市居民最低生活保障标准的，均有享受城市居民最低生活保障的权利。

（2）保障标准：依据《城市居民最低生活保障条例》，我国目前的"最低生活保障线"是按照当地维持城市居民基本生活所必需的衣、食、住费用，并适当考虑水电燃煤（燃气）费用以及未成年人的义务教育费用确定的。城市居民最低生活保障标准并不是固定不变的，考虑到生活水平的逐年提高和物价不断上涨，每一年或两年要调整一次，以保证救助对象的基本生活。标准需要提高时，应当依照制定标准的规定重新核定。

（3）资金来源：社会救助作为一项政府责任，其资金应当来源于政府财政支出。按照规定，实施城市居民最低生活保障制度所需资金，由地方各级人民政府列入财政预算，纳入社会救济专项资金支出科目，专账管理。每年年底前由各级民政部门提出下一年的用款计划，经同级财政部门审核后列入预算，定期拨付，年终要编制决算，

---

① 吕琳：《劳动与社会保障法》，武汉大学出版社 2012 年版，第 303～304 页。

送同级财政部门审批。国家鼓励社会组织和个人为城市居民最低生活保障提供捐赠、资助，所提供的捐赠资助，全部纳入当地城市居民最低生活保障资金。

（4）申领程序：申请享受城市居民最低生活保障待遇，由户主向户籍所在地的街道办事处或者镇人民政府提出书面申请，并出具有关证明材料，填写《城市居民最低生活保障待遇审批表》。城市居民最低生活保障待遇，由其所在地的街道办事处或者镇人民政府初审，并将有关材料和初审意见报送县级人民政府民政部门审批。管理审批机关为审批城市居民最低生活保障待遇的需要，可以通过入户调查、邻里访问以及信函索证等方式对申请人的家庭经济状况和实际生活水平进行调查核实。申请人及有关单位、组织成者个人应当接受调查，如实提供有关情况。

2. 农村居民最低生活保障制度。

（1）保障对象：农村最低生活保障对象是家庭年人均纯收入低于当地最低生活保障标准的农村居民，主要是因病残、年老体弱、丧失劳动力以及生存条件恶劣等原因造成生活常年困难的农村居民。

（2）保障标准：依据国务院《关于在全国建立农村最低生活保障制度的通知》，农村最低生活保障标准由县级以上地方人民政府按照能够维持当地农村居民全年基本生活所必需的吃饭、穿衣、用水、用电等费用确定，并报上一级地方人民政府备案后公布执行。农村最低生活保障标准要随着当地生活必需品价格变化和人民生活水平提高适时进行调整。

（3）资金来源：农村最低生活保障资金的筹集以地方为主。农村最低生活保障资金要列入地方各级人民政府财政预算，省级人民政府要加大投入地方各级人民政府民政部门根据保障对象人数等提出资金需求，经同级财政部门审核后列入预算。中央财政对财政困难的取得给予适当补助。同时，国家鼓励和引导社会力量为农村最低生活保障提供捐赠和资助。农村最低生活保障资金实行专项管理，专账核算，专款专用，严禁挤占挪用。

（4）农村最低生活保障申请及管理程序：申请农村最低生活保障，一般由本人向户籍所在地的乡（镇）人民政府提出申请。受乡（镇）人民政府委托，在村党组织的领导下，村民委员会对申请人开展家庭经济状况调查，组织村民会议或村民代表会议民主评议后提出初步意见，报乡（镇）人民政府；乡（镇）人民政府审核后，报县级人民政府民政部门审批。审批结束后，应及时向社会公布最低生活保障对象的申请情况和民主评议意见，审核、审批意见，实际补助水平等情况。对公示没有异议的，按程序及时落实申请人的最低生活保障待遇；对公示有异议的，要进行调查核实，认真处理。乡（镇）人民政府和县级人民政府民政部门要采取多种形式，定期或不定期调查了解农村困难群众的生活状况，及时将符合条件的困难群众纳入保障范围；并根据其家庭经济状况的变化，及时按程序办理停发、减发或增发最低生活保障金的手续。保障对象和补助水平变动情况应及时向社会公示。

二、灾害救助制度

（一）灾害救助制度概述

灾害救助制度，是指政府对因遭遇各种自然灾害及其他特定灾害事件而陷入生活困难的公民给予一定的现金和实物或服务援助，以帮助其度过特殊困难时期的一种社会救助制度。我国自古以来是一个自然灾害频发的国家，因此，建立和健全我国灾害救助制度，对遭遇灾害袭击的公民予以救助，使其尽快恢复正常的生活，同时减少遭灾地区的破坏后果，并使灾区尽快恢复正常秩序，具有重要的现实意义。

（二）我国灾害救助制度的主要内容①

1. 灾害救助组织体系及责任。国家减灾委员会负责组织、领导全国的自然灾害救助工作，协调开展重大自然灾害救助活动。国务院民政部门负责全国的自然灾害救助工作，承担国家减灾委员会的具体工作。国务院有关部门按照各自职责做好全国的自然灾害救助相关工作。

县级以上地方人民政府或者人民政府的自然灾害救助应急综合协调机构，组织、协调本行政区域的自然灾害救助工作。县级以上地方人民政府民政部门负责本行政区域的自然灾害救助工作。县级以上地方人民政府有关部门按照各自职责做好本行政区域的自然灾害救助相关工作。目前，在地方，全国已有22个省市区、2个计划单列市成立了减灾委员会，上海市、浙江省、河南省、广西壮族自治区和青海省共5个省市区和深圳市成立了应急救助综合协调机构。一些市县也成立了减灾委员会或减灾救灾综合协调机构。

2. 救灾工作分级管理。根据自然灾害影响范围、危害程度的不同，灾害救助工作由不同层级的人民政府负责。一般较大自然灾害的救助工作，由发生地县级和设区的市级人民政府统一领导；重大和特别重大自然灾害的救助工作，由发生地省级人民政府统一领导，其中影响全国、跨省级行政区域或者超出省级人民政府救助能力的特别重大自然灾害救助工作，由国务院统一领导。

3. 救灾资金分级负担。发生自然灾害后，有关部门应及时组织灾情评估，属于特大自然灾害的，中央财政按补助项目和标准安排中央补助资金。对发生一般自然灾害的地区，则由地方政府安排救灾资金，用于灾民生活救助。各级财政在年初编制预

---

① 林嘉：《劳动法和社会保障法》，中国人民大学出版社2011年版，第389~390页。

算时，根据常年灾情和救灾资金需求编制相应的自然灾害生活救助预算，执行中根据灾情进行调整。

4. 救灾资金保障与分配。为保障自然灾害救助工作有力、有序、有效地开展，《自然灾害救助条例》规定了保障机制的"三个纳入"和"一个建立健全"，即将自然灾害救助工作纳入国民经济和社会发展规划，将人民政府安排的自然灾害救助资金纳入财政预算，将人民政府安排的自然灾害救助工作经费纳入财政预算，建立健全与自然灾害救助需求相适应的资金、物资保障机制。

作为受灾人员的"救命钱"，灾害救助款物的使用范围一直是社会各方面都高度关注的焦点。为了规范自然灾害救助资金的管理使用，《自然灾害救助条例》规定，由县级以上人民政府民政部门负责调拨、分配、管理自然灾害救助物资。条例还明确要求："自然灾害救助款物应当用于受灾人员的紧急转移安置，基本生活救助，医疗救助，教育、医疗等公共服务设施和住房的恢复重建，自然灾害救助物资的采购、储存和运输，以及因灾遇难人员亲属的抚慰等支出。"

5. 救灾捐赠以及接受捐赠。增加救灾工作的透明度，让捐助款物的使用接受全社会的监督，在进入网络信息时代的今天，显得尤为必要。因此，《自然灾害救助条例》第26条规定，自然灾害救助款物的管理机关和有关社会组织，要主动公开所接受的自然灾害救助款物和捐赠款物的有关情况。灾区村民委员会和居民委员会要主动公布救助对象及其接受救助款物的数额和使用情况，发生自然灾害时，救灾募捐主体开展募捐活动，以及自然人、法人或其他组织向救灾捐赠受赠人捐赠财产，用于支援灾区、帮助灾民的，适用民政部《救灾捐赠管理办法》。县级以上人民政府民政部门接受救灾捐赠款物，根据工作需要可指定社会捐助接收机构、具有救灾宗旨的公益性民间组织组织实施。对于境外捐赠，国务院民政部门负责接受境外对中央政府的救灾捐赠，县级以上地方人民政府民政部门负责接受境外对地方政府的救灾捐赠。具有救灾宗旨的公益性民间组织接受境外救灾捐赠，应当报民政部门备案。在受捐赠物资的使用、管理上，具有救灾宗旨的公益性民间组织应按照当地政府提供的灾区需求，提出分配，使用救灾捐赠款物方案，报同级人民政府民政部门备案，接受监督。

【案例 17 - 2】

村官骗取救灾款获刑[①]

于某系江西省九江市星子县苏家垱乡某村原党支部书记，该村1999年已按规定取得了灾后重建指标补助。2004年9月至12月期间，于某在本乡苏家垱派出所办理

---

① 曾曦：《江西九江一村官冒名骗取国家救灾款被判刑》，http://bbs.jxnews.com.cn/thread-139066-1-1.html。

了一户口簿，并让同村一村民冒名上报第四期灾后重建指标对象。星子县灾后重建办于 2004 年 9 月 27 日批准了该重建指标。其后，于某先后 3 次在苏家垱乡财政所，将国家移民建房补助款 15000 元领走并占为己有。

案发后，于某被检察机关立案侦查，并移送星子县人民法院审理。星子县人民法院认为：被告人于某利用职务之便，将国家灾后重建资金占为己有，其行为已构成贪污罪。公诉机关指控罪名成立。2006 年 12 月 15 日，星子县人民法院一审以贪污罪判被告人于某有期徒刑 1 年，缓刑 2 年。问题：冒名骗取国家救灾款应负什么样的法律责任？

【案例分析】村官办假户口，以假名字多次轻松骗取国家救灾款。对此，不仅我国《刑法》有明确规定，最高人民法院《关于严厉打击破坏抗洪救灾死亡犯罪活动的通知》也专门规定：各级人民法院对于贪污、盗窃、挪用救灾款物、捐赠款物的，要及时依法从重判处。人民法院受理后，要组织足够的审判力量，依法迅速公开审理，公开宣判：条件具备的，还应到发案地进行公开宣判。上级人民法院对于审理上诉犯罪案件，还应加强监督指导。

此外，这一案件也暴露了农村救灾款项在向农村或一些基层单位发放过程中的漏洞。为此，必须在审批环节、事后监督和社会公示等方面完善机制。

三、农村社会救助制度

农村社会救助并非我国社会救助制度中的特殊救助项目，而是鉴于我国城乡二元分割的特殊国情，将社会救助制度中面向农村地区实施的项目独立出来单独介绍。目前我国农村社会救助制度主要有"五保"供养、特困户救济、临时救济、灾害救助、最低生活保障和扶贫政策等。

（一）农村"五保"供养制度

对农村"三无"人员实行"五保"供养，是我国农村有中国特色的基本社会救助制度，它面向乡村孤寡老人及孤儿等，是我国农村自新中国成立以来坚持至今并较为规范化的一种社会救助制度。

1. "五保"供养的含义和性质。"五保"供养是指对符合规定的村民在吃、穿、住、医、葬方面给予的生活照顾和物质帮助。

2. 供养对象及供养内容。新《农村五保供养工作条例》规定，老年、残疾或者未满 16 周岁的村民，无劳动能力、无生活来源又无法定赡养、抚养、扶养义务人，或者其法定赡养、抚养、扶养义务人无赡养、抚养、扶养能力的，享受农村"五保"供养待遇。供养内容包括：供给粮油、副食品和生活用燃料；供给服装、被褥等生活用品和零用钱；提供符合基本居住条件的住房；提供疾病治疗，对生活不能自理的给予照料；办理丧葬事宜。供养标准不得低于当地村民的平均生活水平，并根据当地平均生活水平的提高适时调整。对未满16周岁或已满16周岁仍在接受义务教育的供养对象，应当保障他们依法接受义务教育所需费用。

3. 供养形式。农村"五保"供养对象可自行选择供养形式，可以集中供养，也可以分散供养。集中供养的农村"五保"供养对象，由当地农村"五保"供养服务机构提供供养服务；分散供养的农村"五保"供养对象，可以由村民委员会照顾，也可以由农村"五保"供养服务机构提供供养服务。

4. 供养所需经费及实物来源。新《农村五保供养工作条例》明确，农村"五保"供养资金在地方人民政府财政预算中安排。中央财政对财政困难地区的农村"五保"供养，在资金上给予适当补助。同时，国家鼓励社会组织和个人为农村"五保"供养对象和农村"五保"供养工作提供捐助和服务。各级人民政府应当把农村"五保"供养服务机构建设纳入经济社会发展规划中，为农村"五保"供养服务机构提供必要的设备、管理资金，并配备必要的工作人员等。

（二）其他农村救助政策

1. 特困户定期定量救济政策。2003年，民政部发出《民政部办公厅关于进一步做好农村特困户救济工作的通知》，为生活极度困难、自救能力很差的农村特困户制定了操作性较强的救济办法，主要做法是向因病因残丧失劳动力、鳏寡孤独、因灾害等造成家庭生活常年困难的农村特困户发放"农村特困户救助证"，实行定期定量救济。

2. 临时救济措施。临时救济的主要对象是不符合"五保"供养条件和农村特困户救济标准，生活水平略高于特困户的一般贫困户。他们的生活水平处于最低生活保障的边缘地带，一旦受到饥荒、疾病、意外伤害等的影响，就很容易陷入贫困境地。他们有劳动能力或生活来源，或有法定扶养人，但由于遭受到重大疾病等意外情况的困扰，也可能陷入生活困境中。对于这部分人，一些地方政府采取了临时救济的方式。临时救济一般都采取不定期的多种多样的扶贫帮困措施，如年节来临时给予生活补助，不定期地给予生活物品救助的方式等。救济经费一般由当地政府财政列支，辅之以社会互助的方式。

3. 农村医疗救助。农村医疗救助的对象主要是农村低保家庭成员和五保户，主要救助方式是资助其参加新型农村合作医疗，并对个人难以负担的医疗自负费用给予补助，以使他们能够享受基本医疗保障待遇。医疗救助资金主要通过各级财政拨款、社会各界自愿捐助等渠道筹集。需注意的是，农村低保户和农村五保户的区别在于，前者主要是指家庭人均纯收入低于当地农村低保标准的农村居民，而后者主要是指农村孤寡老人及未成年的孤儿。

四、城市流浪乞讨人员救助制度①

（一）流浪乞讨人员救助的概念

流浪乞讨人员救助是指队在城市生活无着的流浪、乞讨人员实行救助，保障其基本生活权益的一项保障制度。

2003 年 6 月 20 日，国务院颁布了《城市生活无着的流浪乞讨人员救助管理办法》（以下简称《救助管理办法》），规定："县级以上城市人民政府应当根据需要设立流浪乞讨人员救助站。救助站对流浪乞讨人员的救助是一项临时性社会救助措施。"该条规定了流浪乞讨人员的救助是一项临时性救助措施，主要解决被救助对象暂时的生活困难，并使其返回家庭或所在单位。这点不同于最低生活保障，因此，流浪乞讨人员救助的限期规定的比较短，一般不超过 10 天。

（二）流浪乞讨人员救助的条件

《城市生活无着的流浪乞讨人员救助管理办法实施细则》对救助对象做了进一步规定，明确救助对象必须同时具备四个条件：一是自身无力解决食宿，二是无亲友投靠，三是不享受城市最低生活保障或者农村五保供养，四是正在城市里流浪乞讨度日。同时规定，虽有流浪乞讨行为，但不具备上述条件的，不属于救助对象，这就排除了以流浪为生活方式、以乞讨为生财之道、好逸恶劳的人员。

（三）流浪乞讨人员救助的内容

《救助管理办法》规定，救助站应当根据受助人员的需要提供下列救助：（1）提供符合食品安全要求的食物；（2）提供符合基本生活条件的住处；（3）对在站内突发疾病的及时送医院救治；（4）帮助与亲属或者所在单位联系；（5）对没有交通费返回其住所地或者所在单位的，提供乘车凭证。

【思考题】

1. 简述社会救助的概念与特征。
2. 简述社会救助的基本原则。
3. 简述我国最低生活保障的基本内容。
4. 简述我国灾害救助制度的主要内容。
5. 简述我国流浪乞讨人员救助的条件与内容。

---

① 蒲春平、唐正彬：《劳动法与社会保障法》，航空工业出版社 2013 年版，第 270～271 页。

第十八章

社会福利法

本章的学习要点，了解社会福利制度的概念、特征，熟悉我国公共福利、职工福利以及特殊群体福利制度的概况。

社会福利是社会保障体系中保障水平最高的组成部分，现代国家的社会福利以社会福利为基础，职业福利为补充。

【案例 18-1】

儿童福利事业问题①

2013 年 1 月 4 日早上 8 时 30 分左右，河南兰考县收养孤儿和弃婴的"爱心妈妈"袁某家里发生火灾，消防人员接警后立即行动，至 10 时 30 分基本扑灭大火，事故造成 4 名孩童当场死亡，3 名在送医院途中死亡。遇难孩子都是因不能行走而没能从大火中逃生，这些伤亡孩童均年龄较小或智商有问题。失火时，袁某正在送部分孩子上学，因而和这几个孩子幸免于难。

据了解，袁某多年来一直在兰考县人民医院门口摆摊卖东西，以收养弃婴和孤儿闻名，从 1987 年至今 20 多年，她收养的弃婴已超过 100 个，其中年龄大的已经结婚离开了，年龄小的只有几个月。袁某因自费收养这些先天性残疾的弃婴获得了"爱心妈妈"的美誉。袁某收养孩子的场所有两个，一处是自家的两层楼房，另一处是县人民医院西边的两间瓦房，住宿条件都极其简单。

自火灾发生后，兰考县民政局高度重视，该局一局长表示将采取如下措施来保障并提高袁某所抚养孤儿的生活质量：

（1）通过与袁某协商，并经其本人同意，把近期收养的 5 名弃婴送交开封市社会福利院养育，为他们提供一个安全、舒适的生活环境。

（2）对袁某养育数年、暂时难以割舍的孤儿，兰考县民政局将建立临时安置点，还将

---

① 蒲春平、唐正彬：《劳动法与社会保障法》，航空工业出版社 2013 年版，第 274~275 页。

聘请幼师、医生、残障老师等对孩子进行身心检查和心理辅导，并与儿童福利机构建立互动机制，让这些孤儿感受儿童福利院的生活，进而让他们产生进入社会福利机构生活的意愿。

（3）呼吁社会各界爱心人士加入对这些孤儿的爱心救助当中。同时，兰考县民政局会将这些孤儿的生活情况不定期向社会公开，并接受社会各界监督。

问题：请结合上述案例分析我国儿童福利事业存在的问题，我国应该如何解决弃婴问题。

【案例分析】该案例反映出我国儿童福利事业存在以下问题：

第一，儿童福利机构资源分配不均，地域限制严重。我国《未成年保护法》明确规定："对流浪乞讨或者离家出走的未成年人，民政部门或其他有关部门应当负责交送其父母或其他监护人；暂时无法查明其父母或者其他监护人的，由民政部门设立的儿童福利机构收容抚养"。本案中，兰考县民政局没有设立儿童福利院，只有附近的开封市才有，但开封市福利院却以条件有限为由拒绝接收开封市以外的孩子，导致很多遗弃的孩子只能被民间爱心人士收养，而且得不到应有的保障。第二，民间收养缺乏有效监督。目前，我国还有很多像袁某这样的爱心人士和民间收养机构，但是很多个人或机构不具备收养大量孩子的经济实力。孩子们的住宿条件极其简陋，很多还存在安全隐患，卫生、教育等问题也非常突出，这些都不利于孩子的健康成长。但是，国家对这些个人或机构没有实施有效的监管，对他们的收养行为采取默许的态度。第三，缺乏专业的护理人员。目前，我国严重缺乏针对残疾儿童的专门护理人员，虽然很多收养孩子的人非常善良、热心，但是没有受过培训，不具备护理这些残疾儿童的能力，无法保障他们的身心健康。第四，相关法律制度缺乏。目前，我国缺乏一部具备可操作性、全面的儿童福利法规，缺乏一个能有防范、打击、惩治弃婴行为的机制，以最大限度地减少避免弃婴现象的频繁发生。

针对弃婴的问题，我国政府应该从以下几个方面着手解决：

第一，加快儿童福利机构的建设，确保弃儿、孤儿能够有效地获得救助。第二，加强民间收养的监管，明确民间收养机构的准入制度，依法取缔不符合收养条件的机构。第三，加强培养专业的残疾儿童护理人员。第四，出台相应的儿童福利法和惩治弃婴的法律制度。

第一节　社会福利制度概述

一、社会福利的概念

社会福利的概念可以从两方面进行理解。广义的社会福利，其内涵和外延等同其至超过了社会保障，泛指国家和社会向国民提供旨在满足人类物质和精神需求、改善生活质量、预防社会问题的各种措施、服务和待遇。我国社会保障法中所称的社会福利只是社会保障体系的一部分，即狭义的社会福利，是指国家和社会为提高国民的生活质量、不断丰富其物质和精神生活而采取的社会政策以及通过社会化机制提供的相应服务和待遇。

社会福利是社会保障的一个组成部分，是国家和社会为保障和维持社会成员一定的生活质量，满足其物质和精神的基本需要而采取的社会保障政策以及所提供的设施和相应的服务，是指由国家出资举办各种福利事业和发放各种福利性补贴的一种社会服务。我国《劳动法》第76条规定："国家发展社会福利事业，兴建公共福利设施，为劳动者休息、休养和疗养提供条件。用人单位应当创造条件，改善集体福利，提高劳动者的福利待遇。"

二、社会福利的特征

（一）对象的普遍性

从享受社会福利的对象上看，社会福利具有普遍性。社会福利普遍性是指社会福利所服务的对象是全体社会成员。建立社会福利的目的是改善和提高全体社会成员生活质量，全体社会成员都有权享受全民性质的社会福利，如义务教育，公共福利设施，特殊社会群体有权享有国家和社会向其提供的特殊福利，如残疾人福利、儿童福利、老人福利。这种普遍的和特殊的社会福利共同构成了社会福利的普遍性。

（二）资金来源的单向性

从社会福利权利义务的构成上看，社会福利具有单向性。社会福利的资金来源于国家和社会，社会福利一般是免费或者是不营利的，全体社会成员只要符合享有福利的条件，无须履行额外义务即可享受相关社会福利待遇。

（三）内容的广泛性

社会福利的内容十分广泛，不仅包括生活、教育、医疗方面的福利待遇，而且还包括交通、文娱、体育、休闲等方面的待遇，且随着人们生活水平的进一步提高和改善，社会福利涉及的内容还会逐渐增加。

（四）待遇标准的一致性

社会福利待遇的给付标准，与国民个体的劳动贡献、经济状况、职业角色等无太多联系，而是全体国民保持一致，强调公平和"人人有份"。而社会保险待遇与参保人缴费及自身状况有关，社会救助待遇与保障对象的穷困程度有关。

三、社会福利制度的内容

我国的社会福利制度包括公共福利制度、职业福利和特殊群体福利制度。

第二节　公共福利法律制度

一、公共福利的概念与特征

公共福利有广义和狭义之分，广义的公共福利制度就是指社会福利。狭义的公共福利是指国家和社会为了改善和提高全体社会成员的物质和精神生活而提供的单项利益。本节所指的是狭义的公共福利，它是社会福利的重要项目，涉及人们生活的各个方面，主要包括住房、教育、卫生和文体等方面。公共福利具有如下特征：

（一）对象的普遍性

在社会福利中，职业福利和专门福利的对象是劳动者、老年人、妇女儿童、残疾人和社会特定主体，公共福利则面向全体社会成员。

（二）内容的广泛性

公共福利涉及社会成员生活的方方面面，涵盖了住房、教育、卫生、文体、环境等方面。

（三）主要由国家提供

以社会成员的身份享受公共福利是国家的责任，而且公共福利项目通常需要巨额、长期的资金投入，国家无疑是提供公共福利的最重要主体。

二、公共福利法律制度的内容

（一）住房福利

住房福利是一种重要的公共福利，其目的是利用国家和社会的力量着重解决低收入家庭的住房问题。住房福利性质的措施主要有两种形式：一种是政府以直接或间接支付等形式提供住房补贴；另一种是国家要求住房建设机构划出一定数量的住房以低于市场的价格售给低收入家庭，或者政府直接兴建住房，定向出售给低收入家庭。

目前我国住房福利的内容主要有：（1）取消福利分房制度，实行住房福利的社会化；（2）实行住房公积金制度，住房公积金由用人单位和职工共同出资建立，按照"个人存储，单位资助"的方式缴纳，实行专款专用；（3）政府提供优惠政策，按照合理标准建房，向城市低收入住房困难家庭提供经济适用房；（4）国家向无力购房的城市低收入家庭提供廉租房，逐步解决低收入家庭的住房困难问题。

（二）教育福利

教育本身具有福利性，特别是基础教育更是一种国民福利。我国教育福利的内容主要包括：（1）实行9年义务教育，国家保障所有适龄未成年人接受教育；（2）国家和社会通过设立奖学金、助学金、捐助教育基金等多种形式资助贫困学生；（3）受教育者接受教育提供便利，如社会公共文化体育设施、历史文化古迹和革命纪念馆对学生实行优待，国家鼓励社会团体、社会文化机构及其他社会组织和个人开展有益于受教育者身心健康的社会文化教育活动等。

（三）卫生福利

卫生福利是指国家和社会以保障公民健康为目的而提供的以医疗和保健为内容的公共福利。其中，医疗福利是指为病患者恢复健康而提供的医疗场所、医疗设施和医疗照顾，主要表现为政府运用财政支出和筹集社会资金来兴办公共医疗机构并改善其医疗条件，提高全社会的医疗服务能力和质量；保健福利是国家卫生系统和社会福利机构向全社会提供的，具有预防性、治疗性和综合性的，能够促进公民身体健康的服务，包括提供充足的安全饮用水，提供清洁的卫生环境，开展妇幼保健和计划生育宣传工作等。

（四）文化康乐福利

文化康乐福利是指国家和社会为满足社会成员的精神需要而兴办的具有福利性质的文体活动设施和提供的服务，包括公园、图书馆、纪念馆、博物馆、展览馆、体育场、文化康乐中心等设施，供全体社会成员享用。作为公共福利的文化康乐设施和服务，主要由国家出资兴办和管理，不以营利为目的，以免费或低收费形式向社会成员开放，使社会成员能普遍、平等地享用。

第三节　职业福利制度

一、职业福利的概念和特点

职业福利是指雇员从职业中获得的福利。职业福利是用人单位吸引人才的重要措施，也是政府社会福利的有效补充。法定福利包括社会保险和带薪休假制度等，其产生的前提是法律要求。自主福利是企业主动为员工提供的福利，主要包括：健康保健，如为员工提供牙科及视力保健；职工援助，在职工个人面临婚姻或家庭困难时为职工提供帮助；教育资助，为顺利通过学业的职工提供学费帮助，为职工提供培训机会等；生活福利，如提供上下班的班车服务、允许职工低价购买本公司的产品。职业福利具有以下几个方面的特点：

1. 自主性。职业福利属于企业自主福利的范畴，企业可以根据自己企业的特点和具体情况，设计有益于企业和职工的福利制度。

2. 普遍性。企业的福利一般是集体性福利，对于需要福利帮助的人员均等给予福利待遇，所有职工均有机会享受单位提供的特殊福利。

3. 差异性。由于企业自身性质、效益等方面的差异，职业福利的项目和水平在不同企业之间有或多或少的差别。

二、职业福利的内容

职业福利以满足职工的物质生活和精神生活需求为目标，从职业福利对象来看，可以分为职工集体福利和职工个人福利；在福利形式上，既包括建立集体福利设施，也包括提供福利服务和福利补贴。

1. 职工集体福利。集体福利是为满足本企业全体职工的普遍性或集体性的生活需要而提供的职业福利，内容主要有：一是为方便职工生活而举办的集体福利设施，如举办职工食堂，设立幼儿园、职工子弟学校，修建浴室、理发室，开办内部商店等；二是为活跃和丰富职工文化生活而建立的文化福利设施，如文化宫、俱乐部、图书馆、阅览室、游泳池、运动场等；三是提供福利服务，如提供班车接送服务等。

2. 职工个体福利。职工个体福利是为满足职工个人的生活需要而提供的职业福利，以货币形式的福利补贴为主。企业为解决其生活需要，减轻其生活困难，通常会建立福利补贴制度，如生活困难补贴、上下班交通费补贴、伙食补贴、通讯补贴等。

三、职业福利的资金来源

职业福利所需的基金一部分来源于国家，更多地来源于用人单位。企业的职工福利基金来源体现在以下几个方面：一是用人单位根据规定设立的职工福利基金；二是从单位行政经费、企业管理费和事业单位的事业费中提取的部分资金；三是从工会经费中提取的部分资金；四是各单位的职工福利设施自身的收入；五是依据《公司法》的规定，而提取的任意公积金并用于公司福利事业的部分。

第四节　特殊群体福利制度

一、特殊群体福利的概念

特殊群体福利是国家和社会向社会特定群体提供的福利形式。老年人、妇女儿童、残疾人因自身的年龄、生理、心理等条件，在社会中是弱势群体，容易受到不公平对待和伤害。以追求社会公平为目标的社会福利应当向他们倾斜，为其提供更多的福利待遇和法律保护。

二、特殊群体福利的主要内容

（一）老年人福利

老年人福利是指国家和社会为了安定老年人生活、维护老年人健康、充实老年人精神文化生活而采取的政策措施和提供的服务。它作为养老保险的延续和提高，在保障老人基本物质生活需要，解决好"养"的基础上，进一步满足老年人精神文化生活的需要，努力实现"老有所养，老有所医、老有所为、老有所乐"的社会目标。老年人福利的内容包括：（1）老年福利津贴。老年福利津贴是福利国家最常见的全民社会保障制度，由国家向所有满足年龄的老年人提供货币性福利，而无须考虑他们的收入、就业状况或者经济来源等。我国受整体经济条件的限制，老年福利津贴主要与计划生育挂钩。（2）社会养老。社会养老适应现代社会的发展需要而产生，由国家和社会承担养老的责任，为老年人提供生活保障和必要的福利设施、服务。目前我国已形成老年福利院、养老院、敬老院等多层次、多形式的老年福利机构。（3）老年医疗卫生保健。国家和社会有责任为老年人提供医疗卫生保健服务，增强其活动能力和生活质量，使老人健康长寿。（4）老年教育、生活、社会活动、文化康乐等方面的福利。

（二）妇女福利

妇女福利是根据妇女的生理心理特点以及可能受到的歧视和侵害设立的，由国家和社会为保障妇女的特殊利益和特殊需要而提供的照顾和福利服务。基于妇女自身情况的特殊性，妇女应该享有特殊的权益。妇女福利，由此应运而生。其主要内容如下：（1）生育福利。国家推行生育保险制度，提供生育津贴和生育医疗待遇。（2）特殊职业保障。禁止安排女职工从事矿山、井下、国家规定的第四级体力劳动强度的劳动和其他禁止从事的劳动。（3）保护妇女就业和工作的权利。中国《宪法》、《劳动法》和《妇女权益保障法》均明确规定，妇女享有与男子平等的劳动权利、同工同酬的权利和休息的权利，获得安全和卫生保障以及特殊劳动保障的权利。

（三）未成年人福利

未成年人福利是国家根据未成年人身心特点以及可能受到的侵害，由国家和社会为保障未成年人特殊利益和特殊需要，而设立的福利特殊制度及提供的服务。其主要内容可以概括为两方面：（1）未成年人用工方面的特殊保护。首先，我国禁止使用童工。其次，我国给予未成年工以特殊保护。未成年工是指年满16周岁、未满18周岁的劳动者。用人单位不得安排未成年工从事国家规定范围的劳动。（2）未成年人的教育福利。国家实行九年制义务教育，建立义务教育经费保障机制，保证义务教育制度的实施。

（四）残疾人福利

残疾人福利是指国家和社会对残疾的公民在年老、疾病、缺乏劳动能力及退休、失业、失学等情况下提供的基本物质帮助和权益保障。目的是通过在医疗、教育、劳动就业、文化生活、社会环境等方面给予帮助，实现残疾人"平等、参与、共享"的目标。其主要内容包括：（1）残疾人康复方面。国家和社会采取康复措施，帮助残疾人恢复或者补偿功能，政府和有关部门有计划地在医院设立康复医学科（室），举办必要的专门康复机构，开展康复医疗与训练、科学研究、人员培训和技术指导工作。（2）残疾人教育方面。《残疾人保障法》和《残疾人教育条例》对残疾人教育做了详细的规定。（3）残疾人就业方面。《残疾人保障法》《残疾人就业条例》及有关法规规章规定，国家保障残疾人的劳动权利。（4）残疾人福利方面。国家和社会采取扶助、救济和其他福利措施，保障和改善残疾人的生活。

【思考题】

1. 简述社会福利制度的概念与特征。

2. 简述公共福利的概念与特征。

3. 简述职业福利的概念和特点。